Latinoamérica

su civilización y su cultura

Latinoamérica

su civilización y su cultura

Fourth Edition

Eugenio Chang-Rodríguez
City University of New York—Queens College

HEINLE
CENGAGE Learning™

Australia • Brazil • Japan • Korea • Mexico • Singapore • Spain • United Kingdom • United States

HEINLE
CENGAGE Learning™

Latinoamérica: su civilización y su cultura, Fourth Edition
Eugenio Chang-Rodríguez

Executive Editor:
Lara Ramsey-Semones

Senior Acquisitions Editor:
Helen Richardson Greenlea

Assistant Editor:
Meg Grebenc

Editorial Assistant:
Natasha Ranjan

Senior Marketing Manager:
Lindsey Richardson

Associate Content Project
Manager: Jessica Rasile

Senior Art Director:
Cate Rickard Barr

Senior Image Manager:
Sheri Blaney

Photo Researcher:
Billie L. Porter

Managing Technology
Project Manager:
Wendy Constantine

Production Service/
Compositor:
ICC Macmillan Inc.

Print Buyer: Sue Carroll

Cover Designer: Lewis Tsalis

For product information and technology assistance, contact us at **Cengage Learning Customer & Sales Support, 1-800-354-9706**

For permission to use material from this text or product, submit all requests online at **www.cengage.com/permissions** Further permissions questions can be emailed to **permissionrequest@cengage.com**

ISBN-13: 978-1-4130-3217-8

ISBN-10: 1-4130-3217-6

Heinle
20 Channel Center Street
Boston, MA 02210
USA

Cengage Learning is a leading provider of customized learning solutions with office locations around the globe, including Singapore, the United Kingdom, Australia, Mexico, Brazil, and Japan. Locate your local office at **www.cengage.com/global**

Cengage Learning products are represented in Canada by Nelson Education, Ltd.

To learn more about Heinle, visit **www.cengage.com/heinle**

Purchase any of our products at your local college store or at our preferred online store **www.cengagebrain.com**

Printed in the United States of America
4 5 6 7 8   25 24 23 22 21

Índice de materias

11 LOS PAÍSES ANDINOS MERIDIONALES — 157

12 LOS PAÍSES ANDINOS SEPTENTRIONALES — 177

13 MÉXICO Y SU REVOLUCIÓN — 193

Preface

Latinoamérica: su civilización y su cultura, Fourth Edition, is the result of many years of teaching courses on Latin American civilization at American universities. In the process of creating this fourth edition, it has been more difficult to exclude than to include parts of the complex world of culture and the different phases of historical experience. The approach in preparing this edition has been to add to the previous edition new important aspects of Latin American culture and the most up-to-date information available. The revision gives greater importance to meaningful events, their causes and effects than to the bare historical facts, places, dates, and names. These significant episodes, appropriately perceived, help us to categorize them according to their substantive similarities.

Additions and Updates New to the Fourth Edition

This revised edition is intended primarily for students of Latin American civilization. It can be used as a reader in the fourth semester of Spanish and beyond and in courses in Spanish conversation and composition.

- **Timeline** to introduce all chapters, country profiles in the chapters with a geographic focus.
- *Vocabulario autóctono y nuevo* sections in each chapter opener to highlight important terms.
- **End-of-chapter comprehension and conversation questions**, and several sections on the XVI to the XIX centuries Hispanic explorations and colonization of the territories now under United States sovereignty, which set the background for the new sections on the Latino literary production and accomplishments.
- The **Book Companion Website** has been updated and now contains a helpful answer key (which corresponds to the end-of-chapter review) for instructors. (The recommended bibliography has also been moved to the website for easy instructor access).
- Based on reviewer feedback, an **Instructor's Edition** has been created to assist instructors in the teaching of this culture and civilization course.
- The **chapter summaries** have been updated and now highlight the most important cultural facts, events, conflicts, problems, and contributions.

- **Bibliography and audiovisual updates**: The bibliography and audiovisual recommendations have been thoroughly revised in order to put to the disposal of the students the latest research and audiovisual materials available. {Film suggestions are now on DVD and contain up to date material (1990-present)}. Also included are cutting edge correlations to iTunes and the Voices Database (both on the website) with the intent of mixing contemporary technology with historical information.
- Language has been modified within the text in order to greater ensure reading comprehension.
- Each chapter is also accompanied by **revised and expanded footnotes**. The aim was to gloss words that are not typical of an intermediate college course or whose meaning could not be inferred. To determine whether the student was likely to have encountered a specific term in his or her previous study of the language, my *Frequency Dictionary of Spanish Words* was used as a guide. Most of the first 1500 words of this dictionary were not glossed. Whenever possible, footnotes are explained in Spanish rather than English. Reading and translating are two different mental performances and encouraging the first implies discouraging the second. In this edition we follow the Real Academia Española orthography of the numbers written with more than four figures: they are grouped in groups of three figures separated by spaces (and not separated by periods or comas, as in some countries): Lima has 8 000 000 inhabitants, for instance.

Most chapters have been rewritten with a diachronic focus to present the march of those events with the greatest human significance. After all, history and the character of the people exert a reciprocal influence on each other. Historical experience leaves an indelible mark on human conduct and in a certain sense contributes to shaping its future. Yet, although diachronic analysis is predominant in this book, the synchronic approach is also present.

Chapter Structure

Each chapter begins with a timeline for the specific chapter which students can easily utilize when reading through the chapter. Also included in the chapter opener is *Vocabulario autóctono y nuevo* which allows students to prepare by familiarizing themselves with new vocabulary words that will be prevalent throughout the chapter. At the end of each chapter, a *Resumen* reiterates the focal points of the chapter and the most vital information for students. Using this review information, students are then led into the *Cuestionario y temas de conversación* section which ensures deeper comprehension of the material and ultimately leads to classroom discussions.

Book Organization

The book begins with a chapter on the various names for Latin America and the problem of its unity, that is, of its condition as a *pueblo-continente*, in the sense that the Peruvian writer Antenor Orrego (1892–1960) gave to this term in *El pueblo-continente* (1939), where he applied it to the continental peoples of China, India, the United States, Canada, Australia, Russia, and Latin America, countries with a defined psychological and geopolitical profile; on this real or ideal unity rests all analysis of Latin American civilization, to such a degree that if this premise were discarded, it would be futile to discuss and examine Latin American civilization as such.

Chapter 2 takes up briefly the geographic aspect in its double import: physical and human (physical characteristics and their impact on human beings). The fundamental interest is to present the theater of events and the scene of the experiences that have enriched Latin American culture in the course of the centuries.

In Chapter 3 the most influential pre-Columbian characteristics are reviewed, whose historical legacy constitutes the cultural foundation of their present-day descendants.

Chapter 4 describes the explorations and the conquest of the New World and the far-reaching nature of the transformation of the conqueror and the conquered, the colonizer and the colonized, the native and the immigrant.

The two following chapters deal with the colonial period and its cultural legacy. Symbiosis and syncretism are two by-products of the cultural fusion that took place from the 16th to the 19th centuries.

Chapter 7 reviews the intellectual achievements of those three centuries of deculturation, acculturation, and assimilation.

Chapter 8 takes up the political emancipation, which clearly was inconclusive as a revolution, although it is officially known as the Revolution for Independence. Because the emancipation failed to bring structural changes in the economy, society, and culture of this continental nation, it has been appropriately called the "first independence."

Bearing this thesis in mind, Chapters 9 to 15 attempt to explain the struggle in the new states to assure political autonomy, to complete the unfinished work of the first revolution for their independence. They sum up the efforts to overcome dependency and economic, literary, artistic, and educational underdevelopment.

Chapters 16 to 19 take up the literary and artistic currents, dwelling on the most crucial and original moments. In chapter 16, the Voices Database correlations will serve as a gateway for students to expand their literary knowledge, while in chapter 19, the iTunes playlists will allow students to experience firsthand the culture of various Latin American countries.

The last chapter deals with the recent interpretative approaches to the challenges now facing Latin American culture and civilization. It also deals with the African and Asian presence, as well as feminism, the changing role of the Church, and the Latino community in the United States.

Goals and Objectives

One of the aims of writing this book has been to show the unity of Latin American culture, notwithstanding its varied contours. As the different components of the general culture are not to be found evenly distributed in all the countries nor in the various regions, the incautious observer is likely to confuse the part with the whole and see plurality where there is homogeneity *sui generis*. Not a few are disoriented by the perceived regional differences in this apparently heterogeneous continent. After reading the book, the student will be aware that Argentina and Mexico, Uruguay and Peru have more in common than is readily accepted by those who are misled by superficial manifestations of their distinctions. Latin American culture could be compared to a rainbow in which some colors are perceived brighter than others. The present work will have fulfilled its objective if its readers come to perceive Latin American civilization as a unified ray of light, made up of all the colors of the spectrum.

By giving the synthesis of my reflections on Latin American culture and civilization, I hope to contribute to clearing away false perceptions of this part of the world, fed for centuries by fables, mirages of the imagination, prejudices, myths, frustrations, simple-mindedness, generalizations and the black and white legends which have contributed to the apocryphal history of a purported failure. Only the lenses of despair can drive the pessimist to believe that Latin America is in fact the land of a permanent tomorrow. On the other hand, Latin American problems and their phantoms have engendered, since the arrival of Columbus, a torrent of hyperbole. The *Diary* and the letters of Columbus, for example, reveal astonishment mixed with a veiled interest in justifying the imperialist adventure. In his euphoria, the Admiral calls islets islands and the islands continents; he calls brooks rivers and inlets ports; he calls hills mountains and ponds lakes. What Columbus writes in his jubilation emanates more from a charmed mind than a mad one. So another history of the area began to be written, with an admixture of astonishment and propaganda, of justification, resentments and fears, because many have tried, like Columbus, to apply European categories and concepts to New World realities.

If this book, written during pauses in my periodic trips through the continent, in the library, in the university office and at home, after decades of living in Latin America and tens of visits to study its multiple horizons, contributes to demythologizing its history and to showing old and new facets of its reality, then it will have achieved a great part of the purposes which motivated its writing.

Acknowledgments

I wish to conclude this Preface by expressing my appreciation to all the people who have helped me during the preparation of this book and its revisions, especially my wife Raquel Chang-Rodríguez, Elizabeth Lantz, Carlos Thorne, Gabriella de Beer, Martín Poblete, Miguel Maticorena Estrada, and Harry F. Langhorne. My thanks go to Susana D. Castillo, San Diego State University, and Klaus Müller-Bergh, University of Illinois at Chicago, who read the revised manuscript for the Second Edition with special dedication, and to Beatrix Mellauner and the conscientious reviewers of the revised manuscript for the Third Edition, Joseph Feustle of the University of Toledo, Barbara González-Pino of the University of Texas at San Antonio, Carmen Benito Vessels of the University of Maryland at College Park, and the Bolivian writer Pedro Shimose, long-time resident in Madrid, who made valuable suggestions that were incorporated in the final version. Very special thanks to Rafael Gómez of University of California-Monterey Bay for his detailed suggestions for this Fourth Edition, as well as his creative insight and implementation in the updated website. Among the most widely read reviewers published include those by José Otero (Colorado State University), Ismael Pinto (*Expreso*, Lima), Enrique Hulerig (*El Peruano*, Lima), José Antonio Bravo (UNMSM), and Luis A. Jiménez (Florida Southern College). I also would like to express my gratitude to Helen Richardson Greenlea, Natasha Ranjan, and Jessica Rasile of Heinle, Cengage Learning for their assistance and support during the preparation and production of this revised Fourth Edition.

Eugenio Chang-Rodríguez

A special thanks to the reviewers of the Fourth Edition:

Genny Ballard, *Centre College*
Ava Conley, *Harding University*
Clara Estow, *University of Massachusettes-Boston*
Rafael Gómez, *University of California-Monterey Bay*
Iraida López, *Ramapo College of New Jersey*
Luis Ramos-García, *University of Minnesota*
Norma Rivera-Hernández, *Millersville University*
Elizabeth Shumway, *Lakeland College*
Theresa Smotherman, *Wesleyan College*
Dawn Stinchcomb, *Purdue University*
Lucia Varona, *Santa Clara University*

Cronología comparada

¿?–11 de octubre de 1492 Período precolombino

12 de octubre de 1492 Inicio del período poscolombino

1492–1542 Exploraciones y conquista

1542–1810 Período colonial

1810–1824 Guerras de la Independencia

1824–presente Independencia

s. VII a.C. Babilonia

s. IV a.C. Platón y Aristóteles

1476–1516 Reyes Católicos

1588 Derrota de la Armada Invencible

1810 Apogeo de Napoleón

1825 Independencia de Brasil

1914–1918 Primera Guerra Mundial

1939–1945 Segunda Guerra Mundial

2001–2007 Atentados terroristas y la guerra en Afganistán e Irak

Mapa de América Latina.

Unidad del mundo latinoamericano

Vocabulario autóctono y nuevo

- Latinoamérica
- Iberoamérica
- Hispanoamérica
- Indoamérica
- Sudamérica
- mestizo
- indigenista

1.1 La cuestión del nombre

Al hablar de la América Latina inmediatamente surge [*arises*] la cuestión del nombre y después se presenta el problema de su unidad. ¿Cómo debe llamarse a ese gran continente que muchos denominan América Latina? Se ha dicho que el Hemisferio Occidental es el continente de las equivocaciones [*mistakes*]. Como sabemos, el Nuevo Mundo fue «descubierto» y nombrado por error y hoy se siguen equivocando [*they continue making mistakes*] muchos de los que tratan de interpretar su realidad. Cuando los europeos buscaban un camino al Asia, erraron al creer que habían llegado al Lejano Oriente [*Far East*] y nombraron «Indias» a estas tierras. Más tarde, para corregir el error, al nombre equivocado se le añadió el adjetivo «occidentales», que también puede considerarse erróneo. Así se las llamó Indias Occidentales, en plural, para distinguirlas de la India en singular, es decir, de la India Oriental. Sus aborígenes hasta hoy reciben el nombre de indios. Después, también erróneamente, a las tierras visitadas por Colón se las llamó *América*, en honor de Américo Vespucio (1454–1512), navegante italiano que fue uno de los primeros en identificarlas como parte de un Nuevo Mundo. Por varios siglos, en todo el mundo se ha errado al identificar la palabra «América» con sólo una porción del

Para enriquecer tus estudios, ve nuestros recursos suplementales en línea a **www.cengage.com/spanish/latinoamerica**

Películas, videos y otros materiales audiovisuals: vea nuestras sugerencias en la página 366.

continente. En los siglos XVI y XVII América era principalmente el Mundo Nuevo ocupado por los españoles y portugueses. En la Península Ibérica, desde el siglo XVI hasta el siglo pasado, cuando decían «América» se referían a las tierras hispánicas del Hemisferio Occidental. En los siglos XX y XXI el término «América» se identifica universalmente con los Estados Unidos, y así continuamos equivocándonos.

Los nombres más usados en castellano para denominar a la región que se extiende desde el Río Bravo hasta la Patagonia son: *Latinoamérica, Iberoamérica, Hispanoamérica, Indoamérica* y *Sudamérica* [*South America*]. En este libro usamos variadamente estos diversos nombres aunque algunos son erróneos. Veamos por qué.

América Latina, denominación inventada por los imperialistas franceses del siglo XIX, hoy universalizada y escrita a menudo *Latinoamérica,* tiene el defecto de excluir a otros países no latinos. Se ha observado que el nombre *Iberoamérica* es incorrecto porque excluye a Haití y Surinam. Hay quienes objetan al término *Hispanoamérica* porque no tiene debidamente en cuenta a la inmensa mayoría indígena, de herencia africana y de las otras razas que hoy forman un pueblo que en su mayoría es **mestizo;** otros afirman que es precisamente el legado cultural hispano lo que unifica los elementos heterogéneos de la realidad mestiza. El término *Sudamérica,* usado por los argentinos desde el Congreso de Tucumán (1816), es demasiado estrecho para tan inmensa área. En cambio, *Indoamérica* es defendido principalmente por los apristas[1] del Perú y en general por los **indigenistas**[2] del resto del continente. Es quizá el nombre defendido más coherente y apasionadamente por abarcar a indígenas, españoles, portugueses, personas de herencia africana, mestizos y demás etnias [*ethnic groups*]. *Indoamérica* en realidad no da exclusividad ni prioridad a lo indígena porque el prefijo «Indo» se deriva aquí no de «indio» sino de «Indias», el nombre usado por más tiempo desde 1492 hasta el siglo XVIII. Quienes prefieren *Indoamérica* lo hacen para incluir a todos. Tratan de abarcar las diversas contribuciones culturales: precolombinas[3] simbolizadas por el prefijo «Indo» y las poscolombinas, representadas por la parte «América» del término. Indoamérica, entendida así, sería una denominación más universal y abarcadora; aunque, como sabemos, tanto en cuestiones culturales como lingüísticas no siempre se impone la lógica sino el uso y la costumbre.

---

[1] *apristas* are the members and defenders of the APRA (American Popular Revolutionary Alliance), founded in Mexico by the Peruvian exile Víctor Raúl Haya de la Torre (1895–1979) in 1924. One of the *aprista's* aims is the creation of the United States of Latin America.

[2] *indigenistas* is the name given to the artists and writers who use the Indian of the Americas as the center of their artistic production. The new term now means "defender of the Amerindian."

[3] *precolombinas . . . poscolombinas* pre-Columbian (before the arrival of Columbus on October 12, 1492) . . . post-Columbian (after the arrival of Columbus in 1492)

1.2 El problema de la unidad

A menudo se ha insistido en la hipótesis de la existencia de varias Américas Latinas. Claro, aquí no nos ocuparemos de quienes se interesan en que haya varias Américas Latinas reales o ficticias porque sus argumentos podrían justificar el lema de *Divide et impera* [*Divide and rule*]. Pero no todas estas personas están comprometidas [*committed*] política o económicamente. Muchos creen que no hay una sola América Latina sino varias: tantas como países hay.

Como dentro de su diversidad emerge una unidad cultural pronunciada, quienes defendemos esa unidad lo hacemos basándonos principalmente en razones históricas, políticas, económicas, sociológicas, lingüísticas y sicológicas.

1.3 Razones históricas

El vínculo [*link*] histórico en Latinoamérica es como el cordón [*cord*] umbilical que une cronológicamente a sus veinte países. La historia de estos pueblos se divide en dos importantes períodos: el precolombino y el poscolombino. El primero se extiende desde varios miles de años a.C. (antes de Jesucristo) hasta la llegada de Cristóbal Colón al Hemisferio Occidental en 1492. El período poscolombino puede dividirse en cuatro importantes épocas de diversa duración según el país.

Juzgando a Latinoamérica en forma global y con un criterio pedagógico, las etapas poscolombinas tienen las siguientes duraciones: (1) Conquista y Colonización (1492–1542), (2) Colonia o Coloniaje (1542–1810), (3) Lucha por la independencia política (1810–24), y (4) Vida políticamente independiente (1824 hasta el presente). Se notará que en la primera etapa poscolombina no hemos incluido un período que se llame «descubrimiento» porque, desde el punto de vista estrictamente historiográfico, es difícil defenderlo. A un americanista le es difícil denominar "descubrimiento" al desembarco de Colón en la isla de San Salvador si no se responden correctamente las preguntas ¿Quién descubrió a quién? y ¿Fue verdaderamente Colón el primer europeo que viajó al continente occidental? Por esta y otras razones, es preferible llamar a esta etapa de la historia latinoamericana «Conquista y Colonización» porque en 1492 se inicia el período de las exploraciones, conquista y colonización del Nuevo Mundo.

La Colonia[4] abarca aproximadamente tres siglos en la mayor parte de Latinoamérica: desde el año más importante de las Leyes de Indias[5] hasta el

---

[4] *Colonia* colonial period under Spain (XVIth century to 1824)
[5] *The Laws of the Indies* were the most important legal documents governing the Spanish possessions and the treatment of the Indians in America.

año del nombramiento de autonomía por los cabildos abiertos.[6] Aunque la lucha por la independencia de Hispanoamérica realmente empezó en el siglo XVIII, los historiadores inician esta etapa en el año de 1810, cuando los cabildos abiertos comenzaron la revolución independentista. El período termina con la capitulación del ejército español en Sudamérica en 1824. La vida política independiente comienza teóricamente a partir de 1824 y se extiende hasta nuestros días. Pero no toda Latinoamérica se independizó ese año. Haití lo hizo en 1804, Brasil en 1822, y Cuba no lo pudo hacer sino hasta 1898. Aun con esas excepciones, el acontecer histórico es sin duda un común denominador de los diversos países latinoamericanos.

1.4 Razones políticas

Desde el punto de vista político, oficialmente todos los países latinoamericanos tienen la forma de gobierno republicano. Hoy día sus pueblos, con la excepción del puertorriqueño, forman veinte repúblicas políticamente independientes. Su turbulenta historia es uniforme en la adhesión verbal de sus políticos al sistema republicano y a la democracia. De los cuatro experimentos monárquicos, sólo el del Brasil no terminó con la muerte violenta del monarca. En Haití, el emperador Jean Jacques Dessalines fue asesinado en 1806 y catorce años más tarde su sucesor, Henri Christophe, se suicidó. En México hubo dos tentativas monarquistas: Iturbide fue fusilado en 1824 y Maximiliano en 1867. Sólo don Pedro, expulsado del Brasil en 1889, murió en París dos años después.

La monarquía nunca ha sido popular en Latinoamérica. Los pueblos y caudillos[7] latinoamericanos son parecidos en su dedicación a la causa republicana. En el futuro podrán establecerse nuevos sistemas político-económicos y se podrá reorganizar su sociedad pacífica o violentamente, pero Latinoamérica seguirá siendo oficialmente republicana. Esta forma de gobierno está firmemente establecida.

1.5 Razones económicas

La producción de recursos naturales y la economía en general varía de región en región, según la latitud, la altitud y la geografía. En términos generales, puede decirse que los veinte países todavía son principalmente

---

[6] El cabildo abierto del mundo hispánico tiene otro origen, composición y función que el *town meeting* de Nueva Inglaterra, aunque de un modo general es su equivalente.

[7] *caudillo* is the typical political leader of the Hispanic world. He is a charismatic political boss followed blindly and with loyalty from the time he emerges with a common cause until he becomes a tyrant or a benevolent dictator. His popularity is based more on the force of his personality, his courage and oratory than on his ideology.

productores de materias primas [*raw materials*], a pesar de los programas de industrialización en Argentina, México, Brasil, Chile y Colombia. Se acostumbra a decir que toda la región está económicamente «en desarrollo» (eufemismo en vez de «subdesarrollada»), porque su promedio de ingreso anual *per cápita* [*average annual income per person*] es de unos 2500 dólares[8], menos de la décima parte que en los Estados Unidos. Con todo, todavía es válida la desprestigiada frase «El latinoamericano es un mendigo [*beggar*] sentado en un banco de oro». Se ilustra con ella, con un poco de exageración, la situación del latinoamericano medio [*average*], que tiene un ingreso anual tan bajo aunque vive en un continente potencialmente muy rico. Por supuesto, las cifras [*figures*] a veces engañan [*deceive*] si uno no las analiza correctamente.[9] Probablemente es más exacto decir que, con la excepción de Argentina, Uruguay, Cuba y Puerto Rico, los demás países hispanoamericanos tienen una población compuesta de una pequeña minoría de gente sumamente rica e indiferente a las necesidades de su patria y una vasta mayoría de personas pobres resueltas a mejorar su suerte lo más pronto posible.

El rápido retorno [*return*] a la economía de mercado y la privatización de los años 1990 ha favorecido a la clase rica pero ha afectado al bienestar de la mayoría de la población, ha empeorado [*worsened*] los servicios públicos y ha incrementado las tensiones interraciales, desencadenando la fuerte protesta de los sectores laborales. El aumento del producto bruto a un promedio de 4% al año ha sido engañoso [*misleading*]: mientras que ha aumentado el ingreso [*income*] *per cápita* también ha aumentado el costo de vida, pese al relativo control de la inflación, dejando en manos de la clase media y pobre un ingreso real inferior al que tenían hace dos décadas.

No cabe duda de que Latinoamérica enfrenta una de las crisis más importantes de los pueblos en desarrollo. Debido a la gran presión del constante aumento de la población, es más o menos universal la creencia en la industrialización y la redistribución de las riquezas. Para muchos, las necesidades urgentes deben satisfacerse a corto plazo, aunque sea sacrificando temporalmente algunos derechos civiles y humanos. Los campesinos [*peasants*] y los trabajadores urbanos sienten fuertemente el deseo de modificar la estructura económica de sus países, sea como sea, a fin de conseguir en pocos años lo que no han podido obtener en varios siglos. El clamor general es por más pan, mejor vivienda [*housing*], más escuelas y mejor transporte. La gente no desea seguir esperando ese distante «mañana»

---

[8] In the Spanish text of this book we follow the Royal Academy of Spain recommendation of using a space instead of a comma or period in numbers of more than four figures: 54 893. We write numbers of four figures the same way as the years: 2007/8899 and use the decimal comma instead of the decimal point: 3,5% instead of 3.5%.

[9] The United Nations Economic Commission for Latin America publishes periodically a revised and updated version of its *Statistical Yearbook for Latin America*.

de la respuesta tradicional. El latinoamericano medio quiere para él y para sus hijos un mejor nivel de vida [*living standard*] tan pronto como sea posible. Está cansado de oír promesas que no se cumplen. Esta fuerte inclinación al cambio inmediato, al mejoramiento, es un nuevo elemento que tienen en común muchos latinoamericanos de las diversas latitudes: desde Cuba hasta Perú, desde México hasta Argentina.

1.6 Razones sociales

El panorama sociológico de la región es múltiple y sin embargo, la característica de su multiplicidad asemeja [*liken*] unas naciones a otras. La mayor parte de la población es de origen ibérico, es decir con mucha o poca sangre española o portuguesa. En algunos países, como en México, Guatemala, Ecuador, Perú y Bolivia, la mayoría de los habitantes son de origen indígena. La herencia indígena, sea sanguínea o sicológica, es la constante de todos los pueblos. Si por influencia indígena se entiende también el influjo [*influence*] de la exuberante naturaleza americana, las naciones con gran mayoría de población de herencia europea o africana —Uruguay, Haití, por ejemplo— también pertenecen a la comunidad indoamericana. Al cuadro sociológico de base ibero-indígena hay que añadir otros elementos étnicos que también cambian de región en región. En las repúblicas del Río de la Plata y en el Brasil viven millones de hispanoamericanos descendientes de inmigrantes italianos; en el sur de Brasil y de Chile, como en gran número de países vecinos, hay centenares de miles de latinoamericanos de origen alemán [*German stock*]. En menor cantidad viven en diversos rincones de Latinoamérica habitantes de ascendencia francesa, inglesa, judía, árabe, eslava, irlandesa [*Irish*], china, japonesa y coreana. Los mestizos —producto de la mezcla de dos o más razas— viven en todas estas repúblicas, constituyendo a veces la mayoría de la población. Colombia y Venezuela, por ejemplo, son países de población mestiza.

1.7 Razones lingüísticas

El panorama lingüístico es también bastante importante en la unidad iberoamericana. El idioma es sin duda una de las fuerzas unificadoras más poderosas. Pocas áreas geográficas del mundo tienen tanta unidad lingüística. En Hispanoamérica propiamente dicha —es decir en la parte del Nuevo Mundo donde se tiene el castellano como lengua oficial— hay más unidad lingüística que en Europa, África y Asia. El español y el portugués predominantemente, y en menor grado el francés y las lenguas indígenas, son los medios de comunicación verbal a través de las fronteras políticas artificiales. El 90% de la población, más o menos, habla o comprende el castellano. No olvidemos que los de habla portuguesa tienen muy poca dificultad en entender a los hispanoparlantes [*Spanish-speaking persons*]. Los brasileños, que constituyen el 33% de la población total latinoamericana, tienen por lengua oficial al portugués. Desde 1999 el estudio del castellano es obligatorio en las escuelas secundarias del Brasil. Un 3% de latinoamericanos hablan exclusivamente uno o varios de los idiomas amerindios [*Amerinds, aboriginal Indians of the Americas*], entre los cuales el quechua, el aimará y el náhuatl son probablemente los más difundidos. El francés es el idioma oficial de tres millones de haitianos y la segunda lengua de miles de latinoamericanos cultos de Norte, Sur y Centroamérica. El castellano, por su parte, es la lengua universal de toda el área. Sabiendo español el extranjero puede viajar con facilidad por toda Latinoamérica sin tener problemas de comunicación. En las esferas comerciales y culturales el conocimiento del inglés es en Latinoamérica cada vez más difundido.

1.8 Razones sicológicas

Además de las razones anteriormente expuestas [*stated*], hay que añadir otras características que han dado a los latinoamericanos rasgos síquicos [*psychological characteristics*] y culturales comunes. Se diferencian de sus vecinos anglosajones del Norte en ser menos unidos, pero más apasionados e interesados en la familia. Junto a las peculiaridades locales, regionales y nacionales, hay fuerzas espirituales que los extranjeros fácilmente notan en los latinoamericanos. Se encuentran entre ellas la cultura, el pensamiento y la forma de actuar muy propias. Al latinoamericano lo mueve sub-conscientemente una fuerza muy visible en su literatura: la búsqueda de su conciencia continental.[10] Esta conciencia se hace visible en la intensa preocupación por el destino histórico y en la interpretación coherente de su manera de ser individual. El latinoamericano está muy preocupado por saber quién es, qué es lo que verdaderamente quiere y cuál es su destino histórico. Los latinoamericanos de las diversas latitudes—de Cuba, de México, de la Argentina, de Bolivia, del Perú, del Brasil, de Chile, de Colombia y de los otros países—están demostrando una preocupación parecida a la que mostraban los franceses, ingleses y alemanes antes de constituir sus naciones. Es como si los ciudadanos de estos países al Sur de Estados Unidos supieran que además de sentirse hoy más mexicanos, argentinos y peruanos que hispanoamericanos, sus nietos y biznietos serán más latinoamericanos que amantes de la patria chica.[11]

---

[10] *búsqueda . . . continental* search for a continental awareness, that is, a desire to know who they really are as citizens of a continental nation

[11] *patria chica* small fatherland (small country) while *patria grande* is «the» great fatherland (Latin America)

Muchos jóvenes creen que la patria grande, la gran patria continental, nacerá algún día: los veinte países políticamente desunidos de hoy forjarán [*will forge, will build*] los Estados Unidos de Latinoamérica, un poderoso estado continental con una sola bandera y un solo destino, como lo soñaron Simón Bolívar y José Martí. Las llamadas «búsqueda de lo mexicano», «radiografía [*x-ray*] de la pasión argentina», «urgencia de peruanizar al Perú» y «chilenizar a Chile» aparentemente surgen del anhelo de reafirmarse en la patria chica para consolar la frustración de no haber logrado la conciencia continental. Con el tiempo, los estrechos nacionalismos serán reemplazados por un saludable patriotismo continental. El día en que el latinoamericano de la región más meridional esté conectado espiritualmente con su hermano del trópico o de los desiertos de Baja California y de las islas del Caribe, ese día lo mexicano, lo argentino, lo brasileño y lo peruano serán facetas del carácter general latinoamericano. Entonces la nación continental estará sicológicamente lista para constituirse en un estado continental: en los Estados Unidos de Latinoamérica.

1.9 Resumen

I. **Razones históricas de la unidad del mundo latinoamericano compartidas por todos los países**
   A. Período precolombino (¿?–1492)
   B. Período poscolombino (1492–hasta el presente)

II. **Razones políticas**
   A. Adhesión al sistema republicano
   B. Antipatía hacia el sistema monárquico
   C. Defensa retórica de la democracia

III. **Razones económicas**
   A. Universalidad del «subdesarrollo» («en desarrollo»)
   B. Minoría rica vs. mayoría muy pobre
   C. Metáfora del «Mendigo sentado en un banco de oro»

IV. **Razones sociales**
   A. El arco iris racial: mestizos, indígenas, europeos, personas de herencia africana, asiáticos
   B. El fundamento indígena universal

V. **Razones lingüísticas**
   A. El español es la *lingua franca en toda Latinoamérica*
   B. El portugués es el idioma principal de los brasileños
   C. Millones de latinoamericanos hablan lenguas amerindias

VI. **Razones sicológicas**
   A. Conciencia continental: la gran patria latinoamericana
   B. Expresiones nacionalistas: «Soy puro mexicano», «Peruanicemos al Perú» y «Chilenicemos a Chile»

1.10 **Cuestionario y temas de conversación**

Cuestionario

1. ¿Qué significan los diversos nombres de Latinoamérica?
2. ¿Por qué se dice que el Hemisferio Occidental es el continente de las equivocaciones?
3. ¿Cuáles son los diferentes nombres que se han utilizado para denominar este hemisferio?
4. ¿Qué justifica el lema de *Divide et impera?*
5. ¿Cuánto tiempo duró el período precolombino y por qué es importante?
6. ¿Por qué es discutible la idea de que hubo un «descubrimiento» en 1492?
7. ¿Qué opina Ud. de los dos experimentos monárquicos de México?
8. ¿De qué manera beneficia la industrialización a la sociedad latinoamericana?
9. ¿Por qué cree que no es falsa la frase «Mendigo sentado en un banco de oro»?
10. ¿A quiénes se los conoce como «indígenas» y por qué?

Temas de conversación

1. Dé el significado de los distintos nombres de Latinoamérica.
2. Aclare la experiencia política común de los países latinoamericanos.
3. Informe sobre los idiomas que se hablan en Latinoamérica.
4. Opine sobre los esfuerzos por la unidad política continental.
5. Evalúe las grandes etapas históricas de Hispanoamérica.
6. Contraste entre los conceptos de unidad y diversidad en Latinoamérica.
7. Explique el proceso del mestizaje.
8. Contraste las razones políticas favorecedoras de la unidad.
9. Evalúe la riqueza de los recursos naturales de Latinoamérica.
10. Compare el nacionalismo regionalista con el patriotismo continental.

Geografía comparada

Latinoamérica tiene un área 3 veces mayor que Europa

Brasil es más grande que Estados Unidos continental

Los Andes, después del Himalaya, tienen los picos [*peaks*] más altos del mundo

La Paz es la capital más alta del universo

El Amazonas es el río que transporta más agua del mundo

México (D.F.), Buenos Aires, São Paulo y Río de Janeiro: ciudades muy pobladas

Desde la antigüedad el éxodo y las migraciones influyen en la historia

En 1815 se abolió el comercio de esclavos, pero en 2004 el Parlamento de la Unión Europea lamentó la persistencia de la esclavitud

1955–2005: 191 millones de personas viven fuera de su patria (33% en Europa, 25% en Norteamérica)

2006: Población de Latinoamérica y el Caribe = 568,9 millones

Mapa geográfico de América Latina que muestra algunas de sus grandes cordilleras, ríos e islas.

2 La geografía y la gente

Vocabulario autóctono y nuevo

- sabanas
- llanos
- campos
- Pampa
- Altiplano
- quebracho
- Sertão
- villa-miseria
- callampa
- favela
- barriada
- personalismo
- machismo
- compadrazgo

La belleza del continente americano ha sido reconocida amplia-mente por los europeos desde el siglo XVI. En general los visitantes que viajan por Latinoamérica se asombran al ver ríos tan anchos que parecen brazos de mar; montañas tan altas, que desafían el infinito, y llanuras y bosques [*prairies and forests*] tan extensos, que estimulan la imaginación. Todo parece requerir superlativos para su descripción. Si dijeran que el Hemisferio Occidental surgió a la vida, vigoroso y pal-pitante, el segundo día de la creación,[1] no exagerarían. ¡Cuántos via-jeros han escrito libros de elogios a la naturaleza americana! ¡Cuántos científicos, como Humboldt y Darwin, han formulado teorías revo-lucionarias después de admirar y estudiar las prodigiosas flora y fauna americanas! En el desarrollo económico y cultural de Latinoamérica han desempeñado [*played*] un importantísimo papel su medio físico, altitud, latitud, bosques, cordilleras, ríos, planicies, desiertos [*mountain ranges, river systems, plains, deserts*] y, por supuesto, el carácter de su gente. Veamos por qué.

---

[1] *Si dijeran . . . creación* If they were to say that the Western Hemisphere sprang to life, vigorous and throbbing, the second day of the creation of the universe

 Para enriquecer tus estudios, ve nuestros recursos suplementales en línea a **www.cengage.com/spanish/latinoamerica**

 Películas, videos y otros materiales audiovisuals: vea nuestras sugerencias en la página 366.

2.1 El medio físico

Latinoamérica abarca aproximadamente las dos terceras partes del Hemisferio Occidental: comienza en el Río Bravo (Río Grande) y se extiende hasta la Tierra del Fuego.[2] Esta vasta región tiene un área total que es tres veces el tamaño de Europa; sólo Brasil es más grande que la parte continental de los Estados Unidos. Casi toda Latinoamérica se encuentra al sur de Norteamérica, a unas 1550 millas (2494 kilómetros[3]) de África, casi a la mitad de la distancia que hay entre Nueva York y San Francisco.

Las islas más grandes de Latinoamérica están en el Caribe: Cuba, La Española y Puerto Rico, y junto a Jamaica son conocidas como Antillas Mayores. Entre las otras grandes islas latinoamericanas se destacan las Galápagos: famosas por su especial geología, flora y fauna, tan útiles en la hipótesis sobre la evolución de las especies formulada por Darwin. Fueron importantes en el siglo pasado la isla venezolana Margarita, muy apreciada por sus perlas, y las islas peruanas del Pacífico, riquísimas en guano.[4] A Chile le pertenecen Juan Fernández, escenario de las aventuras de Robinson Crusoe, y la distante Isla de Pascua [*Easter Island*] en el Pacífico Sur. Las Malvinas [*Falkland Islands*], cuya soberanía se disputan Argentina y Gran Bretaña, poseen riquezas petrolíferas [*oil richness*] potenciales y muchas ovejas [*sheep*]. Algunas islas, como Cozumel (cerca de Yucatán), las de la desembocadura del Río Amazonas,[5] Tierra del Fuego y las del sur de Chile, son en realidad partes de la masa continental separadas de ella por brazos de mar.

2.2 La altitud modifica la latitud

Así como la mayor parte de Norteamérica se encuentra en la zona templada, la mayor porción de América Latina se halla en la zona tórrida.[6] Si hablamos en términos de países, el cuadro es más claro: excepto el Uruguay, todas las naciones latinoamericanas están total o parcialmente entre el Trópico de Cáncer y el de Capricornio. La zona tropical es tan importante que uno de

---

[2] *Tierra del Fuego* is the southernmost archipelago situated between South America and the Strait of Magellan.

[3] Latin America, like most of the world, uses the metric system, a decimal system of weights and measures. The basic units are the meter (39.37 inches) and the gram (15.46 grains) for mass or weight. A kilometer (1000 meters) is equal to 0.621 mile (1 mile = 1609 meters); a kilogram or kilo (1000 grams), 22046 pounds (1 pound = 460 grams).

[4] *guano* a substance composed mainly of the excrement of seafowl, which has been used extensively as a fertilizer since Inca times

[5] *desembocadura del Amazonas* mouth of the Amazon [*desembocar*, to flow into]

[6] *zona templada . . . zona tórrida* Temperate Zone . . . Torrid Zone (two of the great divisions of the earth surface)

ellos tiene el nombre simbólico de Ecuador. La zona tórrida o semitórrida, con bosques o sin ellos, es la constante geográfica de Latinoamérica.

Si América Latina ocupara sólo una masa de tierra baja, sin cordilleras altas, estaría cubierta, en su mayor parte, de vegetación tropical y semitropical y tendría un clima parecido al del África de igual latitud. Pero la realidad es otra: pese a su posición geográfica, la región tiene extensas zonas de clima templado en el mismo corazón del trópico. La altitud ha modificado los efectos de la latitud y así tenemos a corta distancia de zonas altas con clima primaveral o frío, regiones calurosas con vegetación espesa [*hot regions with lush vegetation*].

En Sudamérica, a menudo, llaman **sabanas** a las amplias zonas llanas cubiertas de hierba semitropical buenas para la pastura de animales [*pasturing*]. Ellas pueden ser de dos clases: (1) la sabana que tiene una hierba de tres a ocho pies de altura, intercalada con árboles bajos, sufre una sequía [*drought*] durante el invierno (estación seca), y (2) la sabana cubierta únicamente de hierba de pastoreo que sufre inundaciones periódicas. A la primera variedad de sabana pertenece la cuenca septentrional del río Orinoco conocida como **llanos,** y la que cubre parte de la Meseta Brasileña [*Brazilian Plateau*], donde recibe el nombre de **campos.** La segunda variedad de sabana la encontramos en el sudeste del Brasil y en parte del Paraguay. Una inmensa región llana de Sudamérica cubierta de hierba de pastoreo es la **Pampa** argentina. Por tratarse de una vasta región de tierra llana baja, rica en hierba de zona templada, la estudiaremos más adelante en las secciones sobre planicies y desiertos.

2.3 La importancia de las cordilleras

El espinazo [*spine*] de Latinoamérica lo forman las cadenas [*ranges*] de montañas que, partiendo del Cabo de Hornos [*Cape Horn*], corren por el lado occidental de Sudamérica, se prolongan con menor altitud a lo largo de Centroamérica, entran en México y, a la altura del Istmo de Tehuantepec, se dividen en dos grandes cordilleras. Sólo en Sudamérica se llaman Andes. Tienen una extensión de 4000 millas de largo, una anchura que a veces llega a las 300 millas, numerosos volcanes y picos altísimos. La montaña Aconcagua, por ejemplo, situada entre Chile y Argentina, tiene 6962 m (22 841 pies) de altitud. Los Andes, después del Himalaya, tienen los picos más altos del mundo. Las cordilleras andinas pasan por todos los países sudamericanos, excepto por Uruguay, Paraguay y Brasil, a los cuales sin embargo, afectan con las aguas que descienden de sus laderas [*slopes*] para formar el Amazonas y alimentar el sistema fluvial Paraná-Río de la Plata.

En Bolivia, los Andes tienen dos cadenas de montañas. Las dos, distantes del Pacífico, forman el inmenso **Altiplano** [*high plateau*], hogar de la mayoría de los habitantes de ese país desde la época precolombina. Esta altiplanicie boliviana es de unas 450 millas de largo por 80 millas de ancho.

El Pico Bolívar, una de las varias cumbres [*summits*] con nieve perpetua de los Andes venezolanos del Estado de Mérida, ricos en minerales todavía inexplotados. La carretera Panamericana que une Caracas con Cúcuta, Colombia, cruza estos Andes a 14 000 pies de altura.

Su altura media de 12 500 pies la hace la región más elevada y poblada del mundo después del Tibet. En el Altiplano se encuentran el lago Titicaca y La Paz, la capital más alta del mundo. Entre esta altiplanicie y la cordillera oriental de los Andes se hallan los valles semitropicales (Yungas) de Bolivia que limitan con la inmensa selva de los tributarios [*tributaries*] del Amazonas. En Perú, Ecuador, Colombia y Venezuela las tres cordilleras andinas forman inmensos valles. En Ecuador, los Andes tienen veinte picos volcánicos dispuestos en una especie de avenida de volcanes. En Colombia, las subdivisiones interandinas constituyen regiones diferenciadas económicamente.

En Centroamérica, la cordillera, paralela al Pacífico, corre por una región templada donde vive la mayoría de la población. Al prolongarse a México, la cordillera continúa paralela al Pacífico hasta llegar al Istmo de Tehuantepec. De allí en adelante, hasta los desiertos del norte de México en la frontera con los Estados Unidos, se divide en la Sierra Madre Occidental y la Sierra Madre Oriental, que encierran la famosa Meseta Central. Ella se subdivide en Meseta del Norte y Meseta del Sur. La primera, cuya altura varía entre los 3600 y 4000 pies, es seca y difiere de la húmeda subdivisión sureña [*southern*], donde se encuentra la mayor concentración de volcanes del mundo y los picos más altos de Norteamérica, como el Orizaba (18 700 pies), el Popocatépetl (17 887 pies) y el Ixtaccíhuatl (17 342). La Meseta del Sur es la región de cielo azul y aire transparente que los toltecas precolombinos llamaron Anáhuac (Tierra al borde del agua) [*Land at the edge of the water*].

Algunos consideran las cordilleras latinoamericanas como tremendos obstáculos para las comunicaciones, propensas a los movimientos sísmicos periódicos, causantes de destrucción y muerte en el transcurso de los siglos

©The Thomson Corporation/HIRB

El volcán Poás en Costa Rica.

[*over the centuries*], otros señalan su riqueza mineral, que hace de Iberoamérica una de las regiones del mundo más ricas en minerales. En otros capítulos veremos el papel histórico y la influencia económica de los metales. Aquí mencionemos lo siguiente: (A) Chile ocupa en el mundo el segundo lugar en la producción de cobre. Chuquicamata, en el norte del país, tiene la mina de cobre más grande del planeta; (B) la fama internacional de Bolivia por su producción de estaño todavía se mantiene; (C) México y Perú son dos de los grandes productores mundiales de plata: México ocupa el primer lugar; y Perú, el cuarto; (D) la mayor parte de las mejores esmeraldas de la tierra procede de Colombia; (E) Chile posee desde 1879 el único gran yacimiento [*deposit*] de nitrato natural del universo; (F) México es el segundo país del mundo en la producción de sulfuro. Y así podríamos continuar señalando la importancia de los minerales en la economía del área. En otros capítulos veremos el papel que los metales han desempeñado en la historia y su influencia en la economía de los diferentes países.

Los geólogos explican cómo el petróleo se encuentra en las profundidades de todos los países de Latinoamérica, excepto en Uruguay y Paraguay. Su producción total, significativa en la producción mundial, proviene, sobre todo, de Venezuela y México porque en los otros países se encuentra irregularmente distribuido y explotado, como sucede en Brasil, Argentina, Ecuador, Colombia y Perú. El gas, frecuentemente hallado junto al petróleo, es explotado y utilizado en gran escala sólo por México, Venezuela y Argentina. A ellos se les unirá pronto el Perú con sus grandes reservas descubiertas en los yacimientos de Camisea, en la selva del Urubamba de Cuzco.

2.4 Los grandes sistemas fluviales

Los cinco grandes sistemas fluviales [*river systems*] de América Latina están en Sudamérica: (1) Amazonas, (2) Paraná-Plata, (3) Cauca-Magdalena, (4) Orinoco y (5) São Francisco. Todos ellos desembocan en el Atlántico. El Amazonas, el río con mayor cantidad de agua del mundo, es un verdadero «rey de las aguas». Desde su nacimiento, en el Perú, hasta su desembocadura, en el Atlántico, recorre 3000 millas, a lo largo de las cuales es alimentado por grandes tributarios de centenares de millas cada uno. Todos ellos forman la Amazonia[7]: un vasto territorio equivalente a toda Europa sin Rusia. El sistema fluvial amazónico es un sistema de navegación [*navigation system*] acuática: normalmente de 20 000 millas, pero en época de inundación alcanza hasta las 36 000 millas.

El sistema Paraná-Plata recorre la república del Paraguay, el norte de la Argentina, el Uruguay y partes de Bolivia y Brasil. Entre sus principales tributarios se encuentran los ríos Paraguay, Pilcomayo y Uruguay. Lo que se conoce con el nombre de Río de la Plata es el estuario de 225 millas que forman los ríos Paraná y Uruguay. Este sistema tiene un tráfico intenso: es navegable hasta Asunción, capital del Paraguay. El Magdalena, que nace en la región meridional de los Andes colombianos, corre 1000 millas hacia el norte hasta llegar al Caribe. Este río fue la ruta que usó el conquistador Gonzalo Jiménez de Quesada para llegar a la meseta donde fundó Santa Fe de Bogotá (1537) y desde entonces hasta los primeros treinta años del siglo XX era casi el único medio de comunicación entre la costa del Caribe y el interior del país. Su principal tributario es el Cauca, de 600 millas de extensión. El Orinoco recorre el sur de los Andes de Venezuela y las laderas del norte [*northern hillsides*] de la Sierra de la Guayana. Después de recorrer 1500 millas, desemboca en el Caribe. En su largo recorrido es alimentado por grandes tributarios. El São Francisco, de unas 1800 millas de extensión, recorre parte de la Meseta Brasileña. Corre de sur a norte, paralelo a la costa atlántica para luego volver al este y desembocar en el Atlántico, a unas 400 millas del extremo más oriental [*easternmost*] de Latinoamérica continental.

Hoy en día los ríos Amazonas, Magdalena, São Francisco, Paraná y Río de la Plata son de gran importancia económica. Los demás tienen todavía poca utilidad porque las zonas desarrolladas y pobladas se encuentran lejos. La importancia de los ríos Magdalena, Orinoco y São Francisco como medios de comunicación la limitan sus cataratas y rápidos [*waterfalls and rapids*] que los hacen navegables sólo por unas 500 millas. Otra realidad importante es que los ríos que desembocan en el Pacífico no son navegables debido a su escaso volumen de agua y a su corto recorrido desde los Andes hasta el mar. Los de Centroamérica y México tampoco son importantes arterias de comunicación. Ojalá que en el futuro se consiga emplear mejor

---

[7] In Peru, Ecuador and Venezuela Amazonia is spelled Amazonía; elsewhere is Amazonia.

los ríos latinoamericanos para obtener más energía hidroeléctrica y agua para irrigar, repitiendo el caso de Itaipú, una de las mayores represas del mundo, cerca de las cataratas del Iguazú.

2.5 Las planicies y los desiertos

En Latinoamérica hay grandes extensiones de tierras llanas bajas y altas. La más extensa es la que se encuentra entre los Andes y la Meseta Brasileña en el tercio oriental del Brasil, casi junto al Atlántico. Esta llanura baja forma el Valle del Amazonas que se extiende hacia el sur hasta donde corre el sistema fluvial Paraná-Plata para comunicarse con las inmensas pampas argentinas.

Otra extensa región plana pero alta es la Meseta Brasileña, cuya parte occidental tiene una altitud entre 2000 y 3000 pies y es más regular que su parte oriental, donde hay unas cadenas de montañas, con valles y picos que a veces llegan a los 5000 pies de altura. Mirando hacia el interior desde Río de Janeiro y sus alrededores, se distingue la Serra do Mar (Sierra del Mar), que es en realidad el borde [*border*] de la meseta.

Las pampas argentinas cubren cuatro millones de millas cuadradas. Se extienden al sur del Chaco semiselvático y la Mesopotamia argentina del sistema fluvial Paraná-Plata, y llegan al este hasta muy cerca de la ciudad de Buenos Aires. Las pampas avanzan al oeste hasta los contrafuertes de los Andes, y al sur hasta los límites de la Patagonia. Es una región muy fértil, casi sin árboles y sin piedra alguna, cubierta de una hierba que alimenta a millones de cabezas de ganado [*head of cattle*]. En esta extensa región vive la mayor parte de la población rural argentina; allí se han construido los ferrocarriles y los caminos más extensos del país.

La Patagonia, la extensa planicie triangular situada en la parte meridional de la Argentina, al sur del Río Colorado, está cubierta de vegetación apropiada para el pastoreo. Es una región pobre, golpeada constantemente por fuertes vientos [*constantly scourged by strong winds*], despoblada. Aunque es la cuarta parte del área de la Argentina, tiene sólo el 1% de su población.

Los llanos del Orinoco se encuentran entre las laderas del sur de los Andes venezolanos, las laderas orientales de los Andes colombianos y el borde norte de la Sierra de la Guayana. La región llana tropical del Chaco, de más de 200 000 millas cuadradas, se extiende desde la ribera oriental [*eastern bank*] del sistema fluvial formado por los ríos Paraguay, Paraná y Pilcomayo. Bolivia, Paraguay, Brasil y Argentina comparten esta planicie semitropical de monte bajo [*scrub forest*], condenada a sufrir inundaciones anuales. Su actual valor económico está en el **quebracho** (árbol que da una sustancia muy útil en el curtido de los cueros) [*leather tanning*], la yerba mate[8], las maderas finas y el petróleo.

---

[8] Yerba mate is a tea-like beverage brewed from the leaves of a wild Paraguayan evergreen shrub.

Otra extensa región llana se encuentra en el norte de México, cortada por el extremo norte de la Sierra Madre Occidental. La parte del Pacífico es más árida; la ocupa el 21% de la población. La parte oriental de esta superficie plana se extiende hasta más allá de la frontera con los Estados Unidos.

Los desiertos verdaderamente áridos de Latinoamérica no son tan extensos como los de África, Asia y Australia. Los más áridos, con diversos nombres, son relativamente angostos porque se encuentran entre los Andes y el Pacífico. Comienzan a 250 millas de Santiago, abarcan la costa norte de Chile, casi toda la costa del Perú y el sur del Ecuador hasta llegar casi al río Guayas, cerca de Guayaquil. La corriente de Humboldt, que viene de la Antártida, pasa muy cerca de la costa sur sudamericana bañada por el Pacífico, modifica el clima, baja la temperatura pero le impide las lluvias, haciéndola en algunas partes —en el norte de Chile, por ejemplo— más seca que el Sahara. Otras zonas semidesérticas ocupan la Patagonia y las altísimas mesetas interandinas. Sólo crecen en ellas una grama baja y arbustos pequeños [*short grass and small shrubs*]. Las frías mesetas andinas situadas entre los 15 000 y 16 000 pies de altura se encuentran cubiertas de nieves eternas. El desierto del noreste del Brasil, la región del *Sertão,* es una zona con sequías periódicas, cuyos habitantes a menudo tienen que emigrar en busca de trabajo y mejores condiciones de vida.

2.6 Los límites del medio físico

La caprichosa geografía latinoamericana es bendecida [*blessed*] por unos y criticada por otros. Entre los que la bendicen están las compañías mineras y petroleras, los hacendados, los exportadores de materias primas y quienes aprovechan [*profit*] de sus riquezas naturales. En cambio, otros la critican, señalan que las montañas dificultan las comunicaciones y el transporte, y se quejan del rigor del clima de las tierras bajas, la selva indómita, el volumen [*volume, flow*] de los ríos, la aridez de sus desiertos, la escasez de carbón y, sobre todo, de la falta de bahías naturales donde construir grandes puertos.

En efecto, si examinamos el mapa del subcontinente latinoamericano, notamos que en el lado del Atlántico, desde el extremo sur hasta el norte del Brasil, sólo hay dos lugares apropiados donde se han construido grandes puertos: el estuario del Río de la Plata y la Bahía de Guanabara. El estuario del Río de la Plata ha permitido la edificación de los puertos de Buenos Aires, Montevideo y Rosario. En la Bahía de Guanabara se construyó el puerto de Río de Janeiro. Los otros puertos, como el de Santos que sirve a São Paulo, no se encuentran en bahías importantes: han sido edificados gracias a la voluntad del hombre ansioso de desafiar las limitaciones de la naturaleza.

En la costa del Pacífico sucede lo mismo. El único lugar apropiado para un gran puerto es la salida del Guayas, el único río de importancia que lleva sus aguas al Pacífico. A orillas del Guayas se encuentra Guayaquil, algo alejado del mar. Los otros puertos son artificiales (construidos por el ingenio humano): Valparaíso (Chile), Mollendo y Callao (Perú), Buenaventura (Colombia) y Acapulco (México).

El medio físico ha contribuido a que los latinoamericanos se dediquen históricamente a explotar las materias primas. Sólo en Argentina, Brasil, México, Chile y Colombia la industria manufacturera ha avanzado. El resto de Latinoamérica sigue siendo básicamente agrícola [*agricultural*], minera o ganadera. La economía de la mayoría de los países depende en gran medida de pocos productos de exportación, sujetos a los cambios de los precios del mercado mundial. Brasil, Colombia, Guatemala y El Salvador, por mucho tiempo dependían en gran parte del café; Cuba, del azúcar; Ecuador y Honduras, de las bananas; Bolivia, del estaño; Chile, del cobre, y así sucesivamente. Afortunadamente en las últimas décadas los esfuerzos para diversificar la economía han tenido buenos resultados.

2.7 Heterogeneidad del recurso humano

La población actual de Latinoamérica es heterogénea. Más de la mitad de los 568 millones de habitantes son mestizos (de más de una raza). Luego le siguen los de raza blanca. A continuación se encuentran los amerindios, seguidos de los afro-latinoamericanos y asiáticos, especialmente de origen chino y japonés. Estos componentes étnicos se encuentran presentes en diversos porcentajes en todos los países de América Latina.

Las personas de origen europeo predominan en Argentina, Uruguay y Costa Rica, países en los que constituyen un porcentaje de la población más alto que en los Estados Unidos. En Chile, los blancos y los mestizos se encuentran en casi igual proporción. En México, Guatemala, Ecuador, Perú y Bolivia son esencialmente indígenas —con población aborigen mayoritaria. Por su parte, son esencialmente mestizos Colombia, Venezuela, Paraguay, El Salvador, Honduras y Nicaragua. Los países con porcentajes similares de europeos y afroamericanos son Brasil y Cuba. En cambio la mayoría de la población de la República Dominicana y Puerto Rico es afrolatinoamericana; y de raza negra, la población de Haití. En este contexto social se debe señalar que la mayoría de los iberoamericanos blancos son de origen ibérico (español o portugués). Les siguen los de origen italiano. Vienen después los procedentes de otras partes de Europa o sus descendientes, sobre todo de alemanes, polacos, franceses, ingleses e irlandeses.

Los de raza indígena, pura o mezclada, descienden de los aborígenes precolombinos, especialmente de aztecas, mayas, quechuas y aimaras. Los de herencia africana, por su parte, descienden casi en su totalidad de los esclavos traídos del África del siglo XVI al XIX. Quienes creen en la inexistencia de prejuicio y discriminación racial en Latinoamérica debieran recordar que en algunos países latinoamericanos las leyes solían prohibir abierta o disimuladamente [*furtively, underhandedly*] la inmigración asiática. En parte debido a esta barrera legal, los asiáticos, puros y mezclados,

Mujer vendiendo maíz en un mercado de Pisac, Perú.

©The Thomson Corporation/HIRB

nacidos en Latinoamérica, excepto en el Perú, constituyen un número bajo. Su porcentaje total es parecido al que hay en los Estados Unidos. La mayoría vive en Perú, Brasil y México.

Cuando leemos los datos estadísticos, los censos y las opiniones del latinoamericano medio, debemos tener en cuenta que en la mayor parte de Iberoamérica prevalece la tendencia a llamar blanco al que tiene facciones [*features*] europeas y es de piel más o menos clara, aunque no sea ciento por ciento blanco. La distribución racial en la pirámide socioeconómica es muy evidente para muchos. Con todo, es exagerado afirmar que sólo blancos y mestizos forman exclusivamente las clases altas (sociales, políticas y económicas), y que las clases más bajas están integradas por gente de herencia indígena y africana. La sociedad latinoamericana no es tan prejuiciosa [*prejudiced*] como la angloamericana y la europea. Sin embargo, es indiscutible el hecho de que la mayoría de las altas posiciones y de las profesiones liberales las ocupan blancos y mestizos, mientras que la vasta inmensidad de la pobreza la comparten, "democráticamente", gente de todas las razas. Una característica bastante extendida en la mayor parte de esta comunidad de países que estamos estudiando es la coexistencia de diversos estadios [*stages*] de desarrollo cultural. Así, mientras que en las grandes ciudades se vive muy modernamente, en el interior, en las zonas aisladas y algo despobladas, se vive con un atraso extremo.

2.8 Densidad de la población

Los 568 millones de latinoamericanos[9] constituyen alrededor del 10% de la población mundial. Si los distribuimos entre los ocho millones de millas cuadradas del área donde viven, obtendremos una baja densidad engañosa [*deceiving, misleading*]. La inmensa mayoría de iberoamericanos está concentrada a no más de 300 millas del mar, en regiones templadas

---

[9] United Nations Population Fund (New York: UNFP, 2006), 100.

bajas o altas. Esto quiere decir que el centro de Sudamérica se encuentra despoblado. Por ejemplo, tienen escasísima población el Valle del Amazonas, los llanos, el Chaco y la Patagonia. Hace unas décadas la población latinoamericana era la que con más rapidez crecía en el mundo. En la actualidad su tasa de crecimiento anual [*its annual rate of growth*] es de casi 2,5%, lo cual quiere decir que cada año hay unos ocho millones de latinoamericanos más. Se proyecta que en el año 2050 América Latina tendrá 782,9 millones.

Como en otras partes del mundo, la tendencia a la urbanización se ha acentuado. Millones de personas se trasladan [*move*] a vivir a las grandes ciudades en vez de ir al interior, hacia las zonas menos pobladas. Esta rápida e intensa migración regional o nacional ha creado extensas zonas urbanas improvisadas junto a las grandes ciudades o, dentro de ellas mismas, constituyendo las llamadas ***villas-miserias, callampas, favelas*** o ***barriadas*** [*slum quarters, shantytowns*]. Estos distritos urbanos muy pobres [*very poor*], especies de ciudades parasitarias y satélites, son causa y consecuencia del desajuste económico social y político actual. Iberoamérica tiene muchas ciudades de más de un millón de habitantes. Cuatro de ellas (Buenos Aires, Ciudad de México, São Paulo y Río de Janeiro) se encuentran entre las metrópolis más pobladas del mundo.

2.9 El carácter del pueblo

Los diversos elementos humanos de América Latina han creado una sociedad nueva, diferente a la de sus antepasados [*forefathers*]. En términos generales, es una sociedad formada por una misma historia y está unida por fuertes lazos lingüísticos, filosóficos, religiosos, sicológicos, económicos y políticos. Culturalmente no es una sociedad completamente homogénea: muestra matices [*shades*] regionales, clasistas y étnicos. Su civilización, sin embargo, en conjunto, comparte más rasgos en común que características diferentes. Hay en las masas étnicas latinoamericanas cierta diversidad dentro de su unidad.

La realidad latinoamericana confunde a algunos antropólogos, especialmente cuando descubren la existencia de blancos que se comportan [*behave*] como amerindios o como mestizos, y viceversa. Debido a esta diversidad particular dentro de la similitud general es difícil o imposible generalizar sobre el carácter de la gente. El carácter latinoamericano varía más por razones sociales, culturales y económicas que étnicas. Se pueden señalar, sin embargo, algunos rasgos muy extendidos: sentido de dignidad, ***personalismo, machismo*** [*male-chauvinism*], **compadrazgo** [*status of godfather*], sentido de hospitalidad, elocuencia y otras características que iremos estudiando a medida que sigamos el proceso histórico de transculturación.

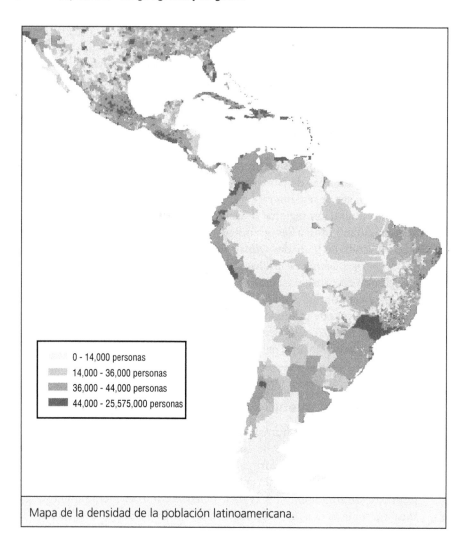

0 - 14,000 personas
14,000 - 36,000 personas
36,000 - 44,000 personas
44,000 - 25,575,000 personas

Mapa de la densidad de la población latinoamericana.

El concepto de «dignidad» y el temor al «qué dirán» se encuentran muy generalizados. Las personas de los sectores medios y altos de la sociedad se preocupan mucho por el grado de estimación y respeto que les tienen sus iguales y superiores de la escala social. La obsesión por la dignidad lleva a muchos a mantener obstinadamente un nivel de vida por encima de sus medios económicos. La ambición de muchos para escalar posición social comienza con la imitación de los aspectos externos de la manera de vivir y de comportarse de la clase social superior. A veces la falsa interpretación de la dignidad conduce a algunos a adoptar los aspectos más llamativos [*flashy, gaudy*], decorativos y externos del estrato social considerado ideal.

El personalismo es el respeto o la admiración que el latinoamericano le tiene al individuo por su honor, valentía, liderazgo [*leadership*] y otras cualidades espirituales propias que defiende a toda costa [*at any cost*], aunque sea sacrificándose. Es una exaltación del «yo» que con orgullo el individuo defiende y los demás respetan. Machismo es el culto a la concepción del macho: el hombre atrevido, con confianza en sí mismo [*self-confident man*], resuelto, de gran capacidad y actividad física y sexual. Se ha dicho que no todos los machos son líderes pero eso sí, todos los líderes deben ser machos.

Compadrazgo, como lo veremos más adelante, es la especial relación y obligación que se tienen los compadres (padres y padrinos del hijo de aquél) y los padrinos con sus ahijados [*godparents with their godchildren*]. Es una extensión de los lazos [*ties*] sanguíneos y políticos para incluir a los que mediante el sacramento del bautismo pertenecen al clan. El compadrazgo a veces se convierte en arma del ambicioso que desea escalar posiciones sociales, económicas y políticas. Lo usa en su beneficio el que tiene menos. Lo usa más el que ambiciona más. Hay quienes creen que cuando se cierran las puertas de la justicia hay que empujar las ventanas del compadrazgo.

Probablemente la hospitalidad latinoamericana es en gran parte de origen arábigo e indígena. La hospitalidad semita [*Semitic*] heredada por los iberos vino a América con los colonizadores que fraternizaron con los indígenas. Ambos aspectos [*both sides*] de la hospitalidad —la ibérica y la indígena— han contribuido a caracterizar la hospitalidad latinoamericana de hoy. La tendencia a la elocuencia excesiva o verbosidad elegante lleva al latinoamericano a admirar y aplaudir al que tiene fácil expresión. El orador y el conversador [*The orator and the conversationalist*] gozan de la admiración general. El ingenio en la expresión —el dominio de la retórica con juego de palabras y frases brillantes— es una de las habilidades [*natural gifts*] más apreciadas.

Con todo, es evidente que el ritmo de vida acelerado, la industrialización y la modernización están modificando rápidamente las costumbres y el carácter de la gente. El cambio se efectúa con mayor velocidad en las regiones urbanas más industrializadas, más educadas y con mayor contacto con otras culturas.

2.10 Resumen

I. **El medio físico de Latinoamérica**
   A. Ocupa aproximadamente las tres cuartas partes del continente
   B. Tres Antillas Mayores: Cuba, La Española y Puerto Rico
   C. Las Galápagos, Margarita, las Malvinas y otras islas

II. **La altitud condiciona la latitud**
   A. La mayor parte se encuentra en la zona tórrida o semitórrida
   B. La altitud modifica el clima que debiera tener por su latitud

III. **Importancia de las cordilleras**
   A. Los Andes y sus prolongaciones al norte: el espinazo del continente
   B. Los volcanes, las fallas geológicas y los sismos periódicos
   C. Riqueza en oro, plata, cobre, estaño, vanadio y otros minerales

IV. **Los grandes sistemas de ríos**

    A. La Amazonia y sus 2 722 000 millas cuadradas con su sistema fluvial navegable de 20 000 a 36 000 millas

    B. El Paraná-Plata recorre Bolivia, Paraguay, Argentina, Uruguay y Brasil (El Paraná y el Uruguay forman el Río de la Plata)

    C. El Cauca-Magdalena recorre 1600 millas antes de desembocar en el Caribe

    D. El Orinoco recorre 1 500 millas antes de desembocar en el Caribe

    E. El São Francisco, de 1 800 millas, recorre la Meseta Brasileña

V. **Tierras llanas, planicies y desiertos**

    A. La Amazonia es la tierra llana selvática más extensa del mundo

    B. La Meseta Brasileña: región llana de 2000 a 3000 pies de altitud

    C. El Chaco semiselvático: petróleo, quebracho, yerba mate y maderas

    D. La fertilidad de las pampas y los millones de cabezas de ganado

    E. La Patagonia: planicie meridional, abarca una cuarta parte de Argentina

    F. Los llanos colombianos, las sabanas venezolanas y otras zonas llanas

    G. Desiertos en el norte de México y costa de Ecuador, Perú y Chile

    H. El *sertão*, zona desierta al noreste del Brasil

VI. **Los límites del medio físico**

    A. Obstáculos para las vías de comunicación

    B. Escasez de carbón y de bahías naturales para grandes puertos

VII. **Heterogeneidad de los recursos humanos**

    A. Con la mayoría mestiza conviven blancos, indígenas, personas de herencia africana y asiática

    B. Connotación racial en el privilegio de pocos y la pobreza de muchos

VIII. **Densidad de la población**

    A. Alrededor del 10% de la población mundial (568,9 millones)

    B. La explosión demográfica y el rápido crecimiento urbano

IX. **El carácter del pueblo**

    A. Heterogeneidad regional y continental

    B. Dignidad, personalismo, machismo, compadrazgo y hospitalidad

    C. Admiración por la elocuencia elegante y al ingenio en la expresión

    D. La modernización y la industrialización modifican las costumbres

---

2.11 Cuestionario y temas de conversación

Cuestionario

1. ¿Cuáles son las islas más importantes de Latinoamérica?
2. ¿Qué significado tienen las sabanas, las altiplanicies y las yungas?
3. ¿Qué dificulta la industrialización de Latinoamérica?
4. ¿Cuáles son las grandes zonas áridas de Iberoamérica?

5. ¿En qué países predomina la población de origen europeo y cuál es su explicación?
6. ¿En dónde es mestiza la mayoría de la población y por qué?
7. ¿Cuáles son los llamados «países indígenas» de América Latina?
8. ¿Qué entiende el latinoamericano por «dignidad»?
9. ¿Qué es el «personalismo»?
10. ¿Es el machismo muy importante en Latinoamérica?

Temas de conversación

1. Comente sobre la influencia histórica de la geografía en Latinoamérica.
2. Explique la importancia de las regiones pastorales.
3. Nombre los rasgos esenciales del carácter del latinoamericano.
4. Reseñe la importancia económica de la cordillera andina.
5. Describa la influencia de los sistemas fluviales en las comunicaciones inter-regionales.
6. Detalle que son el espinazo de Iberoamérica, las fallas geológicas y los terremotos.
7. Resuma la importancia de la defensa ecológica de la cuenca del Amazonas.
8. Evalúe la heterogeneidad racial en Latinoamérica.
9. Explique el papel del personalismo en la vida latinoamericana.
10. Compare la hospitalidad latinoamericana con la estadounidense.

Cronología comparada

3000 a.C. Ciudades-estados en la costa norteña del actual Perú	**3000 a.C.** Mesopotamia, Egipto, Palestina, primeras dinastías chinas
1400–1200 a.C. Comienzo de la civilización olmeca	**387 a.C.** Platón
300–600 d.C. Teotihuacán	**711** Comienza la invasión árabe de España
317–987 Antiguo Imperio Maya	**929** Apogeo del califato de Córdoba
800–1100 Civilización Tolteca	**1030–1492** Reconquista cristiana en España
987–1697 Nuevo Imperio Maya	**1215** Carta Magna en Inglaterra
1200 Los chichimecas	**1492** Colón inicia su viaje trasatlántico
1325 Los aztecas fundan Tenochtitlán	
1400–1532 Imperio de los incas	

Mapa de las grandes civilizaciones precolombinas.

3 *Las grandes civilizaciones precolombinas*

Vocabulario autóctono y nuevo

- hipótesis autoctonista
- hipótesis migratoria
- *Popol Vuh*
- *Chilam Balam*
- Quetzalcóatl
- maguey
- pulque
- Tahuantinsuyo
- runasimi
- ayllu
- chasquis
- quipus
- tambos
- amauta
- colla
- palla
- Inti
- Viracocha
- Pacha Mama
- tucuyrico

3.1 Orígenes del hombre americano

Las dos más importantes hipótesis sobre el origen del hombre americano son: (a) la poco aceptada suposición **autoctonista**[1] [*autochthonous, aboriginal, indigenous*], y (b) la más difundida hipótesis **migratoria.** La primera creencia sostiene que los primeros seres humanos del Nuevo Mundo nacieron en este continente y no migraron de otros continentes porque el hombre apareció en diferentes puntos del globo. El científico

---

[1] Hypothesis that sustains that human beings also originated in the Americas and that the first inhabitants of the New World did not migrate from other continents: they were autochthonous.

 Para enriquecer tus estudios, ve nuestros recursos suplementales en línea a **www.cengage.com/spanish/latinoamerica**

 Películas, videos y otros materiales audiovisuals: vea nuestras sugerencias en la página 366.

argentino Florentino Ameghino (1854–1911), uno de sus más destacados defensores, trató de demostrar que el hombre de las Américas es autóctono: apareció por primera vez en la Patagonia, en el extremo sur de la Argentina. Pero los defensores de la hipótesis migratoria gozan de mayor prestigio. Uno de ellos, el antropólogo francés Paul Rivet (1876–1964), reorganizador del Museo del Hombre, de París, afirmó que el amerindio [*American Indian*] es de origen asiático; emigró al Nuevo Mundo unos 11 000 años antes de Cristo, utilizando el Estrecho de Bering, que estaba congelado[*frozen*]. Las olas [*waves*] migratorias procedentes de Alaska bajaban progresivamente cuando las condiciones lo permitían. Se extendieron por Norteamérica hasta llegar a Mesoamérica,[2] donde desarrollaron importantes civilizaciones. Otros investigadores, por su parte, han encontrado evidencia arqueológica en Chile y Brasil, que los ha hecho suponer que las primeras olas migratorias de Asia al Nuevo Mundo llegaron al subcontinente sudamericano hace unos 40 000 años, vía Alaska y el Polo Sur y no al fin de la era glacial, hace 12 000 años, como antes se creía.

3.2 Visión arqueológica de Mesoamérica

Los arqueólogos dividen los siglos de desarrollo cultural de Mesoamérica en tres períodos: (1) formativo (de 1500 a.C. al año 300 de nuestra era); (2) clásico (del 300 al 900 de nuestra era); (3) posclásico (del año 900 hasta la llegada de los españoles).

Culturalmente hablando, el período formativo es comparable con la etapa neolítica del Viejo Mundo, desarrollada unos 5000 años antes. Durante el período formativo la población creció al mejorarse la calidad del maíz y aumentar la producción de cada planta. Mejor alimentada, la gente concentrada en pueblos agrícolas desarrolló a mediados del siglo XII antes de Cristo una de las primeras civilizaciones mesoamericanas: la *olmeca*. A ella le siguieron dos civilizaciones más: la *maya preclásica* (conocida también como *Antiguo Imperio Maya*) y la *zapoteca* de Monte Albán, en el valle de Oaxaca, en el sur de México. En el período clásico la influencia olmeca fue muy visible en otras dos civilizaciones: (1) en la de *Teotihuacán* y (2) en la *maya clásica* (también conocida como *Nuevo Imperio Maya*), seguida por la época posclásica, en la que los *toltecas*, los *mixtecas* de Monte Albán y los *aztecas* mostraron evidentes rasgos culturales heredados de los olmecas.

Recientes excavaciones, estudios e interpretaciones arqueológicas señalan rasgos distintivos comunes en todas las culturas mesoamericanas, pese a [*notwithstanding*] las diferencias y grados de evolución de cada una de ellas. Estos

---

[2] *Mesoamérica*, nombre generalizado entre los arqueólogos, fue propuesto por el antropólogo mexicano Paul Kirchoff (1900–72) para designar al territorio de México y Centroamérica donde se desarrollaron las antiguas civilizaciones precolombinas (olmeca, maya, tolteca, azteca, etc.).

[3] *jeroglífica* hieroglyphic (picture writing of ancient Mexicans and Egyptians)

rasgos comunes fueron: (1) escritura jeroglífica[3] y libros de papel de corteza o de gamuza (piel de venado) [*bark-paper or deerskin books*] que se doblan como acordeón, (2) mapas, (3) calendario solar de 365 días, (4) conocimientos astronómicos avanzados, (5) juego en equipo [*team game*] en una cancha [*court*] especial con una bola sólida de goma [*rubber*], (6) uso de tabaco para fumar, (7) divinidades como la serpiente emplumada, (8) empleo de maíz, frijoles y calabaza [*corn, beans, and squash*] como base de la alimentación diaria, y (9) sacrificios humanos. Los rasgos compartidos los explicaría una herencia común: la civilización olmeca. Estudiemos ahora las culturas más importantes de Mesoamérica.

3.3 La civilización olmeca

La civilización olmeca se desarrolló en la costa del Golfo de México, cerca del actual Puerto de Veracruz. Varias pruebas hechas con radiocarbono a objetos excavados de uno de sus centros ceremoniales indican que la civilización olmeca se desarrolló entre 1160 y 580 antes de Cristo. El hallazgo estimuló a algunos arqueólogos a proponer que esta fue la cuna cultural de Mesoamérica y a otros a concluir que fue la primera civilización del Continente Americano. Como veremos más adelante, otras excavaciones y hallazgos en la costa del Perú han negado esta hipótesis.

Además de transmitir rasgos distintivos comunes a las culturas mesoamericanas, los olmecas hacían figurines y otros objetos artísticos de jade azul-verduzco traslúcido, piedra semipreciosa diferente del jade de color verde manzana empleado más tarde por los mayas. Esculpieron gigantescas cabezas de piedras de unas dieciocho toneladas de peso cada una, y construyeron pirámides rectangulares, planas en la cima [*summit*] imitando a los volcanes. Estas pirámides amerindias servían de templos y tumbas. Al mismo tiempo que levantaban enormes monumentos de basalto[4] y grababan piedras inmensas, elaboraron diminutas figuras de barro blanco, pintado de rojo, que representaban las formas de la actividad humana. Aparentemente los olmecas fueron los primeros en Mesoamérica en crear un sistema elaborado de control del agua para la irrigación. También se cree que la expansión olmeca hacia el Valle de México y Guatemala fue por la búsqueda del jade, necesario para su arte. Los primeros en recorrer Mesoamérica fueron sus mercaderes que combinaban el comercio con el espionaje, que después también utilizarían los aztecas.

El gran dios olmeca fue un jaguar con características de infante humano, es decir con la apariencia de un felino antropomórfico, que pudo ser la versión inicial del Dios de la Lluvia.

---

[4] *basalto*   roca volcánica negra o verdosa muy dura

Cabeza gigante de la civilización olmeca (1150–950 antes de Cristo) esculpida en piedra. Pesa varias toneladas y representa, probablemente, a uno de sus caciques. Cabeza hallada en México.

©World Pictures/Alamy

3.4 Los mayas y los quichés

Los *mayas* desarrollaron su civilización durante dos períodos: el Antiguo Imperio (Preclásico), por lo menos del siglo III al IX de la era cristiana, y el Nuevo Imperio (Clásico), siglos IX al XIV. Durante el primer período los mayas habitaron parte de Honduras y las mesetas de Guatemala. Recientes descubrimientos arqueológicos indican que los mayas se unieron a los *quichés*, procedentes de las alturas de Guatemala. Antes del siglo III, el Nuevo Imperio (Clásico) floreció [*flourished*] principalmente en Yucatán, a donde los españoles llegaron en el siglo XVI, cuando los mayas ya se encontraban en decadencia.

El progreso de los mayas puede apreciarse en su calendario, aparentemente más perfecto que el cristiano de la época. Los códices [*old manuscripts*] revelan un tipo de escritura jeroglífica, como la egipcia [*Egyptian*]. Expertos en arquitectura los mayas construyeron templos y palacios adornados con enormes esculturas. Las ruinas de los centros religiosos de Chichén-Itzá, Palenque y Copán dan idea de la maestría alcanzada en la construcción de grandes edificios. El **Popol Vuh,** libro sagrado de los quichés, relata el origen del hombre hecho de maíz por el creador del mundo. La colección **Chilam Balam** (libro mágico) se ocupa de la mitología y los eventos más notables de la historia maya.

3.5 Las culturas del Valle de México

Una de las civilizaciones más importantes del Valle Central de México fue *Teotihuacán,* que floreció entre los años 300 y 600 de nuestra era. Compartió elementos culturales olmecas y desarrolló una imponente arquitectura para

©age fotostock/SuperStock

Portal del Templo de los Guerreros en Chichén Itzá. Muestra al frente la estatua de un dios tolteca heredado por los mayas; atrás, dos columnas con una cabeza de serpiente en su base rodeadas de representaciones de la lluvia.

satisfacer las necesidades diarias y religiosas de sus decenas de miles de habitantes permanentes y visitantes. Regularmente, millares de peregrinos de diferentes regiones ofrecían tributo a los dioses y participaban en las ceremonias religiosas en sus gigantescas pirámides del Sol y de la Luna y en el famoso Templo a **Quetzalcóatl** (serpiente emplumada). Los arqueólogos han desenterrado el área central de Teotihuacán formada por esas dos pirámides, el templo y la avenida que conduce a la ciudadela, la fortaleza [*fortress*] que defendía la región. Alrededor del año 600 tuvo una repentina decadencia causada por la invasión de tribus nómadas hostiles del Norte o por algunos cambios ecológicos violentos.

La cultura tolteca dominó grandes extensiones del norte y centro del Valle de México. Las siguientes dinastías gobernantes de la región se consideraron orgullosamente sus descendientes. Los toltecas se destacaron por sus conocimientos arquitectónicos y agrícolas. Además del maíz, base de su alimentación, cultivaron otras plantas: el cacao, el algodón, el frijol, el chile, el camote y la yuca [*cotton, bean, chilli, sweet potato, cassava*]. Sus mejores obras arquitectónicas las construyeron en Tula, su capital. Los toltecas elaboraban gran variedad de telas: desde el lino más fino hasta el terciopelo más grueso [*textiles: from the finest of linen to the thickest velvet*]. El culto al sol, la luna y las estrellas los llevó a observar los cuerpos celestes y a elaborar un calendario exacto. La divinidad Quetzalcóatl ocupaba un lugar importante en el panteón tolteca.

A mediados del siglo XII la cultura marginal *chichimeca,* procedente del Norte, invadió el Valle Central de México para saquear [*to sack, plunder*] Tula. Los chichimecas desarrollaron una civilización imponente con elementos culturales toltecas. Desde su capital Texcoco se extendieron políticamente sin imponer sus costumbres, ritos y dioses. Un siglo más tarde los tolteca-chichimecas se vincularon con la nueva y poderosa civilización azteca. Los aztecas absorbieron los elementos culturales tolteca-chichimecas, impusieron su autoridad en el Valle de México y se asociaron con otras civilizaciones de menos poder militar hasta dominar todo el Valle Central a fines del siglo XIII.

La civilización azteca era teocrática porque su jefe político supremo también ejercía las más altas funciones religiosas. Uno de sus gobernantes más distinguidos fue el chichimeca Netzahualcóyotl, poeta, orador y protector de las artes.

Los arqueólogos consideran a Tenochtitlán, la capital azteca levantada en el centro de un lago de la meseta central, como una de las ciudades precolombinas más imponentes. La tierra, equitativamente distribuida entre los jefes de familia, era heredada por los hijos varones. Porque la agricultura era la actividad principal del pueblo, el propietario perdía el derecho a la tierra cuando dejaba de cultivarla durante dos años consecutivos. Además del maíz, cultivaron otras plantas, como el **maguey,** del cual extraían el **pulque**[5] (bebida alcohólica todavía popular en México) y utilizaban sus fibras para hacer soga [*rope*], y sus hojas para techar [*leaves to put a roof on*] las casas. Los aztecas, como sus antecesores, domesticaron pocos animales, además del perro y el guajolote [*turkey*], nombre mexicano del pavo. La religión politeísta, basada en la observación de los astros y la contemplación de las fuerzas misteriosas de la naturaleza, exigía sacrificios humanos. Mucho se ha discutido esta práctica tan general en las primeras etapas evolutivas de las civilizaciones del viejo y nuevo mundo sin llegar a conclusiones convincentes.

3.6 Nuevos descubrimientos arqueológicos en Sudamérica

Evidencias arqueológicas descubiertas en 1980 prueban que en la costa norte del actual Perú se desarrolló una importante civilización alrededor del año 3000 a.C., durante la misma época en que se construían las pirámides de Egipto y se desarrollaban las ciudades-estados de la Mesopotamia. Algunos arqueólogos norteamericanos e ingleses hicieron excavaciones en veintenas de lugares de los cincuenta valles costeños entre los Andes y el Pacífico. Desenterraron en algunos de ellos, pirámides planas en la cima y escalonadas, templos enormes y frisos[6] de piedra esculpidos con motivos de

---

[5] *maguey*   Mexican plant from which fiber and a beer-like liquor (*pulque*) is obtained
[6] *frisos*   friezes, ornamented bands on the building walls

jaguares y arañas. Descubrieron amplias plazas, alrededor de las cuales se encontraban las viviendas del pueblo. Los edificios más grandes de esta cultura de la costa andina se construyeron, según las pruebas de carbono, 2000 años antes que los edificios de los mayas y 3000 años antes que los de los aztecas e incas. Cada comunidad ocupaba un área aproximada de 140 acres y tenía por centro una estructura monumental en forma de «U», alrededor de la cual se levantaban los templos rodeados de viviendas. La complejidad de los edificios, el tamaño, la planificación precisa y el alto grado de movilización laboral hacen pensar que pertenecían a ciudades-estados motivadas por la religión y dependientes principalmente de la riqueza del Océano Pacífico. El pueblo construyó las grandes estructuras más por temor a los dioses que al gobierno terrenal. Se alimentaban de la fauna y flora marinas, y complementaban su dieta con batatas, frijoles, maní [*peanuts*], productos de civilizaciones andinas y cuyes [*pigs*].

Una de las dos grandes estructuras descubiertas en la Huaca A [*Burial site A*], cerca de la actual ciudad de Casma, es un almacén del tamaño de una cancha de fútbol y de tres pisos de alto, donde se guardaban los alimentos; la otra es un templo de diez pisos de altura. Esta civilización, aparentemente la más antigua del Continente Americano, inexplicablemente y de manera abrupta se trasladó a los Andes para organizar sociedades agrícolas que florecieron a 10 000 pies del nivel del mar, pese a la severidad del clima. Tal vez un violento cambio ecológico, que produjo la disminución de la fauna marítima en mayor escala, empujaron a esta temprana civilización a emigrar hacia las alturas andinas para no sufrir el deterioro económico-político. Milenios después ocurriría con la floreciente cultura Mochica, dos de cuyos gobernantes fueron descubiertos a fines del siglo XX: la Señora de Cao (s. III d.C.) y el Señor de Sipán (s. IV d.C.) al norte de Trujillo.

En las alturas andinas ya vivían poblaciones que desde hacía 9000 años habían cultivado muchas plantas, tejían su ropa y se alimentaban de venados, oca, olluco, tomates, frijoles y habichuelas [*deer, goose, tubers resembling potatoes, tomatoes, beans and beanpods*]. La primera gran cultura desarrollada en los propios Andes fue *Chavín de Huántar,* que se

Un huaco *(ancient ceramic artifact)* que muestra un baile de guerreros mochicas.

©age fotostock/SuperStock

La Puerta del Sol esculpida en un solo bloque de 3 × 4 metros. Esta importante pieza arquitectónica del Tiahuanacu tiene arriba decoraciones como las que muestran las paredes de barro de la Costa. En la parte central superior aparece un dios chavín sosteniendo un báculo en cada mano.

extendió por el norte del actual Perú. Su clase dirigente dominaba al pueblo apoyándose en su poder militar y manifestando que tenían ordenes divinas. Aparentemente un desastre natural determinó la decadencia de este importante centro político-religioso. Otras importantes civilizaciones le sucedieron a Chavín: *Mochica, Nazca* y *Chimú,* en la Costa; *Huari,* en los Andes centrales; y *Tiahuanacu,* alrededor del Lago Titicaca. La civilización incaica, desarrollada en el siglo XV, fue la culminación de todas las culturas precedentes, cuya lengua quechua fue una variedad del idioma de los Huari. Todas estas culturas empleaban el control de las aguas en la agricultura y se expandieron probablemente por la presión demográfica.

3.7 Los incas

Originalmente sólo eran de sangre incaica los de la familia real, pero más tarde el término se aplicó a la mayoría dominante de los habitantes del **Tahuantinsuyo** (cuatro regiones de la tierra), nombre que los antiguos peruanos daban a su imperio. Varias leyendas explican su origen divino. Una de las más difundidas afirma que Manco Cápac y su hermana Mama Ocllo, enviados por su padre el Sol a fundar un imperio, establecieron la capital del nuevo estado en el Cuzco (ombligo [*navel*] del mundo). La lengua oficial recibió el nombre de **runasimi** (lengua general) o quechua. La base de su estructura social era el **ayllu,** grupo de familias que cultivaban la tierra y hacían otras labores en común. Parte de la cosecha [*harvest*] era para el inca, otra parte para la religión y el resto se repartía entre las familias del ayllu.

El inca estaba al tanto de lo sucedido en sus dominios, gracias a las carreteras y a los puentes colgantes [*hanging bridges*] que unían el Cuzco a las diversas zonas del imperio. Los **chasquis,** mensajeros encargados de llevar órdenes o noticias de lo ocurrido en las diferentes regiones, corrían grandes distancias y, como en la carrera de postas [*relay races*], se pasaban el **quipus,** instrumento compuesto de nudos [*knots*] de diversos colores. En el quipus los incas llevaban la contabilidad [*accounting*] de las cosechas almacenadas en los **tambos** (*posadas-depósitos*), y registraban el número de guerreros enviados en expediciones militares. El **amauta** (*sabio, maestro*) era el cronista encargado de conservar y difundir la tradición oralmente.

El inca, representante del Sol, era también la máxima autoridad religiosa. Como en Egipto y otras civilizaciones, la casta gobernante incaica practicaba la endogamia: el monarca se casaba con una de sus familiares, la **colla,** destinada a ser madre del príncipe heredero. Las **pallas** eran las vírgenes del Sol, las más hermosas del Tahuantinsuyo, seleccionadas para ser instruidas en el culto al Sol y desempeñar un papel parecido al de las vestales del imperio romano.

Los artesanos incaicos no superaron la cerámica de las culturas costeñas preincaicas (mochica, chimú, nazca). Aquí vemos su pieza característica: base puntiaguda [*sharp-pointed*], dos asas [*handles*] y adornos con motivos geométricos rojos y negros. La base de la religión era el culto al **Inti** o **Viracocha** (Sol). Como el Sol fertilizaba con sus rayos a su esposa **Pacha Mama** (Madre Tierra), el cultivo del suelo era una ceremonia sagrada y festiva. El enviado principal a los pueblos conquistados se llamaba **tucuyrico** (gobernador que todo lo ve), encargado de velar por el cumplimiento de las leyes [*charged with watching over the obedience to the law*]. Se castigaba a los rebeldes exiliándolos [*exiling them*] a regiones apartadas.

Los incas construyeron 18 000 millas de carreteras, grandes fortalezas, como la de Sacsahuamán, y templos, como el de Coricancha. Hoy se puede observar su habilidad arquitectónica en las ruinas de la ciudad-fortaleza de Machu Picchu, construida en la cima [*top*] de una montaña, a setenta millas al norte del Cuzco. Sobre esta arquitectura nos ocuparemos en otra sección (17.2).

El estricto código moral incaico [*The Inca moral code*] se revela en el popular saludo diario: «*Ama sua, ama lluclla, ama quella*» (no robes, no mientas, no seas haragán [*don't be lazy*]). Entre sus monarcas más importantes se encuentran Pachacútec, Viracocha y Huayna Cápac. Según los cronistas españoles, antes de morir Huayna Cápac dividió su imperio en dos

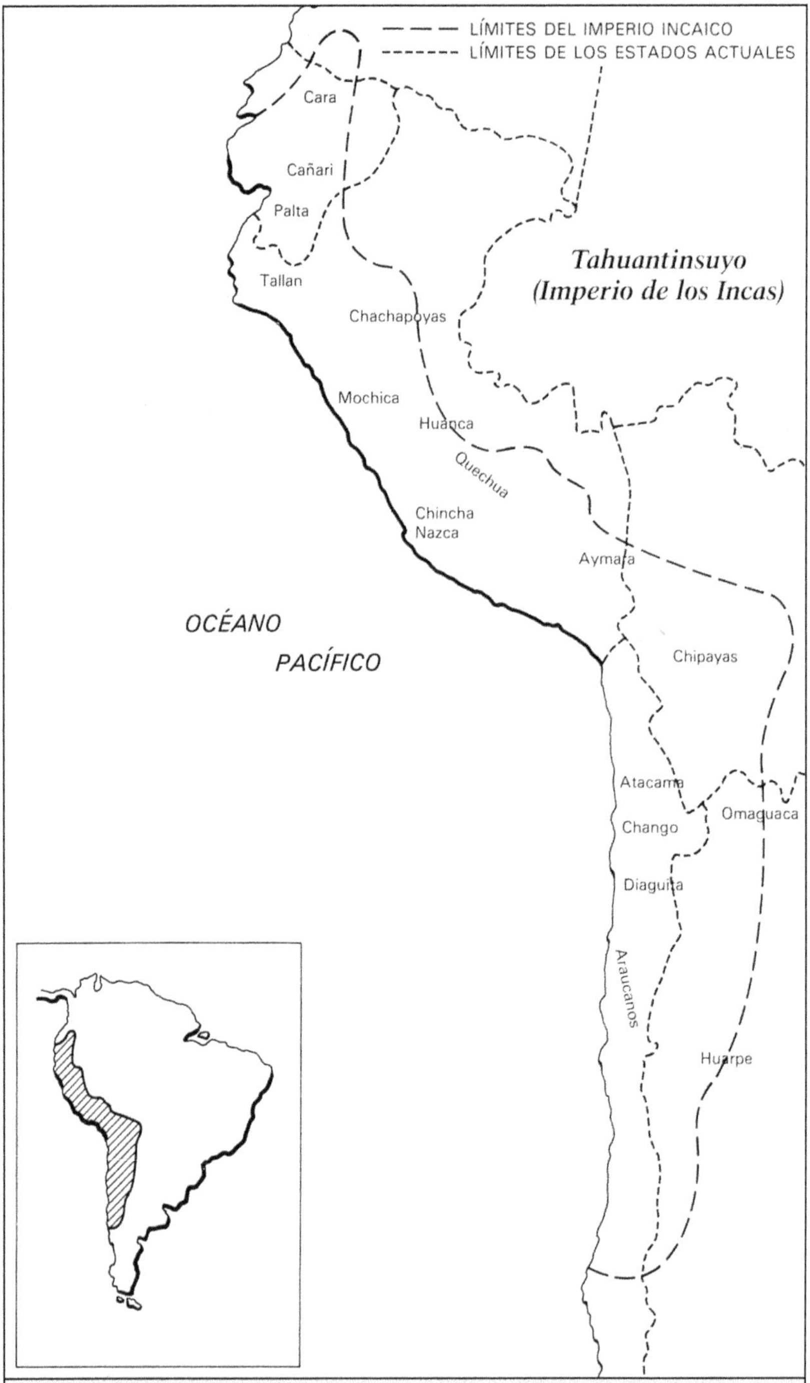

LÍMITES DEL IMPERIO INCAICO
LÍMITES DE LOS ESTADOS ACTUALES

Cara

Cañari

Palta

Tallan

Chachapoyas

Tahuantinsuyo
(Imperio de los Incas)

Mochica

Huanca

Quechua

Chincha
Nazca

Aymara

OCÉANO
PACÍFICO

Chipayas

Atacama

Chango

Omaguaca

Diaguita

Araucanos

Huarpe

Tahuantinsuyo, a veces escrito como Tawantinsuyo o Tahuantinsuyu, fue el nombre dado por los incas a su imperio.

Machu Picchu, ciudad incaica de piedra, construida probablemente en el siglo XV al norte de Cuzco, es una de las maravillas arquitectónicas del mundo. Contiene muchos palacios, templos, observatorios, tumbas, plazas, puentes y otros edificios con escalinatas que suman más de tres mil peldaños (*steps*). Desconocida por los españoles, criollos y mestizos, unos indios se la mostraron a Hiram Bingham, arqueólogo de la Universidad de Yale, quien en sus varios libros afirmó haberla "descubierto" en 1911.

grandes regiones: una para Huáscar y el otra para Atahualpa.[7] Recientes estudios históricos, sin embargo, muestran que la lucha entre los dos hijos de Huayna Cápac fue provocada por diversos partidos políticos indígenas, y que el inca murió sin dejar sucesor, por eso después de su muerte el imperio de unos doce millones de habitantes se dividió en dos grupos rivales. Lo cierto es que ambos hermanos lucharon por unificar el Tahuantinsuyo bajo su mando. Finalmente, Atahualpa venció a Huáscar y estaba a punto de proclamarse monarca único cuando llegaron los españoles. En 1532, Atahualpa, en camino al Cuzco, se encontraba descansando en los baños termales [*thermal*] de Cajamarca cuando fueron a buscarlo Pizarro y sus soldados.

---

[7] Some historians believe that Atahualpa's mother was a Quito princess, but most historians today sustain that the mothers of both contenders to the throne were Inca women.

3.8 La herencia indígena

Las civilizaciones dejan a la posteridad una serie de manifestaciones culturales que afectan la manera de ser, pensar y obrar [*to act*] de sus descendientes. Aunque ciertos elementos de las sociedades precolombinas fueron reordenados o destruidos por los europeos, muchos de sus rasgos distintivos sobreviven [*survive*] como base cultural de los nuevos pueblos indoamericanos. Su supervivencia [*survival*] es más evidente en los países donde todavía quedan millones de sus descendientes, conviviendo [*living side by side*] con sus hermanos mestizos y de otras razas, con quienes ahora comparten el terreno donde antes gobernaban sus antepasados. La herencia prehispánica es mayor donde más sangre indígena queda. La tristeza del indígena andino parece tener origen precolombino. El apego [*attachment*] a la tierra sentido por muchos indoamericanos es asimismo de origen indígena. Su nostalgia del terruño [*homesickness*] podrá tener origen ibérico, pero la nostalgia, mezclada con cierto grado de fervor religioso, probablemente se remonta [*dates back*] al amor precolombino a la Pacha Mama (Madre Tierra). La inclinación colectivista del indígena debe investigarse en el sistema económico y el régimen de trabajo que tuvieron las diversas civilizaciones americanas.

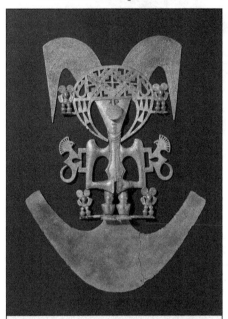

Este armamento pectoral antropomórfico, hecho por un precolombino de la Región del Cauca, está decorado con seis figuras zoomórficas. Tiene 15, 8 centímetros de ancho por 24 de alto y un peso de 248, 67 gramos. Es una de las 8000 piezas del Museo de Oro del Banco de la República, Bogotá. Su base se parece mucho al pectoral mochica de Sipán (Lambayeque, Perú) desenterrado en 1987.

Gran parte de la comida mexicana, guatemalteca, peruana y ecuatoriana se basa principalmente en los artículos comestibles de sus antepasados prehispánicos: papa [*potato*], yuca, cacao, batata, ají o chile, frijoles, tomates, calabaza y pescado. Hay quienes creen que para comenzar a examinar la manera de ser de un pueblo hay que empezar por identificar qué comen. Quizás la baja estatura de muchos indígenas se deba en gran parte a su alimentación deficiente.

El espíritu festivo del indígena, su arte manual, su capacidad escultórica, su gran habilidad para trabajar el oro, la plata y las piedras preciosas, se conservan todavía en los indoamericanos de hoy. La música indígena, como se verá más adelante, aunque enriquecida con técnica e instrumentos europeos, todavía sirve de importante recordatorio [*reminder*] del grado de civilización de los antepasados amerindios de este lado del Atlántico.

3.9 Resumen

I. **Origen del hombre americano**
   A. Hipótesis autoctonista: el argentino Florentino Ameghino (1854–1911)
   B. Tesis migratoria del francés Paul Rivet (1876–1964)

II. **La civilización olmeca (siglos XII–VI a.C), primera de Mesoamérica**
   A. Rasgos distintivos expresados en pirámides truncas y cabezas gigantes
   B. Legado cultural a Mesoamérica: jade, irrigación, maíz y frijol

III. **Los mayas y quichés**
   A. El antiguo Imperio (siglos IV–IX) y el Nuevo Imperio (siglos IX–XIV)
   B. Los mayas se asocian con los quichés de Guatemala
   C. El calendario y los códices de maguey con escritura jeroglífica
   D. Los centros religiosos: Chichén-Itzá, Palenque y Copán
   E. Pirámides, templos y palacios adornados con esculturas
   F. Los libros clásicos: *Popol Vuh* (sagrado) y *Chilam Balam* (mágico)

IV. **Las culturas del Valle de México**
   A. Teotihuacán (siglos III–VI), centro religioso
      1. Gigántescas pirámides truncas del Sol y de la Luna
      2. El templo de Quetzalcóatl (Serpiente Emplumada) y la ciudadela
   B. Los toltecas y su capital Tula
      1. Cultivaron maíz, frijol, chile, camote, yuca, cacao y algodón
      2. El culto al Sol y la Luna y la astronomía y el calendario
   C. Los chichimecas (siglo XII) y su capital Texcoco
      1. Fusión con los toltecas
      2. Netzahualcóyotl, rey poeta, se alió con los aztecas
   D. Los aztecas (siglo XIII) y su capital Tenochtitlán
      1. Importancia del maguey, el perro y el guajalote
      2. Teorías explicatorias del sacrificio humano

V. **La civilización peruana de Norte Chico: la más antigua de las Américas**
   A. Contemporánea con Egipto, 2000 años antes que los olmecas
   B. La Sagrada Ciudad de Caral: impresionantes edificios y canales de irrigación

C. Usaron el quipus 4000 años antes que los incas

D. Cambio ecológico obligó a sus 20 000 habitantes a emigrar hacia los Andes

VI. **Tahuantinsuyo: Imperio de los incas y su capital Cuzco**

A. Herederos de Chavín, Mochica, Chimú, Nazca, Huari y Tiahuanacu

B. La leyenda fundadora de Manco Cápac y su hermana Mama Ocllo

C. El *runasimi*: lengua general conocida como quechua

D. Importancia del *ayllu*, la *Pacha Mama*, las carreteras y los tambos

E. Papel del *amauta*, los *quipus*, el *chasqui*, la *colla* y las *pallas*

F. El Inti o Viracocha y la construcción de fortalezas y templos

VII. **La herencia indígena, substrato cultural de los hispanoamericanos**

A. El maíz, la papa, el frijol, la yuca y el tomate en la dieta

B. Inclinación a la artesanía y las bellas artes

3.10 Cuestionario y temas de conversación

Cuestionario

1. ¿Cuál es el origen del hombre de las Américas, según Florentino Ameghino?
2. ¿Qué tesis defendió Paul Rivet?
3. ¿Cuáles fueron las civilizaciones más desarrolladas en el Valle de México?
4. ¿Qué importancia tiene el maíz en las civilizaciones precolombinas?
5. ¿Qué plantas y animales oriundos del Nuevo Mundo conoces tú?
6. Explica brevemente el papel histórico de Teotihuacán.
7. ¿Dónde desarrollaron los mayas su civilización?
8. ¿Cuáles fueron los grandes centros religiosos maya-quichés?
9. ¿Por qué es importante el *Popol Vuh*, libro sagrado de los quichés?
10. ¿Cuáles fueron las civilizaciones más importantes de Sudamérica?

Temas de conversación

1. Elabore sobre la importancia histórica de los olmecas.
2. Describa la construcción y la destrucción de Tenochtitlán, capital de los aztecas.
3. Explique el significado práctico del calendario azteca.
4. Comente qué libros mayas reeditaron los españoles.

5. Explique la importancia de la industria textil de la civilización nazca.
6. Informe sobre la civilización del Tiahuanacu.
7. Opine sobre Machu Picchu, la ciudad perdida de los incas.
8. Describa la religión de los mayas.
9. Contraste el valor artístico e histórico de la cerámica mochica con la chimú.
10. Contraste el régimen político de los incas con el de los aztecas.

Cronología comparada

1492–1504 Los cuatro viajes de Colón

1513 Juan Ponce de León explora La Florida

1515 J. Díaz de Solís navega el Río de la Plata

1517–27 Conquista de México y Centroamérica

1519–22 Magallanes navega alrededor del mundo

1519–35 Conquista del Perú y del Reino de Quito

1533–37 Conquista de Nueva Granada y Venezuela

1535–57 Conquista de Chile

1507 Los portugueses ocupan Madagascar

1513 Hegemonía española en Italia

1531 Enrique VIII separa a la Iglesia Anglicana de Roma

1553 María I, hija del inglés Enrique VII y Catalina de Aragón, es coronada reina de Inglaterra.

El desembarco de Colón en la isla Española, según un aguafuerte [*etching*] antiguo (circa 1594) conservado en la Colección de Libros Raros y Colecciones Especiales de la Biblioteca del Congreso en Washington D.C. Tiene una leyenda [*caption*] en castellano antiguo.

4 *Las exploraciones, la conquista y su significado*

4.1 Colón y sus cuatro viajes

Cristóbal Colón (c. 1451–1506), célebre marino genovés [*Genovese seaman*], se casó en Lisboa con la hija de un capitán portugués que había navegado por el Atlántico hasta las islas Azores. De las cartas de su suegro y diario acerca de sus viajes, Colón obtuvo ideas en apoyo de la tesis de la redondez de la tierra. Para encontrar una nueva ruta a Asia, continente de las preciadas especias, el explorador genovés buscó sin éxito la ayuda de los gobiernos de Génova, Portugal e Inglaterra. Tras muchas decepciones [*After many disappointments*], logró que Isabel la Católica, Reina de España, lo oyera y asistiera, y, que, según una conocida leyenda hoy desacreditada, empeñara sus joyas para costear la audaz expedición marítima colombina [*discredited, pawned her jewels to pay for Colombus's daring sea expedition*].

El 3 de agosto de 1492 Colón zarpó del [*sailed from*] puerto de Palos, dirigiendo la Pinta, la Niña y la Santa María con rumbo al oeste [*in a westerly direction*]. En su primer viaje descubrió las islas San Salvador (hoy parte de las Bahamas), Juana (Cuba) y La Española.[1] El afortunado navegante retornó a España en marzo de 1493, llevando

---

[1] La *Española*   Hispaniola (The island presently shared by Haiti and the Dominican Republic)

 Para enriquecer tus estudios, ve nuestros recursos suplementales en línea a **www.cengage.com/spanish/latinoamerica**

 Películas, videos y otros materiales audiovisuales: vea nuestras sugerencias en la página 366.

consigo muestras [*carrying samples with him*] de las riquezas del Nuevo Mundo. Colón realizó otros tres viajes en los siguientes diez años, durante los cuales exploró Puerto Rico, Jamaica, las Islas Vírgenes y la costa del continente, desde las Guayanas hasta Honduras.

En su segundo viaje, Colón llevó provisiones para colonizar las tierras exploradas. Con la ayuda de 1300 españoles, su primer esfuerzo colonizador lo realizó en la isla La Española, donde fundó la aldea Isabela (1494), una de las primeras poblaciones [*settlements*] europeas en el Nuevo Mundo. La aldea Isabela fue destruida en las contiendas [*struggles*] con los indígenas y frente a sus ruinas, en 1496 se fundó Santo Domingo, hoy día la ciudad hispánica más antigua del Nuevo Mundo.

Por ironía histórica, Cristóbal Colón, a quien en vida se le concedieron tantos honores, murió pobre en Valladolid, España, el 20 de mayo de 1506, ignorando [*unaware*] que las tierras visitadas por él pertenecían a un hemisferio hasta entonces desconocido por los europeos de su época.

4.2 Vespucio, Magallanes y otros navegantes

Una vez que Colón probó que viajando hacia el oeste de Europa se llegaba a otro continente, numerosos navegantes trataron de imitarlo. Uno de ellos, el florentino Américo Vespucio (1451–1519), en nombre de España primero y de Portugal después, realizó cuatro viajes a las **Indias,** entre 1497 y 1502. Sus relaciones con los cartógrafos de la época ayudaron a eternizar el error de llamar América a las tierras «descubiertas» por Colón.

Al portugués Fernando de Magallanes (1470–1521), otro de los grandes marinos de la historia occidental, se le otorga la gloria de haber sido el primero en dar la vuelta al mundo, aunque en realidad la aventura la completó su teniente [*the feat was completed by his lieutenant*], Juan Sebastián Elcano. Al servicio de España, Magallanes partió de Sevilla en 1519, con cinco embarcaciones y 265 hombres. Cruzó el Atlántico y navegó por la costa oriental de Sudamérica hasta descubrir, en 1520, el estrecho que lleva su nombre [*the strait named after him*]. Después atravesó el Pacífico y, tras múltiples dificultades, arribó a Cebú, una de las islas de las Filipinas, donde en 1521 murió combatiendo a los aborígenes. Elcano asumió el mando de la expedición y retornó a España al año siguiente, en una sola embarcación, con 18 hombres muriéndose de hambre [*starving*].

Entre los numerosos navegantes continuadores de las expediciones de Colón, se destaca el veneciano Juan Caboto (Cabot), quien en 1497, al servicio de Inglaterra, descubrió Labrador y Terranova. Dos años más tarde, Vicente Yáñez Pinzón salió también del puerto de Palos, rumbo al sudoeste y arribó a la costa del Brasil y navegando luego al norte, descubrió la desembocadura del río Amazonas. Sin conocer estos recorridos [*trips*] de Pinzón, el portugués Pedro Álvares Cabral, en viaje por la costa occidental de África y desviándose hacia el oeste, también «descubrió» el Brasil en 1500.

Finalmente mencionemos a los españoles Vasco Núñez de Balboa (1475–1519), marino popular, que en 1513 atravesó el istmo de Panamá hasta llegar al Mar del Sur (Océano Pacífico), y Juan Díaz de Solís (1470–1516), que murió explorando el Río de la Plata en 1516.

4.3 Conquista de México

Un año después de que Francisco Hernández de Córdoba recorrió por primera vez la costa de la península de Yucatán, la expedición de Juan de Grijalva, que exploraba el litoral de la misma península, en 1518 se enteró [*learned*] de la existencia de un gran imperio indígena. Animado por las buenas noticias [*Encouraged . . . news*], Diego Velásquez de Cuéllar (1465–1524), gobernador de Cuba, en 1519 nombró a Hernán Cortés jefe de una expedición destinada a conquistar el rico país amerindio del cual Grijalva había traído noticias. Poco después, al enterarse de que el gobernador Velázquez lo había relevado del mando, Cortés partió de Cuba precipitadamente [*hastily*], con 11 barcos, 508 soldados y 16 caballos. El insubordinado explorador arribó a la isla de Cozumel, junto a la península yucateca, donde rescató a fray Jerónimo de Aguilar, náufrago español que había vivido ocho años cautivo de los mayas y había aprendido su lengua y le serviría de intérprete. Después, al llegar la expedición al territorio de los tabascos, éstos les dieron [*gave them as gifts*] veinte mujeres, entre las cuales estaba la famosa **Malinche** (doña Marina),[2] conocedora de varios idiomas amerindios, incluyendo el maya y el náhuatl. Cortés fundó Veracruz y estableció un cabildo [*town council*], cuyo primer acuerdo fue nombrarlo capitán de la expedición. Como los amigos de Velázquez no aprobaron el acuerdo, Cortés ordenó ahorcar a uno de ellos [*ordered one of them to be hanged*], le hizo cortar los pies a otro, y, al parecer, dispuso destruir las naves para hacer imposible toda retirada, recordando el histórico proverbio de "quemar las naves" para no dar marcha atrás.

En su marcha hacia el oeste de Veracruz los españoles recibieron riquísimos regalos de Moctezuma, emperador de los aztecas, cuyos embajadores les pidieron que abandonaran el país a cambio del oro que desearan. Entonces Cortés, gracias a doña Marina, su amante e intérprete, se enteró de la leyenda que le atribuía al dios Quetzalcóatl el haber tenido piel blanca y prometido retornar. Desde entonces, Cortés difundió esa leyenda beneficiosa a los conquistadores. Para impresionar a los embajadores aztecas, los españoles practicaron ejercicios militares y dispararon sus armas antes de hacer declaraciones pacíficas y enviarle a Moctezuma un mensaje pidiéndole permiso

---

[2] A controversy has ensued regarding Malinche's role in the conquest of Mexico between those who consider her a traitor and speak of «malinchismo» and those who see her as a noble woman belonging to one of the several Indian nations oppressed by the Aztecs.

Courtesy of The Hispanic Society

Hernán Cortés (1485–1547), conquistador de México. La Corona española, deseosa de mantener el control absoluto de las nuevas tierras conquistadas, primero minó la autoridad de Cortés y después creó el Virreinato de Nueva España y mandó nuevas autoridades.

para visitarlo en su capital. El emperador azteca les negó el permiso pero les remitió nuevos obsequios por valor de unos 20 000 ducados.[3]

Como algunas tribus indígenas solicitaron ayuda para independizarse de los aztecas, el ejército español marchó hacia Tenochtitlán. Con la ayuda de miles de amerindios aliados, particularmente tlascaltecas, los españoles vencieron toda resistencia y se apoderaron de cuantioso botín [*substantial booty*]. El 8 de noviembre de 1519, los conquistadores entraron triunfantes en Tenochtitlán, recibidos noblemente por el débil monarca Moctezuma. Como se temía un ataque sorpresivo de los aztecas, el emperador fue detenido. Mas [*But*], en estas circunstancias llegó la noticia del desembarco en Veracruz de la expedición de Pánfilo de Narváez enviada por Velásquez, con órdenes de apresar a Cortés y continuar la conquista en nombre del

---

[3] *ducado* era la moneda de oro usada en España hasta el siglo XVI, cuyo valor llegó a ser de unas siete pesetas. Su equivalente actual es difícil de calcular. Probablemente el poder adquisitivo del ducado de entonces era semejante al de cien dólares de 2007.

gobernador de Cuba. El desobediente capitán Cortés salió rápidamente de Tenochtitlán para enfrentarse a la expedición punitiva.

Probablemente mediante el soborno [*by means of a bribe*], el conquistador de México derrotó a los soldados de Narváez antes de incorporarlos a sus filas y retornar inmediatamente a Tenochtitlán, donde la situación se había agravado a consecuencia de una matanza [*slaughter*] de nobles aztecas realizada por Pedro de Alvarado (1485–1541). En vez de reprender a su teniente [*Instead of reprimanding his deputy*], Cortés obligó a Moctezuma a sermonear [*to harangue*] a sus indignados súbditos. La multitud furiosa apedreó e hirió [*stoned and wounded*] mortalmente al monarca. Le sucedió su hermano Cuitláhuac (1476–1520).

Una vez ampliada la resistencia azteca, los conquistadores decidieron abandonar la ciudad, y al pelearse en retirada [*upon beating a retreat*], sufrieron grandes pérdidas. Alvarado se salvó milagrosamente. Los aztecas no pudieron castigarlo por sus actos de genocidio en la matanza del patio del Templo Mayor, como por su extrema crueldad en el sitio de Tenochtitlán, según los testimonios aztecas recogidos por fray Bernardino de Sahagún (1500–90) y las explicaciones de varios cronistas. Como después de esa batalla nocturna Cortés lamentó su desgracia, la historia recuerda ese acontecimiento como «La Noche Triste».

Los españoles se reorganizaron al consolidar su alianza con los indígenas enemigos de los aztecas y al recibir refuerzos de Jamaica y las Islas Canarias. Completamente recuperado, el nuevo ejército conquistador (900 españoles, 150 000 indígenas auxiliares y 86 caballos) volvió a rodear Tenochtitlán, gobernada por el yerno [*son-in-law*] de Moctezuma, **Cuauhtémoc** (águila que desciende, 1495–1525), sucesor de Cuitláhuac, que había muerto víctima de la viruela [*smallpox*] en 1520. Los aztecas no se rindieron: lucharon de casa en casa hasta ser completamente derrotados. Preso Cuauhtémoc, fue torturado para que confesara dónde guardaba los tesoros. La leyenda cuenta que los españoles tendieron [*stretched*] al monarca azteca y a uno de sus ministros sobre un lecho de carbones encendidos [*bed of burning coals*]. Como el ministro adolorido [*in pain*] había mirado al monarca, como si le suplicara permiso para confesar, Cuauhtémoc insensiblemente le contestó: «¿Crees acaso [*perhaps*] que yo estoy en un lecho [*bed*] de rosas?» Los heroicos aztecas murieron sin revelar el secreto buscado por sus torturadores.

Con la ocupación de Tenochtitlán y la muerte heroica de su último monarca, sucumbió el imperio azteca. Sobre las cenizas [*ashes*] de Tenochtitlán los españoles construyeron la ciudad de México. En 1522 Cortés fue nombrado Capitán General y Justicia Mayor de Nueva España, nombre oficial del nuevo territorio. Después se fundaron otras ciudades. En 1535 llegó Antonio de Mendoza (1535) primer virrey de Nueva España y comenzó la historia del primer virreinato establecido por la corona española en el Nuevo Mundo.

4.4 Conquista de América Central

Tras las primeras exploraciones de Centroamérica hechas por españoles procedentes de Panamá se realizó la conquista de América Central por varios capitanes enviados desde México. En 1523 Cortés, deseoso de ser el primero en conquistar Honduras, encomendó a Pedro de Alvarado una expedición terrestre, y a Cristóbal de Olid, una excursión marítima para explorar las costas del territorio entre México y Panamá. Traidoramente, Olid se puso a las órdenes de Diego de Velásquez (enemigo declarado de Cortés), que le prometió nombrarlo gobernador de Honduras. Luego de fundar una colonia en ese país, Olid fue abandonado por sus seguidores y apresado por los oficiales enviados de Nueva España para castigarlo. Sometido, fue procesado y decapitado en 1524.

Entre 1524 y 1527 Pedro de Alvarado, ayudado por su hermano Gonzalo, logró conquistar Guatemala y El Salvador, además de concluir la conquista de Honduras. En 1527 viajó a España y se entrevistó con Carlos V, quien lo nombró gobernador, capitán general y adelantado de Guatemala. A su vuelta a México en 1529, el nuevo gobernador de Nueva España lo encarceló y procesó, pero se libró del cautiverio por intervención de Cortés. Su hermano José de Alvarado sometió a los indígenas de Costa Rica.

Courtesy of St. John's County Visitors and Convention Bureau

Calle Saint George de San Agustín, Florida. Esta ciudad, la más antigua de los Estados Unidos, fue fundada por el marino español Pedro Menéndez de Avilés en 1565, en el sitio de un viejo pueblo indio, muy cerca del lugar donde Juan Ponce de León desembarcó in 1513.

4.5 Colonización hispana en los futuros Estados Unidos

En 1513 Juan Ponce de León, gobernador de Puerto Rico, desembarcó al norte del lugar donde años después se fundó San Agustín (hoy Saint Augustine) y caminó hacia el sur por seis meses en busca de oro y de la fuente de la juventud. Ocho años más tarde, Ponce de León estableció una colonia en una de las bahías que había visitado, pero en una batalla fue herido por los nativos y murió. Unas cuatro décadas más tarde, Pedro Menéndez de Avilés expulsó a los franceses del Fuerte Carolina establecido por ellos en 1564 al norte del sitio donde fundó San Agustín, nombre del santo del día en que avistó [*sighted*] la costa de Florida. Desde entonces los españoles establecieron numerosos pueblos en la península y avanzaron en sus exploraciones hacia el oeste con el fin de reclamar tierras para España y ayudar a los jesuitas y franciscanos a crear misiones para evangelizar a los nativos. Alrededor de 1600 ya se habían fundado más de cuarenta misiones entre San Agustín y Pensacola, veinticuatro de las cuales eran franciscanas.

En las exploraciones del sur y sudoeste de los actuales Estados Unidos tuvieron un papel importante Pánfilo de Narváez (1478–1528), Álvar Núñez Cabeza de Vaca (¿1499–1559?) y Hernando de Soto (1500–42). Al fracasar en la colonización de Florida, Pánfilo de Narváez marchó con sus exploradores hacia el oeste hasta el Misisipí, donde falleció en un naufragio. Cabeza de Vaca, sobreviviente de esa frustrada expedición, caminó desde Florida hasta México durante su épica aventura de diez años entre los naturales de la región. Con la porción del tesoro [*treasury*] obtenido del rescate [*ransom*] de Atahualpa, Hernando de Soto costeó la expedición por el sur de Estados Unidos hasta morir a orillas del Misisipí combatiendo a los indígenas en 1542. Sus compañeros entraron en el norte de los territorios de las futuras Louisiana y Arkansas. De los tres exploradores, fue Álvar Núñez Cabeza de Vaca quien más influyó en las subsiguientes exploraciones y colonización de la región que hoy incluye Nuevo México y Arizona. Su libro *Naufragios* (1542) y los informes exagerados de la existencia de enormes riquezas y de las míticas Siete Ciudades de Cíbola generaron fantásticas leyendas de riquezas extravagantes en los amplios territorios al norte del Virreinato de Nueva España.

En 1539 Antonio de Mendoza, virrey de México, envió hacia el norte a la pequeña expedición del sacerdote franciscano Fray Marcos de Niza, guiada por Esteban, el ex esclavo moro [*Moorish slave*] con quien Cabeza de Vaca había llegado a la ciudad de México tres años antes. Tras la muerte de Esteban en un enfrentamiento con los amerindios, la expedición de Niza se vio obligada a retornar a la capital mexicana el mismo año de 1539. Curiosamente, el sacerdote confirmó la existencia de las riquezas de la región, particularmente de Hawikuh, «la más grande de las Siete Ciudades de Cíbola». Entusiasmados por los insistentes rumores de esas riquezas, las autoridades españolas enviaron hacia esa región la importante expedición de Francisco Vázquez de Coronado (1510–1554), gobernador de Nueva Galicia, provincia norteña de México. Grande fue la sorpresa de Coronado al comprobar [*upon verifying*] que las calles de Hawikuh no estaban cubiertas de oro ni las puertas de las casas estaban adornadas con turquesas, y que las Siete Ciudades de Cíbola eran en realidad siete pequeñas aldeas con casas de piedra y barro donde vivían indígenas pobres y resentidos con los hispanos que profanaban sus tierras sagradas. Algunos de ellos, para deshacerse de [*to get rid of*] los españoles, les aseguraron, mientras señalaban al norte, que las riquezas buscadas se encontraban «más allá». Con esa información, Coronado continuó la marcha hasta llegar a la actual Kansas. Después de explorar el Gran Cañón y el Valle del Río Grande, decepcionado por el fracaso de su empresa, Coronado retornó a México en 1542.

Otras expediciones fueron enviadas por las autoridades españolas para expandir las fronteras norteñas del Virreinato de Nueva España. Juan de Oñate en 1598 financió su propia expedición colonizadora que estableció poblaciones españolas permanentes, como San Gabriel, diez millas al norte del lugar montañoso donde en 1610 se fundó Santa Fe. Seis años más tarde, cuando los indios convertidos al cristianismo llegaron a 10 000 y se habían establecido siete iglesias, el territorio de Nuevo México fue elevado a la categoría de Provincia Franciscana. Allá la colonización se llevó a cabo en conjunción con las misiones y la fundación de otros pueblos además de Santa Cruz (1692) y Albuquerque (1708). Alrededor de 1706, entre los 2000 colonos españoles, veintiún misioneros trabajaban en la provincia en once misiones y siete estaciones vecinas. El apogeo [*height*] de la evangelización llegó a mediados del siglo XVIII cuando el número de indígenas conversos llegó a 17 500, casi el mismo número de españoles establecidos en Nuevo México. En 1798, Martín de Alarcón, Capitán General y Gobernador de la provincia de Texas, llevó setenta colonos, un destacamento de soldados y centenares de cabezas de ganado vacuno, caballar y lanar. Con todo, la misión como institución de la frontera exploró territorios y enseñó castellano, catecismo y artesanía a los nativos. Desde 1539 hasta 1848, cuando Nuevo México pasó al poder de los Estados Unidos, unos 800 franciscanos hicieron labor misionera en ese territorio. Las misiones, iglesias y capillas de adobe construidas, en su mayoría conservadas hasta hoy, son parte del legado cultural hispánico cedido por México a Estados Unidos en virtud del Tratado Guadalupe Hidalgo (1848), al entregarle la mitad norteña del país, especialmente los territorios de Arizona, California, Nuevo México y Texas.

Entre los principales exploradores de Texas se destaca el capitán Alonso de León, gobernador de Coahuila (México), cuyos acompañantes franciscanos establecieron misiones a partir de 1689 y contribuyeron a la incorporación de Texas al Virreinato de Nueva España (México) en 1690. Al año siguiente, el Padre Damián Masanet, compañero del explorador Domingo Terán de los Ríos, bautizó al pueblo indígena Yanaguana con el nombre de San Antonio, en honor de San Antonio de Padua. Poco tiempo después el virrey de México nombró a Francisco Martínez primer gobernador de Texas.

FRANCISCO PIZARRO

Francisco Pizarro (¿1476?–1541) capturó a Atahualpa en Cajamarca en 1532. Aunque por el rescate del inca recibió dos cuartos llenos de plata y uno de oro, rompió su palabra y lo hizo ejecutar. En 1535 fundó Lima, donde fue asesinado seis años más tarde.

Aunque España reclamaba como suyas las tierras exploradas por sus navegantes en la costa de la actual California, no se habían establecido puertos ni ciudades hasta el último cuarto del siglo XVIII. Cuando los rusos comenzaron a explorar los territorios de la futura Canadá, Carlos III de España decidió apoyar el establecimiento de poblaciones españolas en esas fértiles tierras que habían explorado dos siglos antes.

El territorio ocupado por el actual Estado de Arizona formaba parte del territorio conocido como Nuevo México. Su desarrollo inicial lo realizó el jesuita Eusebio Francisco Kino (1645–1711), fundador de la misión de San Xavier de Bac (1692) y otras 23 misiones. A él se le atribuye: (1) el haber comprobado que Baja California era una península y no una isla; (2) el haber introducido la ganadería vacuna y ovina a las regiones que colonizó durante cuarenta expediciones; (3) el haber elaborado mapas exactos de las regiones exploradas, útiles un siglo después de su muerte; y (4) el haber evangelizado a 30 000 indígenas, 4000 de los cuales él bautizó personalmente.

En la última década del siglo XVII el Padre Kino recorrió las rancherías Pimas existentes a orillas del río Santa Cruz, donde cultivaban zapallos, maíz, melones, algodón, y tabaco. Kino bautizó con el nombre de «San Cosme de Tucson» a una de esas aldeas. El Padre Kino ayudó generosamente a Pimas y Yumas y a otros indígenas de diferentes tribus. Aunque murió en el Estado de Sonora, sus restos descansan en San Xavier. El perseverante franciscano Fray Junípero Serra (1713–84) le sucedió en la labor exploratoria y evangelizadora en Sonora y Arizona, para luego ampliarla hasta California.

4.6 Conquista del Perú

Francisco Pizarro y Diego de Almagro (1475–1538), dos hombres de modesto origen y poco instruidos, se asociaron con el clérigo Hernando de Luque (m. 1532) para conquistar el Perú. En una pequeña nave con 100 hombres, Pizarro partió de Panamá en 1525. Almagro lo siguió después con 70 aventureros más. Luque se quedó en Panamá recaudando [*raising*] fondos. Tras mil dificultades, los exploradores llegaron primero a la costa occidental de la actual Colombia. De allí siguieron viaje al Perú. El Inca Garcilaso de la Vega (1539–1616) en sus *Comentarios reales* (primera parte, 1609) explica el origen de este nombre. En una de sus exploraciones por las costas del Pacífico, un navío de Vasco Núñez de Balboa cruzó la línea equinoccial.[4] Como navegaban muy cerca de la actual costa sureña de Colombia, pudieron capturar a un indígena aterrado [*frightened*]. Cuando le preguntaron cómo se llamaba esa tierra, el amerindio contestó que su nombre era Berú, ubicado en el río Pelú. De la corrupción de ambos vocablos se derivó Perú como nombre de la zona.

Después de meses de privaciones y sufrimientos sin fin, arribaron a la Isla del Gallo, donde recibieron órdenes del nuevo gobernador de Panamá de abandonar el emprendimiento. Desesperado, Pizarro trazó con su espada una línea en la arena de la playa [*drew . . . a line on the sand of the beach*] y señalando al sur dijo: «Por aquí se va al Perú, a ser ricos». Y luego, señalando al norte, exclamó: «Por aquí se va a Panamá, a ser pobres.» Sólo trece valientes pasaron la línea sin vacilación alguna. La historia los conoce con el nombre de «Los trece del Gallo». Estos aventureros arriesgados [*bold*], arribaron a la bahía de Tumbes, donde descubrieron muestras de la gran civilización peruana. A fines de 1527, Pizarro retornó a Panamá. Como fue mal recibido por el nuevo gobernador, se embarcó para España donde obtuvo los títulos de adelantado, gobernador y capitán general en los países que descubriera, con autoridad casi absoluta y sin dependencia del gobernador de Panamá. Para Luque obtuvo el nombramiento de obispo [*bishop*] de Tumbes y para Almagro el de gobernador de varias fortalezas que se construirían en el futuro. Al enterarse Almagro de la ambición y egoísmo de su compañero, se enojó [*became angry*] mucho, pero se contuvo y esperó mejor momento para hacer efectivo su reclamo.

En 1530, Pizarro salió de España acompañado de cuatro hermanos suyos y muchos amigos de su Trujillo natal [*native*], y al año siguiente zarpó de

---

[4] *equinoccial*   equinoctial (pertaining to the celestial equator)

Atahualpa, hijo del Inca Huayna Cápac, fue capturado por Francisco Pizarro en Cajamarca en 1532. Mientras se hallaba preso, Huáscar, su medio hermano y rival, fue asesinado en Cuzco. El crimen le sirvió de pretexto a Pizarro para ejecutar a Atahualpa después de recibir su fabuloso rescate.

Panamá con 180 hombres y 27 caballos en tres embarcaciones. Almagro se quedó otra vez en Panamá reclutando [*recruiting*] gente para la campaña. Habiendo recibido refuerzos varias veces, Pizarro llegó nuevamente a Tumbes.

Acompañado de Felipillo, su intérprete indígena, prosiguió hacia el sur. En 1532, a orillas del río Piura, fundó la primera ciudad española del Perú: San Miguel de Piura. Al enterarse de que Atahualpa estaba descansando en la ciudad andina de Cajamarca—al sudeste de Piura—Pizarro marchó con sus tropas para apresar al Inca. En complicidad con Fray Vicente Valverde, capturó a Atahualpa después de una sangrienta matanza. Atahualpa ofreció llenar dos grandes cuartos de plata y uno de oro por su rescate. Pizarro aceptó el ofrecimiento, pero una vez que repartió [*distributed*] el tesoro entre los suyos, dio muerte al Inca, acusándole de haber matado a su hermano Huáscar y conspirado contra los españoles. Con la muerte de Atahualpa, el Imperio quedó a merced [*mercy*] de los invasores. En 1533, Pizarro se apoderó del Cuzco, dominando así prácticamente todo el país. Entonces comenzó a buscar un lugar que estuviera en mejor comunicación con España y al mismo tiempo le sirviera de capital del Perú. El 18 de enero de 1535, fundó Lima, Ciudad de los Reyes.

Sofocada la resistencia de la población nativa, el país no gozó de paz porque la ambición y la codicia dividieron a los conquistadores y desencadenaron [*unleashed*] las luchas internas (1538–48), en las cuales murieron violentamente Almagro, Pizarro y Blasco Núñez Vela, primer virrey del Perú. Pacificado el país por Pedro de la Gasca, llegó el nuevo virrey del Perú: Antonio de Mendoza, ex virrey de México. Con él comienzan los casi tres siglos del coloniaje peruano.

4.7 Conquista de Quito, Nueva Granada y Venezuela

Terminada la conquista del Perú, se enviaron otras expediciones a diferentes regiones vecinas. Un teniente de Pizarro, Sebastián de Benalcázar, conquistó el Reino de Quito y lo incorporó al Perú. En diciembre de 1533, entró en la ciudad de Quito, avanzó hacia el norte, penetró en territorio de la actual Colombia, fundó la ciudad de Popayán, recorrió el valle del Cauca, y llegó a la meseta de Bogotá. Cuál no sería su sorpresa al encontrar allí a Gonzalo Jiménez de Quesada, fundador de Santa Fe de Bogotá, y al alemán Nicolás de Federman.

El rey de España, también soberano de Alemania, había concedido la conquista de Venezuela a la compañía Welser (banqueros alemanes de Augsburgo) a la que debía fuertes sumas de dinero. Los Welser nombraron gobernador de Venezuela a Ambrosio Alfinger, su ex agente en España. Alfinger llegó a Venezuela en 1528, y cuando se convenció de que no encontraría muchas riquezas decidió apresar indígenas y venderlos como esclavos. En 1530, fundó Maracaibo. El cruel explorador alemán penetró en territorio que no le pertenecía, llegó hasta el río Magdalena y después de arrasar con [*razing to the ground*] los pueblos recorridos, en un encuentro con los nativos cayó mortalmente herido. Hay quienes creen que uno de sus propios soldados lo hirió de muerte. En 1534, arribó a Venezuela otra expedición alemana dirigida por Jorge Spira y Nicolás de Federman. Después de tres años de exploraciones, Federman llegó a la meseta de Bogotá y quedó también sorprendido al encontrar allí a Jiménez de Quesada y Benalcázar, pero como no quería volver a las órdenes de Spira, le cedió su gente expedicionaria a Jiménez de Quesada por 10 000 pesos.

El abogado Jiménez de Quesada, por su parte, había salido del puerto de Santa Marta, en la costa atlántica de la actual Colombia, en 1536, con el propósito de internarse en el país siguiendo el curso del río Magdalena. El enérgico explorador había trepado [*climbed*] montañas y cruzado torrentes [*streams*] hasta llegar a las mesetas centrales donde encontró oro y esmeraldas. En 1537 fundó la ciudad de Santa Fe de Bogotá, y al siguiente año se sorprendió al recibir inesperadamente la visita de Federman y Benalcázar, a quienes fácilmente convenció de dejarle a él la tarea de completar la colonización de la futura Nueva Granada.

En 1546 Carlos V suspendió el privilegio de los Welser y nombró a Juan Pérez de Tolosa gobernador de Venezuela. Tolosa fundó varias colonias pero murió al poco tiempo. Otros le siguieron, y cuando en 1560 se fundó Caracas, Venezuela quedó asegurada al imperio colonial español.

4.8 Conquista de Chile

Completada la conquista del Perú, el rey de España nombró a Diego de Almagro gobernador del territorio del sur del Perú que después abarcaría a Chile. El compañero de Pizarro partió del Cuzco en 1535, con 150 soldados españoles y gran número de indígenas auxiliares. Almagro cruzó los Andes en dirección al sur, pero después de que muchos expedicionarios murieran de frío[5] y experimentara innumerables penurias, retornó al Cuzco en 1537 atravesando el desierto de Atacama. Allí sufrió otros contratiempos [*misfortunes*]. Su regreso en el Perú precipitó la guerra civil contra Pizarro en la cual Almagro murió combatiendo en 1538.

Courtesy of the Hispanic Society of America

García Hurtado de Mendoza (1535–1609), hijo de Andrés Hurtado de Mendoza, Virrey del Perú (1556–61), dirigió la última expedición conquistadora de Chile en la que participó Alonso de Ercilla y Zúñiga, autor de *La Araucana*. Don García fue más tarde Virrey del Perú (1589–96). Cf. *Voces de Hispanoamérica*

Creyéndose victorioso en la guerra civil, Pizarro autorizó la conquista de Chile, encargándole la misión a Pedro de Valdivia, uno de sus capitanes. Valdivia partió en 1540; entró en el desierto de Atacama y después de una muy difícil [*very painful*] marcha de cinco meses, llegó al fértil valle de Mapocho, fundó Santiago (1541), Concepción (1552), Valdivia (1552) y luchó contra los belicosos araucanos. Los españoles castigaban severamente a los indígenas, quienes, reorganizados y dirigidos luego por el valiente Lautaro, capturaron y dieron muerte a Valdivia y a muchos de sus soldados.

Cuando llegó a Lima la noticia de la rebelión de los araucanos y del sufrimiento de los españoles en Chile, el virrey Andrés Hurtado de Mendoza nombró gobernador de ese territorio a su hijo don García, joven de veintidós años. El joven García llegó a Chile en 1557, acompañado del soldado-poeta Alonso de Ercilla y Zúñiga, quien más tarde cantaría el heroísmo de Caupolicán y sus indios guerrilleros en su famoso poema épico **La Araucana.** Los conquistadores cruzaron los Andes

---

[5] *después de . . . frío*   after many members of the expedition froze to death

y fundaron la ciudad de Mendoza en territorio que hoy pertenece a la Argentina. Cuando Hurtado de Mendoza abandonó Chile, la región quedó asegurada al imperio colonial español, pero a pesar de esto la resistencia araucana continuó. Como se verá más adelante, los experimentados descendientes de Lautaro y Caupolicán continuaron la lucha contra los invasores. Sólo durante la República fueron sometidos, irónicamente, por los vicios traídos por los propagadores de la civilización occidental.

4.9 Significado de la Conquista

La Conquista, período corto de la historia latinoamericana, es sumamente significativa. Durante esta etapa belicosa las civilizaciones precolombinas demostraron tanto su resistencia como su debilidad ante la poderosa civilización occidental. La famosa **Leyenda Negra**,[6] promovida principalmente por los enemigos de la España imperial, es en gran parte responsable de la valoración [*assessment*] negativa del papel [*role*] que cumplieron los conquistadores. Es verdad que los españoles cometieron muchos errores serios al someter [*submit*] a los pueblos aborígenes del Nuevo Mundo, pero no debemos negarles su rico aporte [*contribution*] al carácter y a la cultura del hispanoamericano de hoy. Más adelante discutiremos el legado colonial positivo y negativo; aquí nos limitaremos a ofrecer una breve evaluación del impacto de la conquista propiamente dicha.

Los españoles dominaron a América con la espada y la cruz, pero el Nuevo Mundo transformó a estos mismos conquistadores dándoles una nueva estética, una nueva manera de pensar y obrar y, por consiguiente, una nueva manera de ser. Desde el primer momento en que los españoles llegaron a América, el nuevo medio ambiente los cambió y les dio otras características diferentes de las de sus compatriotas residentes en Europa. El análisis de la transformación social del conquistador en América es uno de los requisitos indispensables para el estudio comprensivo del carácter del latinoamericano de hoy. En su historia de la conquista de la Florida publicada en 1605, Garcilaso de la Vega Inca cuenta cómo los nobles exploradores que en España no se atrevían a trabajar con sus propias manos, en el Nuevo Mundo, ante la necesidad de sobrevivir, aceptaron gustosos servir de carpinteros y practicar oficios humildes. Los estudiosos de la literatura se sorprenden al leer en los mismos escritos de Colón, de Cortés y otros cronistas una diversa manera de expresarse, indudablemente originada tanto por sus intereses como por la influencia del medio [*caused by . . . of the environment*].

La indisciplina de muchos descubridores y conquistadores, su desobediencia, su deslealtad a los superiores, sus rebeliones y luchas internas,

---

[6] La «*Leyenda Negra*» atribuye a los españoles extremada crueldad en la conquista y gobierno de las Indias.

como las generadas por las conspiraciones de Gonzalo Pizarro y del hijo de Cortés[7] probablemente provenía del individualismo ibérico que se arraigó [*took root*] en América. Que la conquista la realizaran principalmente la espada y la cruz, y que la mayoría de quienes vinieron antes de 1542 fueran soldados y sacerdotes [*priests*] son factores importantes en el estudio de la fuerte influencia del hombre armado y de la Iglesia en la vida republicana de Iberoamérica.

4.10 **Resumen**

I. **Los cuatro viajes de Colón (1451–1506): 1492, 1493, 1498 y 1502**
   A. Primer viaje: San Salvador (Bahamas), Juana (Cuba) y La Española
   B. Viajes siguientes: Puerto Rico, Jamaica, Vírgenes y Tierra Firme
   C. Primeras fundaciones: Isabela (1494) y Santo Domingo (1496)

II. **Los cuatro viajes de Américo Vespucio: 1497, 1499, 1501 y 1503**
   A. Exploraciones en nombre de España, primero, y de Portugal, después
   B. Sus relaciones con los cartógrafos perpetúan el falso nombre América

III. **Magallanes y la primera travesía alrededor del mundo (1519–22)**
   A. Arribo europeo al Estrecho de Magallanes en 1520 y a Filipinas en 1521
   B. Muerte de Magallanes en 1521 y retorno de Elcano a España en 1522

IV. **Otros exploradores en el Hemisferio Occidental de 1499 a 1541**
   A. Juan Caboto (Cabot) «descubre» Labrador y Terranova para Inglaterra
   B. Vicente Yáñez Pinzón «descubre» Brasil (1499) y la boca del Amazonas
   C. En 1500 Pedro Álvares Cabral «descubre» el Brasil para Portugal
   D. Ponce de León busca la fuente de la juventud en Florida y muere (1513)
   E. Juan Díaz de Solís navega por el Río de la Plata en 1515
   F. Hernando de Soto llega al Río Grande (Misisipí) en 1541

V. **Conquista de México (1517–21)**
   A. Hernández de Córdoba en 1517 y De Grijalva en 1518 exploran Yucatán
   B. Cortés, nombrado y despedido por Velázquez, llega a Cozumel en 1519
   C. Aguilar y doña Marina, intérpretes de Cortés

---

[7] *Gonzalo Pizarro,* hermano del conquistador del Perú, al combatir a los almagristas y a las autoridades reales le aconsejaron que se proclamara rey del Perú. En México un grupo de sediciosos conspiró con las intenciones de proclamar a *Martín Cortés* soberano de una Nueva España independiente. Ambos conspiradores terminaron en el patíbulo [*gallows*].

    D. Fundación de Veracruz y «quema» (hundimiento) de las naves de Cortés

    E. Moctezuma es capturado después de acoger a Cortés: «La noche triste»

    F. Tortura de Cuauhtémoc al rehusar entregar el tesoro imperial azteca

    G. Sobre las ruinas de Tenochtitlán, Cortés levanta la ciudad de México (1521)

    H. Cortés es nombrado Gobernador y Justicia Mayor de Nueva España (1522)

VI. Conquista de Centroamérica después de los intentos iniciados desde Panamá

    A. Cristóbal de Olid desembarca en Honduras en 1524 y rompe con Cortés

    B. Pedro de Alvarado nombrado Capitán General de Guatemala en 1527

VII. Colonización hispana de lo que hoy son los Estados Unidos

    A. Ponce de León, Pánfilo de Narváez, Cabeza de Vaca y Hernando de Soto

    B. Niza, Coronado y Oñate en Nuevo México

    C. Los Padres Kino y Serra en Sonora, Arizona y California

VIII. Conquista del Perú (1519–35) y guerra entre conquistadores (1538–48)

    A. En 1519 Pizarro, Almagro y Luque pactan en Panamá conquistar Perú

    B. Los «Trece del Gallo» llegan a Tumbes y conocen a Felipillo y su gente

    C. Pizarro, nombrado Gobernador del Perú, retorna a Tumbes en 1530

    D. Traición en Cajamarca: prisión, rescate y muerte de Atahualpa (1532)

    E. Ocupación de Cuzco y fundación de Lima o Ciudad de los Reyes (1535)

    F. Muerte violenta de Almagro, del primer virrey y de los hermanos Pizarro

    G. Antonio de Mendoza es nombrado segundo virrey del Perú (1552)

IX. Conquista de Quito, Nueva Granada y Venezuela

    A. Sebastián de Benalcázar anexa el Reino de Quito al Perú en 1533

    B. La casa alemana Welser envía a Alfinger, Spira y Federman a Venezuela

    C. Gonzalo Jiménez de Quesada funda Santa Fe de Bogotá en 1537

X. Conquista de Chile

    A. Diego de Almagro dirige desastrosa expedición a Chile en 1535

    B. Valdivia funda Santiago (1541) y muere luchando contra los araucanos

    C. García Hurtado de Mendoza completa la conquista y funda Mendoza

XI. Significado de la Conquista
A. Transformación social del conquistador
B. Herencia militar, eclesiástica y civil legada por los españoles

---

4.11 Cuestionario y temas de conversación

Cuestionario

1. ¿Qué tierras recorrió Colón en sus cuatro viajes?
2. ¿Por qué el Hemisferio Occidental recibió el nombre de «América»?
3. ¿Qué impulsó a los españoles a realizar tan vastos descubrimientos?
4. ¿Cómo se realizó la primera navegación alrededor del mundo?
5. ¿Por qué dijo el emperador azteca que no estaba en un «lecho de rosas»?
6. ¿Qué leyenda indígena difundió Cortés para facilitar su conquista?
7. ¿Qué sucedió durante «La noche triste» de Cortés?
8. ¿Qué causó la muerte de tantos indígenas durante la Conquista?
9. ¿A quiénes se conoce con el nombre de «Los trece del Gallo»?
10. ¿Quiénes se encontraron en Bogotá y qué sucedió allá?

Temas de conversación

1. Describa a Cristóbal Colón antes de 1492.
2. Detalle el papel del caballo en la conquista de América.
3. Explique la importancia de la difusión española de la leyenda de Quetzalcóatl.
4. Contraste el papel de doña Marina con el de Felipillo.
5. Evalúe el valor histórico y literario de *La Araucana* según *Voces de Hispanoamérica*.
6. Explique la posible americanización de los conquistadores.
7. Contraste el papel histórico de Francisco Pizarro con el de Diego de Almagro.
8. Comente sobre la Leyenda Negra y su impacto en los historiadores.
9. Evalúe el significado histórico de las luchas entre conquistadores.
10. Compare la conquista española de México con la colonización inglesa de Norteamérica.

Cronología comparada

1494 Fundación de Santo Domingo

1503 Introducción de la encomienda en Santo Domingo

1508 Fundación de San Juan de Puerto Rico

1515 Fundación de La Habana

1524 Establecimiento de la Audiencia de Santo Domingo

1535 Creación del Virreinato de Nueva España

1543 Establecimiento del Virreinato de Nueva Castilla (Perú)

1717 y 1739 Creación y Restauración del Virreinato de Nueva Granada

1776 Fundación del Virreinato del Río de la Plata

1507 América en un mapa impreso en Alemania

1519 Carlos I de España, proclamado Carlos V, Emperador del Sacro Imperio Romano

1534 Ignacio de Loyola funda en París la Compañía de Jesús

1556 Carlos I de España abdica en favor de su hijo Felipe II

1642 Comienzo de la guerra civil en Inglaterra

1776 Independencia de Estados Unidos

Virreinatos y Capitanías Generales

HISPANOAMERICA COLONIAL

VIRREINATOS Y CAPITANIAS GENERALES EN EL SIGLO XVIII

- - - - LIMITES DE LOS ESTADOS ACTUALES

VIRREINATO DE NUEVA ESPAÑA Y CAPITANIA GENERAL DE GUATEMALA

CAPITANIA GENERAL DE CUBA

CAPITANIA GENERAL DE VENEZUELA

VIRREINATO DE NUEVA GRANADA

VIRREINATO DEL PERU

VIRREINATO DE BUENOS AIRES

CAPITANIA GENERAL DE CHILE

Virreinatos y Capitanías Generales en América hispánica del siglo XVIII. El tamaño pequeño del mapa no muestra los límites con precisión.

5 *El régimen colonial y su legado*

Vocabulario autóctono y nuevo

- adelantados
- Audiencia
- Casa de Contratación
- encomienda
- corregimiento
- mita
- criollo

- peninsular
- compadrazgo
- latifundio
- Leyenda Blanca
- mestizaje
- segundones

5.1 Organización política

Como la misión oficial de los **adelantados** era colonizar, los españoles, desde el principio de la Conquista, comenzaron a fundar poblaciones y establecer ayuntamientos [*to found towns and set up municipal governments*]. El gobierno de España, en cuyos dominios «no se ponía el sol» [*the sun did not set*], administraba la metrópoli y sus provincias de ultramar [*overseas*] con riguroso absolutismo. En el Nuevo Mundo delegó su autoridad primero a los adelantados y gobernadores y después a los capitanes generales y virreyes. El adelantado a menudo pagaba los gastos de su expedición conquistadora a cambio de gran parte de la tierra y riquezas de la región que sometía en nombre del rey. Los gobernadores eran los administradores de las gobernaciones (provincias), cada una de las cuales se subdividía en distritos administrados por un funcionario.

Medio siglo después del retorno de Colón a la Península, ya se habían creado dos virreinatos: el de Nueva España (México), en 1535,

Para enriquecer tus estudios, ve nuestros recursos suplementales en línea a
www.cengage.com/spanish/latinoamerica

Películas, videos y otros materiales audiovisuals: vea nuestras sugerencias en la página 366.

y el de Nueva Castilla (Perú), en 1543. Este último tuvo jurisdicción sobre toda Sudamérica española hasta que, en el siglo XVIII, se establecieron dos nuevos virreinatos: el de Nueva Granada, en 1717 (restaurado en 1739), y el del Río de la Plata, en 1776. Como se observará, todos los actuales países hispanoamericanos de Sudamérica fueron gobernados por Lima por más tiempo del que hasta hoy llevan de vida independiente. Durante el período colonial sólo hubo cuatro capitanías generales: Cuba, Guatemala (técnicamente bajo la jurisdicción de México), Venezuela (bajo la jurisdicción de Lima primero y de Bogotá después) y Chile (bajo la jurisdicción de Lima). Paralelamente a estas divisiones estrictamente políticas, se creó en América otra importante institución: la **Audiencia,** integrada por un Presidente, de tres a cinco Oidores (jueces), un fiscal y "otros oficiales necesarios". Este tribunal real que era el más alto tribunal de justicia, también asesoraba [*advised*] y controlaba a las autoridades políticas. La audiencia de la ciudad capital de un virreinato gobernaba temporalmente [*temporarily*] cuando moría el virrey a cargo. La primera audiencia que se estableció fue la de Santo Domingo, en 1511, reestablecida en 1526. Entre 1527 y 1787 se crearon catorce más: México (Nueva España); Guadalajara; Panamá; Lima; Bogotá; Charcas (Bolivia); Quito; Concepción, establecida en 1565 y suprimida en 1575; Guatemala; Manila (Filipinas); Santiago (Chile); Buenos Aires; Caracas y Cuzco.

Celosa de su poder y temerosa de que sus representantes algún día intentaran independizarse, la Corona envió visitadores generales. Estos eran agentes especiales encargados de velar por la mejor administración [*to encourage a better administration*], sirviendo de verdaderos ojos y oídos del rey, de quien dependían para inspeccionar las diferentes regiones del imperio. Además se decretó [*it was decreed*] que, al fin de su período administrativo, los virreyes y altas autoridades se sometieran a un «juicio de residencia», durante el cual un juez especial examinaba la eficiencia y legalidad de la labor realizada. Cristóbal Colón fue enviado en cadenas a España como resultado del juicio de residencia a que se le sometió.

5.2 Organización económica

Detrás de la fachada [*façade*] espiritual (civilizar, cristianizar, ganar honra [*to earn honor*] y gloria para la Corona), la Conquista fue en gran parte una empresa económica muy lucrativa [*very profitable economic undertaking*]. Muchos españoles vinieron a América principalmente a extraer riquezas para beneficio personal y para el gobierno español empobrecido por las guerras imperialistas y la ostentación de la realeza [*royal ostentation*]. Esto explica por qué una de las primeras instituciones establecidas para encargarse de los asuntos de la expansión en las Indias fue precisamente la **Casa de Contratación** [*Trade, Commerce*], creada en Sevilla en 1503 y después trasladada a Cádiz. Entre sus funciones complejas: se encargaba de controlar el

Tiempo de labranza durante la Colonia, según el dibujo de Guamán Poma de Ayala en su famosa *Primer nueva crónica y buen gobierno* (1615).

traslado de personas, objetos, productos, plantas y animales de España a las Indias y viceversa. Era una combinación de aduana [*customhouse*], oficina de inmigración, centro de estudios marítimos y cosmográficos, escuela de cartografía, cámara [*chamber*] de comercio y hasta de corte de justicia.

Así como en el terreno político se implantó un régimen absolutista, en la esfera económica se impuso un riguroso monopolio. En teoría, dos flotas [*fleets*] anuales, en caravana [*convoy*] y con protección de naves de guerra, deberían salir de España con rumbo a las Indias, una en la primavera y otra en el verano. Al llegar al Caribe debían dividirse en dos grupos: uno destinado a Cartagena y a Portobelo (Panamá), y el otro a Veracruz. En estos tres lugares se concentraban los mercaderes [*merchants*] a hacer sus transacciones comerciales en las famosas ferias llevadas a cabo con motivo de la llegada y partida de las naves. De Portobelo las mercaderías eran enviadas a Bogotá, Lima, Santiago, Buenos Aires y a otras ciudades. Algunas de las mercaderías que llegaban a Veracruz eran transportadas por tierra hasta Acapulco. Desde este puerto del Pacífico continuaban en el famoso Galeón[1] de Manila hasta las Filipinas, islas que durante siglos administró Nueva España. Las flotas retornaban a España haciendo escala en [*calling at*] La Habana. En la práctica, este sistema de navegación se cumplió ocasionalmente hasta 1565. Cuando el costoso sistema de las flotas se hizo irregular por algún tiempo, se lo reemplazó con el sistema de galeones individuales. Esta nueva política de navegación dio lugar al florecimiento del contrabando, que llegó a ser tan importante como el comercio legal, y a los constantes ataques de piratas, filibusteros y bucaneros ingleses, franceses y holandeses. Los filibusteros y bucaneros a menudo eran protegidos por sus gobiernos, que consideraban patrióticas sus acciones contra el imperio español. Famosos fueron Francis

---

[1] *Galeón* was a heavy square-rigged sailing ship used by Spain and other countries from the 15th to early 18th centuries in war or commerce.

Drake, que desde 1567 atacó naves y puertos enemigos y circunnavegó el mundo; Thomas Cavendish, que en 1587 frente a California se apoderó de uno de los galeones de Manila; y Henry Morgan, que saqueó e incendió la ciudad de Nombre de Dios (Panamá) en 1671. La mayoría, sin embargo, eran piratas que actuaban bajo su propio riesgo y responsabilidad. Tenían sus bases de operaciones en las islas del Caribe, sobre todo en Tortuga, cerca de la costa norte de La Española.

En la organización económica doméstica desempeñaron un papel muy importante la **encomienda**, el **corregimiento** y la **mita**. Introducido en 1503 en Santo Domingo, el sistema de encomiendas pronto se extendió al resto de Hispanoamérica. El encomendero (español favorecido con una encomienda) recibía en el Nuevo Mundo un número de indígenas para cristianizarlos a cambio de sus servicios personales y el pago de tributo. En la práctica, el indígena que sobrevivía las múltiples injusticias continuaba esclavizado por el resto de sus días y perdía sus tierras. Como los abusos se agravaron, se abolió la encomienda a fines del siglo XVIII. La explotación, sin embargo, continuó con otras instituciones desarrolladas paralelamente durante la Conquista y la Colonia. El sistema del corregimiento consistía en colocar indígenas en una zona específica bajo la autoridad del corregidor español, quien los obligaba a trabajar para él y a comprarle a precios elevados mercancías a menudo innecesarias. La mita era el nombre que se le daba, sobre todo en la región andina, al sistema de trabajo forzoso impuesto a los indígenas en las minas.

5.3 Organización judicial

El primer organismo creado por los Reyes Católicos con la misión específica de encargarse de los asuntos judiciales y legislativos de América fue el Consejo de Indias establecido en 1509. Llegó a ser un verdadero ministerio [*State ministry*] de colonias, encargado de atender los pedidos de las autoridades en América, emitir fallos en juicios[2] civiles y criminales, y asesorar [*advise*] al rey. Ejercía su jurisdicción sobre todos los asuntos civiles, militares y religiosos de las Indias. Las audiencias, como se ha visto, también tuvieron funciones judiciales.

Lamentablemente, la administración de justicia tuvo sus deficiencias: el soborno [*bribe*] no era raro. La justicia y hasta el honor a veces se vendían al mejor postor [*bidder*], sobre todo durante el siglo XVII, cuando reinaban los Habsburgos. La riqueza, el favoritismo y la influencia, solían abrir las puertas que deberían estar cerradas y cerraban las que estaban abiertas. El nepotismo[3] y la corrupción perjudicaron la administración de las Indias.

---

[2] *emitir fallos en juicios* to pass verdict on suits (court cases)
[3] *nepotismo* nepotism (patronage by reason of family relationship rather than merit)

"Tiempo de sembrar papas", según otro dibujo en la crónica de Guamán Poma.

Archivo Guillen/Instituto Nacional de Cultura

Las leyes «se acataban pero no se cumplían»,[4] los códigos eran catálogos de aspiraciones legales, de metas distantes.

5.4 La pirámide social

La sociedad colonial en Hispanoamérica estuvo tan rígidamente estratificada que los mismos españoles admitieron tener un «régimen de castas», aunque básicamente difiriera del verdadero sistema de castas de la India del Asia. La estratificación social en América seguía muy de cerca las fronteras raciales como en una pigmentocracia,[5] o jerarquía social estructurada por el color de la piel. En la Hispanoamérica colonial, las razas llegaron a mezclarse bajo circunstancias especiales hasta constituir una pirámide social, en cuya cúspide [*apex, top*] se encontraban los **criollos** (españoles nacidos en América). Con el correr del tiempo los criollos aumentaron en cantidad y hasta llegar a sobrepasar a los peninsulares, a quienes desplazaron del poder en las llamadas guerras de independencia a principios del siglo XIX. Como sus antepasados celtíberos que convivieron con los invasores de la península ibérica (griegos, fenicios, romanos, germanos, árabes y judíos),

[4] *Las . . . cumplían* Laws "were respected but not obeyed"
[5] *pigmentocracia*   Pigmentocracy refers to a society structured based largely on human skin color, spanning across ethnic, religious, gender, and socio-economic groups.

los **peninsulares** en el Nuevo Mundo tuvieron hijos con mujeres indígenas fuera y dentro del sacramento matrimonial. Los mestizos ilegítimos crecieron en número conforme aumentaba la llegada de españoles de las clases bajas, quienes se casaban con indígenas y mestizos y contribuían a poblar las colonias con mestizos. A fines del período colonial los mestizos llegaron a constituir el grupo más numeroso de la pirámide social. Por debajo de ellos se encontraban los indígenas, que realizaban el trabajo físico en las minas, campos y ciudades. En la base de la pirámide estaban los descendientes de los esclavos africanos mezclados con las otras razas: mulatos, cuarterones, zambos (hijos de negro e indio) y libertos.[6] Por lo general los esclavos de herencia africana ocupaban el estrato más bajo de la sociedad colonial. Últimamente, sin embargo, algunos historiadores sostienen que, en realidad, durante el período colonial millones de indígenas vivían peor y sufrían más que los esclavos de herencia africana. En consecuencia, ocupaban la base de la pirámide social. En esta sociedad altamente estratificada [*stratified, hierarchically divided*], los peninsulares ocupaban la mayoría de los altos puestos [*posts, jobs*] políticos, económicos, judiciales y eclesiásticos [*church*], compartiendo con los criollos las demás posiciones administrativas de importancia; a los mestizos se les permitía desempeñar los puestos inferiores y la pluralidad de los oficios. Esta injusta división del trabajo y su obvia consecuencia económica produjeron fuerte tensión y resentimiento, que finalmente contribuyeron al estallido [*outbreak*] de la guerra por la independencia.

5.5 Aporte cultural positivo de los españoles

No debiéramos dejar que la Leyenda Negra nos impida evaluar las contribuciones positivas de los españoles en el Nuevo Mundo. Históricamente, debido a ellos, América entró en contacto con la civilización occidental e incorporó buena parte de su pensamiento, cultura y manera de ser. Sus aportaciones sirven de base de la actual cultura y civilización hispanoamericanas, cuyas características esenciales se irán analizando en el curso de los próximos capítulos. Se verá cómo el rayo de luz occidental, más luminoso a partir del siglo XVIII al penetrar en el prisma [*prism*] americano, se descompuso en sus colores básicos y se mezcló con los haces [*beams*] de luz del Nuevo Mundo. Esto dio un espectro cultural nuevo, que con el tiempo deja de ser indígena, peninsular, africano y occidental para convertirse en hispanoamericano.

En reciprocidad por lo que llevaron de América al viejo mundo, los europeos, además de introducir a Indoamérica el uso del hierro y de la rueda, trajeron nuevos animales, especialmente el caballo, sin el cual la Conquista no se hubiera consumado. Trajeron también ganado bovino,

---

[6] *cuarterones . . . libertos* quadroons (25% of black ancestry). . . freedmen

Archivo Guillén/Instituto Nacional de Cultura

Paseo de Aguas construido en Lima por el Virrey Manuel de Amat para su amante la actriz Micaela Villegas, a quien llamaba con acento catalán «La Perricholi». El escandaloso romance ha servido de tema a una ópera francesa y a la novela *The Bridge of San Luis Rey* (Premio Pulitzer) del norteamericano Thornton Wilder.

lanar y porcino [*bovine . . . livestock*], y nuevas especies de perros y de otros animales domésticos. La flora también se enriqueció con nuevas plantas. El trigo, la cebada, la vid [*wheat, barley, grapevine*], el café, la caña de azúcar, la morera y numerosos árboles frutales, como el higo [*white mulberry . . . fig*], las plantas cítricas, transformaron la economía y enriquecieron la dieta americana. Gracias a los ibéricos, el hierro, así como los grandes inventos chinos (brújula, papel, imprenta, seda, pólvora), [*compass, paper, printing, silk, gun powder*] ampliaron los horizontes de la civilización americana.

Hasta hace poco las ciudades han sido históricamente centros de civilización. En las grandes culturas amerindias la ciudad era el centro del poder civil, militar y eclesiástico; de ahí que, como veremos en el capítulo sobre la arquitectura, los esfuerzos técnicos se concentraban en templos y palacios. La gente del pueblo, sin embargo, vivía en casas bastante humildes y chozas [*huts*].

Los españoles, hasta cierto punto, continuaron la tradición de construir magníficos edificios para sus autoridades eclesiásticas y civiles. Por otra parte, introdujeron el concepto grecorromano [*Greek-Roman*] de la ciudad con plano de tablero de ajedrez [*chessboard-like plan*] alrededor de una plaza en la que la iglesia y el cabildo se encuentran simbólicamente frente a frente. En la plaza mayor se siente el pulso de la colonia: es el centro vital para las actividades cívicas, militares y religiosas, lectura de los bandos, desfiles, corridas de toros [*public reading of the proclamations, parades, bullfights*], representaciones teatrales, procesiones religiosas. Ahí se reunían las familias y las autoridades luciendo su mejor ropa.

A estos aportes materiales debemos añadir las contribuciones culturales. En varios capítulos siguientes las explicaremos más ampliamente; aquí señalamos brevemente las más obvias: los expresivos idiomas castellano y portugués, la escritura con letras, el catolicismo, las nuevas filosofías frente a la vida y a la muerte (griega, estoica, escolástica, renacentista), y las nuevas concepciones estéticas en las artes plásticas, visuales y auditivas. Estas aportaciones culturales incorporan el Nuevo Mundo a la vida universal.

5.6 Aspectos polémicos de la herencia hispánica

Toda conquista imperialista, por el hecho de ser tal, deja un saldo [*balance*] negativo en el pueblo sometido. La conquista hispano-lusitana en América no es la excepción. El Nuevo Mundo se transforma con el impacto de las virtudes y los vicios de las viejas instituciones españolas. Los defectos ibéricos se extienden y a veces se intensifican, se multiplican y engendran otros. En los barcos renacentistas españoles, también llegaron a América instituciones medievales. La herencia hispánica, polémica sobre todo durante el reinado de los Habsburgos, olvidada o ignorada por unos y alabada [*praised*] por otros, abarca las esferas política, económica, social y cultural.

5.7 Herencia política

El individualismo ibérico, generador de la indisciplina de descubridores y conquistadores, sumado a las rivalidades interétnicas precolombinas, guía el curso de la historia latinoamericana por caminos de violencia, revolución, anarquía y guerra civil. La lucha tradicional en la Península Ibérica entre regionalismo y centralismo se convierte en América en el conflicto entre las fuerzas centrípetas y centrífugas[7] que le dan a veces cohesión y unidad, y otras veces la atomizan y dividen. La antigua idea platónica de que unos nacen para gobernar y otros para ser gobernados sufre su más seria derrota cuando en América algunas autoridades se convierten en incompetentes administradores, corrompidos por el nepotismo, la influencia y la distorsión de conceptos con el del **compadrazgo** y del despotismo ilustrado. El compadrazgo es la serie de relaciones familiares, económicas, políticas y sociales provenientes de la condición de ser compadres. Compadres se

---

[7] *La fuerza centrípeta* es la que atrae hacia el centro; la centrífuga, la que repele y aleja [*pushes away*] del centro.

llaman entre sí los padres y padrinos de un niño desde el momento que recibe el sacramento del bautismo. El padrino tiene la obligación moral de cuidar, proteger y hacerse cargo del ahijado en caso de necesidad, especialmente si queda huérfano [*godchild . . . especially if orphaned*]. Tradicionalmente los compadres se deben ayuda mutua en todas las esferas, incluyendo la política.

Como la espada, secundada [*supported*] por la cruz, realiza la Conquista, y como durante el primer medio siglo de expediciones a América vienen principalmente soldados y frailes [*friars*], la historia posterior de América Latina llevará ese doble signo militar y clerical. El militarismo y el clericalismo unas veces se combaten, pero otras se unen para luchar contra las nuevas fuerzas políticas y para apoyar al rey [*to support the king*], como cuando éste pide y consigue del Vaticano el patronato real, es decir, el control del nombramiento de las autoridades eclesiásticas en España y sus dominios.

5.8 Herencia económica

Aunque el llamado «descubrimiento» y las exploraciones fueron resultados directos del nuevo espíritu renacentista que se filtraba lentamente a España, los conquistadores también llevaron consigo remanentes [*remnants*] del feudalismo español. Una de las instituciones implantadas en América fue el **latifundio,** la extensa propiedad agrícola que hasta hace poco sobrevivía disfrazada con nombres modernos: hacienda, estancia, rancho. Parte del conservatismo rural y del estilo de vida en las aldeas americanas tuvo herencia medieval. El sistema económico, el código del honor, la filosofía escolástica y el fanatismo religioso, muy resguardado por la Inquisición, recordaban al Medievo. Otras antiguas instituciones, como la encomienda, el adelantado, el servicio militar obligatorio y los privilegios de la nobleza en América, experimentaron transformaciones que alteraron su origen medieval. El apego virreinal a la idea fisiocrática (creencia de que la tierra es origen de la riqueza), con el tiempo resultó perjudicial porque limitó la creación de nuevas industrias y la explotación de otras fuentes de ingreso. Por otra parte, la obsesión por la minería, quedó también como un mal que los hispanoamericanos más tarde tuvieron que vencer en algunos países, tras largos años de lucha con nuevas teorías económicas.

La excesiva dependencia de la empresa privada egoísta, desde la adopción del sistema de adelantados, ha obstaculizado [*hindered*] el desarrollo económico a tal punto que muchos latinoamericanos de las ciudades encuentran bastante difícil colaborar y trabajar juntos para aliviar la responsabilidad social del gobierno. Afortunadamente, frente a este aspecto negativo del individualismo en el campo económico, las empresas estatales bien administradas y sin excedentes burocráticos han servido de telón de fondo [*background*] para experimentos positivos donde lo primordial ha sido el beneficio de la sociedad. El desprecio por la actividad manual y comercial de los nobles europeos se generalizó en Latinoamérica. Los hidalgos empobrecidos se dedicaron a la actividad mercantil para mejorar su posición económica y prestigio social.

5.9 Herencia social

En las primeras olas [*waves*] migratorias procedentes de España llegaron a Latinoamérica elementos diversos de la sociedad española. Había entre ellos nobles pobres que desesperadamente deseaban enriquecerse para vivir con la ostentación practicada de la más alta aristocracia. También llegaron numerosos frailes, curas, monjes y laicos de diferentes clases sociales, profesiones y oficios. A fines del siglo XVII ya funcionaban en México 180 conventos de frailes y 85 de monjas [*180 monasteries and 85 convents*], razón por la cual el concejo de México solicitó al rey que no se fundaran más. El número de soldados, prófugos de la justicia [*fugitives from justice*] y abogados era, asimismo, sumamente alto. Hubo tantos leguleyos [*pettifogging lawyers, shysters*], que Vasco Núñez de Balboa, en una carta al rey de España, le suplicó que no mandara más bachilleres en leyes porque ya había muchos en el Nuevo Mundo promoviendo pleitos y maldades para sacarles provecho.

Los conquistadores vivieron como grandes personajes, se hicieron tratar como tales y se rodearon de esplendor. El gusto por el lujo lo han heredado sus descendientes de Hispanoamérica, donde hoy muchas personas de las clases altas y medias llevan un estilo de vida muy por encima de sus ingresos.

Rápidamente se extendieron en Hispanoamérica el donjuanismo y la doble vida tan famosos ya en la literatura y en Italia y Flandes [*Flanders*] ocupadas por España. Recordemos los casos de Cortés, que tuvo un hijo con doña Marina; de Pizarro, que tuvo descendientes con una princesa peruana; y del capitán Sebastián Garcilaso, padre del Inca Garcilaso de la Vega. Después nacieron, como producto de la violencia, numerosísimos mestizos. Lamentablemente la falta de mujeres españolas agravó la situación, causando una serie de irregularidades conyugales: amancebamiento [*illicit union*], matrimonios entre gente de diferentes edades, propósitos y conveniencias, y el concubinato encubierto; es decir, el engaño a los padres indígenas, a quienes se les pedían sus hijas por legítimas mujeres, cuando en realidad era para convivir con ellas sin beneficio del matrimonio. Raramente se llevó a cabo el matrimonio entre nobles españoles y mujeres indígenas. Se da por excusa a esta práctica el hecho de que ni en España el código nobiliario permitía el matrimonio con personas de clase social inferior. No es válida esta excusa para numerosos padres de mestizos, ni para Cortés ni para el capitán Sebastián Garcilaso, que no se casaron con las indígenas nobles con quienes convivieron. El impedimento, pues, no fue tanto la diferencia de rango como de razas.[8] Los plebeyos españoles sí se casaron con indígenas y mestizas, a veces porque las españolas no estaban a su alcance o escaseaban [*were not available or there were too few of them*]. Según documentos oficiales, entre los años 1509 a 1533, por ejemplo, sólo 470 mujeres emigraron a América. De ellas 180 eran casadas que viajaban con 111 hijos; de las restantes, 176 eran solteras o viudas [*unmarried or widows*]. Después vinieron más, pero nunca en número suficiente para los españoles y criollos de América.

El lazo familiar y la lealtad a la familia engendran el patriarcado,[9] el nepotismo, el favoritismo, el compadrazgo y el servilismo, que tantos males han causado en la historia latinoamericana. La ausencia de responsabilidad cívica y sentido desprendido debilitó fuertemente la estructura social del pueblo, y hoy, en la época republicana, se hace más obvia la escasez de estas virtudes cívicas. Tal vez por tender a favorecer al miembro del propio clan y para justificar su favoritismo, aparece el exagerado elogio a quienes no son los mejores.

La estructura piramidal cerrada, la intolerancia religiosa, la hipocresía y la propaganda en gran escala en América Latina contribuyeron a crear el mito de la ausencia de prejuicio y discriminación racial. Algunos ingenuos bien intencionados todavía repiten monótonamente que el prejuicio en Hispanoamérica colonial fue socioeconómico y no racial. No es difícil probar la falsedad de esta afirmación. Es cierto, en parte, que la tolerancia racial en el mundo hispánico es de larga tradición histórica. Pero no hay que confundir tolerancia con ausencia de prejuicios. La evidencia histórica prueba que sí hubo discriminación racial en Latinoamérica colonial, aunque esa discriminación no fue tan dañina como en otras partes del mundo. Eso que a nosotros preferimos llamar **Leyenda Blanca**, o mito de la inexistencia de prejuicio racial en Latinoamérica, es ilusión o mentira piadosa fácil de refutar.[10]

5.10 Balance de la herencia cultural

Como se verá en otro capítulo, España al extender su cultura al Nuevo Mundo ofreció lo que poseía entonces. Dio su propia versión del humanismo, su materialismo e idealismo, su educación aristocrática, especulativa en vez de

---

[8] El Inca Garcilaso de la Vega documenta el hecho de que durante la colonia las uniones matrimoniales eran mucho menos frecuentes que los concubinatos. Ver sus *Comentarios reales de los Incas* y la antología *Voces de Hispanoamérica*.

[9] La primacía del hombre en Iberoamérica ha preservado el antiguo patriarcado. El varón jefe de una familia ejerce una autoridad déspota en su familia y parientes lejanos del mismo linaje. Los jefes políticos latinoamericanos tienden a ejercer una especie de patriarcado sobre sus correligionarios.

[10] Varios historiadores han ofrecido pruebas del prejuicio y discriminación racial en Iberoamérica Colonial.

democrática y experimental. Claro, la orientación educacional de la época antes de la difusión del método inductivo, la duda racional y las experimentaciones científicas, era literario-artística y más teológica y legal que tecnológica. Las cosas cambiaron más tarde, sobre todo después de Lutero. En Europa occidental se aceleró el interés en los estudios científicos, aunque en España el desarrollo de las ciencias marchó más lentamente. España exportó al Nuevo Mundo su interés en la retórica y aunque los clásicos circularon con gran profusión, la censura, la Inquisición y la política oficial militaron contra la libre expresión del pensamiento.

Algunas manifestaciones de la cultura colonial, las de carácter esotérico, fascinaron a los selectos interesados en lo oculto [*in the depth of, deep down inside*] y sirvieron para entretener a la minoría gobernante en sus horas de ocio. Se creó un estilo barroco recargado de adornos, en donde los temas fueron pretextos para divagar con frases refinadas y de poco contenido. A veces la cultura se cargó de numerosas noticias más que de síntesis o de interpretaciones originales. El método deductivo escolástico impidió comprender lo particular y lo concreto más allá de la verbosidad sin contenido, colorida, exótica, pero vacía e indigesta.

El oficialismo impuso a la cultura colonial americana un molde escolástico que intencionadamente impidió la aparición de la ciencia experimental y naturalista. En la metrópoli y en las colonias dominó la voluntad teológica anticientífica, promovida por la campaña contrarreformista. Lo poco de contenido científico existente se subordinó al ideal teológico y a la supuesta inmutabilidad [*unchanging characteristic*] del orden divino. Asimismo lo particular se sujetó a la norma general autoritaria y tradicional que no aceptaba desafíos. Los defensores de este escolasticismo congelado protegieron apasionadamente la «doctrina revelada» y negaron que pudiera haber una experiencia contraria o diferente a la revelación.

Los problemas fundamentales debían ser resueltos por la filosofía de entonces, y los resultados y conclusiones, no deberían jamás oponerse a la doctrina revelada. La fe imperaba sobre la razón; el alma, sobre el cuerpo. Los eruditos [*scholars*], como el mexicano Carlos Sigüenza y Góngora y el peruano Pedro Peralta Barnuevo, se encontraron a veces prisioneros del laberinto de sus vastos conocimientos. Su sabiduría [*learning*], inmensamente superior a la del promedio de sus compatriotas coloniales, fue a menudo una mezcla [*confusing mixture*] de cosmología medieval y de conocimientos científicos mal organizados. Para muchos doctos [*learned*] ciudadanos coloniales, América más que un problema fue motivo de exaltación religiosa. Ellos manejaron un extenso repertorio de información de segunda mano y no se atrevieron a evaluar, criticar, ni siquiera a observar metódicamente el hecho social y los fenómenos naturales.

5.11 Fusión cultural

La suma de este legado hispánico, en sus aspectos positivos y negativos en el nuevo ambiente americano, se transforma y así unida a la herencia indígena y africana comienza a crear la cultura hispanoamericana. La fusión de elementos hispánicos, indígenas y africanos crea una estética mestiza y un estilo nuevo de vida. El **mestizaje** americano va más allá de la simple unión sexual. En el Nuevo Mundo el mestizaje, iniciado desde los primeros años de la Conquista e incrementado durante la Colonia, fusiona diversas facetas de la herencia cultural. Con el correr de los años la suma de ideas y sentimientos colectivos y normas éticas de los hispanoamericanos poco a poco deviene en el origen de la conciencia latinoamericana y la base de su cultura.

5.12 Resumen

I. **Organización política**
    A. Adelantados, gobernadores, virreyes y capitanes generales
    B. Ayuntamientos, gobernaciones y Virreinatos de Nueva España (1535), Perú (1543), Nueva Granada (1739) y Río de la Plata (1776)

II. **Organización económica**
    A. Casa de Contratación (1503): control monopólico de personas y cosas
    B. Flotas y ferias de Cartagena, Portobelo, Veracruz y Acapulco
    C. Galeones, contrabando, piratas, filibusteros y bucaneros
    D. Encomiendas, mitas y corregimientos: trabajo gratuito del indígena

III. **Organización judicial**
    A. El Consejo de Indias (1525), las audiencias y el juicio de residencia
    B. Las leyes se acatan pero no se cumplen: el soborno y la amistad

IV. **La pirámide social**
    A. Estratificación social parecida al régimen de castas (pigmentocracia)
    B. Españoles, criollos, mestizos, indígenas, negros, zambos y mulatos

V. **Aporte cultural positivo de los españoles**
    A. Ganado caballar, bovino, lanar, porcino, perros y otros animales
    B. Cultivo del trigo, cebada, arroz, caña de azúcar, café, té, etc.
    C. Inventos chinos (brújula, papel, pólvora, imprenta), rueda y acero
    D. Nuevas concepciones filosóficas, artísticas y educacionales

VI. **Aspectos polémicos de la herencia hispano-lusitana**
    A. En la esfera política
        1. Militarismo, clericalismo, individualismo e indisciplina

    2. Regionalismo vs. centralismo y el despotismo ilustrado
    3. Compadrazgo, personalismo, nepotismo, influencia y corrupción

  B. En la esfera económica
    1. El latifundio, la fisiocracia y la obsesión por la minería
    2. Individualismo egoísta vs. estatismo burocrático ineficiente
    3. Explotación de los obrajes indígenas y el mercantilismo

  C. En la esfera social
    1. Inmigración de **segundones** (sin herencia), religiosos y soldados
    2. Exageración de la honra, el donjuanismo, el esplendor y la pompa
    3. Machismo, concubinato y exagerado elogio a la mediocridad
    4. El fuerte lazo familiar engendra el patriarcado y el nepotismo
    5. Débil responsabilidad cívica y sentido filantrópico
    6. La estructura piramidal cerrada y la Leyenda Blanca

VII. Balance de la herencia cultural
  A. Humanismo, educación aristocrática, materialismo e idealismo
  B. La retórica, la verdad revelada y la divagación preciosista
  C. Anticientificismo, teología y verbosidad hueca
  D. La autoridad repudia la experimentación: el método deductivo
  E. La fe en el catolicismo por encima de la razón y la verdad revelada
  F. Los eruditos prisioneros de su sapiencia

VIII. La fusión cultural
  A. Metamorfosis de la herencia indohispánica y el mestizaje cultural
  B. Con el tiempo aparece nuevo estilo de ser, sentir, pensar y actuar

5.13 Cuestionario, preguntas y temas de conversación

Cuestionario

1. ¿Qué efectos produjo el monopolio en el mercantilismo?
2. ¿Qué significa el fenómeno de la criollización?
3. ¿Por qué anticlericalismo no es sinónimo de anticatolicismo?
4. ¿Qué opina de los orígenes coloniales del militarismo?
5. ¿Qué desventajas tuvo el despotismo ilustrado?
6. ¿Por qué resulta perjudicial el excesivo interés en el honor?
7. ¿Cuál fue el papel de la mujer en la vida colonial?
8. ¿Cómo explica el desprecio a la actividad manual atribuido a los iberos?
9. ¿Qué peligros encierra la obsesión por la minería?
10. ¿Qué efecto histórico ha producido la indisciplina hispánica?

Preguntas y temas de conversación

1. Explique la organización política de Hispanoamérica colonial.
2. ¿Qué régimen económico imperó durante la Colonia?
3. ¿En qué consistió el régimen judicial de la Colonia?
4. ¿Cuáles son los aspectos positivos del legado hispánico?
5. ¿Qué significado tiene la Leyenda Negra y por qué se difundió?
6. ¿Cuál es la importancia legal e histórica de las Leyes de Indias?
7. Evalúe la pirámide social existente durante el período colonial latinoamericano.
8. Analice la crítica de la corrupción administrativa durante la Colonia.
9. Compare la labor de dos piratas famosos.
10. Explique la fusión cultural durante la Colonia.

Cronología comparada

1494 El Tratado de Tordesillas reparte el mundo entre España y Portugal	**1431** Juana de Arco muere en la hoguera
1503 Martín de Sousa establece 15 capitanías	**1476–1516** Reinado de los Reyes Católicos en España
1549 Fundación de Bahía: primera capital de Brasil	**1542** Promulgación de las *Nuevas Leyes de Indias*
1565 Fundación de Río de Janeiro	**1588** Derrota de la Armada Invencible
1759 Expulsión de los jesuitas del Brasil	**1605–15** Publicación de *Don Quijote de La Mancha*
1763 Río de Janeiro, nueva capital	**1700** Felipe V, primer rey Borbón de España
1789 Conspiración de Tiradentes	**1776** Independencia de EE.UU.
1808 La corte portuguesa en Río de Janeiro	**1789** Comienza la Revolución Francesa
1815 Se crea el Reino de Portugal, Brasil y Algarve	**1819** EE. UU. compra la Florida a España
1816–21 El reinado de Juan VI	**1823** EE. UU. Proclamación de la Doctrina Monroe

Columbus Memorial Library/OAS

Minas Gerais, Brasil, experimentó la fiebre del oro poco más de un siglo antes que California. Decenas de miles de brasileños y extranjeros acudieron con sus esclavos indígenas del Paraguay y africanos a extraer el oro o a abastecer con mercancías las necesidades de los mineros.

6 Brasil colonial

Vocabulario autóctono y nuevo

- factorías
- pau brasil
- donatários
- engenho
- paulista
- mameluco

- bandeirantes
- fazenda, fazendeiro
- mozambo
- relaçao
- Senado da Câmara
- inconfidència mineira

6.1 El régimen de las capitanías

El Tratado de Tordesillas (1494), firmado por los Reyes Católicos de España y Juan II de Portugal, estableció una línea imaginaria de polo norte a polo sur, a 370 leguas (unas 1700 millas) al oeste de las Islas del Cabo Verde, archipiélago portugués en el Atlántico. En el tratado, las nuevas tierras al oeste de la línea imaginaria pertenecían a España y las del este correspondían a Portugal, incluyendo la costa del Brasil, que sería ocupada por el portugués Pedro Álvares Cabral en 1500. Poco después el rey Manoel I (1469–1521) envió unas expediciones a reconocer las nuevas tierras, explorar sus costas y establecer **factorías** [*trading post-fortresses*]. Los principales productos negociados por los colonos durante esta etapa los obtenían principalmente del ***pau brasil*** (*palo brasil*), madera utilizada por los europeos para teñir de rojo los tejidos.[1]

---

[1] *madera . . . rojo los tejidos*   dye wood, the color of live coal, used by Europeans to dye their textiles red

 Para enriquecer tus estudios, ve nuestros recursos suplementales en línea a **www.cengage.com/spanish/latinoamerica**

 Películas, videos y otros materiales audiovisuals: vea nuestras sugerencias en la página 366.

Los azulejos portugueses en la iglesia del Tercer Orden de San Francisco Salvador Bahía, Brazil. La iglesia del Tercer Orden tiene una fachada imponente, con estatuas de santos y ángeles, figuras de Atlas y otras esculturas. La decoración lujuriosa del interior representa el estilo Barroco portugués e italiano y recuerda al estilo Churrigueresco que se originó en España, y que logro grandes elogios en el México Colonial.

El nombre del país viene de este producto. El descuido portugués hizo que los franceses instalaran en la costa norte del Brasil sus propias factorías para la explotación del *pau brasil*. También estimuló a los españoles a recorrer las costas del Brasil en busca de un pasaje o estrecho [*in search of a passage or strait*] que uniera al Atlántico con el Pacífico.

El dinero de las inversiones [*investments*] en el Oriente permitió a la corona portuguesa enviar en 1530 la primera expedición colonizadora al Brasil al mando de Martín Alfonso de Sousa. En 1532 de Sousa fundó São Vicente (San Vicente), primer establecimiento portugués permanente en América, cerca de la actual ciudad de São Paulo. Dos años más tarde el gobierno lusitano dividió sus posesiones en América en quince capitanías hereditarias. Cada una tenía una costa de unas 230 millas, limitadas por líneas imaginarias paralelas trazadas [*marked out*] hasta tocar la imaginaria demarcación del Tratado de Tordesillas. Las capitanías eran independientes entre sí aunque cada una de ellas se relacionaba directamente con Lisboa. Los ilustres nobles beneficiados con capitanías por el rey de Portugal recibieron el nombre de **donatários**. Muchos de ellos nunca viajaron al Nuevo Mundo, tal vez por el poco apoyo gubernamental. Afectados por el clima y decepcionados por no encontrar los minerales y riquezas soñados, muchos de los colonos se convirtieron en personas improductivas. Pronto todas las capitanías, con la excepción de Bahía, São Vicente y Pernambuco, tuvieron serias dificultades administrativas que obligaron a algunos *donatários* a declararse en quiebra [*bankruptcy*].

6.2 Desarrollo del régimen colonial

Debido al lento progreso del régimen de las capitanías y a los intentos colonizadores de otros europeos (sobre todo franceses), el gobierno portugués nombró a Tomé de Sousa Capitán-General con autoridad de gobernador. Su expedición arribó en 1549 a un lugar casi a igual distancia de São Vicente y Pernambuco. Allá fundó la ciudad de Salvador, que sirvió de capital de Bahía y de todo Brasil hasta 1763. Con Tomé de Sousa vinieron los seis primeros jesuitas que llegaron al nuevo mundo, dos de los cuales se distinguirían [*who would distinguish themselves*] en la historia y en la literatura brasileñas: José de Anchieta (1530–97) y Manuel da Nóbrega (1517–70). El ganado [*cattle*] traído ayudó a la economía del país, hasta entonces principalmente agrícola.

En el Brasil los portugueses no encontraron indígenas de un nivel cultural parecido al de Mesoamérica y Perú conquistados por los españoles. Los portugueses hallaron menos aborígenes: un millón y medio, según un cálculo [*calculation*] conservador. Este número de nativos, sin embargo, era superior a la población total de Portugal. De los amerindios [*aboriginal Indians of the Americas*] los colonos consiguieron sus concubinas y almas que cristianizar. De ellos aprendieron el cultivo de la mandioca,[2] base de la alimentación de esa región. También conocieron el tabaco, el camote, la calabaza, la castaña del Marañón, la piña [*sweet potato, squash, Brazil nut, pineapple*], la papaya y muchas otras frutas tropicales. La esclavitud, las diversas formas abusivas de explotación, el hambre y las enfermedades traídas por los europeos destruyeron [*decimated*] la población aborigen. La escasez [*scarcity*] de trabajadores y el odio de muchos portugueses al trabajo manual provocaron la importación de esclavos africanos, quienes, con el tiempo, llegarían a ser entre cuatro y cinco millones.

La economía del Brasil recibió un gran impulso con la introducción de la caña de azúcar, que provocó el establecimiento de numerosos *engenhos,*[3] sobre todo en el Noreste. Mientras prosperaba lentamente la economía con la creación de ingenios azucareros, los franceses continuaban incursionando en [*invading*] tierras brasileñas. En 1555 una expedición calvinista desembarcó en una bahía en la costa sur del país y organizó una colonia de hugonotes llamada Francia Antártica. En 1565 los portugueses consiguieron expulsar a los franceses y en esa bahía fundaron Río de Janeiro. Los

---

[2] *mandioca*   manioc, a staple native to Brazil from which tapioca is obtained
[3] *Engenhos* fueron los ingenios (*mills*) de azúcar que funcionaban con fuerza animal o acuática, pero por extensión así también se llamaron las plantaciones azucareras.

franceses volvieron después a establecer nuevas colonias en otras regiones norteñas del país. Algunas de ellas se aliaron con los indígenas enemigos de los portugueses y otras formaron la Guayana Francesa [*French Guiana*].

Las relaciones entre Portugal y Holanda habían sido cordiales hasta que en 1580 Felipe II de España se hizo proclamar rey de Portugal. Los dos países estuvieron unidos políticamente hasta 1640. Para causar daño a sus enemigos españoles, los holandeses atacaron al Brasil durante la dominación española de Portugal. En 1624 se apoderaron de Bahía, pero fueron expulsados; entonces ocuparon Pernambuco en 1630, y a los pocos años se extendieron al norte hasta el actual estado de Marañón. En este territorio fundaron la colonia de Nueva Holanda, con su capital Recife. Los portugueses, ayudados por africanos e indígenas, persiguieron a los invasores hasta expulsarlos de Recife en 1654.

La influencia de los hacendados creció mientras aumentaban sus tierras explotadas por los numerosos esclavos traídos del África desde mediados [*middle*] del siglo XVI para reemplazar a los amerindios que no resistían el régimen de trabajo ni las enfermedades de los europeos. La crueldad con los esclavos causó numerosas huelgas, motines y huidas [*strikes, uprisings and escapes*] a la jungla. Allí se organizaron comunidades de africanos libres, como la República Palmares establecida cerca de Pernambuco, la cual se mantuvo cerca de un siglo hasta ser disuelta en 1697, tras varios años de lucha.

Los grandes exploradores de la época fueron los **paulistas,** especialmente los **mamelucos** [*Brazilian mestizos*] ayudados por africanos libertos [*freed*]. Los paulistas organizaron expediciones al interior para cazar indígenas y esclavizarlos. Invadieron el actual territorio del Paraguay, donde los jesuitas protegían a los aborígenes, y penetraron en la selva [jungla] hasta la actual frontera con Bolivia, más allá del límite señalado por el Tratado de Tordesillas. Como las columnas expedicionarias llevaban unos banderines [*pennants*], recibieron el nombre de *bandeiras.* Sus expediciones al interior extendieron el control portugués y contribuyeron al descubrimiento de minas de oro. En el Noreste los **bandeirantes** [*banner-carrier pioneers*] prepararon el terreno para el desarrollo de la industria ganadera, cuyo crecimiento [*boom*] creó una verdadera «civilización del cuero»[4]. La expulsión de los jesuitas (1759) favoreció mucho a los hacendados, que aprovechándose del abandono en que quedaban los indígenas, se dedicaron a cazarlos para esclavizarlos en las *fazendas* (haciendas) y ranchos ganaderos del país.

La expulsión de los holandeses del Noreste (1654) contribuyó en pocos años al fin del desarrollo de la industria azucarera brasileña, principal abastecedora de este producto al mercado mundial durante un siglo. El monopolio brasileño sufrió la competencia de las plantaciones azucareras francesas, inglesas y holandesas del Caribe desarrolladas con una técnica más moderna.

---

[4] *Civilización del cuero* is the name given to the historical period when the leather trade boomed in Argentina and Brazil.

Para fines del siglo XVII las plantaciones del Noreste se encontraban en decadencia. Afortunadamente para el país, la decadencia de los *engenhos* coincidió con el descubrimiento de oro en Minas Gerais, Mato Grosso y Goiás. A principios del siglo XVIII recibió un nuevo impulso con el descubrimiento de diamantes en la misma región. Empujadas por la fiebre del oro, centenares de miles de personas llegaron a ese nuevo centro económico del país, procedentes de São Paulo, del Noreste, y directamente de Portugal. Debido a la falta de trabajadores, se importaron esclavos africanos. Varios centros urbanos florecieron, sobre todo Vila Rica, más tarde conocida como Ouro Prêto, que llegó a tener una población de unos 100 000 habitantes. Minas Gerais en esa época recordaba a los centros mineros mexicanos y peruanos de los dos siglos anteriores. Durante el siglo XVIII el Brasil llegó a producir el 44% de la producción del oro del mundo. La prosperidad que trajo este metal duró sólo hasta fines de ese siglo. La importancia del diamante continuó cien años más, hasta que la producción de diamantes de Sudáfrica le quitó al Brasil el primer puesto en la producción mundial.

6.3 Organización social y política

Durante el período colonial los portugueses constituyeron en el Brasil una minoría acostumbrada a despreciar a la mayoría negra, mulata, mestiza e indígena. La posición social dependía de la posesión de tierras y esclavos. Los más altos puestos políticos, económicos, militares y religiosos los ocupaban los portugueses nacidos en Portugal. Con el correr del tiempo los portugueses nacidos en el Brasil (*mozambos*), como los criollos de Hispanoamérica eran más que los nacidos al otro lado del Atlántico. En el siglo XVIII la mayoría de los *fazendeiros* (hacendados) y mineros ya estaba compuesta de *mozambos.*

En la pirámide social, los europeos se encontraban en la parte superior, aunque la mayoría de ellos tenía una posición económica modesta. Después seguían los mamelucos y mulatos, algunos pocos de los cuales, hicieron fortuna y ganaron posición social. Les seguían los brasileños descendientes de la mezcla de varias razas y sus combinaciones: mientras más oscura era su piel, más baja su condición social. Estaban después los negros libertos y finalmente los esclavos negros e indígenas.

El gobierno colonial portugués se parecía mucho al gobierno colonial hispanoamericano. Los *donatários* eran algo así como señores feudales que gozaban de poder casi absoluto en su capitanía. El rey de Portugal estableció en Lisboa un Consejo de Indias en 1604, y años después creó en Bahía una especie de audiencia llamada **relaçao.** La capital del Brasil fue Bahía hasta 1763, y luego se trasladó a Río de Janeiro en reconocimiento de la importancia de este puerto exportador de las riquezas del sur del país. El gobierno local lo ejercía el **Senado da Câmara** o concejo [*council*] municipal, que, controlado por los *fazendeiros,* tenía más poder que el cabildo de

Hispanoamérica colonial. El representante del gobernador en las subdivisiones de las capitanías era el capitán mayor, especie de corregidor, y como éste, tiránico y autoritario.

En 1789 la relativa tranquilidad política interna del Brasil se vio agitada por el frustrado movimiento revolucionario de intelectuales mozambos liberales de Minas Gerais. Las autoridades portuguesas sofocaron la conspiración (*inconfidència mineira*) y ahorcaron como advertencia al patriota brasileño Joaquim José da Silva Xavier (1748–92), dentista práctico mejor conocido con el apodo de «Tiradentes» (*Tooth-puller*).

6.4 La monarquía lusitana en el Brasil

Protegida por la marina británica, la corte portuguesa llegó a Río de Janeiro en 1808 huyendo de las fuerzas napoleónicas. La idea de establecer en Río de Janeiro la capital del imperio lusitano no era nueva; ya en 1761 la había propuesto el Marqués de Pombal, ministro de José I, responsable de la expulsión de los jesuitas. El Regente Dom João (Don Juan), jefe del gobierno durante la locura de la Reina María, se sorprendió al hallar esa colonia tan atrasada. Entonces, presionado por los ingleses, abrió los puertos del Brasil al comercio mundial y eliminó las restricciones existentes. En 1815 estableció el Reino de Portugal, Brasil y Algarve,[5] y al año siguiente de la muerte de su madre, se proclamó rey con el nombre de Juan VI.

El reinado de Juan VI (1816–21) fue bastante benéfico para el Brasil: el comercio y la agricultura prosperaron. El rey estableció la primera imprenta, inauguró dos escuelas de medicina, fundó la Escuela de Bellas Artes en Río de Janeiro. La vida social gradualmente cambió, afectando sobre todo a las mujeres que comenzaron a aparecer en público. Como se favorecía a los portugueses en la administración pública y el régimen autoritario empeoraba, muchos *mozambos* abrazaron la causa republicana. Estallaron [*broke out*] algunas rebeliones, que, como la de Pernambuco (1817), fueron violentamente sofocadas [*suppressed*].

El gobierno de Río de Janeiro, que había declarado la guerra a Francia (1808) y conquistado la Guayana Francesa (1809), envió al ejército portugués a invadir el Uruguay en 1811 y 1816, a fin de satisfacer la tradicional aspiración portuguesa de llevar las fronteras del Brasil a la orilla norte [*northern shore*] del Río de la Plata. En 1821, el Uruguay fue incorporado al Brasil con el nombre de Provincia Cisplatina.

João VI (Juan VI) gobernó de manera absoluta y autoritaria. La principal oposición la hicieron las logias masónicas [*Masonic lodges*] del Brasil y Portugal. En 1820 en España se impuso la Constitución liberal de 1812. Los

---

[5] *Algarve o Algarbe* was a medieval Moorish kingdom in present-day southern Portugal.

liberales portugueses se rebelaron en Oporto y en el resto del país; llamaron a la reunión de los Estados Generales y pidieron que se escribiera una constitución portuguesa. Al año siguiente, las tropas portuguesas de Río obligaron a Juan VI a unirse al movimiento constitucionalista de Portugal y decretar para el Brasil la ley orgánica que estaba por redactarse. Juan VI comprendió que había llegado el momento de volver a Lisboa para defender sus intereses amenazados. Antes de irse, en 1821 nombró Regente del Reino del Brasil a su hijo Pedro, y le aconsejó que él mismo encabezara [*should lead*] el movimiento independentista si le resultaba imposible contenerlo. La partida de Juan VI marca el fin del período colonial del Brasil.

6.5 Resumen

I. **Primeras expediciones, establecimientos y el régimen de las capitanías**

A. Tratado de Tordesillas (1494) y desembarco de Pedro Álvares Cabral

B. Martín de Sousa funda Sâo Vicente (1503) y establece 15 capitanías

C. Portugueses, franceses y holandeses explotan el palo brasil para teñir de rojo los tejidos

D. Introducción del azúcar: las haciendas e ingenios

E. Quiebra de *donatários* y fracaso del sistema de las capitanías

II. **Régimen colonial**

A. Tomé de Sousa, primer Capitán General en 1549

1. Funda Bahía (1549), capital del Brasil hasta 1763

2. Trae a los jesuitas José de Anchieta (1530–97) y Manuel de Nobrega (1517–70)

3. Fomenta el cultivo de azúcar y la cría de ganado

B. Los portugueses expulsan a los hugonotes de Francia Antártica

C. Fundación de Río de Janeiro (1565)

D. Expulsión de los holandeses de Recife (1654), capital de Nueva Holanda

E. Desarrollo de Minas Gerais y Mato Grosso en el siglo XVIII

1. *Bandeirantes* paulistas cazan indígenas del Paraguay para esclavizarlos

2. Expulsión de los jesuitas (1759): triunfo de los anticlericales

3. Primer productor mundial de oro (siglo XVIII) y diamantes (siglo XIX)

F. Organización social y política

1. Predominio socioeconómico-militar de los blancos nacidos en Brasil

2. En el s. XVIII la mayoría de los hacendados y mineros son mozambos (blancos nacidos en Brasil) que dominan a negros, mulatos e indígenas
3. Apogeo económico sureño: Río de Janeiro, nueva capital en 1763
4. *Inconfidència mineira* (conspiración minera) de Tiradentes (Sacamuelas)

III. **La monarquía lusitana en el Brasil**
   A. La corte portuguesa huye de Napoleón y se establece en Río (1808)
   B. Don Juan establece el Reino de Portugal, Brasil y Algarve (1815)
   C. Regencia de don Juan durante la locura de María I (1815–16)
   D. Reinado de Juan VI
      1. Lujo y favoritismo portugués: reacción republicana brasileña
      2. Derrota violenta de las rebeliones nacionalistas
      3. Anexión del Uruguay con el nombre de Provincia Cisplatina (1821)
      4. Oposición liberal de las logias masónicas de Brasil y Portugal
      5. Alzamiento militar en Oporto: regencia de don Pedro (1821)
   E. La Asamblea Constituyente de Lisboa: liberal con Portugal y reaccionaria con el Brasil

---

6.6 Cuestionario, preguntas y temas de conversación

Cuestionario

1. ¿Por qué tardaron los portugueses en colonizar el Brasil?
2. ¿Quiénes fueron los *donatários*?
3. ¿Qué productos nativos de América encontraron los portugueses?
4. ¿Por qué es importante Martín Alfonso de Sousa en la historia brasileña?
5. ¿Por qué importaron esclavos del África?
6. ¿A qué se debió la decadencia de la industria azucarera?
7. Explique la importancia que tuvieron el oro y los diamantes.
8. ¿Quién fue Tiradentes?
9. ¿Por qué es importante la labor de Juan VI en el Brasil?
10. ¿Por qué el Brasil anexó la Provincia Cisplatina?

Preguntas y temas de conversación

1. ¿Qué estipuló el Tratado de Tordesillas y qué significó para España y Portugal?
2. ¿Qué fue el régimen de las capitanías en el Brasil?
3. ¿Quiénes fueron los *bandeirantes* paulistas?
4. Explique las incursiones francesas y holandesas al Brasil.
5. ¿Qué importancia tuvo el azúcar en el Noreste del Brasil?

6. Explique el desarrollo de las primeras factorías portuguesas en el Brasil.
7. Contraste la suerte de los indígenas brasileños con la de los aztecas e incas.
8. Compare la organización social colonial de Brasil con la de Hispanoamérica.
9. Explique la labor gubernamental de la monarquía lusitana en Río de Janeiro.
10. Evalúe la labor de los jesuitas durante la Colonia.

Cronología comparada

1535 Instalación de la imprenta en México

1551 Fundación de las Universidades de San Marcos (Lima) y México

1552 Fray Bartolomé de Las Casas, *Brevísima relación de la destrucción de las Indias*

1569, 1578, 1589 Alonso de Ercilla y Zúñiga, *La Araucana*

1539–1616 Crónicas del Inca Garcilaso

1580–1639 Comedias de Juan Ruiz de Alarcón

1651–95 Poemas barrocos, villancicos, autos y sainetes de Sor Juana Inés de la Cruz

1722–42 El primer periódico iberoamericano: *La Gaceta de México y Noticias de Nueva España*

1724 Establecimiento de sociedades literarias en Brasil

1735–1804 Expediciones científicas europeas

1781 Fray José de Santa Rita Durão, *Caramarú*

. . .

1469–1527 Nicolás Maquiavelo

1483–1546 Martín Lutero

1601 Shakespeare, *Hamlet*

1603–35 Samuel de Champlain explora Canadá, funda Quebec

1700 Fundación de la Academia de Ciencias de Berlín

1750 Voltaire, *Candide*

1755–73 Samuel Johnson, *Dictionary of the English Language*

Sor Juana Inés de la Cruz (1651–95), retrato por Juan de Miranda en la Rectoría de la Universidad Nacional Autónoma de México. Muestra una bella mujer de unos 30 años de edad, cuyo elegante hábito cae hasta los pies. Según Octavio Paz, el rostro ovalado es realzado por la boca sensual, la nariz recta, las cejas gruesas y los ojos negros y grandes que miran con inteligencia. Su sensualidad se torna melancólica en compañía de los libros que le dan sapiencia y libertad imaginaria.

7 *La vida intelectual durante la Colonia*

Vocabulario autóctono y nuevo

- indigenismos
- mexicanismo
- gongorismo
- pícaro
- *Ollantay*
- saudade
- fazenda
- engenho

7.1 La educación

Como la conquista española de América fue en parte una empresa [*venture*] religiosa, desde el principio la educación tuvo carácter parroquial. En el período colonial, tanto en España como en América, la Iglesia mantuvo un monopolio sobre la educación oficial. Las órdenes religiosas, por medio de conventos y parroquias [*parishes*], establecieron las primeras escuelas. En el curso de los siglos dirigieron la mayoría de los establecimientos educativos con una orientación medieval, basada en la filosofía escolástica. El escolasticismo, doctrina filosófica dominante en la Edad Media, puso las ideas aristotélicas al servicio del cristianismo. Por ello proponía la compatibilidad entre el pensamiento racional y las verdades cristianas. Concluía que la curiosidad humana debe de satisfacerse con la absoluta verdad posible: la revelación divina, manifestada directa o indirectamente en los libros sagrados. Los escolásticos defendían sus principios por medio de silogismos [*syllogisms, crafty arguments*]. Para ellos, el mundo de la naturaleza lo explica Aristóteles; el mundo de la Gracia que conduce a la Gloria lo

---

 Para enriquecer tus estudios, ve nuestros recursos suplementales en línea a **www.cengage.com/spanish/latinoamerica**

 Películas, videos y otros materiales audiovisuals: vea nuestras sugerencias en la página 366.

señala Jesucristo. Así lo explicaron Santo Tomás de Aquino, Abelardo, Duns Escoto, Rogelio Bacon, Raimundo Lulio, Guillermo de Occam[1] y otros filósofos del escolasticismo.

En Hispanoamérica colonial, como en España, la educación religiosa, literaria y artística era uniforme, abstracta y retórica. Su fuerte sello [*hallmark*] aristocrático se basaba en la premisa aristotélica de la desigualdad entre los seres humanos, la cual, en el Nuevo Mundo, establecía la superioridad de los españoles. Al principio, la educación se estableció para instruir a los hijos de los peninsulares [*Iberians*] y prepararlos para replicar los valores y costumbres españolas en América. Con el tiempo, las escuelas empezaron a admitir a los mestizos obedientes. Sin embargo, nunca dejó de ser elitista e impráctica, ya que el programa de instrucción se dirigía [*was aimed*] especialmente a los ricos y a los becados [*scholarship holders*] pobres con vocación religiosa.

Como en España y Portugal, sus colonias de ultramar nunca tuvieron muchas escuelas. Buenos Aires, por ejemplo, en 1773 sólo tenía cuatro escuelas con un total de 700 estudiantes para su población de más de 40 000 habitantes.[2] Santiago de Chile, por su parte, al final del período colonial era una ciudad de unas 30 000 almas y apenas tenía 500 estudiantes en sus pocas escuelas.

Durante la mayor parte del período colonial el indígena común que no pertenecía a la nobleza y el esclavo de sangre negra no recibía ni siquiera la educación básica. En cambio, el amerindio de las misiones y el negro liberto recibían instrucción en las primeras letras y en las artes manuales. Aunque el gobierno virreinal en el siglo XVI decretó [*decreed, ordered*] el establecimiento de escuelas para la nobleza indígena, muy pocas de ellas abrieron sus puertas en los virreinatos de México y Perú. Sin embargo, en México se fundó en 1523 el Colegio de San Francisco para los indígenas nobles y en 1536, el Colegio Imperial de Santa Cruz de Tlaltelolco para caciques. El mejor experimento educacional lo realizó el obispo Vasco de Quiroga al establecer los llamados «hospitales», donde se adoctrinaba a los amerindios; se les enseñaba un oficio y se les curaba, a menudo de enfermedades traídas de Europa. Las misiones jesuitas del Paraguay y noreste de la actual Argentina también se organizaron de manera similar sin usar el nombre de «hospitales». Cada pueblo se especializaba en la producción de

---

[1] Los principales filósofos del escolasticismo fueron el italiano Santo Tomás de Aquino (Thomas Aquinas, 1225–74); el francés Pedro Abelardo (Peter Abelard, 1079–1142); el teólogo escocés Duns Escoto (John Duns Scotus, c. 1266–1308); el destacado matemático inglés Rogelio Bacon (Roger Bacon, ¿1214?–92); el español Raimundo Lulio (Raymond Lully, ¿1233?–1315), alquimista místico de Palma de Mallorca; y el franciscano inglés Guillermo de Occam (William of Ockham, ¿1280?–1348).

[2] According to Rafael Altamira, *Historia de España* (Barcelona, 1930), IV: 340

una clase de artículos que luego trocaba [*exchanged*] con las mercancías [*goods*] de otras misiones. Eran sociedades colectivistas inspiradas en la *Utopía* (1516) de Sir Thomas More. Estas experiencias con las comunidades [communes] fueron la excepción. Habría que [*We should*] estudiar el impacto permanente que estos «experimentos» tuvieron en el desarrollo de la educación en la Colonia y el beneficio que trajo a las respectivas comunidades indígenas.

En Iberoamérica, el prestigio intelectual desde el siglo XVI se basó más en los logros [*achievements*] de su minoría culta que en el grado de desarrollo de la instrucción pública. La educación universitaria fue mucho mejor atendida que la educación preuniversitaria. La necesidad de instruir [*instruct*] a quienes iban a servir al gobierno y a la iglesia determinó la preferencia de la educación superior [*higher*].

Desde muy temprano aparece la universidad como centro de estudios superiores, modelada a imagen de la de Salamanca (España). Algunos creen que la primera cédula real [*royal decree*] de fundación universitaria se extendió en 1538 para establecer la Universidad de Santo Tomás de Aquino, en Santo Domingo. Todavía se discute la validez de esa cédula.[3] De todas maneras, ese centro de estudios llegó a establecerse muchos años después y tuvo una vida irregular durante el período colonial. La más antigua es en realidad la Universidad de San Marcos, en Lima, fundada unos meses antes que la Universidad de México, y, a diferencia de ésta, con vida continua desde 1552. Otros centros de estudios superiores se crearon en otras regiones del mundo hispanoamericano, donde la mayoría de ellos conservan gran prestigio, como ha sucedido con las Universidades de Córdoba (1613), Charcas (1624), San Carlos de Guatemala (1676), Cuzco (1692), Caracas (1721), La Habana (1728) y Quito (1787). A fines del siglo XVII ya se habían fundado 26 universidades, algunas de las cuales fueron clausuradas al anulárseles las prerrogativas [*closed down when prerogatives were cancelled*].

Aunque los profesores fueron principalmente clérigos durante el primer siglo de la Colonia, las universidades hispanoamericanas no eran entonces sencillamente seminarios teológicos. Como las de Europa, eran verdaderas universidades, que para mediados del siglo XVII ya contaban con muchos profesores laicos [*lay*], entre los cuales había un buen número

---

[3] Fray Cipriano de Utrera en *Las Universidades de Santiago, de La Paz y de Santo Tomás Aquino* (Santo Domingo, 1932) y Carlos Daniel Valcárcel en *San Marcos, la más antigua universidad de América* (Lima, 1959) documentan que no hubo universidad en Santo Domingo sino hasta 1558. El rey Fernando VI prohibió a la Universidad de Santo Tomás de Aquino auto titularse [*call itself*] la más antigua universidad del continente. Véase C. D. Valcárcel, «Letras y Ciencias humanas: Facultad decana del continente», *Letras* (Universidad de San Marcos), XXXVIII (1966): 8.

La Universidad de Santo Tomás de Aquino en Santo Domingo es uno de los centros de estudios superiores más antiguos del Nuevo Mundo. Se ordenó fundarla en 1538 pero abrió sus puertas años después de establecidas las Universidades de México y San Marcos (Lima, Perú) en 1552.

de criollos. Se establecieron hasta cuatro facultades: Teología, Derecho [*schools: Theology, Law*], Medicina y Artes. En la de Artes, el plan de estudios comprendía el *trivium* (gramática latina, retórica y lógica) y el *quadrivium* (aritmética, geometría, música y astrología). Excepto en Medicina, las clases en todas las facultades se dictaban en latín.

Los estudios universitarios en sí no eran muy costosos [*expensive*], pero la graduación sí lo era. El grado doctoral exigía un fuerte gasto [*disbursement*] de dinero: el graduado tenía que pagar una corrida de toros [*bullfight*], una procesión y entretenimiento para el público en general.[4] La pureza de sangre y la legitimidad de nacimiento no eran requisitos siempre exigidos [*required, demanded*], sobre todo cuando se trataba de estudiantes con aptitudes para la carrera religiosa. En el Siglo de las Luces (siglo XVIII),[5] la universidad latinoamericana aumentó su interés en el pensamiento no hispánico. Entonces

---

[4] Sobre el costo de los estudios universitarios, consúltese Jean Descola, *La vida cotidiana en el Perú en tiempo de los españoles, 1710–1820* (Buenos Aires: Hachette, 1964), pp. 214–220.
[5] En el Siglo de las Luces o Ilustración triunfó en Europa el movimiento cultural iniciado en Francia y caracterizado por su fe en la razón, su crítica de las instituciones y su interés en la difusión del saber.

la cultura dejó de ser esotérica y de aspirar al entrenamiento de las minorías ociosas. Se desafió el método deductivo y se criticó la elocuencia hueca [*empty wordiness*] e indigesta. La llegada de las expediciones científicas permitió el comienzo de la experimentación y la innovación. El estilo afectado, divagador y sin contenido perdió seguidores [*rambling... followers*].

7.2 La censura de los medios de expresión

El celo [*zeal*] católico contrarreformista fue responsable del control oficial del pensamiento y de los medios de expresión en España y sus dominios. En teoría, se castigaba con la pena de muerte y confiscación de bienes [*possessions*] a los que tenían los libros incluidos en el *Index Librorum Prohibitorum* (Índice de libros prohibidos) y a los que trataban de imprimir [*to print*] o publicaban obras no aprobadas. El instrumento más eficiente de censura y control del pensamiento en América fue el Santo Oficio de la Inquisición. Se estableció primero en Lima (1570), luego en México (1571) y después en el resto de Hispanoamérica.

En el Nuevo Mundo la intención de aplicar la ley fue algo más rigurosa que en la Península Ibérica. Estaba prohibida la exportación a América de novelas y otras obras de ficción. Se temía que ellas pudieran contribuir a desarrollar un espíritu imaginativo y renovador que amenazara el orden secular y religioso imperante [*prevailing*]. Afortunadamente esta prohibición no siempre se cumplió [*was observed*]. Entre los libros enviados desde España, en el siglo XVI se embarcaron [*were shipped*] a América novelas de caballería. Se ha descubierto que el mismo año de la aparición de *El Quijote* (1605) llegaron a Cartagena (Colombia) dos cajones [*crates*] con ochenta ejemplares [*copies*] de esa obra cervantina [*by Cervantes*], y que en Lima, al año siguiente, se llevó a cabo un remate [*sale*] de libros entre los cuales se encontraban ochenta ejemplares de la primera edición de *El Quijote*.[6]

La primera imprenta[7] en el Nuevo Mundo se estableció en la ciudad de México alrededor del año de 1535. La segunda se instaló en Lima en 1584. Después funcionaron más. Al fin del período colonial había por lo menos veinticinco grandes imprentas en las principales ciudades del imperio colonial español en América. Al comienzo, este invento chino, introducido a Europa por Gutenberg, sirvió principalmente en la impresión de catecismos,

---

[6] Las 2 eds. de Irving A. Leonard: *Books of the Brave,* 1st ed (New York: Gordian Press, 1964), y la 2a. ed. de Rolena Adorno (Berkeley: University of California Press, 1992).

[7] The printing press was not invented by Johannes Gutenberg (c. 1398–1468) but by the Chinese. It was already in use in China in 770 AD. See Joseph Needham, *Science and Civilization in China* (London: Cambridge University Press, 1961), I: 126, 131. The printing press was first used in Spain in 1473.

doctrinas cristianas, sermones, vocabularios y libros empleados en la catequización [*instruction in Christian doctrine*]. Después se publicaron discursos, programas de fiestas y, clandestinamente, libros como el *Lazarillo de
ciegos caminantes* de Concolorcorvo (1773),[8] que indicaban falsamente haber
sido impresos en España. Cuando el espíritu reformista de la Casa de los
Borbones reinante en España se extendió a América, se editaron otras clases
de obras, como la primera versión castellana de *Elementos de química* de
Lavoisier, publicada en México a fines del siglo XVIII.

Las relaciones y noticiarios coloniales de los siglos XVI y XVII fueron precursoras de los periódicos de Latinoamérica. Eran hojas volantes [*handbills,
random sheets, broadsides*] que anunciaban la llegada de las flotas o daban noticias sensacionales, como la destrucción de Antigua (Guatemala), o la captura
de un barco inglés. Los periódicos, propiamente hablando, aparecieron en el
Siglo de las Luces (siglo XVIII), cuyo espíritu liberal permitió su fundación en
América para difundir [*spread*] mejor las noticias y ofrecer una tribuna a los
escritores de la época. El primer periódico iberoamericano fue la *Gaceta de
México y Noticias de Nueva España* (1722), que tuvo la suerte de sobrevivir
veinte años, con ciertas interrupciones. Después se fundaron otros periódicos
más, como el famoso *Mercurio Peruano* (1791), órgano oficial de la Sociedad
Amantes del País[9]. Todos ellos informaban sobre la sociedad colonial, la cultura oficial, identificada con la vida de urbana, pero poco acerca de la cultura
popular. Los grandes beneficiados eran las altas clases sociales y económicas.

7.3 La Ilustración en Hispanoamérica

A mediados del siglo XVIII, la política liberal de los Borbones comenzó a
producir efectos en el Nuevo Mundo al influir en la manera de pensar y promover el interés en la experimentación, en el método deductivo y en la ciencia en general. Se crearon sociedades de intelectuales, como la Asociación
Filarmónica de Lima (1787), transformada después en la Sociedad Amantes
del País, editora del *Mercurio Peruano*. En La Habana se organizó la Real
Sociedad Económica y la Sociedad Patriótica de Investigaciones. En otras
ciudades se establecieron importantes sociedades que congregaban a los más
destacados científicos y letrados de la época.

Las expediciones científicas contribuyeron inmensamente a esta sed de
nuevos conocimientos y transformación. Son importantes por sus efectos en

---

[8] Concolorcorvo (With crow's color) was the penname, probably used by Alonso Carrió de
la Vandera, (1715–83), Spanish Government Visitor (Visitador) of the Viceroyalty of Peru.
[9] Entre los otros periódicos fundados en el siglo XVIII sobresalieron la *Gaceta de Guatemala* (1723), la *Gaceta de Lima* (1744), el *Diario Literario de México* (1768), el *Diario de
Lima Curioso, Erudito, Económico y Comercial* (1790), el *Papel Periódico de La Habana*
(1790) y el *Papel Periódico de Santa Fe de Bogotá* (1791).

la difusión de la Ilustración las siguientes expediciones: (1) la del francés Charles Marie de La Condamine (1701–74), que en 1735 midió un grado del ecuador [*measured the length of a degree at the equator*] con la ayuda de los sabios españoles Jorge Juan y Antonio de Ulloa; (2) la del navegante francés Luis Antonio de Bougainville (1729–1811), que exploró las Malvinas (*Falkland Islands*) y visitó Montevideo y Paraguay; (3) la del español José Celestino Mutis (1732–1808), de destacada labor científica en Bogotá, donde dejó sobresalientes [*outstanding*] discípulos, como Francisco José de Caldas (1771–1816), autor de *La influencia del clima sobre los seres humanos* y promotor del *Semanario de Nueva Granada*; (4) las misiones mineralógicas de los hermanos españoles descubridores del tungsteno, Juan José de Elhuyar (1754–96) y Fausto de Elhuyar (1757–1833), a Nueva Granada y México, respectivamente; y, sobre todo, (5) las expediciones del sabio alemán Alejandro de Humboldt (1769–1859) a Nueva Granada, Perú, Cuba y Nueva España, y del naturalista francés Aimé Jacques Bonpland (1773–1858) a Venezuela, Argentina y Paraguay.

La sed de conocimientos determinó la fundación de instituciones científicas, como los jardines botánicos de México (1788) y Guatemala (1796), la Escuela de Minería (México, 1792), el Museo de Historia Natural (Guatemala, 1796), el Observatorio Astronómico (Bogotá, 1799) y la Escuela Náutica (Buenos Aires, 1799), establecida por Manuel Belgrano (1770–1820).

Contagiados de la fiebre reformista, investigadora y estudiosa, muchos jóvenes latinoamericanos viajaron a Europa a estudiar en sus universidades, o simplemente a enriquecer su espíritu. Al retornar a la patria, también trajeron más ideas liberales y más conocimientos científicos de posible aplicación al medio americano. Los marinos estadounidenses contribuyeron a difundir las ideas revolucionarias políticas y científicas, divulgando la ideología de los padres de la primera república del Continente Americano, las inquietudes de Benjamín Franklin y las actividades de sus instituciones culturales, como la Sociedad Filosófica Norteamericana [*American Philosophical Society*] de Filadelfia.

7.4 Primeros grandes escritores de la literatura hispanoamericana nacidos en España

Las primeras obras literarias escritas en el Nuevo Mundo fueron por españoles asombrados ante [*amazed at*] la magnificencia de la naturaleza americana. Aunque originarios y educados en Europa, se los incluye en la literatura de los grandes escritores de la literatura latinoamericana nacidos en España porque sus aportes pertenecen también a la historia literaria colonial de Hispanoamérica. Su importancia se basa, entre otras cosas, en haber incorporado **indigenismos** (palabras de origen indio) al castellano, y en haber cultivado la crónica, el género preferido por los primeros grandes escritores nacidos o educados en Iberoamérica.

En el Nuevo Mundo la crónica medieval española manifestó rasgos nuevos. Fue más dinámica, emocional y algo anticonvencional. La escribieron principalmente hombres sin formación literaria, aventureros en el campo de de las letras y la acción. El exceso de energía de los conquistadores españoles estuvo presente también en el terreno literario. Desde sus primeras cuartillas escritas, incorporadas a las primeras páginas de la historia de la literatura hispanoamericana, hasta en la producción siguiente se nota la influencia del paisaje americano. Quizás la llegada de los españoles y portugueses al Nuevo Mundo generó una doble conquista: ellos dominaron a América militar y políticamente pero en el proceso el Hemisferio Occidental los conquistó estéticamente. Las nuevas tierras y sus seres humanos, flora, fauna, costumbres e instituciones grabaron fuertes impresiones en la mente de los europeos. El cronista interpretó estas inusuales impresiones y relató cómo en las Américas los indígenas se hispanizaron a la vez que se americanizaron los europeos.

La urgencia de escribir sobre el Nuevo Mundo deslumbrante determinó la aparición del primer gran asunto de la literatura latinoamericana: el tema americano. Desde 1492 hasta hoy, en todos los géneros (crónica, novela, ensayo, poesía, teatro), el tema obsesionante de los escritores iberoamericanos fue el mismo: el hombre y el paisaje de este hemisferio. La crónica escrita en el Nuevo Mundo es una mezcla de ficción y realidad. La presentación de la realidad histórica unas veces tiene objetivos narrativos; otras, didácticos. Por sus elementos ficticios, imaginados, presentados como en las novelas de caballería [*chivalry*], se la considera precursora de la novela hispanoamericana. A menudo el cronista transformó la realidad cayendo en contradicciones y originando futuras objeciones por otros escritores. Se destacan en este primer gran género literario algunos cronistas que por sus obras y su nueva concepción estética también pertenecen a la literatura iberoamericana aunque nacieron en España: Cristóbal Colón (c. 1451–1506), en su *Diario de viaje*, hizo un inventario de las riquezas y costumbres de los indígenas del Caribe; Hernán Cortés (1485–1547), en sus *Cartas de relación* (1519–26), dirigidas al emperador Carlos V, dio noticias valiosas sobre México en el preciso momento de ser conquistado; Bernal Díaz del Castillo (¿1492?–1581), simple soldado de Cortés, ofreció el punto de vista del soldado raso [*private*] en *Historia verdadera de la conquista de la Nueva España* (1632).

Hay otras crónicas con más valor histórico que literario: Fray Toribio de Benavente (¿?–1568), conocido con el nombre azteca de Motolinía (el pobre), dejó una *Historia de los indios de Nueva España* (1541), obra acerca de las costumbres y tradiciones indígenas existentes en México durante los primeros años de la Conquista; Álvar Núñez Cabeza de Vaca (¿1490–1559?) en *Naufragios,* narró sus aventuras en las costas de los golfos de México y Baja California; Pedro Cieza de León (1518–60) describió en *Crónica del Perú,* la guerra fratricida entre conquistadores; Fray Gaspar de Carvajal

Archivo Guillen/Instituto Nacional de Cultura

Casa del Inca Garcilaso de la Vega (1539–1616) en el Cuzco hasta 1560, año en que viajó a España de donde no pudo retornar. El autor peruano publicó un libro sobre la expedición de Hernando de Soto al actual sur de los Estados Unidos (*La Florida del Inca*) y otro sobre Tahuantinsuyo y su conquista por los españoles (*Comentarios reales*).

(1504–84) en *Relación del nuevo descubrimiento del famoso Río Grande de las Amazonas* narró sus experiencias en la expedición de Francisco de Orellana al río Amazonas. Se destaca entre todos los cronistas Fray Bartolomé de las Casas (1474–1566), autor de la *Brevísima relación de la destrucción de las Indias,* obra crítica de la conquista española. Otro gran autor colonial nacido en España fue Alonso de Ercilla y Zúñiga (1533–94), quien escribió *La Araucana,* poema épico acerca de la conquista de Chile y el heroísmo de los araucanos.

7.5 Importantes escritores hispanoamericanos de la Colonia

El primer escritor de prestigio universal nacido en el Nuevo Mundo fue el Inca Garcilaso de la Vega (1539–1616), hijo de un capitán español y de una princesa incaica. Escribió los *Comentarios reales,* cuya primera parte, con ese mismo título, apareció en 1609, y cuya segunda parte, con el título de *Historia general del Perú,* se publicó después de su muerte en 1617. La primera parte, para muchos considerada fuente [*source*] primaria en el estudio de la civilización incaica, se estima más por su valor literario que por su contenido histórico.

CAMINA EL AVTOR

El autor indio Guamán Poma de Ayala se muestra en este grabado recorriendo el Perú para documentarse antes de escribir *Primer nueva corónica y buen gobierno*, enviada al rey de España en 1615. Su famosa carta-crónica fue descubierta en la Biblioteca Real de Copenhague en 1908 y publicada por primera vez en París por Paul Rivet en 1936.

Archivo Guillen/Instituto Nacional de Cultura

Su libro *La Florida del Inca* (1605), sobre las aventuras de Hernando de Soto, es importante en la historia de las exploraciones del Sur de los Estados Unidos. Otro importante cronista peruano fue el indígena Guamán Poma de Ayala, autor de un curioso manuscrito, *Primer nueva corónica [crónica] y buen gobierno* (c.1615), con más de 400 ilustraciones. Aunque este manuscrito en forma de carta fue dirigido al Rey de España, no se publicó hasta 1936 y desde entonces es una fuente indispensable para el conocimiento del mundo tradicional andino.

El dramaturgo [*playwright*] hispanoamericano más destacado del período colonial fue el mexicano Juan Ruiz de Alarcón (1580–1639), autor de *La verdad sospechosa* (imitada por Corneille en *Le menteur)*, *Las paredes oyen, No hay mal que por bien no venga* y muchas comedias más. Aunque vivió en España desde los veintidós años de edad, este gran escritor del Siglo de Oro nunca olvidó su patria. El **mexicanismo**[10] en sus obras lo incorpora a la historia literaria latinoamericana.

Otros escritores importantes durante los primeros dos siglos de la Colonia fueron: el colombiano Juan Rodríguez Freile (1566–¿1640?), autor de *El Carnero*, obra acerca de Santa Fe de Bogotá, el chileno Pedro de Oña (1570–1643), recordado por su poema épico *El Arauco domado* (1596), compuesto para complementar *La Araucana*, de Alonso de Ercilla; Bernardo de Balbuena (1568–1627), español criado en América, autor de *La grandeza mexicana* (1604), sobre la capital del Virreinato de Nueva España, y el cuzqueño Juan de Espinosa

---

[10] Mexicanismo is the fondness for Mexican traits, customs and culture. See Pedro Henríquez Ureña, *Seis ensayos en busca de nuestra expresión* (Buenos Aires: Editorial Raigal, 1952), pp. 91–103.

Medrano, (1632–88), escritor en quechua y en castellano, autor del *Apologético en favor de Góngora* (1662), en defensa del **gongorismo**.[11]

Carlos de Sigüenza y Góngora (1645–1700), fue un erudito mexicano, notable en las ciencias y en las letras, en matemáticas, astronomía, historia y poesía. Su relato *Infortunios de Alonso Ramírez* (1690) es precursor de la novela hispanoamericana. El peruano Pedro de Peralta Barnuevo (1663–1743) se destacó tanto por sus piezas teatrales, poemas y publicaciones sobre ingeniería, astronomía y metalurgia [*metallurgy*], como por su obra en la Universidad de San Marcos, donde fue profesor de matemáticas y rector en tres oportunidades.

Durante el período colonial se destacan [*stand out*] en Hispanoamérica algunos poetas satíricos, críticos de la sociedad de su época. El más conocido, Juan del Valle y Caviedes (¿1645?–97?), dejó en el Perú la importante obra poética *Diente del Parnaso* en la que se burla de [*makes fun of*] los médicos, las mujeres y los sacerdotes.

Entre las escritoras más distinguidas de Latinoamérica colonial se encuentran dos poetas anónimas del Perú que usaron los seudónimos [*pen names*] Clarinda y Amarilis respectivamente. Clarinda es recordada por su *Discurso en loor* [*praise*] *de la poesía* (1608); la segunda, se hizo famosa por su *Epístola a Belardo* (escrita en 1619 y publicada en 1621) dirigida al gran escritor español Lope de Vega. La escritora más famosa y más inteligente del Nuevo Mundo fue la mexicana Sor Juana Inés de la Cruz (1651–95), famosa por sus poemas barrocos, villancicos, autos, comedias, sainetes [*carols, one-act religious plays, verse plays, and one-act farces*] y su *Respuesta a Sor Filotea de la Cruz* (1691) en defensa de la educación de la mujer. Otra prestigiosa poeta fue la «Madre Castillo», Sor Francisca Josefa de la Concepción del Castillo y Guevara (1671–1742), abadesa del monasterio de Santa Clara, Tunja, Colombia, autora de su autobiografía *Su vida* (publicada en 1817) y de *Afectos espirituales,* conocida también como *Sentimientos espirituales* (publicada en 1843).

Resumiendo, la producción literaria de la Colonia se caracterizó primero por ser esencialmente narrativa, razón por la cual se destacaron los cronistas, historiadores y poetas épicos. Después, sobresalieron [*excelled*] los escritores religiosos y seglares, muchos de quienes usaron el estilo barroco de Luis de Góngora y Argote. A partir del siglo XVIII, se produjo el afrancesamiento de las letras y el cultivo de la moda neoclásica. Con la llegada a Hispanoamérica de las expediciones científicas y con el retorno de Europa de los estudiantes latinoamericanos, creció el interés en las ciencias y el estudio metódico del mundo americano. Así es como se distinguió Hipólito

---

[11] *gongorismo* Estilo literario, introducido por el poeta español Luis de Góngora (1561–1627), se caracteriza por un exceso de ornamentación, abundancia frases raras y neologismos.

Unanue (1755–1833), científico peruano quien luchó por la independencia, autor de *Guía política, eclesiástica y militar del Virreinato del Perú* y de un ensayo sobre el clima de Lima. Sin embargo, el neoclásico de mayor importancia literaria de fines del período colonial fue el mexicano Joaquín Fernández de Lizardi (1776–1827), autor de la obra picaresca *El Periquillo Sarniento* (1816). El «Pensador Mexicano», como se conoce a Lizardi, escribió la «autobiografía» de un **pícaro** [*rogue*] mexicano, cargada de aventuras estudiantiles y adultas de principios del siglo XIX, durante los últimos años de la Colonia.

7.6 El teatro hispanoamericano colonial

En el primer siglo de colonización el teatro en América sirvió de arma evangélica principalmente. Después se lo utilizó para educar y divertir al pueblo analfabeto. Se usaban los patios de los conventos, colegios y palacios así como las plazas públicas, para montar el tablado [*to set up the stage*] donde se representaban los villancicos, entremeses,[12] autos sacramentales en castellano y en idiomas aborígenes, especialmente en quechua, aymará, náhuatl y maya. Más tarde hizo su aparición el teatro culto para las clases ricas [*wealthy*] y entonces se representaron comedias españolas del Siglo de Oro y piezas breves escritas en el Nuevo Mundo. El desarrollo de la actividad teatral hispanoamericana siguió las pautas del teatro español. Tan pronto como este género consiguió su plenitud a fines del siglo XVI y durante el siglo siguiente, sus mejores piezas circularon por toda América y se representaron en las casas de comedias de México y Lima y en los tablados transitorios de las demás ciudades y villas coloniales. Gustaron mucho las comedias clásicas de Lope de Rueda (¿1510?–65), Lope de Vega (1562–1653), Tirso de Molina (¿1584?–1645), Pedro Calderón de la Barca (1600–81), Agustín Moreto (1618–69) y, sobre todo, las piezas teatrales de los mexicanos Juan Ruiz de Alarcón y Sor Juana.

En el siglo XVIII se edificaron nuevos lugares permanentes para poner en escena obras españolas e hispanoamericanas. Se construyeron un corral de comedias en Puebla (1761), un teatro en La Habana (1776), otro en Guayaquil (c. 1780), el Teatro de la Ranchería de Buenos Aires (1783) y los coliseos de Caracas (1784), Montevideo (1793), Bogotá (1793), Guatemala (1794), La Paz (1796), Santiago de Chile (1802) y otras ciudades. Merece especial mención el tablado transitorio cercano al Cuzco donde se representó el drama quechua **Ollantay** en 1780 durante la revolución de Túpac Amaru II. Desde entonces este drama ha sido traducido al castellano, italiano, francés, inglés, checo, alemán y latín.

---

[12] *entremés* is a short scene or farce inserted in an *auto* or between two acts of a *comedia*.

7.7 La literatura brasileña colonial

La historia de la literatura brasileña colonial se confunde con la portuguesa. Las crónicas, historias y poesía épica del primer siglo de colonización las compusieron principalmente los portugueses. Las contribuciones de los jesuitas José de Anchieta y Manuel da Nóbrega, como la poesía de Benito Teixeira Pinto (1540–1616), son más bien trabajos portugueses que brasileños. La *Historia do Brasil,* escrita por Frei Viçente do Salvador en 1627, pero publicada en el siglo XIX, es uno de los primeros trabajos hechos por hombres de letras nacidos en el Brasil. El padre jesuita Antonio Vieira (1608–97) fue el exponente máximo del gongorismo brasileño caracterizado por el abuso de hipérboles, antítesis, repeticiones y latinismos. Otro escritor de este estilo literario fue Nuno Marqués Pereira (1652–1728), autor del *Compêndio narrativo do peregrino da América* (1728), considerado como la primera novela brasileña. Gregório de Mattos (1633–96), crítico de la sociedad de Bahía, sobresalió por sus poemas satíricos que le trajeron dificultades y el destierro a Angola.

El descubrimiento de oro en Minas Gerais (1692) abrió el interior del país a la colonización intensiva. Surgieron entonces ricas poblaciones pequeñas, orgullosas de sus sociedades literarias. En el Brasil, las primeras sociedades literarias tuvieron una fuerte orientación barroca: la Academia Brazílica dos Esquecidos (Academia Brasileña de los Olvidados), de Bahía (1724) y la Academia dos Felizes (Academia de los Felices), de Río de Janeiro (1736). A ellas pertenecían autores de poemas y discursos muy elogiosos de los gobernantes y poderosos. A mediados del siglo XVIII se fundaron otras, con diferente estructura y orientación. La Academia Brazílica dos Renascidos, de Bahía (1759), la Arcadia Mineira o Arcadia Ultramarina, de Villa Rica (1780) y la Sociedade Literária, de Río de Janeiro (1794), transmitieron [*were engaged in disseminating*] el pensamiento enciclopédico y los principios democráticos de la Revolución Francesa. Imitando al clásico *Os Lusiadas* de Camões, Fray José de Santa Rita Durâo (1722–84) escribió el extenso poema épico *Caramurú* (1781), acerca de la historia del descubrimiento y la primera etapa de la colonización. José Basílio da Gama (1741–94), el más grande poeta del siglo XVIII brasileño en su obra maestra, *O Uruguay* (1769), describe, con **saudade** (tristeza nostálgica), el paisaje americano y la guerra contra los indígenas del Paraguay. Ambos poetas pertenecían a la *Arcadia Ultramarina* de la llamada Escuela Minera.

La vida intelectual de la colonia portuguesa en Sudamérica se vio limitada por la escasa población ilustrada, la falta de universidad, de imprenta y de grandes centros urbanos. Hasta el siglo XVIII las ciudades brasileñas se desarrollaron muy poco. La vida en el Brasil colonial estaba centrada en la *fazenda* (hacienda), el *engenho* (ingenio) y las minas. La civilización en esa parte del mundo americano era esencialmente rural.

En 1808 la corte portuguesa se estableció en Río de Janeiro, e inauguró una era de prosperidad intelectual y renovación artística. Al poco tiempo de la llegada de la corte lusitana se estableció la primera imprenta y se fundó el primer periódico. Inmediatamente después se inauguraron las principales instituciones culturales brasileñas: la Biblioteca Nacional, el Museo Nacional y el Jardín Botánico.

7.8 Resumen

I. **La educación**
   A. Monopolio educacional de la Iglesia
   B. Orientación escolástica (las ideas de Aristóteles puestas al servicio del cristianismo)
   C. Aristocrática, abstracta, retórica y principalmente religiosa
   D. Atención preferente al nivel universitario siguiendo el modelo de Salamanca
      1. Primeras universidades: Santo Domingo, San Marcos (Lima) y México
      2. Facultades (Escuelas): Teología, Derecho, Medicina y Artes

II. **La censura de los medios de expresión**
   A. La Contrarreforma impone control del pensamiento y censura
   B. La Inquisición y el Índice de libros prohibidos
   C. Prohibida la importación de libros de ficción
   D. A las primeras imprentas en México (1535) y Lima (1584) les siguen 23 otras
   E. Relaciones y noticiarios: hojas volantes precursoras de los periódicos

III. **La Ilustración en Hispanoamérica**
   A. Interés en la experimentación, el método deductivo y la ciencia
   B. Expediciones científicas:
      1. Ch. M. La Condamine (1701–74) mide un grado del ecuador (1735)
      2. L. A. de Bougainville (1729–1811) explora las Malvinas (Falklands)
      3. J. C. Mutis (1732–1811) en Bogotá con F. J. de Caldas
      4. F. de Elhuyar (1757–1833), descubridor del tungsteno, va a México
      5. Alejandro von Humboldt (1769–1859) y J. A. Bonpland (1773–1858)
   C. Latinoamericanos en Europa y contrabando de ideas por marinos estadounidenses

IV. **Famosos escritores de la literatura latinoamericana nacidos en España**

A. Colón, Cortés, Bernal Díaz del Castillo y Cabeza de Vaca, autores de Relaciones

B. Motolinía, Cieza de León y Bartolomé de las Casas escriben historias

C. Alonso de Ercilla y Zúñiga (1533–94) y su poema épico *La Araucana*

V. **Famosos escritores nacidos o educados en Hispanoamérica**

A. El Inca Garcilaso de la Vega: *La Florida del Inca* y *Comentarios reales*

B. El mexicanismo de Juan Ruiz de Alarcón, dramaturgo del Siglo de Oro

C. Sor Juana Inés de la Cruz, considerada como la mejor escritora del período colonial

D. El colombiano Juan Rodríguez Freile (1506–1640?), autor de *El Carnero*

E. El chileno Pedro de Oña (1570–1643) y *El Arauco domado* (1596)

F. Bernardo de Balbuena y el poema barroco *La grandeza mexicana* (1604)

G. El mexicano Sigüenza y Góngora y *Los infortunios de Alonso Ramírez*

H. El polígrafo Pedro de Peralta (1663–1743), rector de San Marcos

I. Juan de Espinosa y Medrano (1632–88), escritor en quechua y castellano

J. Madre Castillo (1671–1742), abadesa de Tunja, Colombia, autora de *Mi vida*

K. Hipólito Unanue: «El clima de Lima» y otros ensayos científicos

L. Juan del Valle y Caviedes (1645?–97?) y su *Diente del Parnaso*

M. José Joaquín Fernández de Lizardi, autor de *El Periquillo Sarniento* (1816)

VI. **El teatro hispanoamericano colonial**

A. Arma evangélica e instrumento de educación y diversión del pueblo

B. Autos sacramentales en castellano y lenguas amerindias

C. Villancicos y sainetes en iglesias, conventos, escuelas y plazas

D. Corrales, coliseos y teatros para las comedias del Siglo de Oro

E. En 1780 se representa el drama quechua *Ollantay* en un tablado de Cuzco

VII. **Literatura brasileña colonial**

A. Portugueses escriben las primeras crónicas, historias y poemas épicos

B. El brasileño Viçente do Salvador escribe una *Historia do Brasil* (1627)
C. El barroco Antonio Vieira (1608–97) y su abuso de hipérboles y antítesis
D. Primera novela: *Compêndio narrativo* (1728) de Nuno Marquês Pereira
E. Gregório de Mattos es exiliado a Angola por sus poemas satíricos
F. Academias literarias:
  1. Barrocas: Academia de los Olvidados y Academia de los Felices
  2. Neoclásicas
    a. Academia de los Renacidos (Bahía) y la Sociedad Literaria de Río
    b. Arcadia Ultramarina: poetas de la Escuela Minera (Fray José de Santa Rita Durad, *Caramurú*, 1781) y José Basílio da Gama, *O Uruguay* (1769)

7.9 Cuestionario y temas de conversación

Cuestionario

1. ¿Cuáles fueron las características de la educación en la América colonial?
2. ¿Por qué imperó tanto tiempo en Hispanoamérica la filosofía escolástica?
3. ¿Quiénes fueron los grandes prosistas nacidos en Hispanoamérica colonial?
4. ¿Cómo se destacaron los grandes poetas nacidos en Hispanoamérica colonial?
5. ¿Cuáles son las universidades latinoamericanas más antiguas?
6. ¿Qué desarrollo tuvo el teatro en Hispanoamérica colonial?
7. ¿Cómo se filtran a Hispanoamérica las ideas de la Ilustración?
8. ¿Qué importancia tienen las expediciones científicas en la Colonia?
9. ¿Cuál fue el papel de los periódicos durante la Colonia?
10. ¿Qué instituciones científicas se crearon durante la Ilustración?

Temas de conversación

1. Describa las características de la educación preuniversitaria durante la Colonia.
2. Explique el papel de la Inquisición. A este tema no se le dedica mucho espacio.
3. Describa la educación universitaria durante el período colonial.
4. Nombre a los cronistas indígenas y mestizos más conocidos.
5. Comente los temas de las escritoras importantes del período colonial.

6. Explique la importancia de las academias del Brasil colonial.
7. Haga una evaluación crítica del teatro en el período colonial de Latinoamérica.
8. Contraste los resultados de dos de las expediciones científicas del período colonial.
9. Compare la censura y la Inquisición en Hispanoamérica con los excesos puritanos en Massachusetts.
10. Contraste el desarrollo de la literatura colonial brasileña con la de Hispanoamérica.

Cronología comparada

1724–35 Rebelión de José de Antequera en Paraguay

1767 Expulsión de los Jesuitas. Repercusiones de las expediciones científicas

1780–83 Rebelión de Túpac Amaru II

1781 Rebelión de los comuneros de Zipaquirá

1808–10 Cabildos [City councils] abiertos en Hispanoamérica

1810–22 Guerras de independencia en México

1810–25 Bolívar, Libertador de 5 repúblicas

1818 San Martín independiza Chile

1821 San Martín declara la independencia de Perú

1636 Fundación de Harvard College

1752 Franklin inventa el pararrayos [lightning rod]

1753 Fundación del Museo Británico

1754 Fundación de King's College, futura Columbia University en 1784

1789 Revolución Francesa

1807 Inglaterra prohíbe la trata de esclavos

1815 EE.UU. derrota a los ingleses en Nueva Orleans

Columbus Memorial Library/Organización de los Estados Americanos

Miguel Hidalgo (1753–1811), sacerdote de Dolores (Guanajuato), inició la guerra por la independencia de su patria. Marchó sobre la ciudad de México con un numeroso ejército de indígenas que portaban la Virgen de Guadalupe. Derrotado por los realistas (españoles y criollos mexicanos), fue sumariamente ejecutado.

8

Las guerras por la independencia hispanoamericana

Vocabulario autóctono y nuevo

- estancieros
- llanero

8.1 Autonomía o emancipación

No se puede afirmar con certeza cuándo por primera vez los habitantes de las posesiones españolas en el Nuevo Mundo conspiraron para independizarse de la metrópoli. Después de la Conquista, en diferentes ocasiones y circunstancias, los aztecas, incas y araucanos, entre otros, se alzaron para expulsar a los europeos. Como se ha visto, los araucanos nunca fueron sometidos ni por los incas ni por los españoles. En lo que se refiere a los conquistadores mismos, recordemos que Gonzalo Pizarro, de 1542 a 1544, y Martín Cortés, en 1566, se rebelaron con partidarios secesionistas[1] contra el orden político español. Los criollos, por su parte, no conspiraron seriamente en busca de autonomía antes del siglo XVIII. Sólo durante el Siglo de las Luces (siglo XVIII), contagiados de la filosofía progresista de los enciclopedistas[2] y considerando sobre todo sus propios intereses, los criollos favorecieron la liberalización del régimen político dominante en Hispanoamérica. En las primeras décadas del siglo XIX, al crecer la conciencia de mestizos y criollos americanos a favor de la independencia, estallidos [*outbreaks*] revolucionarios y guerras lograron [*managed*] liberar

---

[1] *secesionistas   secessionist:* person in favor of seceding [withdrawing] from Spain in favor of the independent movement

[2] *enciclopedistas*   persons in favor of the liberal ideas advanced by the French encyclopedia

 Para enriquecer tus estudios, ve nuestros recursos suplementales en línea a **www.cengage.com/spanish/latinoamerica**

 Películas, videos y otros materiales audiovisuales: vea nuestras sugerencias en la página 366.

la mayor parte de Iberoamérica. Generalmente se acostumbra a dividir las causas de la independencia americana en externas e internas.

8.2 Causas externas

Una de las razones poderosas que impulsaron a los hispanoamericanos a buscar su independencia política de España se encuentra en la decadencia general de la monarquía española. Para el siglo XVIII ya había perdido la mayor parte de sus dominios europeos y había dejado de ser la gran potencia [*power*] de Occidente hasta el extremo de ceder [*ceding, giving*] territorios americanos a sus enemigos del viejo mundo. La diversidad de lenguas y nacionalidades en el Caribe actual data de estas fechas. Inglaterra, Francia y Holanda recurrieron [*resorted*] a la guerra y a sus piratas y filibusteros para atacar la integridad territorial, la paz y la seguridad de las posesiones españolas en América.

Las ideas del Siglo de las Luces llegan a América a través de contactos directos con pensadores europeos como también al filtrarse en España y, de allá, a las colonias de ultramar. Los iberoamericanos que retornaban de Europa y los contrabandistas ayudaron a difundir la Ilustración en Latinoamérica tanto entre liberales como en los círculos conservadores. La expulsión de los jesuitas (1767) de España e Hispanoamérica fue una manifestación de esta inquietud liberal anticlerical que deseaba conseguir [*achieve*] la supremacía del poder secular con el fin de frenar el excesivo poder de esa orden religiosa en detrimento del gobierno civil. El Siglo de las Luces se desarrolló principalmente gracias a las ideas revolucionarias del filósofo Descartes y de los enciclopedistas Diderot, D'Alembert, Montesquieu, Rousseau y Voltaire.[3] Las contribuciones inglesas también fueron trascendentes. Hobbes, Locke y Hume añadieron [*added*] sustancia filosófica a la Ilustración, mientras que su compatriota Newton revolucionó los conocimientos científicos.[4] En España, Benito Jerónimo Feijóo (1675–1764) popularizó las nuevas ideas, unas veces defendiéndolas y otras criticándolas. De todas maneras, cuando comenzó la revolución estadounidense en 1776, en Hispanoamérica ya se conocía la doctrina de la soberanía popular, la idea de la división de los poderes [*powers*] expuesta por Rousseau y la oposición al poder absoluto de los reyes. La declaración de la independencia estadounidense conmovió profundamente al continente. Las ideas de Jefferson y la popularidad de Franklin alentaron a [*encouraged*] los

---

[3] La *Enciclopedia* francesa, ideada por Diderot (1713–84) y en gran parte realizada por D'Alembert (1717–1783), demoró en publicarse 22 años (1750–72) y abarcó 28 volúmenes, más 5 de Suplementos y 2 de cuadros y láminas. Fue un vehículo de divulgación de la cultura europea del XVIII; sintetizó los conocimientos humanos y expuso los principios generales de las ciencias y artes de la época. Llegó a ser "la más formidable máquina de guerra" contra la opresión, el despotismo y los privilegios de la aristocracia gobernante.

[4] Isaac Newton (1643–1727), gran científico inglés, fue autor de *Principia* (sobre la ley de gravitación universal y las bases de la Mecánica Clásica) y otros trabajos acerca de la naturaleza de la luz, la óptica y el desarrollo del cálculo matemático. Descubrió una ley de conducción térmica y propuso una teoría sobre el origen de las estrellas.

pensadores liberales hispanoamericanos. Cuando triunfó la Revolución Francesa (1789) y se difundieron los artículos de la Declaración de los Derechos del Hombre y del Ciudadano, los criollos y mestizos ilustres anhelaron [*yearned*] para su América las mismas libertades.

La invasión napoleónica de la Península Ibérica (1807) fue la oportunidad para iniciar la lucha por la independencia nacional. La reina [*queen*] y el regente de Portugal se trasladaron con su corte al Brasil el mismo año de la invasión francesa y llegaron a Río de Janeiro al año siguiente. En Bayona (Francia), cerca de la frontera con España, Napoleón obligó al rey de España Carlos IV y su hijo Fernando VII a resignar a la Corona a favor de su hermano José Bonaparte. El reinado de José I produjo consternación [*caused dismay*] e indignación en el mundo hispánico. En respuesta a la incapacidad de sus dirigentes [*leaders*] para defenderse de las armas francesas, el pueblo español inició su propia guerra de independencia contra Francia, sublevándose [*revolting*] en Madrid el 2 de mayo de 1808. Aunque muchos españoles apoyaban al absolutista Carlos IV, la mayoría prefería a su hijo Fernando VII, por creerlo liberal. En esta coyuntura [*juncture*] histórica los hispanoamericanos expresaron su lealtad al hijo de Carlos IV y se reunieron en cabildo abierto en México (1808), La Paz (1809), Quito (1809), Caracas (1810), Bogotá (1810), Buenos Aires (1810) y Santiago de Chile (1810). En España misma la oposición se intensificó. En el Sur, a donde no llegaron los franceses, se reunieron las Cortes [*Congress*] en Cádiz. Las provincias hispanoamericanas de ultramar estuvieron representadas en las Cortes, donde españoles e iberoamericanos escribieron la primera Constitución española, estableciendo una monarquía constitucional. Promulgaron [*They enacted*] esa carta magna en marzo de 1812. Al poco tiempo, los americanos abandonaron esta solidaridad hacia España y comenzaron la lucha armada contra el dominio español.

8.3 Causas internas

En el siglo XVIII, el interés científico despertado por la Ilustración, unido al deseo de estudiar el potencial económico y comercial de América incentivó el envío al Nuevo Mundo de expediciones para rectificar la cartografía, fijar astronómicamente las latitudes y estudiar la fauna y la flora. España, animada entonces por un afrancesamiento [*Frenchification*] cultural, cooperó en estas expediciones y luego envió a sus propios hombres de ciencia.

Varias de estas expediciones científicas importantes tuvieron repercusiones políticas. Tal es el caso, por ejemplo, de la expedición dirigida por Charles de La Condamine, que en 1753 estableció la medida de un grado a la altura del ecuador cerca de Quito. Participaron en ella los españoles Jorge Juan y Antonio de Ulloa, que reunieron sus múltiples observaciones náuticas, geográficas y sociales en dos célebres libros: *Relación histórica del viaje a la América Meridional* y, sobre todo, *Noticias secretas*. En este último libro —inédito hasta 1825— Juan y Ulloa criticaron severamente el régimen colonial, el cruel tratamiento a los indígenas y las diversas injusticias sociales. Por su parte, una expedición de científicos alemanes, que actuó en el Perú durante las dos últimas décadas del siglo XVIII, impulsó los estudios científicos y ayudó a la Sociedad Amantes del País. En esta sociedad se destacó el médico peruano José Hipólito Unanue (1758–1833), autor de *El clima de Lima*, uno de los primeros ensayos científico-sociales latinoamericanos.

Cuando a fines del siglo XVIII el sabio alemán Alejandro von Humboldt (1769–1835) llegó a América a realizar estudios naturalistas, encontró científicos iberoamericanos de prestigio internacional, humanistas brillantes, admiradores del enciclopedismo, y revistas divulgadoras de [*journals spreading*] sus ideas como el *Papel Periódico de La Habana* (1790–1804) y el *Mercurio Peruano* (1791–95). Siguiendo el ejemplo de la España de la Ilustración, los criollos habían fundado sociedades y asociaciones literarias y científicas de «amigos de la patria», en las cuales también se discutía la posibilidad de la emancipación hispanoamericana.

La inquietud intelectual en Hispanoamérica puede apreciarse en lo que hicieron, dijeron y escribieron algunos de sus eruditos. Aunque perseguido por la Inquisición por poseer libros prohibidos, por esa misma época el limeño José Baquíjano y Carrillo (1741–1817) tuvo el valor de censurar públicamente el atraso cultural del Perú. Pocos años más tarde, su compatriota Toribio Rodríguez de Mendoza (1750–1825) tuvo dificultades con la Inquisición cuando él propuso establecer cursos de física y derecho natural en el programa de estudios del Convictorio (universidad) de San Carlos de Lima.

Expulsados de Hispanoamérica en 1767, los jesuitas realizaron en el exilio una labor de oposición al absolutismo español. Se destacó entre ellos el peruano Juan Pablo Viscardo y Guzmán (1746–98), autor de la revolucionaria *Carta a los españoles americanos por uno de sus compatriotas*. Después de publicarse la versión francesa en 1799. Pronto la versión castellana se imprimió en la capital inglesa en 1801 y fue difundida rápidamente por todo el continente por el venezolano Francisco de Miranda (1750–1816). Viscardo sintetiza [*summarizes*] en la *Carta* la dialéctica del criollo en la lucha contra la opresión española y resume las ideas políticas y económicas enciclopedistas en favor de una América libre, en la que el indígena fuera bien tratado. El mensaje del desterrado [*exile*] peruano sirvió de poderoso órgano de propaganda. Fue muy citado [*quoted*] en las proclamas revolucionarias iniciales de Hispanoamérica, que resaltan el carácter político-religioso de la lucha por la independencia e insisten en la obligación de los hispanoamericanos de reivindicar [*to demand*] los derechos naturales otorgados al hombre por Dios.

La labor de los precursores de la independencia animó la causa revolucionaria. El más importante precursor fue probablemente el ya mencionado venezolano Francisco de Miranda, colaborador con otros hispanoamericanos en la guerra de la independencia de los Estados Unidos. Este entusiasta patriota tuvo una vida muy activa como general de la Revolución Francesa, en la cual ganó el respeto de Napoleón y la admiración del pueblo francés como lo demuestra su nombre inscrito en el Arco de Triunfo de París. Viajero

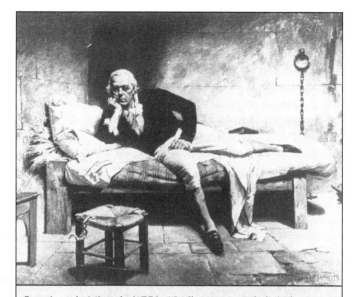

Columbus Memorial Library/OAS

Francisco de Miranda (1750–1816), precursor de la independencia hispanoamericana, luchó por la emancipación de los
Estados Unidos y por la Revolución Francesa. El gobierno de
París le otorgó el rango de Mariscal de Campo. Siendo generalísimo de los patriotas venezolanos, los españoles lo capturaron
en la Guaira y lo encarcelaron en Cádiz, como lo muestra esta
pintura. Allá murió tras cuatro años de cautiverio [*captivity*].

incansable, Miranda recorrió Europa. En Rusia, Catalina la Grande quedó
impresionada por los encantos [*was captivated by the charms*] del venezolano.
En Londres, Miranda fundó la logia masónica [*Masonic lodge*] Lautaro e
influyó directamente en Bolívar, San Martín, O'Higgins y otros jóvenes hispanoamericanos que dirigirían después las batallas emancipadoras. Miranda
propuso la restauración del imperio incaico en una Hispanoamérica inde-
pendizada. Gracias a su amistad con los padres de la nación estadounidense,
en 1806 organizó en Nueva York la frustrada expedición libertadora a
Venezuela. Este paladín [*champion*] de la libertad colaboró con Bolívar en las
campañas iniciadas en 1810. Dos años más tarde, apresado por los españoles,
fue conducido a Cádiz, donde murió cargado de cadenas.

En 1794, el bogotano Antonio Nariño (1765–1823), poseedor de una de las
bibliotecas privadas más grandes de las Américas, tradujo y distribuyó secretamente la *Declaración de los Derechos del Hombre y del Ciudadano*. Descubierto, fue encarcelado, sus bienes confiscados y llevado prisionero a España.
El patriota colombiano Camilo Torres (1766–1816) difundió la *Carta a los
españoles americanos* y conspiró contra las autoridades españolas hasta morir
por la causa independentista. El argentino Mariano Moreno (1778–1811),

por su parte, abogó por la libertad económica en nombre de los **estancieros** [*ranchers, landowners*] del Río de la Plata. Resumió su pensamiento económico en la *Representación de los hacendados y labradores* (1809) y fundó en 1810 la *Gaceta de Buenos Aires,* primer periódico del Río de la Plata, en el cual publicó artículos sobre sufragio universal, libertades civiles, educación popular y problemas económicos. En ese mismo año de 1810 auspició la reconstitución del Estado Incaico y tradujo el *Contrato social* de Rousseau, libro fundamental sobre cómo el individuo se compromete a someterse a la voluntad general para el bien de la sociedad.

8.4 Las rebeliones

Una serie de revueltas independentistas se produjeron periódicamente durante el siglo XVIII. De ellas tres tuvieron especial importancia: la del Paraguay, la de Túpac Amaru y la de los comuneros de Zipaquirá (Nueva Granada).

El cabildo de Asunción del Paraguay se alzó en defensa de las instituciones comunales contra la tendencia centralizadora de la monarquía, pero luego el alzamiento adquirió tono independentista gracias al oidor José de Antequera. Este rebelde organizó milicias y combatió a las fuerzas realistas españolas. Vencido, fue llevado a Lima, donde cayó fusilado en 1731, ante la indignación de muchos peruanos que exteriorizaron su simpatía por el mártir. En el Paraguay, los partidarios de Antequera siguieron luchando por algunos meses más, insistiendo en que el poder del pueblo es superior al del rey.

En 1780 el indígena José Gabriel Condorcanqui se sublevó y se proclamó Inca del Perú con el nombre de Túpac Amaru II. Reunió un ejército de 60 000 rebeldes, ocupó el Cuzco y alzó [*rose up in arms*] el sur del Perú, Bolivia y el norte de la Argentina. Los virreyes de Buenos Aires y Lima enviaron millares de tropas a sofocar el alzamiento. En 1781 Túpac Amaru fue apresado e inmediatamente descuartizado.[5] Tanto

Túpac Amaru I continuó la rebelión de su hermano, el Inca Cusi Yupanqui, hasta que fue decapitado en la plaza mayor del Cuzco por orden del Virrey Toledo en 1572. En 1780 José Gabriel Condorcanqui se proclamó Inca con el nombre Túpac Amaru II para continuar la lucha de sus antepasados.

[5] *descuartizado*   quartered by four horses pulling their arms and legs to snatch them off

al rebelde indio como a su esposa, a un sobrino y a varios parientes; antes de ejecutarlos, se les cortó la lengua. Empero, la lucha de los insurrectos continuó bajo la dirección de Diego Túpac Amaru, hermano de José Gabriel. Sólo se consiguió desarmarlos cuando en 1782 se les ofreció un indulto [*pardon, reprieve*]. Una vez pacificada la región, los vencedores ahorcaron a [*hanged*] Diego en 1783.

Por estos mismos años de la rebelión armada en el Perú, los comuneros [*community members*] de Zipaquirá (cerca de Bogotá) se alzaron en 1781 contra los injustos impuestos [*taxes*]. El grito de protesta se extendió por diversas regiones andinas de Nueva Granada. En algunos pueblos distantes, cerca de la frontera de Venezuela, se juró por Túpac Amaru[6] y por la reconstitución del imperio incaico. La mano severa del virrey se hizo sentir al sofocar a los comuneros.

8.5 Bolívar, libertador de cinco repúblicas

Los primeros éxitos [*successes*] revolucionarios a favor de la Independencia se consiguieron lejos de los centros del poderío español en América (Lima y México). La junta de defensa constituida en Caracas para mantener la autoridad de Fernando VII le entregó al general Miranda el mando [*command*] de las tropas rebeldes. Este precursor de la emancipación luchó contra las fuerzas españolas durante dos años hasta caer prisionero en 1812. Le sucedió uno de sus oficiales: Simón Bolívar. En esa guerra cruenta [*bloody*], los patriotas prisioneros eran fusilados y sus orejas remitidas a diferentes regiones del país para que los comerciantes españoles las clavaran en sus puertas y las lucieran como escarapelas [*badges*]. Enterado de tan indigna actitud, Bolívar declaró guerra a muerte [*war without quarter*] al enemigo. Ambas partes cometieron excesos. En 1813, después de una sangrienta lucha, Bolívar desalojó a los españoles de Venezuela y entró en Caracas, donde fue proclamado Libertador. Después pasó a Nueva Granada a dirigir las fuerzas rebeldes, pero descorazonado [*discouraged*] por las guerras civiles, se refugió en Jamaica en 1815. En esa isla británica recibió apoyo, y mientras descansaba y se recuperaba [*recovered*], escribió su famosa *Carta de Jamaica* (1815), en la que profetizó con bastante exactitud el futuro de las nuevas repúblicas americanas.

Con la ayuda recibida del presidente haitiano Alexandre Petión (1770–1818), Bolívar retornó a Venezuela en 1816 a continuar la lucha por la libertad. Se le unieron las fuerzas del **llanero**[7] José Antonio Páez (1790–1873) y 6000 soldados de Irlanda con más de 200 oficiales irlandeses e ingleses. Tras

---

[6] La importancia simbólica de la Revolución de Túpac Amaru ganó actualidad con el uso de su nombre simplificado (Tupamaros) por los guerrilleros urbanos del Uruguay en las décadas de 1960 y 1970.

[7] *llanero* is the Venezuela cowboy, whose counterparts are the American cowboy, the *gaucho*, and the Mexican *charro*.

SIMON BOLÍVAR.

Simón Bolívar (1783–1830), Libertador de Venezuela, Colombia, Ecuador, Perú y Bolivia. En su famosa *Carta de Jamaica* profetizó el futuro de las nuevas repúblicas. Decepcionado por «haber arado [*plowed*] en el mar», murió en Santa Marta, Colombia.

una serie de combates, en su mayoría desfavorables a los patriotas, libró las batallas de Boyacá (1819), Carabobo (1821) y Pichincha (1821) que aseguraron la independencia del Virreinato de Nueva Granada y la Capitanía General de Venezuela. Décadas después, los dos países libres unificados recibieron el nombre de Gran Colombia para distinguirla de Colombia, el nombre oficial dado a Nueva Granada liberada; después de 1830, cuando se crearon las repúblicas independientes de Ecuador y Venezuela, como se verá en el capítulo 12 (12.1 y 12.5).

En el puerto de Guayaquil en 1822, Bolívar se entrevistó con el general argentino José de San Martín, quien había realizado una campaña libertadora en el Río de la Plata, Chile y Perú. No se sabe qué discutieron los dos libertadores, mas [*but*] se puede inferir [*infer*] que Bolívar tal vez propuso una condición para ir a luchar al Perú: el retiro de San Martín del escenario político americano, probablemente porque el general argentino deseaba establecer un gobierno monárquico en los nuevos estados. Una vez que San Martín retornó a la Argentina, Bolívar marchó al Perú con parte de sus fuerzas. Tras una serie de maniobras, el ejército aliado libertador libró las batallas de Junín (6 de agosto de 1824) y de Ayacucho (9 de diciembre de 1824), que aseguraron la independencia de Sudamérica española.

El ejército bolivariano dirigido por Antonio José de Sucre (1795–1830) ingresó al Alto Perú, derrotó fácilmente a los realistas españoles y proclamó la República de Bolivia. Elegido primer presidente, Bolívar redactó la Constitución Bolivariana, pero pronto abandonó el país debido a las contrariedades en la Gran Colombia, en trance de desintegración. Destruido su sueño político, el Libertador murió pobre en Santa Marta a los 47 años de edad, en 1830.

8.6 San Martín, el Santo de la Espada

El 25 de mayo de 1810 el cabildo de Buenos Aires proclamó la independencia del Virreinato del Río de la Plata. Manuel Belgrano (1770–1820), miembro de la junta revolucionaria, también propuso legitimar la independencia con la propuesta retórica del restablecimiento del imperio de los incas. Para

José de San Martín (1788–1850) luchó en España contra Napoleón y en Chile y Perú contra el ejército realista español. Proclamó la independencia del Perú el 28 de julio de 1821 y asumió el mando supremo de ese país, con el título de Protector. Después de un año de gobierno, renunció a todas sus posesiones para dejar que Bolívar continuara la guerra por la primera independencia, como aparentemente había acordado en Guayaquil. San Martín, conocido como el Santo de la Espada, murió en Francia, pobre y decepcionado.

Archivo Guillen/Instituto Nacional de Cultura

consolidar el triunfo patriota en Buenos Aires, sin embargo, era necesario derrotar a las fuerzas realistas españolas en el Perú y en el resto de Sudamérica. Con tal propósito, Belgrano salió con un ejército para ayudar a los patriotas revolucionarios del Paraguay. La expedición de auxilio fracasó. Después, el patriota argentino fue enviado a combatir las fuerzas comandadas por españoles en Charcas (Bolivia), despachadas a esa región por el virrey del Perú. Como las fuerzas virreinales vencieron a las tropas patriotas, el gobierno revolucionario de Buenos Aires confió el mando del ejército argentino al general José de San Martín, veterano de las guerras contra Napoleón en España. Ante la imposibilidad de invadir el Perú vía Charcas, el general San Martín se preparó para libertar Chile con una fuerza expedicionaria por la ruta de Mendoza. En 1817 cruzó la cordillera con el Ejército de los Andes, de 4000 hombres, en una proeza [*feat*] militar comparable al cruce de los Alpes realizado primero por Aníbal y después por Napoleón.

Las fuerzas monarquistas que antes habían aplastado el primer movimiento revolucionario chileno fueron derrotadas por San Martín en la batalla de Chacabuco (1817). Este triunfo le permitió al Ejército de los Andes ocupar la capital chilena. Elegido jefe supremo, el general argentino renunció en favor de Bernardo O'Higgins (1778–1842). En 1818, en las lomas [*hills*] de Maipú, a unas cuantas millas de Santiago de Chile, las fuerzas armadas españolas sufrieron la derrota definitiva. Así concluyó la primera fase del plan revolucionario de San Martín.

Asegurada la independencia de Chile, San Martín ordenó a la Escuadra Libertadora dirigirse al Perú para combatir a las fuerzas virreinales. La escuadra patriota partió en 1820 de Valparaíso con 4000 hombres y 15 000 fusiles [*rifles*], bajo el mando del almirante inglés Tomás A. Cochrane (1775–1860). Desembarcaron al sur de Lima, en Paracas, hoy conocida como Bahía de la Independencia, de donde procedieron a ocupar sin dificultad la vecina ciudad de Pisco.

Bloqueada la costa del Perú, el virrey La Serna salió al mando de 4000 hombres en dirección a la sierra. Frente a esta estratagema militar, San Martín se apresuró a [*hurried*] libertar Lima y proclamar la independencia del Perú, el 28 de julio de 1821, pronunciando las famosas palabras: «El Perú es, desde este momento, libre e independiente por la voluntad general de sus pueblos y por la justicia de su causa que Dios defiende». Como la lucha armada en el Perú seguía indecisa y los patriotas no se consideraban lo suficientemente fuertes para derrotar a los monarquistas españoles, San Martín viajó a Guayaquil a entrevistarse con Bolívar para pedirle ayuda. Ya hemos aludido a los resultados de esa entrevista.

De vuelta en Lima, San Martín reunió el Congreso del Perú, y renunció a todos sus poderes el 20 de septiembre de 1822, y se embarcó para la Argentina. Más tarde abandonó su patria y se exilió en Francia. Allá, en 1850, sumido [*immersed*] en la pobreza, murió, casi olvidado por aquellos por quienes se había sacrificado para conseguir su libertad. Por ser uno de los espíritus más nobles y menos ambiciosos de los padres de la independencia hispanoamericana, se le ha llamado, con razón, Santo de la Espada.

8.7 La independencia de México

La primera fase del proceso revolucionario por la independencia del Virreinato de Nueva España en el siglo XIX la realizaron principalmente los mestizos y amerindios. El 15 de septiembre de 1810, el párroco [*parish priest*] del pequeño pueblo de Dolores, Miguel Hidalgo y Costilla, se sublevó con el grito de guerra «¡Viva Fernando VII!». Con un ejército de 50 000 hombres, bajo el estandarte de la Virgen de Guadalupe, Hidalgo ocupó la ciudad de Guanajuato. En la ciudad de México la Iglesia lo excomulgó [*excommunicated*] y lo declaró hereje [*heretic*]. Después de ocupar Valladolid (hoy llamada Morelia), con 80 000 hombres marchó rumbo a la capital. Llegó a sus cercanías, vaciló y se abstuvo [*abstained*] de ingresar en ella. Pronto emprendió la retirada, error táctico que causó descontento entre las tropas y deserciones en masa. El ejército rebelde comenzó a decrecer tan rápido como se había formado. Felizmente cayó en su poder Guadalajara, donde reorganizó su ejército hasta completar los cien mil hombres. Lamentablemente la guerra pronto tomó mal giro [*turn*]. El generalísimo Hidalgo y varios de sus generales cayeron prisioneros y fueron fusilados [*shot by firing squad*] en Chihuahua. Sus cabezas estuvieron expuestas hasta 1821.

Aunque en el norte perdía la revolución con la muerte del anciano patriota, en el sur el cura José María Morelos y Pavón continuó la lucha. En 1813, tomó el castillo de Acapulco y cerca de ese lugar reunió el primer congreso revolucionario. Este cuerpo legislativo proclamó la independencia de México y nombró a Morelos generalísimo de sus tropas. Este sucesor de

Hidalgo marchó sobre Valladolid (Morelia), pero las fuerzas del Virrey lo derrotaron completamente. En 1815 fue apresado y ejecutado [*shot, executed*]. La muerte de Morelos no terminó la acción revolucionaria mexicana. Otros caudillos continuaron la lucha. A principios de 1816 los insurgentes tenían 26 000 soldados y contaban con jefes tan valientes como Vicente Guerrero, Guadalupe Victoria y Manuel Mier y Terán. Con todo, el año de 1816 resultó desastroso para los patriotas.

En 1817 desembarcó en la costa mexicana una expedición de idealistas internacionales capitaneada por Francisco Javier Mina, joven guerrillero español, famoso durante las guerras contra Napoleón. Mina decidió luchar por la libertad de México. Con él venían 36 oficiales españoles, franceses, ingleses, italianos y estadounidenses. Su expedición, organizada en Londres en 1816, había aumentado sus efectivos en Estados Unidos y Santo Domingo. Una vez en tierras mexicanas el joven idealista incrementó su contingente militar hasta contar con 1000 patriotas. Luchó heroicamente hasta caer prisionero. Con la ejecución de Mina, héroe de 28 años, los monarquistas españoles terminaron con uno de los capítulos más extraordinarios de la independencia mexicana.

A fines de 1819 los rebeldes mexicanos se encontraban casi completamente derrotados y sólo Vicente Guerrero se mantenía en el sur. Al año siguiente se restableció en España la Constitución liberal de 1812, gracias a la rebelión del general Rafael del Riego. La victoria de los liberales españoles consternó [*shocked, dismayed*] a los absolutistas de México, y por eso, cuando el Virrey proclamó la Constitución liberal, los aristócratas criollos mexicanos abrazaron la causa emancipadora que no habían sentido antes y comenzaron a conspirar. El criollo Agustín Iturbide, coronel del ejército español, que se había distinguido en la lucha contra los patriotas, se unió a los rebeldes conservadores y el 24 de febrero de 1821 se pronunció [*rebelled*] en Iguala y lanzó una proclama. Su famoso Plan de Iguala proponía tres garantías: (1) transformación de Nueva España en una monarquía independiente bajo Fernando VII u otro príncipe europeo; (2) mantenimiento de los privilegios de la Iglesia Católica; y (3) igualdad racial.

Después de esperar en vano la llegada de Fernando VII, quien había prometido huir de los liberales de España e instalarse en México, Iturbide se coronó en 1822 emperador, con el nombre de Agustín I. Su gobierno no duró mucho porque el joven coronel mexicano Antonio López de Santa Anna, gobernador de Veracruz, se sublevó con su guarnición [*garrison*] y consiguió la adhesión del general Guadalupe Victoria, enemigo del sistema monárquico. El Congreso entonces disolvió el imperio, convocó a una Asamblea Constituyente y proclamó la República en 1823. Iturbide partió para exiliarse en Italia pero cometió el error [*mistake*] de retornar a México en 1824. Tan pronto desembarcó, cayó preso y pronto se lo ejecutó: así terminó el primer experimento monárquico en la patria de Hidalgo.

8.8 Significado de la independencia

Las sangrientas luchas por la independencia hispanoamericana probaron una vez más la capacidad física de los españoles puesta a prueba desde fines del siglo XV en suelo americano. Sus descendientes criollos y mestizos también demostraron ser capaces de las proezas de sus antepasados. Lo mismo hicieron los indígenas al desplegar [*when they displayed*] un heroísmo recordatorio [*reminder*] de sus antepasados que murieron combatiendo a los invasores de su tierra. Las guerras de independencia no pusieron a los americanos completamente en campo opuesto a los españoles peninsulares. Como se ha visto, ese conflicto armado resultó ser casi una guerra civil, en la cual se obligó a muchísimos americanos, sobre todo indígenas, a luchar por la causa realista [*royalist*]. Por otra parte, muchos españoles se batieron heroicamente por la libertad de las colonias. Mestizos y hombres y mujeres de razas indígena y africana combatieron en ambos ejércitos, a menudo obligados por las circunstancias. Por ejemplo, un ejército principalmente de afroperuanos debeló [*subdued*] la revolución de los patriotas ecuatorianos de Quito; otro ejército integrado en su mayoría de indoperuanos sofocó el movimiento independentista inicial en Chile; y generales peruanos criollos lucharon contra los patriotas de Buenos Aires en Bolivia y en el noroeste argentino. Ocurrió esto probablemente por las diferentes interpretaciones de la gesta revolucionaria llevada cabo por los luchadores de la independencia americana y sus ideales separatistas. Unos simpatizaban con el gobierno absolutista mientras otros favorecían la causa liberal española, erróneamente percibida como representada por Fernando VII y por la Constitución de Cádiz de 1812. El dilema dividió a los españoles a tal punto que algunos, como el héroe Francisco Javier Mina, resolvieron luchar contra todos los tiranos aunque fueran sus compatriotas.

Casi todos los dirigentes revolucionarios fueron criollos, representantes de la clase emergente, deseosos de mayor libertad para sus propias empresas económicas. Muchos mestizos, contagiados de los ideales revolucionarios, se inclinaron por la causa independentista. Los indígenas y los negros familiarizados con la opresión, sin embargo, no compartían del todo el ideario salvador. Millares de ellos fueron obligados por sus amos a combatir en bandos opuestos. La independencia, como sospechaban algunos, no les iba a afectar mucho porque la ruptura con España de comienzos del siglo XIX resultó ser una independencia inconclusa [*unfinished*] que dio nuevos amos a las masas indígenas, mestizas y africanas abusadas por los españoles durante tres siglos. Con el grito de independencia de las nuevas repúblicas, la mayoría de la población experimentó pocos cambios. Ganaron muchísimo menos que los criollos, herederos del poder del español peninsular. Durante el período republicano hubo ciclos de intentos por concluir la lucha de los libertadores, para completar la revolución inconclusa. Como se verá en los capítulos siguientes dedicados a las nuevas repúblicas, a veces el proceso evolutivo ha sido lento y desalentador; otras veces el ritmo de la transformación se ha acelerado.

8.9 **Resumen**

I. **Causas externas**
    A. Decadencia general de la monarquía española
    B. Desafíos inglés, francés, holandés y portugués
    C. La Ilustración
        1. La Independencia de los EE.UU. (1776) y el intercambio de ideas
        2. Revolución Francesa (1789) y los derechos del hombre
        3. Napoleón obliga a Carlos IV y a su hijo Fernando a ceder la corona española a José Bonaparte; invade la Península Ibérica (1807):
            a. La reina Carlota y su corte portuguesa se trasladan al Brasil
            b. Guerra contra Napoleón (1808–13) y las Cortes de Cádiz (1812)

II. **Causas internas**
    A. Expediciones científicas a Hispanoamérica en el siglo XVIII:
        1. La Condamine mide un grado del ecuador en 1753
        2. Misiones científicas de los hermanos Elhuyar a Nueva Granada y México (1785)
        3. Estudios de Alejandro von Humboldt en México, Cuba y Sudamérica
    B. Expulsión de los jesuitas en 1767
    C. Labor revolucionaria de los precursores de la independencia:
        1. Francisco de Miranda (1750–1816), «Místico de la Libertad» venezolano
        2. Antonio de Nariño (1765–1823) traduce la *Declaración de los derechos del hombre*
        3. Camilo Torres (1766–1816) difunde la *Carta* del jesuita Viscardo y Guzmán
        4. Mariano Moreno (1778–1811) en 1810 traduce el *Contrato social* de Rousseau

III. **Primeras grandes rebeliones**
    A. José de Antequera, alzado en Paraguay, es fusilado en Lima en 1735
    B. La rebelión de Túpac Amaru (1780–84) es sofocada cruentamente
    C. Los comuneros de Zipaquirá, Colombia, se alzan contra los impuestos

IV. **Simón Bolívar (1783–1830), Libertador de cinco repúblicas**
    A. Oficial de Miranda, se destaca por su heroísmo y desinterés materialista
    B. Guerra a muerte, exilio y *Carta de Jamaica*
    C. Batallas de Boyacá (1819), Carabobo (1821) y Pichincha (1822)
    D. Conferencia de Guayaquil (1822) con San Martín sobre ayuda al Perú
    E. Batallas de Junín y de Ayacucho en 1824 sellan la independencia
    F. Sucre proclama la República de Bolivia y nombra presidente a Bolívar
    G. Desintegración de la Gran Colombia y muerte de Bolívar en 1830

V. **San Martín (1778–1850), el Santo de la Espada**
   A. Sus granaderos atraviesan los Andes para libertar Chile en 1817
   B. Las batallas de Chacabuco (1817) y Maipú (1818) independizan Chile
   C. La Expedición Libertadora al Perú, la proclamación de la independencia en Lima (1821) y la retirada española hacia el sur andino
   D. Conferencia con Bolívar en Guayaquil: su retiro y muerte en Europa

VI. **La independencia de México**
   A. El Grito de Dolores (1810) del padre Miguel Hidalgo (1753–1811)
   B. El padre José María Morelos (1765–1815) continúa la lucha hasta morir
   C. Brigada internacional del español Francisco Javier Mina (1789–1817)
   D. Agustín Iturbide (1783–1824) lanza su Plan de Iguala en 1821
   E. Iturbide, autoproclamado emperador en 1822, es fusilado en 1824

VII. **Significado de la proclamación de la Independencia**
   A. Revolución inconclusa dirigida por y para los criollos
   B. El pueblo de razas indígena y africana sólo cambió de amos

---

8.10 Cuestionario, preguntas y temas de conversación

Cuestionario

1. ¿Cuáles fueron las causas internas más importantes de la primera independencia?
2. ¿Cómo reaccionaron los españoles y los hispanoamericanos ante la ocupación napoleónica de la Península Ibérica?
3. ¿Qué papel desempeñaron los jesuitas en la Revolución hispanoamericana por la independencia?
4. ¿Cuáles fueron las expediciones científicas más importantes?
5. ¿Por qué llaman a Miranda «Místico de la Libertad»?
6. ¿Qué efectos tuvo la rebelión de Túpac Amaru II?
7. ¿Qué observaciones proféticas hizo Bolívar en su *Carta de Jamaica*?
8. ¿Qué cree Ud. que sucedió en la entrevista de Guayaquil entre Bolívar y San Martín?
9. ¿Por qué son famosas las batallas de Junín y Ayacucho?
10. ¿Qué opina Ud. sobre las guerras de independencia hispanoamericana del siglo XIX?

Temas de conversación

1. Explique por qué el gobierno español expulsó a los jesuitas del Nuevo Mundo.

2. Comente el papel desempeñado por los hispanoamericanos en las Cortes de Cádiz.
3. Informe sobre la labor científica de Alejandro von Humboldt.
4. Compare las contribuciones de los principales precursores de la emancipación hispanoamericana.
5. Describa las causas externas de la independencia hispanoamericana.
6. Exprese su opinión sobre el significado y la repercusión histórica de la Revolución de Túpac Amaru II.
7. Explique la corrupción en Hispanoamérica antes del estallido revolucionario en América.
8. Compare el valor de las principales expediciones científicas.
9. Contraste los resultados obtenidos por las primeras grandes rebeliones.
10. Evalúe el Grito de Dolores y la actuación de los criollos mexicanos.

Cronología comparada

1822 Independencia del Brasil	**1819–24** Independencia de Hispanoamérica, excepto Cuba y Puerto Rico
1822–35 Reinado de Pedro I	**1848** El Tratado Guadalupe-Hidalgo cede a EE.UU. la mitad de México
1841–89 Gobierno de Pedro II	**1861–65** Guerra Civil en EE.UU. y emancipación de los esclavos
1889–1930 La Antigua República	**1902** Portugal se declara en bancarrota
1930–presente La Nueva República	**1914–18** Primera Guerra Mundial
	1939–45 Segunda Guerra Mundial
	2003 Inicio del gobierno populista de Luis Inâcio da Silva (Lula)

Brasil
- Población: 169,806,557
- Capital: Brasilia
- Índice de alfabetización: 90.1%
- Productos principales de exportación: hierro, soya, jugo de naranja, zapatos
- Area: 8,511,965 km²
- Moneda: el real

9 Brasil monárquico y republicano

Vocabulario autóctono y nuevo

- Ordem e Progresso
- tenentes
- tenentismo
- Estado Novo
- mulato
- mameluco
- cafuso
- pardo
- senzala
- senhores de engenhos
- fidalgos

9.1 El reinado de Pedro I

La Asamblea Constituyente de Lisboa [*Lisbon Constituent Assembly*], aunque deseaba un Gobierno liberal para Portugal, adoptó una actitud reaccionaria con el Brasil y tomó una serie de medidas diseñadas [*designed*] a restablecer el régimen colonial. Además [*Besides*] le ordenó al príncipe Don Pedro que regresara a Portugal, con el pretexto de la necesidad de completar su educación. Otras instrucciones incluían que don Pedro entregara el Gobierno a una comisión manipulada por la Asamblea de Lisboa. Los liberales brasileños, dirigidos por José Bonifacio de Andrada e Silva (1763–1838), Gran Maestro de los masones del Brasil, reaccionaron y consiguieron que el presidente del Concejo Municipal de Río le pidiera a Don Pedro que desobedeciera las órdenes de Portugal dadas para evitar la declaración de independencia del Brasil. Don Pedro aceptó la petición y anunció la decisión de no viajar. Ese día ha pasado a la historia con el nombre de «Día do Fico», por su respuesta: «Fico» (Me quedo). Por la labor patriótica de José Bonifacio, muchos brasileños le han dado el nombre de «Padre de la patria».

El 7 de septiembre de 1822, encontrándose a orillas del río Ipiranga, cerca de Santos, en el actual Estado de São Paulo, el príncipe Pedro

 Para enriquecer tus estudios, ve nuestros recursos suplementales en línea a **www.cengage.com/spanish/latinoamerica**

 Películas, videos y otros materiales audiovisuals: vea nuestras sugerencias en la página 366.

proclamó la separación de Brasil de Portugal proclamando «¡Independencia o muerte!» Pocas semanas después el príncipe fue coronado emperador del Brasil con el título de Pedro I. El cambio político se produjo [*took place*] casi sin derramamiento de sangre [*bloodshed*]. Ante este acto político, los oficiales portugueses de Bahía declararon rebelde al príncipe y se prepararon para luchar [*prepared to fight*]. Contra los sublevados de Bahía, el nuevo emperador proclamado envió la escuadra [*fleet*] nacional al mando del almirante Lord Thomas Cochrane, que el año anterior había servido en la independencia de Chile y del Perú. En 1823 los patriotas brasileños debelaron completamente toda resistencia portuguesa y el Brasil se preparó a vivir su vida independiente.

Pacificado el país, el emperador persiguió a los republicanos y disolvió la Asamblea Constituyente. Su Consejo de Estado [*State Council*], sometido a la voluntad imperial, redactó la Constitución de 1824, que impuso la monarquía constitucional hereditaria. También declaró al catolicismo religión oficial y reservó para el emperador el veto a los actos del Parlamento, otorgándole así [*thus conferring*] un supuesto «poder moderativo», superior al poder legislativo y al poder judicial, basándose en la carta fundamental «ad hoc» de 1824. Con esos poderes, Pedro I gobernó arbitrariamente sin considerar a la mayoría parlamentaria. La oposición resistió unas veces pasivamente y otras recurrió a las armas. Entre las rebeliones contra el absolutismo del emperador se recuerda la llevada a cabo en el norte, donde varias provincias se organizaron en una república federal independiente con el nombre de Confederación del Ecuador, a la que le dieron un Gobierno como el establecido por la Constitución de Colombia. Después de seis meses de lucha, las autoridades de Río sofocaron [*crushed*] la rebelión federalista y culparon a los «agentes masónicos extranjeros» [*foreign*] de haberla organizado.

Pedro I no sólo se enfrentó a [*confronted*] problemas internos. En 1825 los patriotas uruguayos se alzaron contra la ocupación brasileña y declararon a Uruguay, conocida entonces como la Banda Oriental, parte integrante de las Provincias Unidas del Río de la Plata. Cuando Buenos Aires aceptó la integración del nuevo territorio, el Brasil le declaró la guerra. Los brasileños, sin embargo, resultaron derrotados en tierra y mar por los uruguayos y bonaerenses [*inhabitants of Buenos Aires*]. Presionados por Inglaterra, los Gobiernos de Río de Janeiro y Buenos Aires firmaron en 1828 un tratado de paz que reconocía la independencia de Uruguay, convertido desde entonces en una especie de amortiguador geográfico o Estado-tapón [*buffer state*].

Los desastres militares en el sur le trajeron a Pedro I gran pérdida de prestigio y más dificultades internas. Cuando se dio cuenta de que la oposición a su Gobierno se extendía al Ejército, el emperador abdicó en favor de su hijo Pedro, niño de cinco años, nacido en el Brasil. Pedro I partió para Lisboa a defender el derecho de su hija a la corona portuguesa. El príncipe Pedro quedó bajo la tutela de José Bonifacio, el patriarca de la independencia brasileña.

9.2 **El gobierno de Pedro II**

La partida de Pedro I dejó al país en desorden y confusión. Estallaron varias rebeliones que pronto fueron debeladas. Los alzamientos, sin embargo, revelaban el peligro de la posible desintegración del país. Para conservar la unidad nacional, en 1834 se adoptó una enmienda constitucional estableciendo el sistema federal, creó asambleas legislativas provinciales y dio cierta autonomía local. No obstante estas importantes concesiones, las rebeliones separatistas continuaron. La más seria de todas, la revolución republicana de Río Grande do Sul, conocida como *Guerra dos Farrapos* [*War of the Deprived Rebels*], duró diez años (1835–45).

Durante parte de la minoría de edad del nuevo príncipe Pedro se destacó el regente Diego Antônio Feijó (1784–1843), sacerdote de São Paulo que antes había servido de Ministro de Justicia y había propuesto la abolición del celibato del clero. Con exceso de confianza, el Regente Feijó creó la Guardia Nacional y gobernó con mano de hierro de 1835 a 1837. En 1841 el príncipe Pedro, de dieciséis años de edad, fue proclamado emperador con el nombre de Pedro II. Su gobierno (1841–89) resultó relativamente progresista para la época: impulsó el comercio, la industria, las letras y las ciencias. En 1852 estableció el primer telégrafo para el uso exclusivo del Gobierno; en 1854 inauguró el primer ferrocarril del país: unía Río de Janeiro a Petrópolis (donde tenía su palacio de verano), impulsó la inmigración, inició la explotación del caucho [*rubber*], y en 1874 inauguró las comunicaciones cablegráficas con Europa.

En virtud de la triple alianza de Brasil, Argentina y Uruguay, en 1865 don Pedro II envió tropas al Paraguay a combatir al Presidente Francisco Solano López. Durante el largo conflicto que duró hasta 1870, el poder político del Ejército aumentó. Cuando terminó la guerra, el rey, temeroso de la excesiva influencia castrense [*militar*], redujo los efectivos militares. Este acto le ganó muchos enemigos en el Ejército. Hasta entonces el Gobierno había descansado en el apoyo de los hacendados, pero pronto la situación cambió y el emperador comenzó a simpatizar con los abolicionistas. Cuando en su ausencia su hija Isabel firmó la ley de la abolición de la esclavitud aprobada por el Congreso en 1888, el monarca perdió el respaldo [*apoyo*] de los hacendados. Hasta ese año, Pedro II había sido, según Gilberto Freyre, una especie de «Reina Victoria en pantalones». En 1889 nombró presidente del Consejo de Ministros a un liberal. En estas circunstancias, los hacendados y el mariscal Manuel Deodoro da Fonseca conspiraron para derrocar [*overthrow*] al gabinete liberal. Gracias a la hábil maniobra política de Benjamín Constant,[1] la revolución inesperadamente se tornó más radical, derrocó al emperador y proclamó la República.

---

[1] Benjamín Constant: catedrático (profesor) en la escuela militar de Río, se hizo famoso por divulgar sus ideas republicanas y positivistas. Proclamada la República, llegó a ser Ministro de Educación. Se lo considera positivista.

9.3 La Antigua República

Para su mejor comprensión, el período republicano puede dividirse en dos etapas: la Antigua República (1889–1930) y la Nueva República (1930–hasta el presente).

Derrocado el monarca y expulsada la familia real a París en 1889, asumió el Gobierno provisional el mariscal Deodoro da Fonseca. El primer gobernante republicano adoptó una serie de reformas, como la separación de la Iglesia y el Estado, la democratización del sufragio y el aumento de los efectivos de las fuerzas armadas. En 1891 se proclamó [*was enacted*] la primera Constitución republicana cuya redacción se parecía a la de los Estados Unidos. La Constitución creó el Estado Federal con el nombre de Estados Unidos del Brasil y puso en la bandera nacional la frase del positivista francés Augusto Comte: «**Ordem e Progresso**».

Elegido primer presidente constitucional, Fonseca inmediatamente asumió poderes dictatoriales. Su actitud autoritaria desencadenó una serie de rebeliones que impusieron en 1891 a otro militar como jefe de estado y en 1894 permitieron la elección del primer presidente civil. Después, civiles y militares se alternaron en el Gobierno, todos ellos incapaces de realizar una obra constructiva a tono con [*in harmony with*] las necesidades del país. En lo que respecta a la política exterior, el Brasil imitó a Portugal al estrechar las relaciones con Inglaterra e iniciar un período de franca colaboración con los Estados Unidos, principal comprador de su producción de café.

Durante la primera etapa republicana del Brasil, el café llegó a ser la principal fuente de divisas [*source of foreign exchange*]. El país se convirtió en el productor de café más importante del mundo. A comienzos del siglo XX, cuando se expandió el mercado mundial de bicicletas y automóviles, el Gobierno brasileño desarrolló el cultivo del caucho. La prosperidad de la vasta zona del Amazonas determinó el apogeo y crecimiento de la ciudad de Manaus, conocida por su magnífica sala de ópera que atraía a las compañías y a los artistas internacionales más notables. El auge [*boom*] no duró mucho tiempo después que los ingleses cultivaron extensamente plantas de caucho en sus plantaciones en Malaya. La situación se agravó cuando los alemanes y norteamericanos intensificaron la producción del caucho artificial. Como consecuencia Manaus entró en completa decadencia.

La institucionalización de la corrupción administrativa generó una reacción nacional dirigida principalmente por la clase media de São Paulo y por jóvenes militares de Río de Janeiro, São Paulo y Río Grande do Sul. Los **tenentes** [*lieutenants*] desencadenaron [*unleashed*] en 1922 y en 1924 rebeliones armadas que fueron debeladas con dificultad. Los intelectuales y artistas de São Paulo organizaron en 1922 la famosa Semana de Arte Moderno, que fue un acontecimiento coincidente con el

Vista aérea de Río de Janeiro, sus edificios y una de sus famosas playas.

tenentismo,[2] e importantísimo en el desarrollo cultural del Brasil. Uno de los rebeldes de entonces, Luis Carlos Prestes (1898–1990), organizó después una columna militar que se hizo famosa durante tres años de combates en el interior remoto del país. La Columna Prestes recorrió unas 14 000 millas del interior de Brasil para exigir al Gobierno reformas, respeto a las libertades civiles e independencia municipal. Prestes fracasó, pero su movimiento bélico irónicamente preparó el terreno al golpe de estado de 1930 que inauguró la era de Vargas e inició la Nueva República, que Prestes tampoco aceptó.

9.4 La Nueva República

En octubre de 1930, Getúlio Vargas (1883–1954), gobernador de Río Grande do Sul y derrotado candidato a la presidencia el año anterior, se alzó en armas. Triunfante su rebelión, asumió el poder ejecutivo del Brasil en calidad de dictador, apoyado por los grandes propietarios de Minas Gérais,

---

[2] *Tenentismo* was a 1920 political-military movement derived from a series of young military officers of the Brazilian Army, most of them lieutenants. It proposed Governmental reforms, including the secret vote and the improvement of public education.

la mayor parte del Ejército, los *tenentes* exiliados y la clase media urbana. Su alianza popular desalojó a la oligarquía latifundista[3] que había gobernado al país hasta entonces. El gobierno de Vargas mejoró la economía nacional gravemente afectada por la depresión económica mundial.

Para recuperar el poder, en 1932 la oligarquía agrícola, aliada con los industriales y barones del café de São Paulo, promovió [*provoked*] un levantamiento. En la guerra civil perdieron la vida millares de personas. Los bombardeos aéreos ordenados por el Gobierno conmovieron tan profundamente a Alberto Santos-Dumont (1873–1932) que lo llevaron a suicidarse en protesta. La rebelión de São Paulo precipitó una serie de acontecimientos preparatorios para el establecimiento de un Gobierno federal fuertemente centralizado y resuelto a proteger los derechos laborales.

Admirador de la obra fascista y nazi en beneficio de las clases populares europeas, Vargas en 1937 impuso en el Brasil un Gobierno parecido al de Antonio de Oliveira Salazar, dictador de Portugal. A su régimen nacionalista y autoritario le dio el nombre de «**Estado Novo**» (Estado Nuevo), regido [*guided by*] por la nueva Constitución de 1938. Asimismo, aprobó medidas favorables a la clase trabajadora, creó industrias, como la del acero, e impulsó la educación.

Cuando en 1945 las potencias totalitarias de la Segunda Guerra Mundial resultaron derrotadas por los aliados [*allies*], Vargas fue obligado a renunciar. Le sucedió su ex ministro de guerra, el general Eurico Gaspar Dutra (1883–1974), durante cuyo Gobierno (1946–51), la crisis económica continuó, pese a las fuertes inversiones norteamericanas. Getúlio Vargas recuperó su popularidad con facilidad en las elecciones de 1950. Inició entonces su segunda etapa gubernamental (1951–54), esta vez constitucionalmente. Durante este período trató de combatir a la oligarquía y la influencia económica extranjera, y aceleró la industrialización del país creando algunas empresas nacionales como la corporación Petrobras para explotar el petróleo. No obstante su honradez personal, se produjeron algunos fraudes [*embezzlements*] por parte de sus partidarios. Carlos Lacerda (1914–77), fundador del influyente diario *Tribuna da Imprensa* de Río, y los hacendados temerosos de una proyectada reforma agraria denunciaron la corrupción. Frustrado, Vargas se suicidó en 1954, dejando un documento crítico de los intereses oligárquicos nacionales y extranjeros.

En las elecciones de 1956 venció el candidato Juscelino Kubitschek de Oliveira (1902–76), de origen polaco, pero de religión protestante. La labor administrativa de este primer mandatario no católico del Brasil se concentró principalmente en la construcción de Brasilia, la nueva capital situada en el centro del país para acelerar la apertura del interior. En 1961 le sucedió Jânio da Silva Quadros (1917–92), antiguo profesor de portugués que se había

---

[3] *oligarquía latifundista* oligarchy by the owners of large estates. Oligarchy is the government by the few (a dominant class or clique).

destacado como alcalde de la ciudad de São Paulo y como gobernador del Estado del mismo nombre. Siendo un político profesional, Quadros adoptó por símbolo la escoba para indicar su intención de limpiar la corrupción administrativa. Su Gobierno austero trató de imponer más impuestos [*taxes*] a las corporaciones, de detener la inflación y combatir a la oligarquía y la influencia de las potencias capitalistas, además de seguir una política independiente en las relaciones internacionales. Por estas medidas gubernamentales, Carlos Lacerda y otros políticos opuestos a Quadros conspiraron para derrocarlo [*to overthrow him*]. Sorpresivamente Quadros resignó [*resigned*] y partió para Inglaterra, culpando como responsables de la crisis a los reaccionarios e intereses extranjeros. Su vicepresidente, João Goulart (1918–76), le sucedió. En 1964 su administración progresista y política independiente en relaciones internacionales le crearon problemas dentro y fuera del país. Tras una serie de maniobras, el Ejército depuso a Goulart para implantar la dictadura castrense pro-oligárquica del mariscal Humberto Castelo Branco (1900–67). Las fuerzas militares, autocalificadas de "desarrollistas" [*pro development*], continuaron gobernando directamente con cambios periódicos de dictadores que promovieron un supuesto «milagro» económico brasileño sustentado por miles de millones de dólares en inversiones extranjeras.

Los militares gobernaron arbitrariamente sin contener la inflación ni restablecer las garantías constitucionales. Su política represiva tuvo por principales oponentes a universitarios, intelectuales y parte del clero. La creciente oposición civil a la violación de los derechos humanos, especialmente a la aplicación sistemática de torturas y al terror policial para silenciar a los críticos, obligó al militarismo a una gradual incorporación de políticos civiles en la administración gubernamental. En 1984 comenzaron a gobernar presidentes civiles con la bendición de las fuerzas armadas. Desde ese año hasta las elecciones presidenciales de fines de 1989 el país experimentó hiperinflación. Desde entonces el 60% de los brasileños más pobres recibe alrededor de un tercio [*around a third*] de los ingresos nacionales, mientras que el 10% de los brasileños más ricos percibe aproximadamente los otros dos tercios. Mientras una pequeña minoría se beneficia enormemente del desarrollo desequilibrado del Brasil, la vasta mayoría tiene una existencia precaria con bajísimos ingresos.

El precedente panorama económico negativo explica la gran fuerza electoral de Luis Inâcio da Silva (Lula), dirigente laboral izquierdista del Partido de los Trabajadores y candidato del Frente Popular del Brasil, perdedor en las elecciones presidenciales de 1989, ganadas por el millonario conservador Fernando Collor de Mello. Lula volvió a ser derrotado en las elecciones presidenciales de 1995 y 1998, conquistada por el sociólogo social-demócrata Fernando Henrique Cardoso, a quien finalmente venció en las elecciones de 2002 y asumió la presidencia del Brasil el 1 de enero de 2003. La administración presidencial de Lula ha promovido fuertes inversiones extranjeras, ha desarrollado el comercio con los otros integrantes del mercado común, Mercosur (Paraguay, Uruguay, y Argentina), ha aliviado las dificultades económicas del país, y mejorado la suerte de las clases populares del Brasil con el sorprendente consentimiento del Gobierno de Washington. El 29 de octubre de 2006, Lula fue reelegido con el 60% de los votos y seguirá gobernando hasta el 1° de enero de 2011.

9.5 **El desarrollo de la tolerancia étnica**

El Brasil es el país más extenso y poblado de Latinoamérica. Tiene un área de 3 290 000 millas cuadradas y alrededor de 190 millones de habitantes. Es un poco menos extenso y menos poblado que Estados Unidos. En 1996 el Producto Interno Bruto (GDP) *per cápita* fue de alrededor de 9000 dólares y su deuda externa, de 110 mil millones de dólares, la más grande del mundo. La industrialización aumenta continuamente así como progresa en el área de las relaciones interraciales. Sería exagerado afirmar que no hay prejuicio racial en el Brasil y que su abigarrada [*motley*] población vive en armonía paradisíaca, pero sí puede afirmarse que en este gran país vive uno de los pueblos menos prejuiciosos del Hemisferio, más avanzado en cuestiones interraciales que en política, economía y educación.

La tolerancia racial tiene una larga historia. En la Península Ibérica, los lusitanos convivieron pacíficamente con los moros por más tiempo que

Vista del horizonte de Porto Alegre, capital de Rio Grande do Sul, Brasil.

©Douglas Pulsipher/Alamy

los españoles porque se independizaron del dominio árabe mucho antes que España. Cuando los portugueses exploraron el África a partir del siglo XV esclavizaron a muchos de sus habitantes y los condujeron a Portugal. La convivencia con ellos fue más harmoniosa y humana que en otras partes de Europa. Esclavos, libertos y criados negros tuvieron ciertos privilegios. La tradición reconocía derechos al esclavo, incluyendo la liberación. Probablemente la suavidad del carácter portugués tuvo mucho que ver en esta política que, llevada al Brasil, se amplió y se generalizó más.

Las relaciones interraciales en las posesiones portuguesas de América fueron mejores que en cualquier otra posesión europea en el Nuevo Mundo. Como consecuencia, desde muy temprano se inició la mezcla de razas, ejemplificada en el siglo XVI por los náufragos portugueses Diogo Alvares Correia (¿1475?–1557) y João Ramalho (1493–1580). El primero, llamado Caramurú (hacedor de fuego) por los indios de la costa norteña del Brasil, y el segundo, encontrado en el sur, tuvieron numerosos hijos mestizos.[4]

En la primera ola de portugueses al Nuevo Mundo vinieron nobles arruinados económicamente, ansiosos de recuperar su fortuna en las nuevas tierras llevando conceptos medievales. Los inmigrantes, sin embargo, en su mayoría eran aventureros de baja clase social [*low class*] porque los de mejores cualidades cívicas preferían emigrar a las ricas colonias de Asia. En el Nuevo Mundo encontraron tribus indígenas nómadas pertenecientes en su mayoría a la etnia tupí-guaraní.[5] El choque cultural fue intenso. Los grados de cultura y civilización eran demasiado dispares [*different*] y consecuentemente era difícil convencer a los indígenas de que colaboraran en el sistema semifeudal de los lusitanos. Los pobres indígenas, cazados y obligados a trabajar en las haciendas, no se adaptaban y se enfermaban fácilmente. Muchísimos morían víctimas del mal trato y de las enfermedades europeas, contra las cuales todavía no habían desarrollado inmunidad.

Para suplir la mano de obra [*To supplement the labor force*] necesitada urgentemente, los portugueses trajeron africanos, en parte porque muchos lusitanos, como sus primos españoles, tenían prejuicio contra el trabajo físico. Millones de esclavos africanos fueron importados. Se calcula que

---

[4] El Capitán-General Tomé de Sousa informó al rey de Portugal sobre la ayuda que había recibido de Caramurú y Ramalho en las fundaciones de Bahía y São Vicente (Sao Pãulo) añadió que tenían tantos hijos que no se atrevía a poner en el papel el número de ellos.

[5] The Tupí-Guaraní was one of the most widespread tribes of Eastern South American Indians (after the Arawaks). Their language is divided into two major divisions: **Tupí** in eastern Brazil and **Guaraní** in Paraguay and Argentina. These languages were used by the first European traders and missionaries as contact languages in their dealings with the Indians.

3,6 millones llegaron durante el período colonial.[6] El negro importado era aparentemente algo más desarrollado culturalmente que el indígena brasileño, pues algunos hasta hablaban y escribían el árabe. El clima y su familiaridad, con las condiciones de explotación económica que muchos ya habían sufrido en África, permitieron su rápida adaptación en la mayoría de los casos. Abusos definitivamente los hubo y éstos causaron rebeliones como la que creó Palmares en el siglo XVII. A las colonias portuguesas tampoco llegó el suficiente número de mujeres europeas, razón que, añadida a la tendencia lusitana al mestizaje, engendró a millones de hijos de varias razas: *mulatos, mamelucos* (portugués + indígena), *cafusos* (negro + indígena), y *pardos* (de varias sangres). La fraternización condujo a los amos a convivir con los esclavos. La existencia aparentemente apacible en la casa grande de la hacienda y la *senzala*[7] dio al mundo la creencia de que en el Brasil la vida interracial era voluptuosa.

Con el correr del tiempo las prácticas y costumbres adquirieron fuerza de ley, respetadas y cumplidas por la sociedad. Los hijos mulatos de los hacendados nacían libres y tanto estos hijos naturales del amo como sus hermanos blancos de igual condición, recibían mejor instrucción. Claro que la sociedad brasileña también era piramidal. En la cúspide se encontraban los *senhores de engenhos* (señores propietarios de ingenios), los supervisores de las plantaciones, los descendientes de los *fidalgos* (hidalgos), y los altos empleados portugueses. El centro de la pirámide lo ocupaban los mercaderes: en su mayoría eran portugueses que vivían en las afueras de los centros agrarios y realizaban el comercio entre el campo y la ciudad. Después venían los bajos empleados y artesanos portugueses, mulatos, mestizos y negros libertos. En la base de la pirámide se encontraban los millones de negros y docenas de miles de indígenas esclavizados.

Cuando en 1888 se completó el largo proceso de la abolición de la esclavitud, las barreras raciales quedaron fuertemente debilitadas. Desde entonces ha aumentado el número de personas de color que se distinguen como escritores, militares, marinos, empleados del Gobierno y miembros del clero. Además, la fuerte inmigración extranjera ha contribuido a modificar la estructura social brasileña. En 1825 Alejandro von Humboldt le calculaba al Brasil una población total de cuatro millones, de los cuales casi la mitad eran esclavos; un poco más de un millón eran mulatos, mamelucos, pardos, indígenas y el resto blancos. Para 1888, aproximadamente, el 60% de la población no era blanca. Con la llegada de las olas migratorias, el arco iris étnico se complicó aún más, numéricamente y en variedad racial. De 1864 a

---

[6] Según estudios recientes, el número total de esclavos llevados a Estados Unidos antes de 1870 fue de 400 000, mientras que al Brasil se importaron 3,6 millones. El número de esclavos importados al Brasil en la década de 1830 fue de unos 125 594 y en los siguientes diez años llegó a 333 989.

[7] *La existencia . . . senzala* The peaceful existence in the manor and in the slave quarters

1935 llegaron 4 172 438 inmigrantes italianos, portugueses, españoles, alemanes, austriacos y japoneses, en ese orden.

En el año 2006 la población del Brasil sobrepasó los 190 millones y era más producto de la reproducción que de la inmigración. La amplia convivencia sociopolítica y coexistencia económica ha hecho a muchos afirmar que en el Brasil de hoy no hay prejuicio racial. Es fácil descartar [*dismiss*] esta especie de [*kind of*] «Leyenda Blanca» examinando la legislación antidiscriminatoria. Esta legislación especial en vez de probar la armonía racial, revela lo incompleta que es esa armonía porque a nadie se le ocurre legislar contra algo que no existe. De todas maneras, concluimos reconociendo que en el Brasil es donde el desarrollo de la tolerancia étnica ha obtenido sus mejores conquistas.

9.6 **Resumen**

I. **Reino del Brasil (1822–89)**
   A. Gobierno de Pedro I, Defensor Perpetuo del Brasil (1822–31):
      1. El príncipe Pedro rehúsa retornar al Brasil: «Día do Fico» (Me quedo)
      2. «Grito de Ipiranga» (Independencia, 7 de septiembre de 1822) y coronación de Pedro I
      3. Constitución de 1824, el absolutismo de Pedro I y las rebeliones
      4. Guerra con Argentina (1825–28) e independencia del Uruguay en 1828
      5. La oposición extendida al ejército obliga a Pedro I a abdicar en 1831
   B. Gobierno de Don Pedro II (1841–89)
      1. Rebeliones separatistas y republicanas en Rio Grande do Sul
      2. Desarrollo del comercio, la industria, las letras y las ciencias
      3. La Triple Alianza y la Guerra del Paraguay (1865–72)
      4. Abolición de la esclavitud (1888) y conspiración de los hacendados
      5. Benjamín Constant maniobra para proclamar la República en 1889

II. **Os Estados Unidos do Brasil (1889–hasta el presente)**
   A. La Antigua República (1889–1930)
      1. Sucesión de presidencias, dictaduras, golpes y juntas militares
      2. Constitución de 1891 y falso lema positivista: «Ordem e Progresso»
      3. Reinado del café y apogeo del caucho hasta la competencia inglesa
      4. Institucionalización de la corrupción gubernamental y las sinecuras

5. Alzamiento de los *tenentes* en 1922 y 1924 y la columna de Prestes (1898–1990)
B. La Nueva República (1930–hasta el presente)
   1. La era de Getúlio Vargas (1930–45 y 1950–54):
      a. El tenentismo, la guerra civil y el suicidio de Santos Dumont
      b. «Estado Novo»: nacionalismo autoritario y beneficios laborales
      c. Gobierno del general Eurico Gaspar Dutra (1945–50), ex ministro de guerra de Vargas
      d. Getúlio Vargas, reelegido presidente (1950), combate la oligarquía
      e. Crítica de Carlos Lacerda y el suicidio de Vargas en 1954
   2. Presidencia de J. Kubitschek (1955–60) y construcción de Brasilia
   3. Reformismo nacionalista de los Gobiernos de Quadros y Goulart
   4. Dictaduras castrenses: terror, industrialización, deuda e inflación
   5. José Sarney (1985–90), su Gobierno de transición y la deuda externa
   6. Gobierno populista de Luis Inácio da Silva (Lula) desde 2003
III. **Desarrollo de la tolerancia étnica**
   A. Herencia de la filosofía portuguesa de relativa tolerancia:
      1. Convivencia con los moros y apreciación de la belleza morena
      2. Concesiones a los esclavos: servidumbre y manumisión
   B. Progresiva humanización de las relaciones interraciales en Brasil:
      1. En el siglo XVI Caramurú y Ramalho tienen decenas de hijos mestizos
      2. La bajísima inmigración de mujeres blancas incrementa el mestizaje
      3. Los jesuitas laboran por humanizar el trato de los indígenas
      4. Aparente existencia apacible en la Casa Grande y en la *senzala*
      5. El hacendado educa y emancipa a sus hijos naturales mulatos
      6. Importación de 3,6 millones de esclavos africanos
      7. Abolición de la esclavitud (1888) y proclamación de la República
      8. Millones de inmigrantes de otros países aceptan la «Leyenda Blanca»
      9. Legislación antidiscriminatoria amplía convivencia socio-económica

9.7 Cuestionario y temas de conversación

Cuestionario

1. ¿Qué papel tuvieron los masones en la independencia del Brasil?
2. ¿Quién fue José Bonifacio y cómo juzga su labor pública?
3. ¿Qué importancia política tuvo Diego Antônio Feijó?

4. ¿Por qué el Brasil le declaró la guerra a Argentina en el siglo XIX?
5. ¿Por qué perdió Pedro II el respaldo de los hacendados brasileños?
6. ¿Quién fue el primer presidente de Brasil republicano y qué hizo?
7. ¿Por qué se suicidó Alberto Santos Dumont?
8. ¿Por qué se suicidó Vargas y a quiénes culpó en su carta de despedida?
9. ¿Cuál fue el papel político de Carlos Lacerda?
10. ¿Por qué depusieron al presidente Goulart?

Temas de conversación

1. Explique la importancia del «Día do Fico» o el Grito de Ipiranga.
2. Desarolle la oposición de los hacendados brasileños a la emancipación de los esclavos.
3. Describa la labor administrativa del emperador Pedro I.
4. Mencione el significado del lema positivista en la bandera brasileña.
5. Evalúe el papel desempeñado por Carlos Prestes en la política brasileña.
6. Comente acerca del papel del café en la economía brasileña.
7. Contraste los períodos gubernamentales de Getúlio Vargas.
8. Haga una evaluación crítica de la supuesta tolerancia étnica en el Brasil.
9. Escriba una crítica del Gobierno de Pedro II.
10. Prepare una evaluación del Estado Novo.

Cronología comparada

1536 Fundación de Buenos Aires	**1535** Creación del Virreinato de Nueva España
1537 Fundación de Asunción	**1543** Creación del Virreinato del Perú
1608–1767 Reducciones jesuitas en Paraguay	**1789** Estalla la Revolución francesa
1776 Creación del Virreinato del Río de la Plata	**1810** Se reúnen las Cortes en Cádiz
1810–53 Las Provincias Unidas del Río de la Plata	**1873** La Primera República Española
1811 Independencia de Paraguay	**1914–18** La Primera Guerra Mundial
1828 Brasil y Buenos Aires reconocen a Uruguay como país independiente	**1939–45** La Segunda Guerra Mundial
1862 Establecimiento de la República Argentina	**2003–06** El terrorismo y el conflicto en el Oriente Cercano
1989–presente Gobierno de Néstor Kirchner	

Argentina
- Población: 39 921 833
- Área: 2 766 890 km^2
- Capital: Buenos Aires
- Moneda: el peso
- Índice de alfabetización: 97,1%
- Principales productos de exportación: aceites, cereales, carnes, ganado

Uruguay
- Población: 3 431 932
- Área: 176 220 km^2
- Capital: Montevideo
- Moneda: el peso
- Índice de alfabetización: 98%
- Principales productos de exportación: carnes, arroz, cueros, lana, pescado, productos lácteos

Paraguay
- Población: 6 506 146
- Área: 406 750 km^2
- Capital: Asunción
- Moneda: el guaraní
- Índice de alfabetización: 94%
- Principales productos de exportación: harina de soya, forraje, algodón, carnes, madera, cueros

Mapa de los países del Río de la Plata: Argentina, Uruguay y Paraguay.

Los países del Río de la Plata

Vocabulario autóctono y nuevo

- bandeirantes
- absolutistas
- liberales
- bonaerense
- porteño
- Banda Oriental

- gaucho
- caudillo, caudillesco
- pampa
- personalismo
- peronista, peronismo
- descamisado

- desaparecido
- Blanco
- Colorado
- tupamaros
- platense

10.1 Exploraciones y fundaciones

En busca del paso hacia el Pacífico, en 1516, Juan Díaz de Solís (1470–1516), llegó a la desembocadura [*mouth*] de un gran río sudamericano que nombró Mar Dulce. Poco después Díaz de Solís murió peleando contra los guaraníes. En 1520 Fernando de Magallanes (1480–1521) llegó a la Patagonia antes de arribar al Pacífico, y Sebastián Caboto (1484–1557) en 1526 nombró Mar del Plata al Mar Dulce por haber recibido de los indígenas regalos de ese metal. En 1536 Buenos Aires fue fundada por el adelantado Pedro de Mendoza (1487–1537), quien ante la dificultad de defender el fuerte de los ataques de los indígenas, lo destruyó y viajó río arriba en camino hacia el Perú [*upstream en route to Peru*] pero sólo llegó a un lugar de Paraguay que llamó Asunción. Esa fue la primera fuerza histórica que impulsó a los españoles hacia el interior: establecer una ruta entre el Río de la Plata y el Perú. Asunción se convirtió en el centro de la actividad exploradora, gracias al dinámico espíritu empresarial y aventurero de Domingo Martínez de

Para enriquecer tus estudios, ve nuestros recursos suplementales en línea a **www.cengage.com/spanish/latinoamerica**

Películas, videos y otros materiales audiovisuals: vea nuestras sugerencias en la página 366.

Irala (1509–56), a quien, por tener muchos hijos [*many children*] y a su obra civilizadora se le considera literalmente como uno de los padres del Paraguay.

Al no poder los residentes de Asunción abrir una ruta al Perú, los españoles concentraron su atención en la desembocadura del Río de la Plata. Allí en 1580 Juan de Garay (1528–1583) llevó a cabo la segunda y definitiva fundación de Buenos Aires. Este nuevo poblado aceleró su crecimiento mientras Asunción declinaba. Esta prosperidad también fue gracias al clima menos riguroso, la menor distancia con España y su vecindad con las llanuras ricas en pastos y en ganado cimarrón [*wild*] descendiente del que se había escapado durante la destrucción de la primera colonia fundada en Buenos Aires.

10.2 La región del Río de la Plata en el siglo XVII

La provincia del Río de la Plata, bajo la jurisdicción del Virreinato del Perú, en 1617 se dividía en dos regiones: Paraguay y Río de la Plata. Un siglo más tarde, dos centros [*centers*] civilizadores se destacaban en la provincia: Buenos Aires y las poblaciones [*settlements*] jesuitas del Paraguay. Buenos Aires, que exportaba directamente al exterior lana, sebo y cueros [*wool, tallow and hides*] se vio obligada a comerciar principalmente por Portobelo (Panamá), en virtud del sistema de flotas establecido por la política monopolista española. Gran parte del comercio oficial se llevó a cabo cruzando el continente, vía Cuzco, Lima y Callao, tal como lo describe el *Lazarillo de ciegos caminantes,* de Concolorcorvo, alrededor de 1775.[1] Sin embargo, la mayor parte del comercio no siguió esa ruta. Como en otros lugares de América virreinal, no obstante la adhesión verbal a las leyes, el contrabando floreció protegido por las mismas autoridades españolas. Muchos funcionarios, teniendo en cuenta que sólo vivirían temporalmente [*stay, visit*] en el lugar, se beneficiaron por proteger a ganaderos y mercaderes. El progreso económico ilegítimo de los funcionarios se enmascaraba con [*masqueradeed as*] un solemne respeto verbal a la autoridad absoluta del monarca.

Buenos Aires, en 1658 contaba apenas con poco más de 4000 habitantes. Para fines del siglo XVII tenía a una población superior a los 10 000. En 1744 sobrepasaba los 40 000, mientras que la de su rival, Montevideo, alcanzaba a 15 000 y la de diez ciudades del interior oscilaba entre los 4000 y 5000 cada una.[2] La riqueza agropecuaria [*farming and stockbreeding*] progresó, ayudada primero por el contrabando de productos cambiados por

---

[1] Véase el cap. 7 de este libro.

[2] Según el censo de 1792, Perú tenía millón y medio de habitantes; México, la ciudad más poblada del continente, tenía 135 000 habitantes en 1793. Entre 1740 y 1800 la población del Virreinato de Nueva España aumentó 100% a seis millones. En la segunda década del siglo XIX toda Hispanoamérica tenía diecisiete millones de habitantes.

cueros de vacas, y después por la política liberal de los Borbones reinantes en España desde 1700.

En la región del Paraguay, desde 1608 hasta 1767, los jesuitas establecieron treinta reducciones prósperas que seguían el modelo de los hospitales de Michoacán, México. Los miembros de la Compañía de Jesús realizaban en sus misiones una verdadera obra civilizadora entre los guaraníes, además de defenderlos de los *bandeirantes* del Brasil que les imponían la esclavitud y la muerte. El absolutismo jesuita dejó su marca en el carácter del pueblo paraguayo.

10.3 La región del Río de la Plata en el siglo XVIII

El espíritu autoritario rioplatense del siglo XVII, es la constante histórica que marcó las diversas etapas políticas de los países de la región. Los Habsburgos que reinaban en España desde la muerte de los Reyes Católicos fueron reemplazados en 1700 por los Borbones franceses, promotores del absolutismo ilustrado. El nuevo orden político introdujo reformas económicas y educacionales en España y su imperio colonial, que beneficiaron mucho a la distante región del Plata.

A partir del siglo XVIII las colonias platenses prosperaron con mayor rapidez. El pastoreo [*pasturing*] siguió siendo la principal actividad, gracias a los veintitrés millones de cabezas de ganado vacuno, caballar y lanar [*cattle, horses and sheep*]. La exportación de cueros y sebo enriqueció a la clase comerciante y a los funcionarios. En medio de la prosperidad regional, en 1762 el gobernador Francisco de Paula Bucareli recuperó las islas Malvinas ocupadas por los ingleses.

Para organizar la defensa contra las incursiones inglesas y lusitanas a esta vasta región tan distante de Lima, en 1776 el rey de España decidió dividir nuevamente el Virreinato del Perú y creó el Virreinato del Río de la Plata con los territorios que después formarían las repúblicas de Argentina, Uruguay, Paraguay y Bolivia. Dos años después, para favorecer aún más el desarrollo de este Virreinato, la monarquía española permitió legalmente el comercio libre. Irónicamente, sin embargo, el reformismo liberal Borbón contribuyó a la gestación de la conciencia libertadora en Hispanoamérica.

Cuando en 1806 y 1807 los ingleses invadieron Montevideo y Buenos Aires y el virrey español huyó a Córdoba, los criollos y mestizos de la región del Plata organizaron la defensa contra los invasores y consiguieron expulsarlos [*managed to expel them*]. Desde entonces los criollos, conscientes de su poder, reafirmaron su sentimiento nacionalista, deseo de independencia de [*from*] España y esperanza en beneficiarse económicamente.

Hasta entonces la sociedad de la región platense todavía era heterogénea. Los españoles se encontraban sumamente divididos. Primero se destacaban los peninsulares que estaban de paso y ocupaban generalmente las funciones públicas. Como sabemos, vivían esforzándose en escalar [*striving to*

climb] posiciones políticas y económicas mediante la arbitraria interpretación del laberinto de leyes, siempre simulando [*tangle of laws, always feign-
ing*] su devoción incondicional al régimen. Los demás españoles eran los
residentes [*residents*], que habían emigrado de Europa para buscar mejor
vida económica y social en esta región de Hispanoamérica.

Cuando estalló la gesta emancipadora, la separación se intensificó.[3]
Además de las divisiones de clases, como las existentes en España, los peninsulares se dividieron políticamente en **absolutistas** (defensores de la dictadura arbitraria) y **liberales** (simpatizantes de las reformas económicas). Los
criollos, disminuidos por [*belittled by*] la discriminación política, social y
económica, se localizaron generalmente en el campo. Quienes se quedaron
en la ciudad trataron de superar su estado socioeconómico, entregándose al
estudio o ejerciendo profesiones liberales. La mayoría de los criollos urbanos y rurales adoptó la causa liberal y se inclinó por la emancipación o una
independencia lucrativa.

El pueblo mestizo **bonaerense** se unió a los criollos que el 25 de mayo de
1810 se reunieron en cabildo abierto en Buenos Aires para dar el primer
paso independentista. En la mente de los revolucionarios todavía no estaban claramente definidos los ideales separatistas ni los límites geográficos
del nuevo Estado, de ahí el nombre de Provincias Unidas del Río de la Plata.
Los mestizos y criollos del interior del país, cuyos intereses eran diferentes
de los **porteños** [*inhabitants of the port of Buenos Aires*], llevaron a cabo una
segunda proclamación de independencia nacional en Tucumán el 9 de septiembre de 1816. La intolerancia bonaerense, obstinada en crear un estado
centralista, subordinado a sus intereses económicos, políticos y culturales,
fue parcialmente culpable de la guerra civil y de la división del antiguo
Virreinato del Río de la Plata en tres estados independientes que se llama-
rían: Argentina, Uruguay y Paraguay.

10.4 Las Provincias Unidas del Río de la Plata

Éste es el nombre que recibió la mayor parte del nuevo estado independiente, sucesor mayoritario del antiguo Virreinato del Río de la Plata. La
unidad que implica el nombre la desafían [*is challenged by*] varias regiones
importantes. José Gervasio Artigas, por ejemplo, dirigió la lucha por la
independencia de Uruguay, conocido entonces con el nombre de **Banda
Oriental,** por encontrarse al este del río Uruguay. El patriota uruguayo luchó
contra los realistas españoles, contra los portugueses creadores de la Provincia Cisplatina, y contra los revolucionarios porteños deseosos de incorporar Uruguay a las Provincias Unidas del Río de la Plata gobernadas por

---

[3] *Cuando . . . intensificó.* When the epic struggle for independence broke out, the division of society increased.

Buenos Aires. Otro criollo, José Gaspar Rodríguez Francia (1766–1840), impuso su dictadura en el Paraguay. Por su parte, las provincias del interior combatieron la supremacía de Buenos Aires hasta imponerle el gobierno de Juan Manuel de Rosas (1793–1877) durante un cuarto de siglo.

Rosas, el hijo mayor de una familia criolla rica con veinte hijos, desde temprano mostró rebeldía al abandonar el hogar y cambiar su apellido [*change the spelling of his surname*], de Rozas a Rosas. Con mucho trabajo e inteligencia comercial llegó a poseer grandes extensiones de tierras e innumerables cabezas de ganado vacuno [*cattle*] y caballar. Pronto se convirtió en el héroe de los **gauchos.** En dos oportunidades fue gobernador de la Provincia de Buenos Aires. De ahí le fue fácil convertirse en el amo del país (1835–52). Charles Darwin en su *Voyage of the Beagle* (1839) alaba a Rosas, a quien conoció en la Argentina. Hombre de ojos azules, buen mozo, atlético y simpático, Rosas ha sido elogiado por muchos, especialmente por los nacionalistas argentinos. Gobernó ayudado por la policía secreta, la Mazorca, nombre derivado de «más horca».[4]

Como la historia generalmente la escriben los vencedores, todavía no se ha hecho la evaluación objetiva del papel de Rosas. Sus numerosos detractores repiten las acusaciones hechas por Esteban Echeverría (1805–51), Domingo Faustino Sarmiento (1811–88) y José Mármol (1818–71), autores de valiosos libros sobre la violencia y la arbitrariedad de la dictadura. Los apologistas de Rosas lo consideran como el primer defensor del pueblo argentino, del gaucho y de su patrimonio cultural, frente a los intereses de exportadores insaciables [*greedy exporters*], burgueses europeizados e intelectuales extranjerizantes.

Rosas impuso un gobierno autocrático, a tono con el absolutismo autoritario de la Colonia. Contra él lucharon los unitarios (defensores del gobierno centralizado bajo la dirección de los porteños) y sus aliados uruguayos y brasileños. Rosas fue al fin derrotado en la batalla de Monte Caseros por el general Justo José Urquiza (1801–70), su ex-aliado. Subsiguientemente el **caudillo** se auto exilió [*self-exiled*] en Inglaterra, hasta su muerte a los 84 años de edad.

En 1853 se aprobó la Constitución del país. Urquiza, que había escogido Paraná como capital de la república, no llegó a controlar la provincia de Buenos Aires, que deseaba su autonomía. En 1862 un ejército porteño dirigido por el general Bartolomé Mitre (1821–1906), gobernador de la Provincia de Buenos Aires, derrotó a Urquiza, gobernó el país por dos años y consolidó la República Argentina incorporando la provincia bonaerense al resto del país.

---

[4] *Mazorca* (ear of corn) and «*más horca*» (more hanging) have identical pronunciation in Spanish America. The mazorca was the nationalist symbol of Rosas' secret police while the nickname «*más horca*» was an allusion to its crimes.

10.5 La República Argentina

Bartolomé Mitre, autor de la unificación nacional de 1862, fue elegido primer presidente de la República Argentina (1864–68). Durante su gobierno promovió el comercio, la inmigración y la educación del país e inició la construcción de ferrocarriles con la ayuda de capital inglés. Le sucedió Domingo Faustino Sarmiento. Durante su activísima presidencia (1868–74) se llevaron a cabo fundamentales reformas educacionales que pusieron al país, sobre todo en la enseñanza primaria, a la vanguardia del Hemisferio Occidental. Fiel a su lema [*Faithful to his motto*] «Gobernar es educar», la mayor parte de su tarea administrativa se concentró en la educación.

Los gobiernos siguientes continuaron la labor progresista de los primeros presidentes. Mantuvieron abiertas las puertas a la inmigración europea, siguieron construyendo ferrocarriles, promovieron la agricultura y la cría de ganado, apoyaron a los exportadores, edificaron grandes frigoríficos [*built large cold-storage plants*] y gigantescos elevadores [*grain elevators*] para acelerar la exportación de carne, cueros y cereales.

En el curso de este período de transformación emergió una poderosa burguesía aliada con las minorías ilustradas [*highly educated minorities*]. La política colonizadora, expresada en su frase «Gobernar es poblar» del estadista Juan Bautista Alberdi (1810–84), había ayudado a desarrollar el país económicamente. La Argentina experimentó una transformación demográfica gracias a las sucesivas olas migratorias, principalmente de italianos y españoles. La población total del país en 1810 llegaba a 405 000 habitantes, en su mayoría nacidos en la Argentina. En 1914 alcanzaba a 7 885 237 habitantes, de los cuales más del 30% había nacido en el extranjero. En 1930 la población total ascendió a 11 425 374 y en 2007 llegó a poco más de los cuarenta millones de habitantes.

El aumento demográfico se concentró principalmente en los centros urbanos de la costa. La población de Buenos Aires era de 85 400 habitantes en 1852; en 1880 tenía 300 000 habitantes, y nueve años más tarde sobrepasaba el medio millón. En 1909 ya era una de las ciudades más grandes del continente: contaba con 1 244 000 personas [*inhabitants*]. En 2007 el aumento demográfico vertiginoso [*very rapid*] de Buenos Aires la convirtió en una de las ciudades más pobladas del mundo: el número total de habitantes de su área metropolitana superó los trece millones. Su crecimiento en casi todas las áreas se ha mantenido desproporcionado respecto al resto del país y su poder económico ha aumentado en gran parte gracias a las exportaciones y a la actividad industrial.

El gran desarrollo económico inicial de la Argentina se debió principalmente a la inmigración, el ferrocarril, el telégrafo y el alambre de púas [*barbed wire*] usado para dividir las **pampas** en estancias. Los más beneficiados del país fueron los terratenientes [*landowners*]. Los grandes estancieros y los burgueses ricos que poseían los bienes de producción pertenecían a la oligarquía. Como en el resto de la América Latina, las mayores fuentes de riqueza fueron la concesión de contratos públicos, la cesión de derechos de explotación a empresas extranjeras, la transferencia [*transfer*] de la riqueza nacional, los *negociados* lucrativos [*lucrative under-the-table deals*]. Muchos millonarios acumularon su fortuna a la luz de componendas [*shady deals*]. Toda esta masa heterogénea de privilegiados creía firmemente que el poder público les correspondía por derecho y que era su «deber patriótico» impedir que la masa de inmigrantes, descendientes de recién llegados y del «pueblo bárbaro» del interior, alcanzara el poder. Fue así como del autoritarismo **caudillesco**[5] se pasó al despotismo ilustrado «para bien de la patria». La oligarquía se creía más representativa del país que los «advenedizos» [*foreigners, newcomers*]. Su egoísmo clasista y racista probablemente la hizo generalizar que lo que era bueno para las familias patricias también era bueno para toda la nación. Irónicamente la historia cambiaba [*changed*] papeles: la élite intelectual y los conservadores, para mantenerse en el poder, ejercieron el mando con un absolutismo parecido al de Rosas, su enemigo de ayer. Se escondieron en un formulismo constitucional aunque violaron la ley fundamental por medio del fraude electoral y la violencia. Los presidentes de la República impuestos por la oligarquía en las últimas décadas del siglo XIX y primeros quince años del siglo XX tenían la suma del poder público: eran dictadores vestidos de levita [*frock coat*] democrática. La principal oposición a la oligarquía gobernante la llevó a cabo la Unión Cívica organizada en 1889 como partido. Su presidente, Leandro N. Alem (1844–96), intentó sin éxito llegar al poder en 1890. Al año siguiente, la Unión Cívica (UC) se dividió en dos partidos: la UC Nacional y la UC Radical. La primera, encabezada por Mitre, aceptó la posibilidad de llegar a un entendimiento con la oligarquía. La segunda, dirigida por Alem, se preparó para la «lucha intransigente»: quería el triunfo total y rechazaba la convivencia política con la oligarquía. De 1891 en adelante la revolución y la abstención [*abstaining from participating in*] del proceso electoral fraudulento fueron los principios fundamentales del radicalismo hasta 1912, cuando el Congreso aprobó la ley del sufragio secreto y obligatorio.

El Partido Socialista, por su parte, fundado en 1896 por Juan B. Justo (1865–1928), en 1904 consiguió el primer triunfo electoral: Alfredo L. Palacios (1880–1965), político honrado, fue elegido diputado al Congreso. Upton Sinclair en *The Jungle* (1906) describe el entusiasmo de los socialistas en Chicago al enterarse del triunfo electoral de Palacios.

La Unión Cívica Radical gobernó el país de 1916 a 1930. La depresión económica y el descontento causado por el «**personalismo**» del presidente radical ayudaron a los oligarcas a recapturar el poder con la ayuda del ejército. En 1943 el coronel Juan Domingo Perón (1895–1974) fue designado Ministro de Trabajo. Después de consolidar su posición política y obtener el apoyo de las clases trabajadoras, Perón fue elegido en las elecciones presidenciales de 1946.

---

[5] *autoritarismo caudillesco*   caudillo's authoritarian rule, political chief's authoritarianism

El primer régimen **peronista** (1946–55), como el de Rosas, ha sido evaluado subjetivamente, particularmente su programa de reformas sociales. Lo respaldaron los «**descamisados**» [*people without a shirt*], los militares nacionalistas y algunos comerciantes beneficiados por la neutralidad argentina durante la Segunda Guerra Mundial. La esposa del caudillo, Eva Duarte de Perón (1919–52), luchó por el pueblo pobre; combatió a la clase media alta, a la oligarquía, a los racistas y a los intelectuales enemigos. Movilizó las fuerzas obreras para amedrentar [*to frighten*] a los disidentes y se apoyó en las Fuerzas Armadas para mantener en jaque [*check*] a la oposición. Después de una época de relativo desarrollo económico y de un derroche [*squandering*] financiero en favor de sus partidarios [*followers*] políticos, el **peronismo** empezó a perder respaldo, primero del alto clero y después de las fuerzas armadas. La oligarquía y los intelectuales disidentes consolidaron las fuerzas **antiperonistas** y precipitaron la caída del caudillo.

Después de la acostumbrada persecución, exilio e inhabilitación [*disqualification*] política de los expulsados [*ousted*] del poder, el gobierno militar permitió que Arturo Frondizi (1908–95), del Radicalismo Intransigente, vencedor en las elecciones, asumiera el poder en 1958, pero a los cuatro años lo derrocó. A partir de 1962 las fuerzas armadas gobernaron unos años con un civil obediente, otros con diferentes generales conocidos por el pueblo como «gorilas» En 1973 el peronismo retornó al poder pocos meses después de la inauguración del Presidente Héctor Cámpora (1909–80), que fue sucedido por Perón. Sin embargo, al morir el fundador del justicialismo en 1974, le sucedió su segunda esposa, la vicepresidenta María Estela Martínez de Perón (n. 1931). Dos años más tarde, la viuda de Perón fue violentamente reemplazada por una junta militar.

La nueva dictadura clausuró el Congreso y prohibió el funcionamiento de los partidos políticos y las organizaciones sindicales. La violación de los derechos humanos se intensificó a tal punto [*to the point*] que los organismos internacionales por los derechos humanos acusaron al gobierno militar de institucionalizar el sistema de los «**desaparecidos**». En efecto, la policía hizo desaparecer más de 23 000 opositores del gobierno (reales y sospechosos), sin dejar rastro alguno [*without leaving any trace*]. Dos mil madres y familiares de las víctimas se concentraban periódicamente en la Plaza de Mayo para reclamar información sobre el destino de sus hijos y parientes. El desgobierno y el continuo crecimiento de la deuda externa generaron una hiperinflación que arruinó la economía y causó la emigración de decenas de miles de profesionales. Antes económicamente el país más dinámico de Latinoamérica, la Argentina en las décadas de los años setenta y ochenta Ha cedido esta supremacía al Brasil y México.

En 1982 el gobierno militar ocupó las Malvinas (*Falkland Islands*) y desencadenó un sangriento conflicto con Gran Bretaña. Tras la rendición de las tropas argentinas en Puerto Argentino (*Port Stanley*), Malvinas, un nuevo régimen restableció el derecho a la actividad partidaria. En las elecciones generales de 1983 venció Raúl Alfonsín (n. 1927), candidato de la Unión Cívica Radical del Pueblo, quien obtuvo la presidencia el 10 de diciembre siguiente en medio de la euforia civil.

Carlos Saúl Menem, argentino de origen árabe y perteneciente al Partido Justicialista (Peronista), vencedor en las elecciones generales, asumió la presidencia en 1989. En ese momento el país sufría la más grave crisis económica de su historia, causada por la inflación galopante de varias décadas, la recesión y la deuda externa de 65 mil millones de dólares, la tercera más grande del mundo, después de las de Brasil y México. Menem impuso una política económica neoliberal favorable a las inversiones. Después de que se modificara la Constitución, en 1995 fue reelegido presidente por un período de cuatro años. Esta segunda etapa fue negativa para el país ya que se sintieron las consecuencias de la gran privatización de empresas, aumentó el desempleo al 15,4% y la deuda externa en casi 82 mil millones de dólares.

En las elecciones de 1999 resultó victorioso Fernando de la Rúa (n. 1937), candidato de un conglomerado de fuerzas de centro e izquierda moderada encabezado por la Unión Cívica Radical. De la Rúa tomó severas medidas de ajuste con el propósito de mejorar la economía. Sin embargo, resultaron insuficientes para resolver el deterioro de las finanzas públicas y de la capacidad productiva de la industria nacional y de la fuerte recesión de 2000. En medio de esta crisis del 2001 a 2002 asumieron la presidencia de la Nación en forma interina sucesivamente [*temporarily successively*] Ramón Puerta, Adolfo Rodríguez Saá, Eduardo Camaño y Eduardo Duhalde. El 25 de mayo de 2003, asumió la presidencia del país por un período de cuatro años el peronista de izquierda Néstor Kirchner (n. 1950), natural de la Patagonia. Su gobierno mantiene buenas relaciones económicas y políticas tanto con los gobiernos progresistas del Brasil, Uruguay, Venezuela y Cuba, como con el gobierno del Presidente George W. Bush.

10.6 **Perfil de la Argentina y su gente**

La Argentina, con una población de poco más de cuarenta millones de habitantes, es el cuarto país más poblado de hispanohablantes del mundo, después de México, Estados Unidos y España. En Latinoamérica tiene el más alto ingreso por habitante y el más alto índice de alfabetismo (96,2%) después del de Uruguay (97,3%). En la cordillera de los Andes que la separa de Chile se alzan varios de los picos más elevados del continente, incluyendo el Aconcagua (22 835 pies de altura). Aunque casi todo el país está dentro de la zona templada, experimenta muchos climas, desde el tropical del norte y noreste hasta el frío de Tierra del Fuego, Patagonia y las alturas andinas. En la región central ocupada principalmente por las Pampas, el clima es más seco que en el litoral, pero está sujeto a fuertes vientos, granizadas y variaciones súbitas. El litoral central es caluroso en enero mientras que en invierno

José Gervasio Artigas (1764–1850), héroe de la independencia del Uruguay.

©Per Kaarlsson-BKWine.com/Alamy

la temperatura rara vez baja de 32° F. La población argentina es un 83% urbana: cerca del 50% de la población total del país reside en la Provincia de Buenos Aires. La gran mayoría de la población es blanca, con predominio de descendientes de españoles e italianos, y un 22% procedente de Europa Central. Se calcula en unas 700 000 las personas de origen árabe, y en unos 650 000 los amerindios y mestizos discriminados, en su mayoría residentes en las provincias del norte, noroeste y sur.

A pesar de la crisis económica y política, en la Argentina todavía se publican más de 1700 periódicos, entre ellos más de 400 diarios y 250 semanarios culturales. *La Nación* (fundada por Bartolomé Mitre) y *La Prensa* siguen siendo dos de los diarios más conocidos del mundo hispanohablante.

Las grandes ciudades del país, después de Buenos Aires, son Rosario, centro de la industria petrolera y del acero y puerto exportador de granos; Santa Fe, importante por su comercio e industria; Córdoba, la ciudad más antigua del país; La Plata, capital de la provincia de Buenos Aires, con sus refinerías de petróleo y su industria de la carne; Mar del Plata, centro turístico y pesquero a orillas del Atlántico; Mendoza, en las laderas de los Andes; y Bahía Blanca, el puerto más grande del país frente al Atlántico. La economía argentina depende en gran parte de los granos y carnes que exporta. Afortunadamente, su industria manufacturera de artículos de consumo casi abastece [*provide*] las necesidades domésticas y ayuda a la balanza de pagos.

10.7 República Oriental del Uruguay

Situado entre el Brasil y la Argentina, el Uruguay es el pequeño estado, creado por José Gervasio Artigas (1764–1850), según los uruguayos. En realidad, nació como república independiente debido al choque entre las aspiraciones geopolíticas de Buenos Aires y las ambiciones expansionistas del Brasil. La lucha por su independencia comienza en 1811 bajo la dirección de Artigas, quien estableció una especie de «democracia gaucha» hasta que se refugió en el Paraguay en 1817. Los brasileños se apoderaron de Montevideo en 1817, pero diez años más tarde, uruguayos y argentinos los derrotaron y obligaron a firmar el tratado de paz de 1828, por el cual Brasil y Argentina renunciaron a sus pretensiones sobre el territorio uruguayo y reconocieron su independencia. El 18 de julio de 1830 se promulgó la Constitución de la República Oriental del Uruguay.

Los eventos de las décadas siguientes son similares a los de la mayoría de los países hispanoamericanos. A las luchas civiles le siguen la dictadura, la revolución y la disputa por el poder entre los partidos **Blanco** (conservador) y **Colorado** (liberal). De 1865 a 1870 el país se vio envuelto en la guerra de la Triple Alianza contra el caudillo paraguayo Francisco Solano López (¿1826?–1870). Durante el resto del siglo XIX hubo intentos de participación copartidaria para administrar pacíficamente el país. El Uruguay, sin embargo, tuvo la suerte de terminar su etapa histórica de organización antes que la mayor parte de Latinoamérica. En el siglo XX el país experimentó cambios muy significativos, gracias a la elección de José Batlle y Ordóñez (1856–1929) en 1903, cuando se inició una era de gobiernos constitucionales y progreso económico y social. Batlle y Ordóñez gobernó en dos períodos presidenciales (1903–07 y 1911–15). Pacificó el país y consiguió sentar las bases de una estable democracia progresista. La constitución de 1951 instituyó el Consejo Nacional de Gobierno, especie de ejecutivo colegiado[6] compuesto de nueve miembros para sustituir al presidente tradicional.

Durante varias décadas el Uruguay se mantuvo a la cabeza de los países progresistas de Iberoamérica. El Estado controló la banca y los seguros, nacionalizó los servicios de energía eléctrica, aprobó avanzada legislación laboral, mantuvo la libertad de pensamiento y asiló a los perseguidos políticos de otros países hermanos. Fue un ejemplo de orden, paz, prosperidad y mínima influencia militarista. La educación uruguaya, sobre todo universitaria, sirvió de modelo a gran parte de Latinoamérica. En 1958 el Partido Colorado, que había gobernado el país durante 93 años, fue derrotado en

---

[6] El *ejecutivo colegiado* (*collegiate executive*) es un sistema político de origen suizo. Consiste en otorgar la máxima autoridad del país a varias personas, cada una de las cuales se rota en la presidencia. Sus decisiones, sin embargo, son colectivas, con el voto de la mayoría de los miembros que componen el ejecutivo colegiado.

las elecciones generales de ese año. El Partido Blanco inauguró un período de reformas conservadoras para hacer frente a la burocratización y a la excesiva dependencia de la economía capitalista extranjera, manipuladora de los precios internacionales de la lana y la carne. La crisis económica empeoró y el «chivo expiatorio» [*scapegoat*] fue el Colegiado, que resultó abolido para retornar al sistema presidencial. Aunque el Partido Colorado volvió al poder en 1967, la situación se tornó cada vez más crítica, a tal punto que generó la aparición de guerrilleros izquierdistas urbanos: los «**tupamaros**», nombrados así en memoria del Inca cuzqueño revolucionario de 1780. Los tupamaros deseaban transformar radicalmente el país. Argüían que la crisis económica se debía principalmente: (1) a la incapacidad gubernamental para diversificar la economía para independizarla de las fluctuaciones del precio internacional de sus productos de exportación; (2) al desequilibrado desarrollo económico de Montevideo, en detrimento de las provincias; y (3) a estructuras económicas, sociales y políticas caducas [*outdated*].

La crisis económica continuó en medio de un clima de violencia, ley marcial, suspensión de las garantías constitucionales, secuestros [*kidnappings*], asaltos a bancos y desorden político en general. El Uruguay, por décadas modelo democrático, perdió su privilegiada posición. El 27 de junio de 1973 el presidente constitucional Juan María Bordaberry (n. 1928), después de gobernar constitucionalmente dos años, con el apoyo de algunos militares, asumió plenos poderes; disolvió el Parlamento y lo suplantó por un Consejo de Estado. Insatisfechas con él, las fuerzas armadas derrocaron al presidente Bordaberry en 1976 y tras una serie de experimentos con civiles títeres, asumieron directamente el gobierno. El espíritu democrático del pueblo, sin embargo, se mantuvo vigoroso en su oposición a la dictadura militar hasta obligarla a aceptar el retorno al régimen constitucional civil. Después de once años de luchas por la democracia, Julio María Sanguinetti (n. 1936), del Partido Colorado gobernó el Uruguay de 1985 a 1990 y de 1995 a 2000. Le sucedió Jorge Batlle Ibáñez (n. 1927), el cuarto Presidente surgido de la familia Batlle del Partido Colorado. Durante su quinquenio gubernamental mantuvo un equilibrio macroeconómico pero no pudo resolver la crisis económica del país. El 1 de marzo de 2005 el oncólogo Tabaré Vázquez (n. 1940), ex alcalde de Montevideo y ex tupamaro, fue establecido como primer presidente socialista para gobernar el país hasta 2010.

10.8 Perfil del Uruguay y su gente

Es el país hispanoamericano más pequeño de Sudamérica y el de terreno menos accidentado. En realidad, en el Uruguay no hay montañas grandes: su suelo ondulado apenas alcanza 1500 pies de altura, cortado por unas 450 millas de ríos navegables. El clima es templado [*mild*] y saludable y la riqueza agropecuaria [*of agricultura and cattle raising*] es fundamental en la economía nacional. El ganado lanar y vacuno, tan importante en la economía, tiene derecho preferente de tránsito en las vías públicas. Los principales productos agrícolas son trigo, arroz, avena, cebada, betarraga [*oats, barley, beets*] y caña de azúcar. Pese a la dependencia de la importación de materias primas y de petróleo, la industrialización de productos de consumo interno está bastante desarrollada. La exportación de animales vivos, carnes, lana, cueros, pieles [*hides, skins*] y textiles constituye el 60% del total de exportaciones. Sus playas magníficas, como las de Punta del Este, frecuentada por turistas extranjeros, especialmente argentinos, rinden a la economía nacional un buen ingreso anual.

La mayor parte de sus tres millones de habitantes viven en el sur del país: casi la mitad en Montevideo. La tasa de crecimiento [*growth rate*] mejoró bastante con el retorno del gobierno civil constitucional. La mayoría de los uruguayos es de origen español e italiano. Los mestizos (10%) están concentrados en el norte del país principalmente. Hay muy pocos uruguayos de ascendencia africana y amerindia. Buen número de mestizos y mulatos cultivan la música, la danza, la pintura y el fútbol (*soccer*). Por las excelentes condiciones de salud pública, el promedio de vida es de 68 años, el más alto de América Latina. Un 63% de los uruguayos son cristianos (60% católicos y 3% protestantes), 35% no son religiosos, 1,7% son judíos y 0,1% practican otras religiones.

10.9 República del Paraguay

Este país inicia su vida política independiente en 1811, también a consecuencia de las disensiones internas entre los partidarios de la autonomía política del Virreinato del Río de la Plata. La tradición jesuita, el aislamiento y su condición de región fronteriza condicionan el país al régimen absolutista. El Dr. José Gaspar Rodríguez Francia (1766–1844), quien tomó este último apellido por admiración a ese país, es el primer gran dictador hispanoamericano «El Supremo», como se hizo conocer, dominó el país como gobernante absoluto desde 1814 hasta su muerte en 1840. Fue un solterón [*inveterate bachelor*] neurótico y frugal que aisló al Paraguay del resto del mundo y prohibió a la minoría blanca del país casarse entre sí.

Le sucedió Carlos Antonio López (1792–1862), quien también impuso una dictadura absoluta hasta 1862, cuando heredó la presidencia su hijo Francisco Solano López. Con la ayuda de su amante irlandesa [*Irish mistress*], Madame Elisa Lynch (1835–1886), el nuevo caudillo cometió una serie de arbitrariedades [*arbitrary, outrageous acts*] que fueron usadas como pretexto por Argentina, Brasil y Uruguay para hacerle la guerra. La Guerra de la Triple Alianza (1865–70) acabó con Solano López. También murieron, luchando heroicamente al lado de su mandatario [*chief executive, President*], medio millón de paraguayos (la mitad de su población total y nueve décimas partes de su población masculina). Esta guerra también le costó al Paraguay parte de su territorio, que se repartieron Brasil y Argentina. Madame Lynch huyó a Francia llevando consigo cuantiosa fortuna. Después de esta infeliz contienda [*armed conflict*], se repitieron los golpes militares y los presidentes dictatoriales hasta la otra gran tragedia nacional: la costosa guerra con Bolivia por la posesión de la región selvática del Chaco. En la Guerra del Chaco (1932–35) se enfrentaron políticos oportunistas y compañías extranjeras interesadas en la explotación del petróleo de esa región. El tratado de paz delimitó las fronteras: Paraguay conservó las tres cuartas partes del territorio disputado y Bolivia obtuvo acceso al río Paraguay.

El período posbélico tuvo un momento lúcido: el gobierno de Rafael Franco (1936–37), uno de los héroes paraguayos de la Guerra del Chaco. Franco quiso establecer reformas con su partido democrático, pero los reaccionarios y los intereses extranjeros lograron desalojarlo del poder. Después continuaron las dictaduras de otros hombres a caballo hasta que en 1948 fue elegido presidente del país el intelectual Juan Natalicio González (1897–1966), cuya administración terminó después de unos cuantos meses al ser derrocado [*overthrown*] por el Ejército. Gracias a la influencia del general Perón, Alfredo Stroessner (1912–2006) llegó al poder en 1954. El nuevo caudillo militar estableció una dictadura tan represiva que centenares de miles de paraguayos prefirieron exiliarse en los países vecinos, sobre todo en la Argentina, como lo hizo Augusto Roa Bastos (1917–2005), destacado escritor paraguayo, autor de la novela *Yo, el Supremo* (1974), basada en la biografía del Dr. Francia.

Pocos sucesos dignos de recordarse [*worth remembering*] ocurrieron en los 35 años de dictadura de Stroessner, durante los cuales se acogió en el país y protegió a fugitivos de la justicia de otras latitudes: destacados criminales de guerra nazis, terroristas de diversas nacionalidades, desfalcadores [*embezzlers*] de bancos europeos, narcotraficantes y al general Anastasio Somoza Debayle (1925–80), ex dictador de Nicaragua, misteriosamente asesinado en Asunción. En 1984 se inauguró en la frontera con el Brasil la represa de Itaipú, la mayor represa eléctrica del mundo, construida por el estado brasileño, cerca de la actual Ciudad del Este, la segunda ciudad más poblada de Paraguay y centro importante en el lucrativo contrabando. Como no hay mal eterno, por fin el 3 de febrero de 1989, Stroessner fue derribado [*overthrown*] por su pariente político el general Andrés Rodríguez. Por supuesto, en las elecciones presidenciales realizadas pocos meses después triunfó el general Rodríguez. En 1993 asumió la presidencia el civil Juan Carlos Wasmosy (n. 1938), del Partido Colorado, a quien le sucedió en agosto de 1998 el ingeniero Raúl Cubas Grau (n. 1943), miembro de la Asociación Nacional Republicana. Cubas prometió integrar el país a la economía mundial para resolver la crisis económica que ha causado que el 15 por ciento de la población se encuentre desocupada, pero su primer acto presidencial fue liberar al general Lino César Oviedo (n. 1943), apresado por su alzamiento contra el orden público y la autoridad nacional en 1996. El asesinato del Vicepresidente de la República, en marzo de 1999, desencadenó revueltas callejeras y el enjuiciamiento de Cubas, quien, incapaz de poner orden al caos, renunció a la presidencia y se exilió en el Brasil. Oviedo se exilió en Argentina. El presidente del Senado Luis Ángel González Macchi (n. 1947) asumió la presidencia del país y gobernó hasta 2003, cuando fue sucedido para dirigir el país durante el siguiente quinquenio [*five-year period*] el abogado progresista Nicanor Duarte Frutos (n. 1956).

10.10 Perfil del Paraguay y su gente

Los seis millones y medio de paraguayos son en su mayoría descendientes de españoles con diverso porcentaje de sangre indígena. Al este del río Paraguay reside el 96% de la población y en la región del Chaco alrededor del 3%, incluyendo unos 20 000 amerindios. Sus tres grandes ríos navegables son: el Paraguay, que corta el país en dos zonas muy distintas: la oriental, ligeramente ondulada y muy fértil, y la occidental, ocupada por la gran llanura del Chaco Boreal ya mencionada; el Paraná, que viniendo del Brasil desemboca en el Paraguay; y el Pilcomayo, que nace en Bolivia, señala en parte la frontera con la Argentina y desemboca en el río Paraguay, cerca de Asunción, la capital del país.

Los cultivos comerciales más importantes son haba de soya (soja) [*soy bean*], algodón, trigo y tabaco. La selvicultura de caoba, cedro, nogal [*mahogany, cedar, walnut tree*] y quebracho[7] emplea el 10% de la fuerza laboral. Los principales productos de exportación son: fibra de algodón (33%), harina de soya (25%) y madera para construcción (7,5%). La población de la capital, Asunción, es de unos 600 000 habitantes; la de Ciudad del Este, 240 000; la de San Lorenzo, 230 000; la de las demás ciudades, menos de 100 000.

10.11 El legado cultural de los países del Plata

La Argentina y el Uruguay de hoy, en general, se sienten más identificados con la cultura occidental que el Paraguay. La mayoría de la población de los argentinos es de ascendencia europea y la de los paraguayos es mestiza. Los argentinos y uruguayos, sobre todo los que viven en los grandes centros urbanos, se encuentran más identificados con Europa que el resto de la América indohispánica. A pesar de ello, las raíces coloniales y el legado [*legacy*] cultural hispánico se reafirman a pesar del fuerte nacionalismo de muchos argentinos, sobre todo de los porteños, como se llama a los residentes de Buenos Aires. Quizás el individualismo hispánico sea una de las causas del chauvinismo **platense** y del obstinado [*obstinate*] militarismo argentino.

---

[7] *Quebracho* is a South America hardwood tree whose extract is used in tanning leather.

Al ser un país sin costa, con fuerte tradición guaraní-jesuita y haber sufrido varios gobiernos despóticos, Paraguay se encuentra poco desarrollado. Por razones históricas, el paraguayo tiende a ser más beligerante y apasionado que sus hermanos hispanoamericanos. La guerra, el exilio y el bajo porcentaje de población masculina han impedido que Paraguay supere [*have prevented Paraguay from surpassing*] su etapa de reorganización política y de economía incipiente, basada en la agricultura y las maderas.

La crisis político-económica de los países del Plata, aunque parezca diferente en cada uno de los tres estados, es básicamente la misma. Se debe a la imposibilidad de liberarse de los factores negativos del pasado. La respuesta a la problemática **platense**[8] no se encontrará en Europa y sus sistemas económicos o políticos. La búsqueda de lo argentino, de lo uruguayo y de lo paraguayo, todas facetas de la gran búsqueda de la personalidad latinoamericana, llevará a un estilo nacional de identificación con el modelo latinoamericano continental. Ese mismo deseo de alcanzar la universalidad, que ya muestran artistas y escritores, podría conducir al encuentro de una personalidad iberoamericana que combine [*combines*] todos los diversos aportes culturales.

10.12 Resumen

I.   **Exploraciones y fundaciones en el siglo XVI**
   A. Sebastián Caboto nombra Río de la Plata al Mar Dulce de Díaz de Solís
   B. Pedro de Mendoza funda Buenos Aires (1535), la destruye y viaja a Asunción
   C. Domingo Martínez de Irala (¿1500?–56), padre del Paraguay y Juan de Garay lleva a cabo la segunda fundación de Buenos Aires (1580)

II.   **Período colonial**
   A. El absolutismo Habsburgo (siglos XVI y XVII) limita el desarrollo
   B. El despotismo ilustrado de los Borbones en los siglos XVIII y XIX:
      1. Reformas económicas y educacionales y prosperidad del pastoreo
      2. Creación del Virreinato del Río de la Plata en 1776
      3. Bucareli desaloja a los ingleses de las Malvinas en 1762
      4. Comerciantes se enriquecen con la exportación de carnes y sebo
      5. Los gauchos ayudan a expulsar a los ingleses en 1806 y 1807
      6. Desintegración virreinal
         a. Buenos Aires unitaria y prepotente vs. provincias federalistas

---

[8] *problemática platense*   serie de problemas del Río de la Plata

      b. Artigas y las guerras de independencia del Uruguay
      c. El Dr. Francia independiza (1811) y aísla al Paraguay
        (1814–40)

III. **Las Provincias Unidas del Río de la Plata (1810–53)**
  A. En cabildo abierto (1810), renuncia el virrey y los criollos eligen una junta de gobierno integrada por Cornelio Saavedra, Mariano Moreno y Manuel Belgrano
  B. En Tucumán, mestizos y criollos proclaman la independencia en 1816
  C. Guerra civil entre Buenos Aires unitaria y las provincias federales
  D. Guerra con el Brasil y la independencia del Uruguay en 1828
  E. Juan Manuel de Rosas, gobernador de Buenos Aires, domina el país (1835–52)
  F. El general Urquiza (1801–70) derrota a Rosas en 1852 y promulga la Constitución de 1853

IV. **La República Argentina (1861 hasta el presente)**
  A. Bartolomé Mitre, presidente provisional y nacional (1861–68)
  B. Domingo Faustino Sarmiento, segundo presidente nacional (1868–74)
  C. Inmigración, ferrocarriles, alambre de púas, frigoríficos y elevadores
  D. Gobiernos oligarcas absolutistas con maquillaje democrático
  E. Fundación de partidos: Unión Cívica Radical (1891) y Socialista (1896)
  F. Aburguesamiento de los radicales en el poder (1916–30)
  G. Retorno de la oligarquía y militarismo (1930–43)
  H. Los períodos gubernamentales de Perón (1943–55 y 1973–76)
  I. Juntas de Gobierno Militar: despotismo, terrorismo y desaparecidos
  J. La derrota en las Malvinas (1982) conduce a elecciones generales
  K. La crisis económica durante los gobiernos de Raúl Alfonsín (1983–89), Carlos Saúl Menem (1989–99), Fernando de la Rúa (1999–2001) y Néstor Kirchner (2003–)

V. **La República Oriental del Uruguay (1928 hasta el presente)**
  A. Luchas fratricidas entre los partidos Blanco (conservador) y Colorado (liberal)
  B. Presidencia progresista de José Batlle y Ordóñez (1903–07 y 1911–15)
  C. La Constitución de 1951 establece el Consejo Nacional de Gobierno
  D. La crisis económica restablece el poder ejecutivo personal en 1966
  E. Guerra a muerte entre tupamaros y autoritarismo militarista
  F. Constitución militarista es rechazada en el plebiscito de 1980

G. Tras 11 años de dictadura militar, se retorna al régimen constitucional civil: presidencia de Julio María Sanguinetti (1985–90 y 1995–2000)

H. Tabaré Vázquez (n. 1940), ex alcalde de Montevideo y ex tupamaro, primer presidente socialista (2005–10)

VI. **República del Paraguay (1811 hasta el presente)**

A. Gaspar Rodríguez (Dr. Francia) y otros proclaman la independencia (1811)

B. Dictadura de Gaspar Rodríguez Francia, «El Supremo» (1814–40)

C. El gobierno absolutista del caudillo Carlos Antonio López (1842–62)

D. Dictadura de Francisco Solano López (1862–70)
1. Colaboración íntima de Madame Elisa Lynch
2. Guerra contra la Triple Alianza (1865–70) y muerte del caudillo

E. Anarquía, golpes, dictaduras y la Guerra del Chaco (1932–35)

F. Al gobierno febrerista le suceden regímenes provisionales despóticos

G. Dictadura del general Alfredo Stroessner (1954–89)

H. Retorno de los presidentes civiles Juan Carlos Wasmosy (1993–98) y Raúl Cubas (1998–99)

I. Nicanor Duarte Frutos (n. 1956) elegido presidente para el período 2005–08

10.13 Cuestionario y temas de conversación

Cuestionario

1. ¿Qué importancia tuvieron las primeras fundaciones en el estuario del Plata?
2. ¿Cuál fue la principal ocupación en el Plata durante la Colonia?
3. ¿Qué área abarcó el Virreinato de Buenos Aires y por qué se creó?
4. ¿Cuál fue la labor histórica de José Gervasio Artigas?
5. ¿Por qué se le llama «El Supremo» a Gaspar Rodríguez Francia?
6. ¿Cuál es el papel histórico de Juan Manuel de Rosas?
7. ¿Por qué se dice que el Uruguay es un estado-tapón?
8. ¿Qué es el ejecutivo colegiado?
9. ¿Cuáles fueron los resultados de la Guerra de la Triple Alianza?
10. ¿Quiénes lucharon en la Guerra del Chaco y por qué?

Temas de conversación

1. Aclare por qué Buenos Aires fue fundada dos veces.
2. Comente sobre el despotismo ilustrado de los Borbones en Hispanoamérica.
3. Evalúe la oposición de los políticos del interior contra los de Buenos Aires.

4. Emita un juicio sobre la dictadura de Rosas.
5. Explique la popularidad de Evita Perón.
6. Comente sobre el significado del papel del gaucho en la historia argentina.
7. Contraste la herencia histórica de los jesuitas con las dictaduras del Paraguay.
8. Evalúe la importancia de José Batlle y Ordóñez.
9. Contraste el despotismo en Paraguay con la democracia en Uruguay.
10. Explique las causas de la desintegración del Virreinato del Río de la Plata.

Cronología comparada

1824 La Batalla de Ayacucho sella la independencia de Sudamérica

1836–39 Confederación Perú-Boliviana

1879–84 Guerra del Pacífico: Chile derrota a Bolivia y Perú

1932–35 Guerra del Chaco entre Bolivia y Paraguay

1973–90 Dictadura del general Augusto Pinochet

1990–2006 La democracia restaurada y Michelle Bachelet

1810 Apogeo de Napoleón

1823 La Doctrina Monroe

1836 La República de Texas

1898 Guerra entre EE.UU. y España

1990 Disolución de la URSS

2001–06 Terrorismo mundial y Guerra en Irak

Chile
- Población: 16 284 741 (estimada en julio de 2007)
- Capital: Santiago
- Índice de alfabetización: 95,2%
- Área: 756 950 km^2
- Moneda: el peso

Perú
- Población: 28 674 757 (estimada en julio de 2007)
- Capital: Lima
- Índice de alfabetización: 88,7%
- Área: 1 285 220 km^2
- Moneda: el nuevo sol

Bolivia
- Población: 9 119 152 (estimada en julio de 2007)
- Capitales: Sucre (constitucional) y La Paz (administrativa)
- Índice de alfabetización: 83,1%
- Área: 1 098 580 km^2
- Moneda: el boliviano

Mapa de Chile, Perú y Bolivia, con algunos datos importantes

11 *Los países andinos meridionales*

Vocabulario autóctono y nuevo

- pelucones
- pipiolos
- chilenización
- aprista
- frentista
- yunga

11.1 Chile en sus primeras décadas de vida republicana

La independencia de Chile fue lograda con la intervención del Ejército Libertador de San Martín. El primer jefe de Estado elegido (1818) fue el héroe chileno Bernardo O'Higgins (1778–1842), después proclamado Director Supremo. Para implementar un programa gubernamental progresista, O'Higgins gobernó con mano fuerte al medio millón de chilenos de entonces. Como modificó la ley de la herencia de propiedades agrarias, se enemistó con la oligarquía criolla. La campaña opositora obligó al Director Supremo a renunciar (1823) y exiliarse en el Perú hasta su muerte. En el desorden político de los siguientes siete años se disputaron el poder los conservadores y los liberales. En 1830 la fuerza de las armas impuso en el gobierno a Diego Portales (1793–1837), el político chileno que más contribuyó al establecimiento de una era de tranquilidad y progreso cauteloso. Su Constitución conservadora de 1833, reformada ocho veces y respetada y observada por los Gobiernos liberales de 1876 a 1891, duró hasta 1925.

La vida política disciplinada y ordenada le permitió a Chile conseguir poderío militar superior al de sus vecinos. Cuando en 1836 se estableció la Confederación Perú-Boliviana, el Gobierno de Chile ilegalmente la disolvió por considerarla una amenaza potencial. En los

Para enriquecer tus estudios, ve nuestros recursos suplementales en línea a **www.cengage.com/spanish/latinoamerica**

Películas, videos y otros materiales audiovisuals: vea nuestras sugerencias en la página 366.

años siguientes la reorganización de las fuerzas conservadoras gobernantes continuó con la gran ayuda del humanista venezolano Andrés Bello (1781–1865), renovador de la enseñanza y reorganizador de la Universidad Nacional (1842). El ritmo histórico chileno del siglo XIX lo marcó la lucha violenta entre dos fuerzas socio-políticas: la de los «**pelucones**» (conservadores) y la de los «**pipiolos**» (liberales)[1], ambas dominadas principalmente por criollos y mestizos de las altas esferas sociales. Los pelucones, defensores de los intereses de los grandes propietarios de tierras, promovían [*promoted*] un gobierno centralizado, capaz de imponer la organización social y el orden de la Colonia. Los pipiolos, influidos por los liberales ingleses y franceses, proclamaban reformas sociales, anticlericalismo y la participación popular en la administración pública. En este contexto, el socialismo saintsimoniano[2] ganó partidarios brillantes, como el romántico chileno Francisco Bilbao (1823–65), que defendió la emancipación mental de Latinoamérica para llevar a cabo la unificación antiimperialista. El atrevido pensador fue excomulgado y desterrado al Perú, de donde después se fue a vivir a Ecuador, Francia y Argentina hasta su muerte.

Chile abrió sus puertas a los refugiados políticos extranjeros, muchos de los cuales no comulgaban con las ideas conservadoras, como los románticos argentinos enemigos del general Rosas. Bajo la mano dura y disciplinada de los conservadores, el país continuó progresando, industrializándose e invirtiendo capital propio y británico en las salitreras [*nitrate beds*] de la costa boliviana.

11.2 La Guerra del Pacífico (1879–83)

La estabilidad política conseguida antes que Bolivia y Perú, le permitió a Chile incorporar a su programa nacional las ideas del positivismo[3] difundidas entonces en el mundo occidental. Con ejército y marina mejor adiestrados, Chile le declaró la guerra a Bolivia por la posesión de su territorio rico en nitrato, explotado por capital británico y chileno. En cumplimiento de un pacto secreto de ayuda mutua con Bolivia, el Perú intervino en el conflicto y así los tres países combatieron en la más sangrienta guerra internacional sudamericana. Militarmente mejor preparados y equipados, los chilenos derrotaron con facilidad primero a los bolivianos y después a los peruanos. La guerra le costó a Bolivia sus provincias bañadas por el Océano

---

[1] The Chilean conservative politicians were known as «pelucones» (*wig-wearers*), while the liberals received the name of «pipiolos» (*novices*).

[2] *Socialismo saintsimoniano* es el nombre de la ideología política que predicó el pensador francés Claudio Enrique Saint Simón (1760–1815): organizar la sociedad siguiendo el principio «A cada cual según su capacidad, a cada capacidad según sus obras».

[3] *Positivismo* es el sistema filosófico del francés August Comte (1798–1857), que admite únicamente el método experimental y rechaza toda noción a priori y todo concepto universal y absoluto.

Pacífico, limítrofes con el norte chileno y el sur peruano, quedando desde entonces sin salida al mar. El Perú también perdió permanentemente un extenso territorio (departamento de Tarapacá y provincia de Arica), además de sufrir la ocupación de sus provincia de Tacna hasta 1929, año en que con la mediación de Estados Unidos, se resolvió parcialmente el conflicto fronterizo. La llamada Guerra del Pacífico le permitió a Chile extender su territorio nacional en un 33% y limitar al norte con el Perú. El salitre de las tierras anexadas le produjo [*yielded*] a Chile, por mucho tiempo, la mayor parte del presupuesto [*budget*] nacional.

11.3 Chile después del Tratado de Ancón (1883)

La guerra con el Perú terminó oficialmente en 1883 con el Tratado de Ancón, que reconoció la anexión de los territorios salitreros peruanos a Chile y dispuso el retiro de sus fuerzas de ocupación de territorio peruano, menos de Tacna, Arica y Tarapacá. El vencedor entonces se dedicó a consolidar su progreso. Su estabilidad política se interrumpió sólo durante los meses de la guerra civil de 1891. En la primera mitad del siglo XX los trabajadores, provocados [*stirred up*] por los narradores de las injusticias sociales y por predicadores marxistas, como Luis Emilio Recabarren (1876–1924), fundador del Partido Comunista de Chile (1921), obligaron al Gobierno y a los patrones a reconocer muchos derechos laborales.

En 1920 fue elegido presidente Arturo Alessandri (1868–1955), rico político popular que sí cumplió [*who did fulfill*] algunas de sus promesas electorales: moderado impuesto a la renta [*income tax*], nacionalización de la industria salitrera y leyes sociales a favor de los obreros. Lo más positivo de su administración fue la promulgación de la Constitución de 1925, que declaro que la propiedad privada está limitada por el bien social, y determinó la elección popular directa del presidente del país con mucho más poder ejecutivo. La intensa resistencia conservadora a las reformas sociales perturbó la tranquilidad nacional al generar la lucha interna enconada que culminó en 1932 con el establecimiento de una república socialista, la primera de las Américas. La intervención del Ejército puso fin a los cien días de Gobierno socialista y desencadenó [*unleashed*] un breve período de anarquía. En el mismo año, Arturo Alessandri fue reelegido presidente. El reformador de ayer se reconcilió con los oligarcas y puso más énfasis en el orden que en el bienestar del pueblo. Por esta política, los izquierdistas le retiraron su apoyo y organizaron el Frente Popular,[4] cuyo candidato presidencial, Pedro Aguirre Cerda (1879–1941), triunfó en 1938, dándole a las Américas el primer gobierno de ese frente. El presidente Aguirre Cerda concentró su atención en el programa de recuperación del país de los daños causados por

---

[4] El *Frente Popular* (Popular Front) sponsored by Communists and Socialists governed France (1936–39), Spain (1936) and Chile (1938–41, 1946–48).

el violento terremoto de 1939, ocurrido a poco tiempo de la toma de pose-sión del mando [*assuming the presidency*]. Se esforzó en industrializar el país, modernizar las minas y el sistema de transporte, estimular la pesca y la gana-dería, y continuar el programa social en beneficio de los obreros, incluyendo seguro médico y fondos para accidentados y ancianos.

En 1941 el Frente Popular se desintegró debido a la lucha entre los comu-nistas, entonces aliados de los nazis, y los izquierdistas opuestos al fascismo. El presidente Aguirre Cerda murió en ese año, siendo sucedido por Juan Antonio Ríos (1888–1946), quien igualmente murió antes de terminar su mandato. Gabriel González Videla (1898–1980), el nuevo presidente, reactivó el Frente Popular e incorporó a su Gabinete [*Cabinet*] ministerial tres comu-nistas. Pero antes de los dos años, González Videla rompió con sus aliados estalinistas, los despidió de su Gabinete y proscribió al Partido Comunista.

Después, Chile tuvo una serie de presidentes conservadores, cuya princi-pal preocupación fue detener la desenfrenada [*uncontrolled*] inflación. En medio de esta crisis económico-social apareció como fenómeno nuevo la Democracia Cristiana, que en 1964 llevó al poder a Eduardo Frei Montalva (1911–82). Este primer régimen demócrata cristiano del Hemisferio puso en marcha un programa socialista cristiano, cuyos objetivos incluían la «**chilenización**» del cobre, la reforma agraria y la reestructuración de la nación para disminuir la brecha económica entre la mayoría pobre y la minoría privilegiada. Al terminar su período presidencial, Frei Montalva se encontró con la fuerte oposición de los descontentos con la inflación económica y los serios problemas domésticos. En las elecciones nacionales de 1970 triunfó el socialista Salvador Allende (1908–73), candidato de Unidad Popular, alianza política de socialistas, comunistas y disidentes del partido Demócrata Cristiano. Este primer presidente marxista del Hemisferio Occidental, elegido en elecciones libres, nacionalizó las industrias básicas y los bancos, reconoció a los gobiernos de Fidel Castro de Cuba, la República Popular China y otros Estados comunistas, y se enfrentó a poderosos inte-reses económicos nacionales y extranjeros. Los enemigos del régimen con-tribuyeron a crear un ambiente de desasosiego [*unrest*] político. La crisis económica fue agravada por la inflación, la falta de crédito en el extranjero, la escasez de artículos de primera necesidad, así como frecuentes huelgas [*strikes, walkouts*] y sabotajes. En septiembre de 1973 el presidente constitu-cional fue derrocado por un golpe militar organizado en parte por la CIA y por la ITT, conforme a las declaraciones de testigos importantes citados por el Congreso de los Estados Unidos. Allende murió defendiendo el palacio presidencial La Moneda. Una junta militar presidida por el general Augusto Pinochet (1915–2006) asesinó, torturó, encarceló y exilió a decenas de miles de ciudadanos defensores del régimen constitucional de su patria.

Uno de los casos de violencia más resonante ocurrió en Washington, D.C. contra Orlando Letelier, ex Ministro de Defensa del régimen de Allende, y su ayudante estadounidense asesinados por un agente secreto del Gobierno militar chileno. Como el general Pinochet rehusó [*refused*] cooperar en la aclaración de este acto criminal, el Presidente Jimmy Carter suspendió la ayuda militar a Chile. Debido a la eficiente labor de los economistas neoliberales y a la asistencia militar y financiera reiniciada por el Presidente Ronald Reagan, Chile logró prosperar económicamente, pese a la oposición democrática de la mayoría y del Frente Patriótico Manuel Rodríguez.

En 1988 el resultado del plebiscito obligó a la dictadura a realizar elecciones generales en diciembre de 1990. Triunfó por mayoría absoluta el demócrata cristiano Patricio Alwyn, de 71 años de edad, candidato de la alianza socialista-democristiana, derrotando al candidato conservador de los partidos Renovación Nacional y Unión Democrática Independiente. En 1994 le sucedió en la presidencia el demócrata cristiano Eduardo Frei Ruiz-Tagle (n. 1942). Este hijo de Eduardo Frei Montalva gobernó hasta el año 2000. Los dos siguientes gobernantes han sido los socialistas Ricardo Lagos (de 2000 a 2006) y Michelle Bachelet (n. 1959), hija del general Alberto Bachelet de la Fuerza Aérea, muerto por la represión del dictador Pinochet. Tras ser aprisionada y torturada por la dictadura, Michelle vivió desterrada en Australia, Alemania y Estados Unidos, antes de titularse de la Universidad de Chile como médico-cirujana pediatra. Habiéndose destacado como Ministra de Salud y luego Ministra de Defensa, sus partidarios le auguran éxito como primera Presidenta de Chile para el período de 2006 a 2012.

11.4 Perfil de Chile y su gente

Chile no es uno de los países más grandes de Sudamérica, pero sí es uno de los más desarrollados económicamente, no obstante la pobreza de la gente de las barriadas urbanas y del campesinado [*slum dwellers and peasants*]. Con una superficie algo mayor que la de Texas, se extiende entre los Andes y el Pacífico, a lo largo de 2900 millas, con un ancho entre unas 273 y 56 millas (440 y 90 kilómetros), aproximadamente treinta veces menor que su largo. Tiene tres zonas principales: (1) el norte, donde se encuentran los desiertos más secos del mundo, ricos en salitre y cobre; (2) el centro, donde viven dos tercios de la población, zona eminentemente agrícola, rica en el cultivo de cereales y vid; y (3) el sur, donde están los numerosos lagos y los bellos paisajes meridionales [*southern*], famosos por sus florestas, pastos [*pastures*], minas de hierro y yacimientos petrolíferos. A Chile le pertenecen algunas islas del Pacífico, como Rapa Nui,[5] a unas 2000 millas (3218 km) al oeste de sus costas, con sus gigantescas estatuas de piedra, y Juan Fernández, escenario [*setting, stage*] de

---

[5] *Rapa Nui* is better known in English as «Easter Island».

Vista panorámica de Santiago, la capital de Chile

Robinson Crusoe (1719) novela del escritor inglés Daniel Defoe (¿1660?– 1731). Le corresponden el archipiélago de Chiloé y la isla de Tierra del Fuego, que comparte con la Argentina.

Una de las principales fuentes de divisas del país proviene de la exportación del cobre, en la producción del cual el país ocupa el tercer puesto en el mundo, después de los Estados Unidos y Zambia. La importancia económica del nitrato chileno disminuyó desde que se descubrió la manera de hacer nitratos sintéticos para la manufactura de pólvora y fertilizantes. Uno de los derivados del salitre es el yodo [*iodine*]. El país produce el 47% del yodo del mundo. Además son importantes la exportación del hierro, frutas frescas y envasadas [*canned*] y vinos. Lo más valioso de Chile no es su «loca geografía», como la ha llamado uno de sus escritores, sino el espíritu industrioso del pueblo, heredado, según se dice, principalmente de vascos [*Basques*], catalanes y alemanes. Su espíritu belicoso en conflictos internacionales y en luchas intestinas es parecido al de los araucanos que combatieron a los invasores de sus tierras hasta 1882.

El desarrollo del país se ha visto obstaculizado por la distribución desigual de las tierras agrícolas. Todavía la mayor parte de lo que los chilenos llaman fundos [*farms*] del país pertenecen a una reducida minoría que explota a sus inquilinos [*lessees, tenant farmers*]. Hay un marcado contraste económico entre el rico propietario, industrial, comerciante o político y los millones de guasos y rotos[6] que viven en la miseria. Conforme pasan los años, la población, de más de dieciséis millones —en su mayoría blanca y mestiza— está concentrada en las grandes ciudades. La zona metropolitana de Santiago, la capital, tiene 5 200 000 habitantes. Otros centros urbanos importantes son: Concepción-Talcahuano, con 840 000 habitantes; Valparaíso, el puerto principal, unido al balneario de Viña del Mar, con 800 000 habitantes; Antofagasta, puerto industrial del norte y Temuco, centro agropecuario tienen cada una alrededor de 250 000; Valdivia, ciudad sureña [*southern large city*] donde viven decenas de millares de chilenos de origen alemán; y Punta Arenas, una de las ciudades más meridionales del globo.

Muchos de los exiliados acogidos [*welcome*] en el país han contribuido al desarrollo cultural. Sirven de ejemplo el venezolano Andrés Bello, ciudadano chileno por decisión del Congreso; los románticos argentinos, desterrados por el régimen de Rosas; los peruanos, expulsados de su patria por las dictaduras; los republicanos españoles y los bolivianos y centroamericanos de diferentes matices [*nuances*] políticos. Entre los exiliados en Chile que han contribuido significativamente en el siglo XX y principios del siglo XXI se encuentran los miles de apristas peruanos y republicanos españoles. Fueron acogidos por la población y los gobiernos de diferentes persuasión política. Los apristas vivieron en Chile de 1932 a 1945 y de 1948 a 1956, períodos de gran persecución en el Perú. Los republicanos españoles arribaron a Chile durante el gobierno del generalísimo Francisco Franco en España de 1939 a 1973.

La producción intelectual de los refugiados influyó en el socialismo chileno y el florecimiento del periodismo y la industria editorial. Los artículos, folletos, libros y revistas de los exiliados en Chile circularon dentro y fuera del país. A ellos se debió, por ejemplo, el prestigio internacional de *Ercilla*, revista pionera en el periodismo progresista e importante casa editora de obras literarias y de ciencias sociales, dirigidas por los apristas peruanos Luis Alberto Sánchez y Manuel Seoane.

11.5 Bolivia durante su primer siglo de independencia

Simón Bolívar, promotor de la unidad latinoamericana, permitió que el general Antonio José de Sucre constituyera el estado boliviano a expensas de Buenos Aires y del Perú, especialmente desfavorable para Lima, donde la oligarquía conspiraba contra el Libertador. El Congreso de Chuquisaca le dio nacimiento legal a Bolivia al adoptar la Constitución Bolivariana en 1826 y declarar presidente perpetuo a Bolívar y vicepresidente a Sucre.

---

[6] *guasos y rotos* are names given in Chile to the peasants and members of the lower classes

Cuando el Libertador abandonó el nuevo Estado para hacer frente a la oposición en la Gran Colombia dejó a Sucre a cargo de la presidencia. Aunque era un militar astuto, este general venezolano no fue lo suficientemente diplomático para aplacar [*to placate*] las ambiciones de los caudillos bolivianos. Por eso en 1828 un alzamiento militar lo depuso y lo expulsó del país. Asumió la presidencia el general Andrés de Santa Cruz (1792–1865), quien en 1836 logró establecer la Confederación Perú-Boliviana, disuelta dos años después por la intervención chilena.

La agitada historia republicana de Bolivia se caracteriza por los cambios bruscos de Gobierno y Constituciones, los numerosos golpes militares y los frecuentes asesinatos políticos. Muchos citan a Bolivia como ejemplo de la inestabilidad política latinoamericana, semejante a la de El Salvador. En el siglo XIX en Bolivia la tempestad política la desencadenaron hombres ambiciosos, incumplidores de sus programas y reacios a efectuar los cambios básicos en la estructura económica dominada por la aristocracia criolla, heredera del poder español. El importante escritor boliviano Alcides Arguedas (1879–1946), autor de una historia de Bolivia en varios tomos, llama «caudillos bárbaros» a los gobernantes ignorantes y egoístas, como Mariano Melgarejo (presidente de 1864 hasta 1871). Una leyenda afirma que al estallar la guerra franco-prusiana, Melgarejo ordenó a su ejército que marchara en ayuda de Francia, mostrando su ignorancia de la geografía y la distancia. Se cuenta igualmente que cuando la reina Victoria se enteró de cómo su ministro plenipotenciario en La Paz, había sido paseado por la ciudad, amarrado [*fastened*] a un burro, enfurecida, perforó el mapa de Sudamérica y exclamó «¡Bolivia ya no existe!».

En esa época el período presidencial lo determinaba la habilidad de los caudillos para sobrevivir frente a tantas tempestades políticas. Aunque también ocurre en otros países latinoamericanos, en Bolivia la violencia parece haberse arraigado con mayor facilidad. La Guerra del Pacífico (1879–84) le costó a Bolivia su costa oceánica, rica en salitre. Desde entonces ese país sufre su falta de costa marítima y sus gobiernos de vez en cuando reviven el tema de la salida al mar en sus esfuerzos para recuperar parte del territorio costeño cedido a Chile. La hipótesis de la existencia de petróleo en el Chaco, inmensa región selvática reclamada por Bolivia y Paraguay, causó la guerra entre estos dos países (1932–35). Según algunos historiadores, esta guerra fue promovida por la rivalidad entre dos compañías petrolíferas extranjeras: una estadounidense y otra europea.

Después de la Guerra del Chaco se hicieron intentos por transformar la economía del país, controlada principalmente por los barones del estaño [*tin barons*]: Simón Patiño (1860–1947), Mauricio Hochschild (1881–1965) y Carlos Víctor Aramayo (1889–1982), cuyos ingresos anuales superaban el presupuesto nacional boliviano. Los llamados «caudillos bárbaros», como el general Enrique Peñaranda (1892–1969), poco hicieron en beneficio del país antes del triunfo de la Revolución Boliviana en 1952.

11.6 La Revolución Boliviana (1952–64) y su majestad la coca

La transformación populista boliviana iniciada por Víctor Paz Estenssoro (1907–2001) fue el segundo gran alzamiento popular latinoamericano después de la Revolución Mexicana de 1910. El régimen nacionalizó las minas, estableció la reforma agraria y reformó el ejército y la policía y creó milicias populares. Las minas nacionalizadas entraron en déficit financiero por el alto costo de producción y la guerra internacional al estaño efectuada por refinerías y consorcios extranjeros. Entretanto la reforma agraria, insuficientemente planificada y sin la ayuda técnica y financiera necesaria, produjo una baja en la producción agrícola. Todas estas situaciones contra-producentes [*self-defeating*] afectaron mucho la economía del país.

En medio de la crisis económica y su aguda inflación, Paz Estenssoro modificó la Constitución para ser reelegido presidente después de reorganizar las Fuerzas Armadas En 1964, al inicio de su tercer período presidencial, su compadre, protegido y vicepresidente, el general René Barrientos (1919–69) y el general Alfredo Ovando (1919–82) lo derrocaron e impusieron una Junta de Gobierno dirigida por ambos. Barrientos fue el iniciador del período de reajuste conservador, durante el cual se asesinó a Ernesto «Che» Guevara (1928–67). Responsable de represiones sangrientas, Barrientos murió en abril de 1969 en un accidente de helicóptero. El ejército boliviano siguió gobernando, primero con un civil, y después con generales naciona-listas de derecha, de izquierda moderada, o evidentemente oportunistas. Al gobierno autoritario (1971–78) de Hugo Banzer (1921–2002) le sucedieron varios presidentes civiles y militares que gobernaron por varios meses cada uno hasta 1982, cuando el Dr. Hernán Siles Suazo (1914–96) asumió el poder y gobernó hasta 1985.

El 14 de julio de 1985 el Congreso Nacional eligió Presidente Constitucio-nal a Víctor Paz Estenssoro, entonces de 77 años de edad. Por cuarta vez asumió la presidencia el 6 de agosto siguiente. Los principales problemas del nuevo régimen fueron: (a) la lucha contra el poder de los narcotraficantes y (b) la crisis económica agravada por la deuda internacional de 4000 millones de dólares. En 1989 el Congreso eligió presidente del país para gobernar hasta 1993 a Jaime Paz Zamora (n. 1939), luego a Gonzalo Sánchez de Lozada (n. 1930), candidato de la oposición , y en 1997, el general Hugo Banzer, para gobernar hasta 2002.

Debido a protestas masivas y rebeliones populares se sucedieron varios gobiernos transitorios de uno a dos años: los de Gonzalo Sánchez de Lozada, Carlos Mesa Gisbert (n. 1953) y Eduardo Rodríguez Veltzé (n. 1956). Este último convocó a elecciones anticipadas en diciembre de 2005 que dieron como ganador por mayoría absoluta a Juan Evo Morales (n. 1959), dirigente sindical, destacado en la lucha por los derechos de los campesinos, mineros, obreros e indígenas. Este máximo dirigente del Movimiento al Socialismo (MAS) asumió el mando el 22 de enero de 2006. El 1° de mayo del 2006, Evo

Mujeres bolivianas de ascendencia indígena tejen e hilan cerca del Lago Titicaca.

Morales decretó la nacionalización de los recursos hidrocarburíferos [*hydro-carbon resources*] del país (Bolivia es el segundo país de Sudamérica, detrás de Venezuela, en reservas de hidrocarburos). Luego anunció que pronto adoptará medidas para abolir el latifundio y redistribuir las tierras, 53 años después de la primera reforma agraria en Bolivia. Su popularidad ha crecido al convertirse en uno de los gobernantes progresistas latinoamericanos, apoyados por los regímenes izquierdistas de Venezuela (Hugo Chávez), Nicaragua (Daniel Ortega) y Ecuador (Rafael Carrera).

11.7 Perfil de Bolivia y su gente

Bolivia, con un área igual a la de Texas y California juntas, se divide en tres regiones: (1) la meseta andina donde se encuentra el lago Titicaca; (2) la región de los **yungas** o valles interandinos; y (3) el oriente tropical y semitropical, región plana entre los Andes y la meseta del Mato Grosso brasileño. La tercera región abarca el 70% del territorio nacional y es la menos poblada. De los casi nueve millones de bolivianos, 55% son indígenas, 30% mestizos y 15% caucásicos. La población analfabeta llega al 17%. En Bolivia el ingreso per cápita ($3000 en 2006) y el promedio de vida de los habitantes se encuentran entre los más bajos de Latinoamérica.

Varias son las ciudades mundialmente conocidas. La Paz, donde funcionan el poder ejecutivo y el Congreso, tiene cerca de 1 500 000 habitantes, y se encuentra a 3600 metros (11 800 pies) sobre el nivel del mar, muy cerca del lago Titicaca. Le sigue en importancia Sucre, capital oficial del país a lo largo de cuya historia ha tenido tres nombres: La Plata (por encontrarse cerca de la famosa mina de Potosí), Charcas y Chuquisaca. Allí funcionan el Tribunal Supremo, el Archivo Nacional y la universidad más antigua del país. Destacan igualmente Cochabamba, situada en un hermoso valle de excelente clima, y Santa Cruz, capital de la región selvática, al sureste del país, la segunda ciudad más poblada del país (alrededor de 1 300 000).

Históricamente la tragedia boliviana ha girado en torno a dos metales: la plata durante el período colonial y el estaño durante la república. La explotación de aquél, sobre todo en las Minas de Potosí, dio origen a [*gave birth to*] la frase «¡Vale un Potosí!» como sinónimo de gran valor monetario. Las minas de plata, así como las de plomo y mercurio [*lead and mercury*] rindieron mucho durante la Colonia, pero su explotación laboral causó la muerte de centenares de miles de indígenas y mestizos. En el siglo XX el estaño generó más miserias al país, al mismo tiempo que enriqueció a varias familias y compañías extranjeras. La minería hasta hace poco ha sido básica en la economía de Bolivia, rindiendo el 95% de las exportaciones, dos tercios de ese porcentaje de estaño. Hasta recientemente, sin embargo, gracias al soborno, la exportación ilegal de coca se convirtió en la principal fuente de ingresos del país. El país también es rico en plomo, antimonio, bismuto y tungsteno,[7] así como en caucho, maderas y petróleo. La mayor parte de la población sigue siendo agrícola, aunque los métodos de cultivo no han cambiado mucho desde la época colonial. Sin embargo, como el país produce sólo el 20% de los granos que necesita para consumir, debe importar un tercio de los productos alimenticios requeridos.

11.8 La República del Perú hasta la Guerra del Pacífico (1879–83)

El primer gobernante del Perú independiente fue el general José de San Martín, jefe de la expedición libertadora argentino-chilena. Quienes afirman que dos de los primeros gobernantes del país no nacieron en el Perú (Bolívar nació en Venezuela y José de San Martín en Argentina) olvidan que ambos nacieron en territorios que por más de dos siglos pertenecieron al Virreinato del Perú. De 1836 a 1838 el país fue gobernado por el general Andrés de Santa Cruz, creador de la Confederación Perú-Boliviana, disuelta por la intervención armada de Chile.

Los años siguientes son testigos de nuevos golpes revolucionarios y del establecimiento de regímenes militares [*military*] efímeros. El único caudillo militar de actuación positiva fue Ramón Castilla, presidente de 1845 a

---

[7] *El antimonio, el bismuto y el tungsteno* son elementos metálicos usados en aleaciones (*alloys*) principalmente. El antimonio y el bismuto también son usados en medicina; en cambio el tungsteno se emplea en la producción de los filamentos para las bombillas (*bulbs*) eléctricas.

1851 y de 1855 a 1862. Frente a los excesos [*excesses*] de los militares ambiciosos, se estableció el Partido Civil, defensor de los intereses de los señores feudales y de la naciente burguesía surgida bajo la protección de las fuerzas armadas. [*emerged under the protection of the armed forces*]. En 1872 comienza el período «civilista», en que presidentes, civiles y militares, gobernaron principalmente para su propio beneficio y de la oligarquía. Los golpes de Estado periódicos se producían por las rivalidades entre el centenar de familias poderosas del país. Así continuó la monótona historia peruana hasta el estallido de la Guerra del Pacífico. La derrota del Perú puso de manifiesto la gravedad de su descomposición cívica.

11.9 El Perú desde 1884

Aunque la conciencia nacional comenzó a despertarse a raíz de la derrota y de los discursos fogosos [*fiery speeches*] de Manuel González Prada (1844–1918), la posguerra peruana se caracterizó por la lucha sangrienta entre los diversos grupos de oligarcas. Don Manuel, como popularmente llamaban a González Prada, escribió discursos y ensayos radicales en favor del indígena, del obrero, del explotado peruano, al mismo tiempo que criticó el orden socioeconómico nacional.

Poco a poco, mientras se construían ferrocarriles, se establecían algunas industrias, llegaba más capital extranjero y nuevas familias se enriquecían con jugosos contratos. Entonces la rama [*branch*] burguesa del civilismo tomó las riendas del gobierno. Los discípulos de González Prada, especialmente Víctor Raúl Haya de la Torre y José Carlos Mariátegui, continuaron criticando el desgobierno y la situación del indígena en la sociedad peruana. Con Mariátegui como director, los intelectuales de vanguardia fundaron la revista *Amauta* (1926–1930), pronto de renombre internacional. Esta revista contribuyó a resaltar la urgencia de los problemas nacionales.

Augusto B. Leguía (1863–1932), civilista disidente, gobernó despóticamente once años, de 1919 hasta 1930, cuando una rebelión militar lo arrojó del poder. A partir de ese año la historia del país estuvo ligada a la participación del APRA (Alianza Popular Revolucionaria Americana) en la vida política nacional. Para impedir el triunfo electoral de Víctor Raúl Haya de la Torre, carismático jefe del Partido Aprista Peruano (cuya sigla[8] es PAP), se establecieron dictaduras militares o gobiernos civiles títeres [*puppets*]. En 1945, ganó las elecciones el Frente Democrático Nacional, constituido por apristas aliados con algunas organizaciones conservadoras. Como el PAP tenía mayoría de votos en la Cámara de Diputados, el Presidente José Luis Bustamante y Rivero (1894–1989), apoyado por la oligarquía progresivamente alienó a los apristas y luego proscribió al PAP en 1948. El militarismo

---

[8] *sigla*   acronym (set of initials pronounced as a word)

© The Thomson Corporation/Heinle Image Resource Bank

Una vista panorámica de Cuzco, Perú, con la catedral y la Plaza Mayor

retornó al poder hasta 1956 en que se instaló el gobierno conservador de Manuel Prado Ugarteche (1889–1967), que inválidó la proscripción del PAP.

En las elecciones presidenciales de 1962 los votos obtenidos por Haya de la Torre no bastaron [*were not enough*] para reconocerle el triunfo oficial. Para impedir que el Congreso eligiera al jefe aprista como Presidente, un golpe de Estado impuso una junta militar de gobierno. Ésta convocó a elecciones para el año siguiente, en que venció Fernando Belaúnde Terry (n. 1912), candidato de Acción Popular, apoyado por la rama progresista de la oligarquía. Durante su primer período, Belaúnde inició un programa de cautelosas reformas económicas, que no satisficieron a muchos. El descontento condujo a varios pequeños partidos radicales a organizar alzamientos [*uprisings*] guerrilleros. En octubre de 1968, previendo el triunfo del APRA en la próximas elecciones, un golpe militar impuso el gobierno de facto nacionalista del general Juan Velasco Alvarado. El gobierno militar, para sorpresa de muchos, decretó una reforma agraria, estatizó las refinerías de la International Petroleum, la minería y la compañía de teléfonos International Telephone and Telegraph (ITT). Además expropió el Banco Popular, controló las divisas e inició la reforma de la educación, la industria, el comercio y la prensa.

En 1975 un golpe de Estado de la facción conservadora del Ejército impuso la presidencia del general Francisco Morales Bermúdez. Se adoptaron medidas conservadoras en respuesta a una seria crisis económica desencadenada por una fuerte deuda internacional de más de 8000 millones de dólares En 1978 Morales Bermúdez convocó a un Congreso Constituyente, que aprobó la Constitución de 1979. La misma entró en vigencia al inaugurarse [*enacted at the begining of*] el segundo período presidencial del arquitecto Belaúnde Terry, triunfador en las elecciones de 1980.

De julio de 1985 a julio de 1990 gobernó Alan García (n. 1949), del Partido Aprista, con un relativo éxito gubernamental en los dos primeros años de su administración Sin embargo, en los tres años siguientes el Perú experimentó la peor crisis económica de su historia. Perú estuvo sumido en la hiperinflación, el desempleo, el subempleo, la recesión, el narcotráfico, el deterioro de los servicios públicos, y, sobre todo, el terrorismo realizados por la rama del Partido Comunista del Perú, Sendero Luminoso, y por el Movimiento Revolucionario Túpac Amaru, simpatizante de la Revolución Cubana. El primer período administrativo de Alan García fue más efectivo en limitar los gastos públicos, luchar contra el narcotráfico y comenzar un programa de descentralización.

En las elecciones generales del 8 de abril de 1990, el famoso escritor Mario Vargas Llosa, candidato de un Frente Democrático (Fredemo), obtuvo menos del tercio del total de votos, pero un 2% más que Alberto Fujimori, candidato del nuevo partido Cambio 90. Luis Alva Castro, candidato aprista, ocupó el tercer lugar. Los opositores de Fredemo le dieron el triunfo a Fujimori en la segunda vuelta electoral de junio de 1990. Así llegó a la presidencia del Perú el primer peruano de ascendencia japonesa.

En abril de 1992 un autogolpe de Estado disolvió el Congreso, desbandó los gobiernos regionales y puso el poder judicial a órdenes del poder ejecutivo. Se eligió un Congreso Constituyente que dictó la Constitución de 1993. Ella le otorgó más poderes al Presidente y permitió un segundo período presidencial consecutivo. Alberto Fujimori inició en 1995 su segundo período presidencial de cinco años después de derrotar a Javier Pérez de Cuéllar, ex Secretario General de la ONU. Fueron capturados Abimael Guzmán y Víctor Polay, máximos dirigentes de Sendero Luminoso (SL) y del Movimiento Revolucionario Túpac Amaru (MRTA). En diciembre de 1996 un pequeño grupo del MRTA ocupó la residencia del embajador del Japón durante una recepción diplomática a 500 invitados. Los terroristas exigieron la liberación de sus compañeros detenidos en las prisiones del país. Tras 126 días de negociaciones y de periódicas liberaciones de rehenes, el 22 de abril de 1997, los comandos de las fuerzas militares asaltaron la embajada, liberaron a 71 de los 72 rehenes y exterminaron a los guerrilleros.

En septiembre de 1998 la mayoría del Congreso votó en contra de llevar a cabo un referéndum nacional para decidir la legalidad de un tercer período gubernamental consecutivo del presidente Alberto Fujimori. Apoyado por las Fuerzas Armadas y el Servicio de Inteligencia Nacional, dirigido por Vladimiro Montesinos Torres, Fujimori gobernó el país y controló los Poderes del Estado con mano dura.

Al año se confirmó públicamente con videocintas la rampante corrupción multimillonaria. La crisis generada por la insatisfacción social obligó primero a Montesinos y después a Fujimori a huir al extranjero. Encontrándose en Venezuela, Montesinos fue extraditado al Perú; desde Tokio, Fujimori faxeó su renuncia a la presidencia de la República. El Congreso eligió a su presidente Valentín Paniagua Presidente Provisional del Perú en 2001. Al año siguiente triunfó en las elecciones Alejandro Toledo, quien gobernó hasta el 28 de julio de 2006, cuando Alan García Pérez comenzó su segundo período presidencial de cinco años, después de derrotar con 52,5% de los votos en la segunda vuelta electoral a Ollanta Humala, candidato del Partido Nacionalista Peruano (PNP), que obtuvo 47,5%.

11.10 Perfil del Perú y su gente

Con una costa de 1410 millas, el Perú es de un área parecida al territorio combinado de los Estados de Arizona, Nuevo México y Texas. Se divide en tres zonas geográficas muy distintas: (1) la Costa angosta, un largo desierto, con pequeños valles regados por los ríos que bajan de los Andes; (2) la Sierra, con elevadas cadenas de montañas de extremos climáticos rigurosos y con estrechos valles; y (3) la Montaña, la selva situada al este de los Andes.

La población del Perú de casi 28 millones de habitantes, es 70% urbana. Es 40% mestiza (esparcida en la costa y la sierra), 32% india, (radicada

El colorido mercado al aire libre de Pisac, Perú

mayoritariamente en la sierra), 15% blanca (establecida principalmente en la costa), 10% de asiáticos y 3% de descendientes de africanos (los dos últimos concentrados sobre todo en la costa).

Hasta 1980, cuando comienza la lucha armada en el país, el peruano era considerado relativamente pacífico, indiferente a los cambios políticos. Tradicionalmente el Gobierno estuvo en manos de los herederos de la Colonia o de los descendientes de inmigrantes que se mantuvieron en el poder valiéndose de las fuerzas armadas y de propaganda. El mismo general Velasco Alvarado admitió que el Ejército había sido «el perro guardián de la oligarquía». La violencia, que durante la década de los años 1980 y 1990 causó más de 40 000 muertos y daños materiales equivalentes a los de la deuda internacional, obliga a un volver a examinar la psicología del peruano y de las condiciones económicas, políticas y sociales del Perú.

El mar ha sido el gran proveedor del país. En el siglo pasado, el guano, formado por los excrementos de las aves marinas en las islas de la costa, fue la principal fuente de riqueza. Después de la Segunda Guerra Mundial, cuando se desarrolló la industria pesquera, el Perú ocupó por casi tres decenios el primer puesto en el mundo en la exportación de harina de pescado [*fishmeal*]. Actualmente son importantes productos de exportación los minerales, el petróleo, el algodón y la harina de pescado. La exportación ilegal de la coca rinde al país fuertes cantidades de dólares. En 2006 el 54% de la población vivía por debajo de la pobreza mientras que el Producto interno bruto (PIB) por persona era de $6600.

La ciudad más poblada del Perú es Lima, la capital, situada a cinco millas del Callao, primer puerto del país. La zona metropolitana de Lima, que abarca al Callao, tiene alrededor de 7 000 000 de habitantes. Le siguen en importancia en la costa, Trujillo, Chimbote y Huacho, y en la sierra, Arequipa, Huancayo y Cuzco, cada una con una población de alrededor de medio millón de habitantes. La ciudad principal de la selva es Iquitos, situada en el Amazonas, con unos 100 000 habitantes. A sus muelles [*docks*] llegan barcos grandes provenientes del Atlántico por la boca del Amazonas, a 2300 millas de distancia.

El Perú es un país sumamente importante por sus ruinas arqueológicas. Las asombrosas ciudades de Machu Picchu, cerca del Cuzco, y de Chan Chan, cerca de Trujillo, y Pachacamac, cerca de Lima, son muy visitadas por los extranjeros. Hay asimismo restos de fortalezas famosas como las de Sacsahuamán y Ollantaytambo, cerca de Cuzco, y Paramonga, al norte de Lima. Los ejemplos de arquitectura incaica y colonial son muy numerosos en todo el país. Machu Picchu, edificada de piedra, una de las maravillas del mundo, permaneció en lo alto de los Andes, junto al río Urubamba, aislada y desconocida desde la derrota de los incas, hasta que en 1911 Hiram Bingham la "descubrió" ayudado por indígenas lugareños en un viaje de estudios arqueológicos patrocinado [*sponsored*] por la Universidad de Yale. Chan Chan es una maravilla en adobes. El área inmensa que ocupan sus ruinas nos lleva a la conclusión de que fue una de las ciudades precolombinas más grandes. Sus paredes continúan erectas desafiando el tiempo, el clima y los movimientos sísmicos. El terremoto del 31 de mayo de 1970 que afectó la región, derrumbó las obras de reconstrucción y reparación realizadas con la ayuda de la técnica moderna, pero dejó en pie sin mayores daños las paredes antiguas construidas por los indígenas de la civilización Chimú. De estas ciudades y de las fortalezas mencionadas nos ocupamos en el capítulo dedicado a la arquitectura.

11.11 Resumen

I. **La República de Chile hasta la Guerra del Pacífico (1818–83)**
   A. Bernardo O'Higgins, Director Supremo (1818–23)
   B. Guerra para disolver la Confederación Perú-Boliviana (1836–38)
   C. Andrés Bello (1781–1865) escribe el Código Civil, reorganiza la Universidad y debate con los románticos chilenos y argentinos (1842)
   D. Los «pelucones» (conservadores) vencen a los «pipiolos» (liberales)
   E. La Guerra del Pacífico (1879–83) añade el 33% al territorio chileno

II. **Chile después de derrotar a Perú y Bolivia, de 1884 hasta el presente**
   A. Regímenes de consolidación conservadora y progreso liberal
   B. La era de Arturo Alessandri (1920–38)
      1. Se instituye el impuesto a la renta y se nacionaliza el salitre
      2. Constitución de 1925: el bien social limita la propiedad privada
      3. Cuartelazos y los 100 días de la República Socialista (1932)
      4. Aproximación a la oligarquía y distanciamiento de la izquierda
   C. Pedro Aguirre Cerda, primer presidente del Frente Popular (1938–41)
   D. El presidente Gabriel González Videla (1946–52) nombra 3 ministros comunistas, los despide y proscribe a su partido en 1948
   E. Gobierno demócrata-cristiano de Eduardo Frei Montalva (1964–70)
   F. El Presidente socialista Salvador Allende muere en palacio (1973)
   G. Dictadura del general Augusto Pinochet (1973–90) vs. democracia civil
   H. La restauración democrática y los presidentes socialista Ricardo Lagos (2000–06) y Michelle Bachelet (2006–12)

III. **Perfil de Chile y su gente**
   A. Norte desértico, valles andinos fértiles y «loca geografía» sureña
   B. Laboriosidad heredada de múltiples ancestros
   C. En los fundos, los terratenientes explotan a inquilinos y guasos
   D. En las urbes, la oligarquía prospera en parte con el sudor de los rotos

    E. Generosa hospitalidad a los exiliados durante los períodos democráticos

    F. Aportes de historiadores, poetas, narradores y críticos literarios

IV. Bolivia

    A. Caudillos organizadores, bárbaros y la rosca oligárquica

      1. Bolívar, Sucre, Santa Cruz y la Confederación Perú-Boliviana (1836–38)

      2. Mariano Melgarejo, prototipo del caudillo bárbaro (1864–71)

      3. La Guerra del Pacífico le arrebata las provincias costeñas

      4. La Guerra del Chaco (1932–35) y los barones del estaño

      5. Golpes de Estado, caos institucional e inflación

    B. La Revolución boliviana (1952–64) y los regímenes posteriores

      1. Víctor Paz Estenssoro nacionaliza las minas y reforma el agro

      2. Reconstituido el Ejército, los generales Ovando y Barrientos derrocan a Paz Estenssoro

      3. El «Che» Guevara es asesinado en 1967

      4. Gobiernos de Jaime Paz Zamora (1989–93), Gonzalo Sánchez de Lozada (1993–97) y Hugo Banzer (1997–2002)

      5. Gobiernos transitorios: Gonzalo Sánchez de Lozada (2002–03), Carlos Mesa Gisbert (2003–05) y Eduardo Rodríguez (2005)

      6. Evo Morales, del Movimiento al Socialismo (MAS), asume el mando el 22 de enero de 2006

V. Perfil de Bolivia y su gente

    A. Altiplano, yungas (valles semitropicales) y oriente (70% del país)

    B. De los más de nueve millones de habitantes son indígenas 63%, mestizos 29% y caucásicos el 9%

    C. Su majestad la coca y el narcotráfico corruptor y el nacionalismo socialista

VI. La República del Perú

    A. En el siglo anterior a la aparición del aprismo, de 1824 a 1924

      1. De la dictadura a la anarquía y del golpe a la autocracia

      2. La Confederación Perú-Boliviana (1836–38) divide al país

      3. La Guerra del Pacífico (1879–83) y la pérdida territorial

      4. Civilismo oligárquico egoísta vs. militarismo autocrático

      5. Los once años de Leguía (1919–30) y el apogeo de la burguesía

    B. La República desde la aparición del aprismo, de 1924 al presente

      1. Labor de Manuel González Prada (1844–1918), José Carlos Mariátegui (1894–1930) y Víctor Raúl Haya de la Torre (1895–1979), fundador del APRA (1924)

      2. Proscripción del Partido Aprista Peruano e intermedios semi-democráticos

      3. Períodos presidenciales de Fernando Belaúnde Terry (1963–68 y 1980–85)

    4. Reformas populistas del general Juan Velasco Alvarado (1968–75)
    5. El gobierno de Alan García (1985–90), la crisis económica y la subversión de los senderistas y tupacamaristas

VII. **Perfil del Perú y su gente**
    A. Costa industrializada, sierra andina agrícola y selva escasamente explotada
    B. Importancia arqueológica de las ruinas precolombinas
    C. Luchas interraciales y conflictos clasistas agravados por la economía

---

11.12 Cuestionario y temas de conversación

Cuestionario

1. ¿Cuál es el papel histórico de Bernardo O'Higgins?
2. ¿Qué labor cultural realizó Andrés Bello en Chile?
3. Explique las causas de la Guerra del Pacífico entre Chile, Perú y Bolivia.
4. ¿Cómo se desarrolló el Frente Popular en Chile?
5. ¿Por qué se trató de reunificar al Perú y Bolivia?
6. ¿A quiénes llamó Alcides Arguedas «caudillos bárbaros»?
7. ¿Qué importancia histórica ha tenido la llamada Revolución Boliviana?
8. ¿Cuáles fueron las contribuciones de Manuel González Prada?
9. Resuma el papel histórico de Víctor Raúl Haya de la Torre.
10. ¿Qué representa el aprismo en la historia del Perú?

Temas de conversación

1. Aclare las razones históricas de los conflictos armados de Chile con sus vecinos.
2. Explique la creación del Frente Popular en Chile.
3. Comente la importancia del gobierno de Eduardo Frei y su democracia cristiana.
4. Esclarezca el papel histórico de Salvador Allende.
5. Explique la creación de Bolivia como país independiente.
6. Prepare un juicio crítico acerca de los caudillos bárbaros bolivianos.
7. Contraste la Revolución boliviana con la labor de los últimos gobiernos bolivianos.
8. Haga una evaluación del civilismo oligárquico peruano.
9. Escriba una lista de los acontecimientos más importantes en el Perú desde la aparición del aprismo y explique por qué cree que son importantes.
10. Compare la ideología de José Carlos Mariátegui con la de Víctor Raúl Haya de la Torre.

Cronología comparada

1821–31 La Gran Colombia sucesora del Virreinato de Nueva Granada

1830 Nacimiento de Ecuador y Venezuela

1903 Panamá se independiza de Colombia

1946 El "bogotazo" comienza la Violencia en Colombia

1948–58 Dictadura del general Marcos Pérez Jiménez en Venezuela

1998 Ecuador y Perú firman un tratado de paz

2006: El populista Rafael Correa es elegido Presidente del Ecuador.

1819 EE.UU. compra la Florida

1829 Andrew Jackson inaugurado séptimo presidente de los EE.UU.

1945 El gobierno de Franco excluido de las NN.UU. por sus vínculos con Hitler

1998 La social democracia gana las elecciones en Alemania

2007 Triunfo del Partido Democrático en las elecciones parlamentarias estadounidenses

Ecuador
- Población: 13 755 680 (estimada en julio de 2007)
- Capital: Quito
- Índice de alfabetización: 92,5%
- Principales productos de exportación: petróleo y sus derivados, bananas, flores, camarones
- Área: 283 560 km^2
- Moneda: dólar estadounidense (USD)

Colombia
- Población: 44 379 598 (estimada en julio de 2007)
- Capital: Bogotá
- Índice de alfabetización: 92,5%
- Principales productos de exportación: petróleo, café, níquel, esmeraldas, ropa
- Área: 1 138 910 km^2
- Moneda: el peso

Venezuela
- Población: 26 023 528 (estimada en julio de 2007)
- Capital: Caracas
- Índice de alfabetización: 93,4%
- Principales productos de exportación: petróleo, bauxita, aluminio, acero, productos químicos y agrícolas, manufacturas básicas
- Área: 912 050 km^2
- Moneda: el bolívar

Mapa de Ecuador, Colombia y Venezuela.

12 *Los países andinos septentrionales*

12.1 El Ecuador independiente

El Ecuador nació como Estado independiente en 1830, cuando los criollos rebeldes lo separaron de la República de Colombia (luego Gran Colombia), creada por Simón Bolívar en 1819, como se verá más adelante.[1] La secesión la realizaron los grandes terratenientes con la ayuda del general venezolano Juan José Flores (1801–64). Al colaborar con los grandes explotadores del amerindio, el caudillo venezolano mostró cómo, a veces, los ex libertadores se convierten en dictadores. En 1830 la primera Asamblea Constituyente, reunida en Ambato e integrada por representantes de los tres departamentos del Ecuador (Quito, Guayaquil y Cuenca), le concedió a Flores la «ciudadanía de nacimiento» y lo proclamó primer «presidente constitucional» de la nueva república. Sus tres períodos administrativos fueron autocráticos, alternados por golpes, conspiraciones y administraciones inestables hasta que en 1861 Gabriel García Moreno (1821–75) llegó al poder con la ayuda de conservadores clericales. Durante su gobierno dictatorial, García Morenos dedicó el Ecuador al Sagrado Corazón de Jesús y organizó un ejército para defender

---

[1] Gran parte del territorio del Ecuador de hoy fue incorporado al Imperio del Tahuantinsuyo por los incas Tupac Yupanqui y su hijo Huaina Cápac en el último tercio del siglo XIV. En 1563 la corona española creó como dependencia del Virreinato del Perú la real audiencia de Quito, la cual en 1739 fue anexada al Virreinato de Nueva Granada.

Para enriquecer tus estudios, ve nuestros recursos suplementales en línea a **www.cengage.com/spanish/latinoamerica**

Películas, videos y otros materiales audiovisuals: vea nuestras sugerencias en la página 366.

al Papa del gobierno de Roma. Cuando en 1875 se preparaba a «aceptar la reelección» fue asesinado a machetazos [*with blows with machetes*] por varios estudiantes universitarios, admiradores de Juan Montalvo (1832–89), el gran escritor opositor a la dictadura. A García Moreno le sucedieron gobernantes improvisados, enfermos de poder.

Desde fines del siglo XIX y primera década del siglo XX, Eloy Alfaro (1867–1912) presidió el país en dos oportunidades. Cuando intentó hacerlo por tercera vez fue ejecutado e incinerado por una multitud [*crowd*] controlada por los conservadores opuestos a las reformas económicas y anticlericalismo de Alfaro.

Los seguidores de Eloy Alfaro sufrieron un fuerte golpe durante la depresión económica de los años 30. En los cuatrenios [*four-year periods*] siguientes ejercieron el poder presidentes personalistas, juntas militares o gobernante civiles títeres [*puppet civilian*], hasta el período presidencial (1948–52) de Galo Plaza Lasso (1906–1987), promotor de reformas sociales y desarrollo de la agricultura de exportación. Le sucedió el tercer período administrativo (1952–56) del carismático populista José María Velasco Ibarra (1893–1979), quien volvió a gobernar el país dos veces más (1960–61 y 1968–72). Un golpe de estado impuso una junta militar nacionalista, presidida primero por un general y después por un vicealmirante.

En 1979 el joven populista Jaime Roldós Aguilera (1940–81) fue elegido presidente por mayoría abrumadora [*overwhelming*]. Gobernó con eficiencia hasta que en enero de 1981, movido por su simpatía con el gobierno sandinista de Nicaragua y el Frente Democrático de El Salvador, Roldós declinó la invitación para asistir en Washington a la investidura de Ronald Reagan. Cinco meses después, murió en un inexplicable accidente aéreo de manera similar al presidente panameño [*Panamenian President*] Omar Torrijos (1929–81), quien también había sido acusado de ser pro-soviético por los políticos conservadores norteamericanos. Terminó el período gubernamental de Roldós Aguilera el vicepresidente Osvaldo Hurtado (n. 1939), a quien le sucedió, en 1984, el guayaquileño conservador León Febres Cordero (n. 1931).

De 1988 al 2006 gobernaron el país ocho presidentes, algunos de los cuales fueron depuestos hasta la victoria electoral de Rafael Correa (n. 1963), que asumió en enero de 2007 para gobernar el siguiente período gubernamental de cuatro años. El nuevo presidente izquierdista, quien aparentemente habla quechua, es un economista educado en las universidades de Lovaina (Bélgica) e Illinois (EE.UU.), conocido por su discurso antisistema y por haber renunciado como Ministro de Economía por su oposición a la política económica de Washington.

12.2 Perfil del Ecuador y su gente

El Ecuador es un país principalmente selvático [*jungle*] (50%) y montañoso (33%); el resto lo forman la Costa fértil y las Islas Galápagos, a 580 millas

Gente en un mercado de flores de Cuenca, Ecuador.

©Index Open

(933, 22 km.) de la costa continental. Con un área un poco más pequeña que Nevada, el país se extiende entre Colombia y Perú, alrededor de 400 millas (643,6 km), siguiendo las dos cadenas de montañas de los Andes. De los catorce millones de ecuatorianos, un 50% se considera mestizos; un 30% reconoce ser amerindios; el 10% se proclama caucásico y el 10% es considerado afro-ecuatoriano. Casi toda la población del país reside en la Costa y la Sierra. En el Oriente (territorio selvático situado al este de los Andes), donde nacen varios afluentes del Amazonas y viven algunas tribus indígenas, como las de los jíbaros y los aucas, habita sólo 1%. El país ha sido tradicionalmente agrícola, aunque sólo se cultiva el 5% de su territorio. Posee plantaciones de bananas, café, cacao, arroz, azúcar y tabaco. El arroz, base de la dieta nacional, ha generado la expresión ecuatoriana «Sin arroz no hay Dios». El sombrero de Jipijapa, manufacturado por los indígenas de la Costa norteña del Ecuador, es famoso en el exterior con el nombre de sombrero de Panamá. La explotación de petróleo en la selva ha permitido que el Ecuador se convierta en uno de los principales productores del Hemisferio. Desde hace pocos años, el petróleo y sus derivados constituyen la más importante fuente de divisas del país. Los beneficios que rinden el comercio con el extranjero y la riqueza del país se encuentran, como en el resto de Latinoamérica, mal distribuidos. El número de ecuatorianos pobres aumentó de cuatro a nueve millones entre 1995 y 2000, lo que significa que hoy en día un 70% de la población del país es pobre.

El Ecuador sufre las consecuencias de la rivalidad entre sus dos ciudades más grandes: Quito y Guayaquil, fundadas en 1534 y 1535, respectivamente. Los limitados medios de comunicación y transporte complican esta situación. Quito, la capital del país, situada en los Andes a más de 9000 pies de altura, casi en la línea ecuatorial, fue durante la Colonia, uno de los grandes centros artísticos del Hemisferio. A esta ciudad llegaron numerosos cuadros de pintores destacados de la España y la Italia de los siglos XVI, XVII y XVIII (Murillo, Zurbarán, Velázquez, Rafael y Tiziano), adquiridos por quiteños de buen gusto y amor al arte. Con clima primaveral y alrededor de dos millones de habitantes, es una de las ciudades más hermosas y pintorescas de Sudamérica. Sus iglesias coloniales, tan ricas en oro, joyas y cuadros, se encuentran entre las mejores del continente. Guayaquil, la ciudad más poblada del país (3 350 000), es su principal puerto. Su ubicación [*location*] geográfica la ha puesto en contacto con muchas de las nuevas ideas del exterior y sus intelectuales han desarrollado una literatura con inclinación sociopolítica.

Las cumbres serranas, algunas cubiertas de nieve perpetua, forman a lo largo del valle interandino [inter-Andean], una especie de «avenida de volcanes». Se destacan el Chimborazo (de 20 577 pies) y el Cotopaxi (de 19 347 pies), ambos conocidos universalmente por su belleza. Cuenca, Ambato y Riobamba, situadas en los valles andinos, son ciudades importantes. Las Islas Galápagos, declaradas por la UNESCO como Patrimonio Natural de la Humanidad, son famosas por las numerosas especies de animales estudiadas por Darwin en su viaje de investigación a Sudamérica.

12.3 Colombia independiente

El sueño de Bolívar fue unificar a Hispanoamérica en una gran entidad política. Por eso en 1819 creó en Angostura (actual Ciudad Bolívar) la República de Colombia, integrada por los territorios que hoy pertenecen a Venezuela, Colombia, Panamá y Ecuador. La desconfianza, la envidia y la traición produjeron divisiones internas en el nuevo Estado. El Libertador, decepcionado y enfermo, murió en Santa Marta, preocupado por lo que ocurriría después de su partida final. En 1830 dos generales venezolanos fragmentaron la llamada Gran Colombia: José Antonio Páez separó Venezuela y Juan José Flores, el Ecuador. Colombia siguió por largo tiempo envuelta en el ritmo azaroso [*hazardous, risky*] de las usuales luchas internas y agitaciones políticas del continente. Militares ambiciosos la gobernaron para provecho personal o en nombre de los terratenientes, con la oposición de los pocos oficiales que respaldaban a los intelectuales del liberalismo del siglo XIX.

En 1858 se creó la Confederación Granadina que se disolvió tres años más tarde. Después, en el país hubo luchas fratricidas que culminaron en la famosa Guerra de los Mil Días (1899–1902), responsable de la muerte de más de 100 000 colombianos. Los liberales y conservadores se alternaron en el poder y en la persecución mutua. Durante una de las guerras civiles, la de 1903, se independizó de Colombia la provincia de Panamá, hábilmente impuesta por la política imperialista de Theodore Roosevelt.[2] Los conservadores colombianos, en el poder hasta 1930, se dividieron antes del proceso electoral de ese año. Entonces el gobierno pasó a manos de los liberales hasta 1946, cuando otra vez los liberales participaron divididos en las elecciones presidenciales y triunfaron los conservadores.

La división del liberalismo se debió a la decepción de quienes se opusieron a la política de los últimos ministros millonarios de ese régimen. En 1948, mientras se celebraba la Conferencia Panamericana, Jorge Eliécer Gaitán, líder de la rama izquierdista del liberalismo, fue asesinado. El pueblo se rebeló, destruyó gran parte del centro de la ciudad y dio muerte a mucha gente. El «**bogotazo**», como se le conoce a esta conmoción cívica, inició un nuevo capítulo de la historia de Colombia: «**la Violencia**». Se hicieron intentos para poner fin al caos por medio de un gobierno conservador, inspirado en el falangismo [*Spanish fascism*] del Generalísimo Franco. Ese gobierno fracasó y fue depuesto por el general Gustavo Rojas Pinilla. Para mantener su dictadura con el asentimiento de los Estados Unidos, su gobierno envió un ejército colombiano a luchar al lado de los estadounidenses en Corea. Ninguno de estos regímenes despóticos tuvo éxito. Al hacerse difícil la situación, tanto para los liberales como para los conservadores, se concertó [*agreed on*] un pacto para poner fin a la dictadura militar. Mediante este convenio se inauguró el período de regímenes del Frente Nacional. Por este acuerdo de convivencia [*coexistence*], cada cuatro años, de 1958 a 1974, se alternaron en la presidencia liberales y conservadores, compartiendo el poder en las otras ramas del gobierno en proporción al número de votos obtenido por cada partido. La oposición a esta transacción llamada de [*deal branded*] «conveniencia entre burgueses», prolongó la violencia armada en el interior. Las fuerzas de extrema izquierda combatieron el orden establecido. Estaban interesadas en organizar un gobierno revolucionario semejante al de Castro en Cuba. En los meses más violentos aparecieron zonas de guerrilleros autodenominadas «repúblicas socialistas», las cuales poseían sus propias fuerzas armadas, moneda y sus propios sellos de correo [*postage stamps*]. En estas luchas murieron unos 300 000 colombianos, incluyendo el padre Camilo Torres Restrepo (1929–66). Este

---

[2] Theodore (*Teddy*) Roosevelt (1858–1919), educado en Harvard y presidente de los EE.UU., es recordado por su doctrina del *Big Stick* (Gran Garrote) y sus expediciones aventureras.

catedrático universitario de distinguida familia, convencido de la inutilidad de la reforma pacífica, se unió a las guerrillas del interior hasta perecer en uno de los encuentros armados con el Ejército nacional. Desde la década de 1980 se han intensificado las actividades guerrilleras tanto en el campo como en los centros urbanos. Secuestros, asaltos a bancos y hasta a sedes diplomáticas extranjeras son las tácticas de los guerrilleros empeñados en combatir al Gobierno, entre los que destacan las Fuerzas Armadas Revolucionarias de Colombia (FARC), el M–19 y el Ejército de Liberación Nacional (ELN).

De 1982 a 1986 gobernó el país el ingeniero Belisario Betancur (n. 1923), del Partido Conservador. Entre los acontecimientos más importantes ocurridos durante su período presidencial fueron: (a) la destrucción de gran parte de la ciudad de Popayán por un terremoto el 31 de marzo de 1983, (b) el ataque del 7 de noviembre de 1985, por parte de fuerzas de la policía y del ejército, al Palacio de Justicia en Bogotá, ocupado el día anterior por sesenta guerrilleros del M–19, y la consecuente muerte de cien personas, incluyendo once jueces de la Corte Suprema y los sesenta guerrilleros; y (c) las dos erupciones seguidas del volcán Nevado de Ruiz (13 de noviembre de 1985), que causaron varias avalanchas de agua y fango sobre Armero y trece aldeas y pueblos donde murieron 25 000 colombianos.

El tráfico ilícito de drogas de Colombia al exterior, principalmente a Estados Unidos, ha afectado la economía y, sobre todo, la moralidad del país. En 1984 los grandes carteles de la droga, particularmente de Medellín y Cali, aceleraron sus ataques a las instituciones gubernamentales. Desde entonces la nueva violencia de los narcotraficantes ha llevado al asesinato de un Ministro de Justicia, más de cincuenta jueces y numerosos ciudadanos distinguidos, como Guillermo Cano, director de *El Espectador*, el diario más importante del país, después de *El Tiempo*. Cuando en agosto de 1989 fue asesinado Luis Carlos Galán, precandidato presidencial del Partido Liberal, el gobierno fue obligado a enfrentar con mayor vigor el problema de la droga. En desesperación, los jefes del narcotráfico respondieron con ataques dinamiteros a bancos, radiodifusoras y haciendas de recreo de prominentes hombres de negocios y dirigentes políticos, como parte de su anunciada «guerra total» al gobierno decidido a extraditar a los narcotraficantes reclamados por la justicia estadounidense. Los «**extraditables**» intensificaron su respuesta terrorista con actos desesperados. Algunos de estos actos fueron la destrucción de un avión de la compañía Avianca con sus cien pasajeros y la explosión, al mes siguiente, de un camión-bomba que destruyó el edificio de la policía secreta, dañó severamente a una veintena de edificios vecinos, mató a noventa e hirió a varios centenares de bogotanos. Más de un millón de colombianos han sido desplazados por la violencia desencadenada tanto por los narcotraficantes como por los guerrilleros antigubernamentales.

La violencia desencadenada por el narcotráfico y las guerrillas también ha sido el problema más serio que enfrentaron los gobiernos de Virgilio Barco Vargas (1986–90), César Gaviria (1990–94), Ernesto Samper (1994–98) y Andrés Pastrana (1998–2002). Las conversaciones realizadas en 1999 entre el Presidente Pastrana y Manuel Marulanda (n. 1930), conocido con el nombre de guerra de "Tirofijo", jefe de la FARC, para poner fin a la guerra civil fueron muy alentadoras, particularmente para los familiares de los 452 prisioneros de esta importante fuerza revolucionaria. El proceso de reconciliación fue interrumpido en 2002, año en que asumió la presidencia el ex Gobernador de Antioquia, Álvaro Uribe Vélez (n. 1952), quien fue reelegido en 2006 para gobernar hasta 2010.

12.4 Perfil de Colombia y su gente

Colombia, nombrado en honor a Cristóbal Colón, ocupa en el noroeste de Sudamérica un área similar a la de los Estados de Texas, California y Arkansas juntos o de Francia y España unidos. Por su situación estratégica en las costas del Pacífico y del Atlántico, por su tamaño, o porque en una de sus antiguas provincias se construyó el Canal de Panamá, o por ser sede de importantes carteles de narcotraficantes, Colombia recibe especial consideración del gobierno de los Estados Unidos.

Las tres ramas de la Cordillera Andina y las dos costas marítimas dividen al país en seis regiones geográficas: (1) la norteña, bañada por [*washed by*] el Atlántico; (2) la región costeña [*coastal*] del Pacífico; (3) la andina occidental; (4) la andina central; (5) la de los llanos orientales, y (6) la de la selva amazónica, que abarca casi la mitad del país. La tercera y la cuarta regiones, económicamente más importantes, se extienden a lo largo de dos grandes ríos: el Magdalena y el Cauca. El Magdalena, uno de los ríos más largos del mundo, recorre unas mil millas del territorio nacional y sirve de principal medio de comunicación y transporte entre Barranquilla (puerto caribeño) y Bogotá, la capital del país. El viaje fluvial [*river*] en barco tarda nueve días. Por la naturaleza montañosa del territorio, el transporte aéreo se ha desarrollado mucho. Colombia, como el Brasil, es uno de los países latinoamericanos que más utiliza la aviación.

La población de Colombia pasa los 43 millones y medio de habitantes. De ellos, la mitad se considera mestiza, el 22% blanca, el 26% afro colombiana y el 2% amerindia. La mayoría de la población vive en la sierra andina; los afro colombianos, principalmente en la Costa. Las principales ciudades de la región andina occidental son Medellín y Cali, que tienen una población de dos millones y medio y dos millones de habitantes, respectivamente. En la región central se encuentran Bogotá, Bucaramanga y Tunja, con alrededor de siete millones, 600 000 y 250 000 de habitantes, respectivamente. En la región caribeña también hay importantes centros urbanos: Barranquilla,

©Julio Etchart/The Images Works

Argentina: Gauchos arreando ganado en la región de las pampas

Cartagena y Santa Marta, cada una con algo más de un 1 600 000 y 250 000 habitantes. Se estima que alrededor de cuatro millones de colombianos actualmente viven en el exterior, particularmente en los EE.UU., España, México e Italia.

Desde el punto de vista cultural e industrial, la meseta bogotana, Antioquia y el Valle de Cauca, son más importantes que la costa. Bogotá es el centro político e intelectual del país. Por su actividad cultural, algunos escritores bogotanos la han llamado «Atenas [*Athens*] de Sudamérica». Sus filólogos, gramáticos y literatos se enorgullecen de hablar lo que muchos llaman «el mejor castellano de las Américas». En la actualidad, el Instituto Caro y Cuervo, con sede en Yerba Buena, cerca de Bogotá, es un influyente centro de estudios lingüísticos del mundo de habla castellana. Su nombre honra a [*honors*] dos distinguidos filólogos: Rufino José Cuervo (1844–1911), autor del famoso *Diccionario de construcción y régimen*, y a Miguel Antonio Caro (1843–1909), poeta traductor de la *Eneida* y autor de una *Gramática latina*.

Medellín, vigorosa [*vigorous*] ciudad industrial y capital de la rica región de Antioquia, compite en poder económico con Bogotá. Cali, la ciudad principal del Valle del Cauca, es otro de los centros laboriosos del país. Les siguen en dinamismo comercial Barranquilla y Cartagena. Esta última fue famosa durante la Colonia por sus fortificaciones y mercado de esclavos. Buenaventura, con una fuerte población de origen africano, es un puerto de creciente actividad en el Océano Pacífico.

A pesar de los grandes esfuerzos por industrializarse, la agricultura en Colombia todavía pesa en la economía nacional: la pobreza extrema del campesino [*peasant*] constituye un grave problema nacional. Como en otras partes de Latinoamérica, en las últimas tres décadas, la sociedad colombiana es ahora más alfabetizada (91,3%) y urbana (70%) que rural (30%). Si se omiten los ingresos de miles de millones de dólares obtenidos por el narcotráfico, los principales productos de exportación son: café, petróleo, tejidos, bananas, flores frescas, esmeraldas y algodón. Colombia es, después del Brasil, el país que más café exporta. El café colombiano es de superior calidad y recibe mejor precio en el mercado internacional. Un cuarto de millón de colombianos trabaja en los cafetales [*coffee plantations*]. Buen número de los productos de exportación del país se encuentran en manos de compañías extranjeras. La Chiquita Brands International,[3] por ejemplo, controla la producción de bananas o plátanos. La ganadería es la segunda industria legal del país.

La influencia de la religión en la población colombiana, sobre todo en las clases populares, es mayor que en casi todo el resto de Latinoamérica. Hasta los políticos se ven obligados a mostrar su adhesión pública [*public support*] a la Iglesia. Los colombianos, tan amantes de los chistes y las bromas [*puns and practical jokes*], aseguran que la única diferencia entre liberales y conservadores radica en que aquéllos van a misa [*mass*] a la seis de la mañana y éstos a las once. Los liberales asisten tan temprano para que no los vean; los conservadores van a media mañana para ser vistos por todos.

El antioqueño [*native of Antioquia*], frugal y prolífico, es probablemente el mejor hombre de negocios del país. Sobresale por su dinamismo, espíritu de empresa y habilidad financiera. Medellín, la ciudad principal de la región, es la más industrializada del país. Decenas de millares de antioqueños han emigrado a otras provincias, sobre todo a Caldas y Tolima, gozando en ellas de privilegiada posición económica, gracias a sus propios esfuerzos y no al azar [*hazard, fate*] de la política. El industrial antioqueño, menos interesado en el quehacer [*work*] literario que el bogotano, es muy activo en la vida social.

12.5 La República de Venezuela

Venezuela, llamada oficialmente por el Presidente Hugo Chávez (n. 1954), República Bolivariana de Venezuela, nació en 1830 como país independiente

---

[3] Chiquita Brands International Inc. was formed in 1871 by U.S. railroad entrepreneur Henry Meiggs as the United Fruit Company. In 1970 it became the United Brands Company. And in 1985 it became Chiquita Brands International.

por obra del llanero [*man from the Venezuelan flat lands*] José Antonio
Páez. El general de las guerras de independencia era famoso por castigar a los
soldados que no le mostraban sangre enemiga en la punta de las lanzas. Ya
prácticamente había gobernado Venezuela en nombre de Simón Bolívar
durante su ausencia de 1819 a 1829. Cuando en 1830 separó a Venezuela
de la «Gran Colombia», Páez tomó las riendas del gobierno de la nueva
república y dominó la política nacional hasta 1846. Gobernó con tino y
mano fuerte, separándose cada vez más de las masas para identificarse
con los intereses de la oligarquía. Los liberales federalistas se opusieron
al conservadurismo centralista hasta que se desencadenó la llamada
«Guerra Federal» (1858–63), que ayudó a romper muchas barreras raciales.
Páez, más reaccionario que antes, volvió a gobernar dictatorialmente de
1861 a 1863.

El caos y la prepotencia [*high-handedness*] militar culminaron con los
gobiernos tiránicos de Antonio Guzmán Blanco, de 1872 a 1888, Cipriano
Castro, de 1899 a 1908, y Juan Vicente Gómez, de 1908 a 1935. Este último
fue uno de los más desastrosos [*baneful, harmful*] gobernantes latinoamericanos: asesinó, desterró, aprisionó y torturó a sus oponentes. Cuando en
1920 se descubrió petróleo en el lago Maracaibo, Gómez concedió su explotación a compañías extranjeras que le pagaron fuertes sumas de dinero,
ayudándolo a convertirse en uno de los hombres más ricos del mundo.
Durante su dictadura aparecieron teóricos de ese régimen. José Gil Fortoul
(1862–1943), escribió *El hombre y su historia,* obra representativa del positivismo venezolano y en favor de las «dictaduras republicanas», y la *Historia constitucional de Venezuela,* apasionada defensa legal y falaz [*fallacious*]
de la autocracia. Laureano Vallenilla Lanz (1870–1936), fue el autor de la
más elocuente defensa del despotismo latinoamericano: *Cesarismo democrático* (1919), traducida al italiano por orden de Mussolini para mostrar
una feliz anticipación del sistema fascista.

Cuando murió Gómez, a los 78 ocho años de edad, se produjo un jubilo
[*joy, jubilation*] general algo prematuro pues le sucedieron dos generales que
gobernaron uno tras otro con mano fuerte hasta 1945, cuando un grupo de
militares jóvenes se alzó con la ayuda y dirección de Acción Democrática
(AD), partido político fundado por Rómulo Betancourt (1908–81). El movimiento triunfante estableció un régimen de transición presidido [*presided*]
por Betancourt, que convocó a elecciones libres y por primera vez en la historia del país el jefe de estado fue elegido por voto popular directo. En 1947
el pueblo eligió al escritor Rómulo Gallegos (1884–1969), autor de la novela
Doña Bárbara (1929), ataque simbólico a la tiranía de Gómez. A los pocos
meses, el gobierno constitucional de Gallegos fue derrocado por el ejército.
Tras un período de confusión inicial, emergió triunfante el general Marcos
Pérez Jiménez, quien gobernó con mano de hierro hasta 1958, cuando una
insurrección general lo destituyó. Durante su presidencia el dictador y sus
lacayos [*lackeys*] se enriquecieron rápidamente.

En las últimas décadas los presidentes constitucionales civiles se han esforzado por hallar una solución pacífica a los problemas nacionales, especialmente Rómulo Betancourt (de 1959 a 1964), Raúl Leoni (de 1964 a 1969), Rafael Caldera (de 1969 a 1974), Carlos Andrés Pérez (de 1974 a 1979) y Jaime Lusinchi (de 1984 a 1989). Durante esta etapa Venezuela gozó de relativa prosperidad económica gracias a los impuestos de exportación al petróleo. En 1960, por iniciativa de Venezuela, un grupo de países formaron la Organización de Países Exportadores de Petróleo (OPEP).

Durante las décadas de los años 1950 y 1960 la mala distribución de la riqueza, el analfabetismo y el aumento de la población causaron insurrecciones armadas y la aparición de centros guerrilleros. No obstante la construcción de la ciudad universitaria y las grandes obras públicas emprendidas por Acción Democrática, Caracas no votó por los candidatos de ese partido. Los campesinos del interior, favorecidos por la reforma agraria de AD, sí votaron por sus candidatos en las elecciones locales y nacionales. El candidato demócrata cristiano, Rafael Caldera, resultó elegido para el período presidencial 1969–1974. Caldera indultó a la mayoría de los guerrilleros y su política de conciliación con los comunistas consiguió la disminución de la beligerancia guerrillera y lo llevó a apoyar la reincorporación de Cuba al seno de la Organización de Estados Americanos. Le sucedió el adeco (de AD) Carlos Andrés Pérez, quien continuó una dinámica política reformista y nacionalista cuyas principales medidas fueron la nacionalización del hierro y del petróleo. En 1989 Carlos Andrés Pérez fue reelegido para gobernar hasta 1994. En 1993, sin embargo, el Senado, por unanimidad, autorizó el enjuiciamiento de Pérez por corrupción y nombró como vicepresidente provisional a Ramón J. Velázquez Mujica. A él en 1994 le sucedió Rafael Caldera, candidato independiente ganador de las elecciones presidenciales.

En diciembre de 1998, otro candidato independiente, Hugo Chávez, ex teniente coronel que encabezó un golpe de estado en 1992, tras ganar las elecciones presidenciales, declaró que después de asumir la presidencia resolvería la grave crisis económica del país y que gobernaría democráticamente. Ha sido reelegido varias veces a pesar de la fuerte oposición a su gobierno autoritario, la última vez por significativa mayoría el 3 de diciembre de 2006. Aparentemente, el gobierno socialista de la Revolución Bolivariana auspiciada por este carismático dirigente antiimperialista todavía es apoyado por algo más del 50% de los venezolanos, pese a la creciente oposición a su política socio-económica y cultural.

12.6 Perfil de Venezuela y su gente

La patria de Bolívar es el único país sudamericano cuyas costas se encuentran totalmente en el Caribe. Tiene un área total de 912 050 km^2, dos veces más grande que California, es decir, del área de Texas y Oklahoma juntos.

©Jeremy Woodhouse/Digital Vision/Getty Images

Vista panorámica de Caracas mostrando algunos de los altos edificios construidos durante el auge (*boom*) del petróleo.

Tiene jurisdicción sobre setenta y dos islas, incluyendo Margarita, que tiene una extensión de unas 40 millas de largo por 20 millas de ancho. El río Orinoco y sus tributarios forman el segundo sistema fluvial más importante de Sudamérica. El Orinoco tiene una extensión de 1500 millas, de las cuales 700 son navegables. El río divide el país en dos mitades. En la del norte se encuentran las grandes sabanas (llanos) y más al norte la región andina, con sus ciudades y minas. En la mitad del sur se encuentra la sierra de la Guayana, con su floresta tropical.

La población actual es el doble de la de hace veinte años: más de veintiséis millones de habitantes, de los cuales se considera que son 65% mestizos, 20% blancos, 13% afrovenezolanos, y 2% amerindios. La mayoría indígena vive en las llanuras y selvas; la mayoría de herencia africana en la costa; y la mayoría de origen europeo en el área de Caracas, Maracaibo y Valencia. El 68% de la población es urbana.

Los productos venezolanos más importantes son: petróleo, hierro, oro, diamantes, cobre y carbón. Venezuela es uno de los más importantes productores de petróleo del mundo. El petróleo provee al país con el 90% de sus divisas y el 63% de su presupuesto. Desde la Segunda Guerra Mundial, el gobierno está tratando de desarrollar la explotación del hierro, especialmente del Cerro Bolívar, en el noreste del país, cerca del río Orinoco y del Salto Ángel, la catarata más alta del mundo (3298 pies). Los principales productos agrícolas son: café, azúcar, arroz, tabaco y algodón.

Venezuela ha sido, desde principios del siglo XIX, mucho más importante de lo que pudiera sugerir su población. Cuando Miranda, Bello y Bolívar nacieron, la Capitanía General de Venezuela tenía menos de un millón de habitantes. Su contingente de combatientes y de generales fue fundamental en la lucha por la independencia de Colombia, Ecuador, Perú y Bolivia, los cuales fueron gobernados por generales venezolanos durante los primeros años de vida independiente. Se cree que en las guerras de la independencia, Venezuela perdió alrededor de la tercera parte de sus hombres. Hoy día Venezuela ocupa un importante lugar en la historia y en el desarrollo de Latinoamérica tanto por sus contribuciones a la emancipación de España como por ser uno de los países más ricos e influyentes de la región.

La moderna Caracas tiene una población de más de cinco millones de habitantes, incluyendo los centenares de miles de gente muy pobre que vive en los cinturones [belts] de miseria urbana en las afueras de la ciudad. Maracaibo, en la zona petrolera del lago del mismo nombre, tiene más de 2 500 000 habitantes. Valencia (más de dos millones de habitantes), Maracay (cerca de millón y medio) y Barquisimeto (más de un millón) son ciudades situadas al oeste de Caracas, con creciente importancia.

12.7 **Resumen**

I. **Ecuador**
   A. La Audiencia de Quito en el Virreinato del Perú (1563–1739)
   B. Virreinato de Nueva Granada (1739–1822) y la «Gran Colombia» (1819–30)
   C. Períodos autocráticos del general Juan José Flores de 1830 a 1845
   D. El despotismo conservador de Gabriel García Moreno (1861–75)
   E. Gobierno progresista de Eloy Alfaro (1895–1901 y 1905–06)
   F. Juntas militares y regímenes constitucionales de 1976 al presente
   G. Perfil del Ecuador y del pueblo
      1. Riquezas naturales de la costa, valles interandinos y selva
      2. Catorce millones (mestizos, 50%; amerindios, 39%; blancos 11% y afroecuatorianos, 9%) son gobernados por blancos y mestizos
      3. Petróleo, plátanos, cacao, arroz, café, mariscos, tagua

II. **Colombia**
   A. La Gran Colombia (1819–30) y la Confederación Granadina (1858–61)
   B. Conservadores contra liberales: la Guerra de los Mil Días (1900–02)
   C. Independencia de Panamá (1903) auspiciada por Theodore Roosevelt
   D. El predominio liberal (1930–46)
   E. Apogeo conservador (1946–57), el «bogotazo» (1948) y la «Violencia»
   F. La convivencia en el Frente Nacional (1958–74)
   G. Las guerrillas, el narcotráfico y el terrorismo de los «extraditables»
   H. Perfil de Colombia y su gente

1. Importancia estratégica del país y la presión demográfica
2. El tercer país más poblado de hispanohablantes: más de 43 millones
3. Importancia de Bogotá, Medellín, Cali, Barranquilla y Cartagena
4. Cocaína, café, esmeraldas, ganado, oro, plata y platino

III. Venezuela
  A. La era autocrática del llanero José Antonio Páez (1830–63)
  B. «Cesarismo democrático» y pseudo democracia castrense
    1. Dictaduras de Guzmán Blanco (1872–88), Cipriano Castro (1899–1908), Juan Vicente Gómez (1908–35)
    2. La primavera democrática (1945–48) y la dictadura del general Marcos Pérez Jiménez (1948–58)
    3. La Acción Democrática, la Democracia Cristiana y los políticos independientes
  C. Perfil de Venezuela y su gente
    1. Bellas islas, costa, Andes, sabanas (llanos), selva y el río Orinoco
    2. Veintiséis millones de habitantes: minoría rica, clase media creciente y mayoría pobre
    3. Importancia de Caracas, Maracaibo, Barquisimeto, Valencia y Maracay

---

12.8 Cuestionario y temas de conversación

Cuestionario

1. ¿Qué países sudamericanos formaban la Gran Colombia?
2. ¿Cuáles son las diferentes regiones del Ecuador?
3. ¿A qué se debe la rivalidad entre Guayaquil y Quito?
4. ¿Quiénes fueron los dos Camilo Torres: el de las guerras de la independencia y el de este capítulo?
5. ¿Por qué se ha llamado a Bogotá la «Atenas de Sudamérica»?
6. ¿Cuáles son las regiones más importantes de Colombia?
7. ¿Quiénes son los filólogos y escritores colombianos más conocidos?
8. ¿A qué se le ha dado el nombre de cesarismo democrático?
9. ¿Cuál ha sido el papel histórico de Acción Democrática?
10. ¿Qué opina Ud. de Hugo Chávez?

Temas de conversación

1. Explique la desintegración de la llamada Gran Colombia.
2. Ocúpese del papel histórico del Presidente Gabriel García Moreno.
3. Contraste las causas y consecuencias del bogotazo.
4. Sintetice la apología del cesarismo democrático en Venezuela.
5. Discuta las características de la violencia en Colombia.

6. Compare las causas de la rivalidad entre guayaquileños y quiteños.
7. Evalúe el espíritu de empresa del antioqueño.
8. Explique por qué es tan prestigioso el Instituto Caro y Cuervo.
9. Contraste el papel histórico de los conservadores con el de los liberales de Colombia.
10. Explique las causas de la influencia de Venezuela en la historia latinoamericana.

Cronología comparada

1829–55 La era de Santa Anna	**1829** Fernando VII se casa con María Cristina de Nápoles
1855–72 Leyes de reformas anticlericales	
1876–1910 Gobierno de Porfirio Díaz	**1863** Emancipación de los esclavos en los EE.UU.
1911–20 Etapa bélica de la Revolución Mexicana	**1873** Proclamación de la Primera República en España
1920–40 Etapa organizadora de la Revolución Mexicana	**1914–18** Primera Guerra Mundial
1940–2000 Etapa conservadora de la Revolución Mexicana	**1939–45** Segunda Guerra Mundial
	1998 Crisis financiera en Asia y Rusia
2000–2006 Gobierno de Vicente Fox, del Partido Acción Nacional (PAN)	**1999** La OTAN ataca a Serbia por sus crímenes de guerra contra los albano-kosovares
2006–2012 Sexenio de Felipe Calderón	**2007** Triunfo parlamentario del Partido Demócrata de los EE.UU.

México
- Población: 108 700 891 (estimada en julio de 2007)
- Área: 1 972 550 km^2
- Capital: Ciudad de México
- Moneda: peso
- Índice de alfabetización: 91%
- Principales productos de exportación: artículos manufacturados, petróleo y derivados, plata, frutas, verduras, café, algodón

Mapa de México con datos básicos

13 México y su revolución

Vocabulario autóctono y nuevo

- Porfiriato
- ejido
- halcones
- pelao

13.1 La era de Santa Anna (1829–55)

Fusilado el ex emperador Agustín Iturbide en 1824, Guadalupe Victoria asumió la presidencia de la República de México. Durante sus cuatro años de gobierno las dos ramas masónicas influyentes en la política nacional se combatieron violentamente.[1] Lo más significativo de este período turbulento fue la abolición de la esclavitud, proclamada antes que en la mayor parte de las Américas. En estas circunstancias, España intentó reconquistar el país en 1829, pero las fuerzas mexicanas dirigidas por el general Antonio López de Santa Anna (1791–1876) frustraron los planes imperialistas españoles.[2] Desde entonces hasta

---

[1] The first Masonic lodge was established in Mexico in 1806. Among the influential people that belonged to the organization were Fausto de Elhuyar, Hidalgo, Allende, Fernández de Lizardi, and some Spanish sympathizers of the independence movement. Masonry made steady progress until 1828. It was a powerful factor in shaping Mexico, notwithstanding the intense rivalry between the Scottish Rite and Yorkist Orders.

[2] Las conspiraciones y las amenazas de los españoles residentes en México provocaron la "Ley de Expulsión" (1827) de los españoles. El gobierno de Madrid reaccionó enviando a Veracruz una vanguardia de 3000 soldados bien armados para reconquistar su antigua colonia. Los invasores fueron derrotados por los patriotas mexicanos en Tampico y obligados a capitular el 11 de setiembre de 1829.

Para enriquecer tus estudios, ve nuestros recursos suplementales en línea a
www.cengage.com/spanish/latinoamerica

Películas, videos y otros materiales audiovisuales: vea nuestras sugerencias en la página 366.

1855, la política nacional fue dominada por este militar. López ascendió al poder once veces: cinco de ellas como liberal y las otras seis como conservador. En todas ellas gobernó con mano dura. Tan pronto se sintió seguro en el poder, luchó contra los anticlericales; comandó la expedición para impedir la secesión de Texas, donde inmigrantes angloamericanos rebelados proclamaron su independencia con la ayuda de los Estados Unidos. En la intervención armada francesa—conocida como la Guerra de los Pasteles (1838–39) por la exagerada reclamación de pasteleros franceses—, Santa Anna se distinguió como un héroe patriota, pese a su negativa imagen política. Aprovechándose de la situación interna de México, los políticos expansionistas estadounidenses consiguieron que el gobierno de Washington le declarara la guerra a México, lo venciera y le impusiera el Tratado de Guadalupe-Hidalgo (1848). Este tratado anexó a Estados Unidos la mitad del país derrotado, cerca de dos millones de km², que hoy ocupan los Estados de California, Nuevo México, Arizona, Nevada, Utah, la mayor parte de Colorado y la región suroeste de Wyoming. El territorio anexado equivalía entonces al área combinada de España, Portugal, Francia, Alemania, Inglaterra e Italia. Después de esa contienda injusta, criticada por Ralph Waldo Emerson y Henry David Thoreau, en 1853 Santa Anna se hizo nombrar presidente perpetuo. Entre sus acciones se recuerda la venta a Washington de la región de la Mesilla (*Gadsden Purchase*, 1853), aparentemente para cubrir sus deudas contraídas en juegos de azar [*to pay his gambling debts*].[3] En 1854 derrotó y fusiló al organizador francés de la secesión del Estado de Baja California, pero al año siguiente, una rebelión derrocó a Santa Anna y lo exilió.

13.2 La Reforma (1855–72)

Cuando México se independizó, la Iglesia era el terrateniente más importante del país: poseía un tercio de las tierras agrícolas. Como las guerras civiles y extranjeras habían causado una crisis económica, los liberales mexicanos iniciaron una campaña para limitar el poder económico y político de la Iglesia, aliada de las fuerzas conservadoras. Apenas los liberales llegaron al poder en 1855 aprobaron la Ley Juárez que limitaba la jurisdicción de las cortes militares y eclesiásticas. En 1856 promulgaron la Ley Lerdo que disponía la venta de las tierras pertenecientes a la Iglesia. Al año siguiente, la Constitución de 1857 estableció la supremacía del Estado. En el

---

[3] La Compra Gadsden (*Gadsden Purchase*) lleva el nombre de James Gadsden, estadounidense interesado en la comunicaciones transcontinentales y delegado de Washington que firmó en 1853 el convenio en virtud del cual EE.UU. pagó diez millones de dólares por la región de Arizona entre el sur del río Gila y el oeste del Rio Grande, un área de 76 770 km².

mismo año asumió la presidencia Benito Juárez (1806–72), orgulloso de su sangre india zapoteca. Juárez promulgó las llamadas Leyes de Reforma que establecían la supresión de las órdenes religiosas, la confiscación de las propiedades eclesiásticas y la obligatoriedad del registro [*register*] civil de nacimiento, matrimonio y muerte. La reacción conservadora apeló a las armas y desencadenó una guerra fratricida de varios años.

Aprovechándose de la guerra civil en Estados Unidos que dificultaba la intervención de ese país en el exterior, Napoleón III de Francia envió una expedición militar que impuso a Maximiliano de Habsburgo como emperador de México (1862–67). Apoyada por la aristocracia conservadora mexicana, Maximiliano gobernó el país con mano dura, mientras que Carlota, su ambiciosa esposa, cometía una serie de arbitrariedades. El pueblo mexicano reaccionó acudiendo al llamado a las armas de Benito Juárez. Tras una lucha sangrienta, el ejército francés fue derrotado y obligado a retornar a su país. Aunque fue abandonado por su ejército francés, Maximiliano continuó la lucha con endebles fuerzas mexicanas dirigidas por generales traidores, pero la suerte ya estaba echada [*the dice were already cast*]: sufrió serias derrotas [*defeats*] militares y al fin fue capturado, condenado a muerte y ejecutado en Querétaro. Benito Juárez al frente del gobierno continuó la labor de reconstrucción nacional hasta que un ataque cardíaco le quitó la vida en 1872.

13.3 La Paz Porfiriana (1876–1910)

A los tres años de la muerte de Benito Juárez, asumió la jefatura suprema de la nación por treinta y cuatro años Porfirio Díaz (1830–1915), un general destacado en la lucha contra Maximiliano. Don Porfirio era un conservador vanidoso, acostumbrado a usar polvo de arroz para emblanquecerse [*rice powder to whiten*] la cara. Se le atribuye la frase: «Pobre México, tan lejos de Dios y tan cerca de los Estados Unidos». Su gobierno autocrático benefició a sus partidarios y a los poderosos inversionistas [*investors*] extranjeros. Deseoso de transformar el país «científicamente», en conformidad con la filosofía positivista, organizó un gabinete ministerial con expertos «científicos».

Durante el **Porfiriato,** como se conoce la era de Díaz, se construyeron ferrocarriles, se comenzó la industrialización, se creó la Policía Federal (montada y rural) y se abrieron las puertas de par en par [*wide open*] a las inversiones extranjeras. Con artimañas [*traps, deceiving acts*] legales, se despojó a los indígenas de sus tierras privadas y comunales, y se entregó a varios extranjeros grandes extensiones del territorio nacional. La pobreza general, contrastada con el enriquecimiento de los inversionistas del exterior, permite afirmar que el Porfiriato fue padre de los extranjeros y padrastro [*stepfather*] de los mexicanos. Aunque el general Díaz era mestizo, lo indio le avergonzaba [*to him, everything Indian was shameful*]. Cuando se reunió en la ciudad de México la Conferencia Panamericana (1901–02), se prohibió a los indígenas servir en los grandes hoteles para no dar a los extranjeros la impresión de que México era un país de indios.

La tiranía, el pauperismo, la corrupción y la ignorancia impulsaron a muchos ciudadanos a oponerse a la reelección presidencial, usando el grito de «¡Sufragio efectivo; no reelección!» [*Clean elections; no reelection!*]. El 8 de julio de 1910 Díaz se declaró vencedor de las elecciones presidenciales y dos meses después gastó millones de dólares para celebrar su octogésimo cumpleaños [*eightieth birthday*]. Ante el fraude electoral y el despilfarro [*squandering*] gubernamental, Francisco Madero (1873–1913), el candidato de la oposición, lanzó el famoso Plan de San Luis de Potosí (20 de noviembre de 1910), propuesta política considerada como un llamado a la rebelión que comenzó la Revolución Mexicana.

13.4 La Revolución Mexicana: la lucha armada (1911–20)

El alzamiento revolucionario iniciado por Madero pronto se extendió por todo el país y obligó al dictador a huir a Europa. Madero fue proclamado presidente provisional en 1911. Frente a un entusiasmo general y apoyo popular muy grande, el nuevo jefe de estado, un hacendado adinerado, idealista, vegetariano y espiritista [*spiritualist*], enfocó su atención en asuntos puramente políticos. Hombre inexperto en administración pública, varias veces postergó la prometida reforma agraria y ciegamente se confió en algunos generales del Ejército para hacer frente al descontento de amigos y enemigos. El general Victoriano Huerta, ministro de guerra, aprovechó la decepción popular para traicionar a Madero con la ayuda de la embajada estadounidense. Después de asesinar a Madero, el general desleal [*traitor*] se proclamó Jefe Supremo (1913), pero al año estallaron varias rebeliones. En el norte los caudillos revolucionarios principales fueron Francisco (Pancho) Villa (1877–1923), Venustiano Carranza (1859–1920) y Álvaro Obregón (1880–1928). En el sur, el revolucionario más popular fue el noble indígena analfabeto Emiliano Zapata (1879–1919). El choque entre federales y revolucionarios bañó en sangre a México.

Al fin, Huerta renunció a la presidencia y huyó del país en 1914, pero los caudillos triunfantes no se pusieron de acuerdo sobre quién debería gobernar México. Sus representantes se reunieron en la Convención de Aguascalientes (1915) para dictar una nueva Constitución y resolver la crisis. La mayoría votó a favor de Carranza. Villa y Zapata no acataron [*complied with*] la decisión y continuaron la guerra civil, logrando ocupar brevemente la capital mexicana. Se cuenta que el legendario Villa apenas ingresó al Palacio de Gobierno se apresuró a sentarse en la silla presidencial e inmediatamente se puso de pie y riéndose dijo en alta voz: «¿Y por qué dicen que la silla se pega al trasero [*sticks to the buttocks*]?»

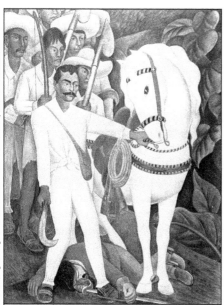

Emiliano Zapata, héroe de la Revolución Mexicana, combatió con el grito «Tierra y libertad».

Poco a poco Carranza consolidó su poder. Entre los hechos más importantes ocurridos durante su gobierno (1915–20), se encuentran la expedición punitiva estadounidense contra Pancho Villa y la aprobación de la Constitución de 1917. Interesado en crearle dificultades a Carranza, Villa atacó Columbus, Nuevo México, matando a varios estadounidenses. Para castigar al caudillo mexicano, el gobierno de Washington despachó al general John J. Pershing al mando de un ejército punitivo.

La histórica Constitución de 1917 señaló las normas legales de la Revolución. Los artículos más importantes declaran que (a) está prohibido que la Iglesia adquiera, posea o administre bienes inmuebles; (b) la tierra y el subsuelo pertenecen al Estado; (c) es derecho laboral el organizar gremios [*unions*]; (d) el Estado protegerá la educación secular.

Tras duros combates, Carranza logró dominar a la oposición y obligó a Villa a retirarse de la política. En el sur, Zapata continuó la lucha por «Tierra y Libertad», convencido de que «es preferible morir de pie que vivir de rodillas», lema [*watchword*] adoptado después por los republicanos en la Guerra Civil de España (1936–39). Zapata continuó luchando hasta que cayó acribillado a balazos [*riddle with bullets*] en una emboscada tendida [*ambush set*] por Carranza. El proverbio «Quien a hierro mata a hierro muere» se cumplió: en una de las rebeliones, Carranza también cayó asesinado cuando huía en un tren cargado de oro. Con él terminó en 1920 la etapa bélica de la Revolución.

13.5 La etapa organizadora de la Revolución (1920–40)

En 1920 triunfó en las elecciones presidenciales el candidato oficial: el general Álvaro Obregón. Durante sus cuatro años de gobierno se realizaron importantes obras de construcción nacional, sobre todo en el campo cultural. El escritor José Vasconcelos, Secretario (ministro) de Educación, reorganizó la universidad y protegió las artes; estimuló a los muralistas Diego Rivera, José Clemente Orozco y David Alfaro Siqueiros; estableció mil escuelas rurales y distribuyó, con fervor idealista, copias de los libros clásicos europeos. Colaboraron en la labor cultural, distinguidos intelectuales de otras partes de Hispanoamérica: Gabriela Mistral, Pedro Henríquez Ureña y Víctor Raúl Haya de la Torre, entre otros latinoamericanos que se distinguirían en el futuro. El dinamismo constructor normalizó las relaciones internacionales, sobre todo después de que el gobierno revolucionario recibiera el reconocimiento diplomático estadounidense en 1923.

Confiado en que la Revolución continuaría con presidentes amigos escogidos, en 1924 Obregón entregó el mando al candidato oficial triunfante: Plutarco Elías Calles (1877–1945), Gobernador racista del Estado de Sonora. Durante sus cuatro años de presidencia del país las relaciones con los Estados Unidos volvieron a deteriorarse. Empeoraron la paz nacional: (a) la rebelión de los cristeros (católicos conservadores opuestos al anticlericalismo); y (b) la controversia agraria con Washington causada por la expropiación de tierras pertenecientes a compañías estadounidenses. Para sorpresa general, el ex presidente Obregón, designado anticonstitucionalmente candidato oficial en las elecciones presidenciales de 1928, triunfó. Sin embargo, al poco tiempo un fanático religioso lo asesinó y la crisis nacional se agudizó. De 1928 a 1934 se sucedieron varios gobiernos interinos hasta que asumió la presidencia el general Lázaro Cárdenas (1895–1970).

Entre 1934 y 1940, el Presidente Cárdenas llevó a cabo más obras en beneficio de las clases desposeídas que sus predecesores. Implementó la Constitución de 1917, expropió tierras y distribuyó cuarenta y cinco millones de hectáreas,[4] sobre todo a los «**ejidos**» (comunidades indígenas). Con el apoyo oficial, el dirigente sindical marxista Vicente Lombardo Toledano (1894–1968) organizó la Confederación de Trabajadores Mexicanos, destinada a tener mucha influencia en la vida política nacional. Aprovechando la crítica situación internacional motivada por la crisis europea, Cárdenas nacionalizó el petróleo y los ferrocarriles, desencadenando otro conflicto diplomático con Washington, que la Segunda Guerra Mundial ayudó a resolver[5]. La integridad administrativa y el dinamismo de Cárdenas le conquistaron mucha popularidad. Las masas mexicanas veían en él la conciencia de la Revolución. Aun sus enemigos admiten que su período gubernamental fue el más fructífero de la historia de México en el siglo XX. Con Lázaro Cárdenas terminó la etapa organizadora que sentó [*established*] las bases permanentes de la Revolución Mexicana.

13.6 La etapa conservadora de la Revolución (1940–2000)

La etapa conservadora la inició el general Manuel Ávila Camacho en 1940, con quien recrudeció la corrupción administrativa y la llamada Revolución comenzó a perder su ímpetu. En 1946 al Presidente Camacho le sucedió el

---

[4] *hectáreas* hectares (1 hectárea = 10 000 m. = 2,471 acres)
[5] Entusiasmado, el pueblo apoyó al Presidente Cárdenas llevándole, ingenuamente, pollos y huevos para ayudar a pagar la deuda que imponía el arreglo del conflicto por el petróleo.

Mural del edificio de la Biblioteca de la Universidad Nacional de México en la
Ciudad Universitaria

licenciado Miguel Alemán (1902–83), primer mandatario civil de la Revolución. Los historiadores señalan como hechos significativos de su administración: (a) el nombrar Partido Revolucionario Institucional (PRI) al partido
gobernante; (b) el establecimiento de 50 000 firmas industriales; y (c) la construcción de la famosa ciudad universitaria en las afueras de México, D.F. Su
sucesor en el siguiente sexenio (1952–58), Adolfo Ruiz Cortínez, continuó el
programa de industrialización que permitió la consolidación de la clase media
y la multiplicación de los revolucionarios millonarios. La aparente tranquilidad interna se alteró cuando los estudiantes y fuerzas de extrema izquierda
protestaron en las calles de la capital por el desequilibrio económico nacional
y el conservatismo gubernamental. La siguiente administración, la de Adolfo
López Mateos (1958–64), continuó la política conservadora. La tranquilidad
general aceleró el proceso de inversiones y facilitó la llegada de más capital
estadounidense. Al concluir este período administrativo, se recrudeció la exi-
gencia al conformismo político y el control del país por el partido único. El
estancamiento de la reforma democrática llevó a muchos jóvenes mexicanos a
gritar: «La Revolución ha muerto: ¡Viva la Revolución!»

Durante la presidencia de Gustavo Díaz Ordaz (1964–70) ocurrió una tarde
triste para los universitarios mexicanos. En la Plaza de las Tres Culturas en

Tlatelolco, los estudiantes que desfilaban en apoyo de la autonomía universitaria y los derechos estudiantiles fueron atacados por la policía y la guardia política de choque, conocida con el nombre de «**halcones**». Este trágico acontecimiento histórico tuvo lugar casi cuatro siglos después de la fatídica «noche triste» de Cortés. En esa tarde de 1968 la policía masacró a centenares de estudiantes y dejó muchos heridos muy cerca del lugar donde la leyenda dice que Cortés lloró la expulsión de los españoles de Tenochtitlán.

El triunfo electoral de Luis Echeverría en 1970 probó una vez más que el partido oficial se las ingeniaba para ganar [*managed to win*] por abrumadora [*overwhelming*] mayoría de votos. El gobierno de José López Portillo (1976–82) se inclinó a mejorar las relaciones con los Estados Unidos a la vez que aceleró la explotación del petróleo para conseguir más divisas [*foreign currency*] para el desarrollo de la economía. En la esfera de las relaciones internacionales, México mantuvo su tradicional política independiente de Washington, como lo había demostrado en 1961 al ser el único país del hemisferio en rechazar la presión exterior para romper las relaciones diplomáticas con Cuba, cuando la Organización de Estados Americanos (OEA), coaccionada por [*coerced by*] los Estados Unidos, condenó el régimen revolucionario de Fidel Castro.

El presidente Miguel de la Madrid Hurtado (1982–88) continuó la política conservadora gubernamental. Sin embargo, la corrupción administrativa obligó al Gobierno en 1982 a devaluar el peso Significativamente, nacionalizar la banca privada y establecer un estricto control sobre la moneda. A pesar de estas medidas, la inflación continuó. La crisis económica empeoró cuando en septiembre de 1985, un terremoto de 7,8 grados en la escala de Richter causó en la ciudad de México más de 6000 muertos, serios daños materiales y dejó sin hogar a 30 000 personas.

En 1988 se impuso la elección del candidato oficial, Carlos Salinas de Gortari, que derrotó al candidato perdedor, Cuauhtémoc Cárdenas, hijo de Lázaro Cárdenas. Al terminar su gobierno, cuatro acontecimientos históricos ocurrieron en 1994: (1) entró en vigor el Tratado de Libre Comercio de América del Norte (NAFTA), firmado por México, Estados Unidos y Canadá; (2) El 1º de enero de 1994 el Ejército Zapatista de Liberación Nacional (EZLN) inició la lucha armada en el Estado sureño de Chiapas, dirigido por el Subcomandante Marcos, supuestamente identificado como Rafael Sebastián Guillén Vicente, ex-profesor de la Universidad Autónoma Metropolitana (UAM) de la Ciudad de México; (3) el asesinato de Luis Donaldo Colossio, candidato del PRI en las elecciones presidenciales de ese año, que fueron ganadas por Ernesto Zedillo, su reemplazante; y (4) el asesinato de Francisco Ruiz Massieu, secretario general del PRI. Poco después de la inauguración de Zedillo ocurrieron dos hechos de repercusión internacional: (A) la devaluación del peso puso en evidencia la aguda crisis económica del país, cuyo «efecto tequila» repercutió en Latinoamérica y necesitó de fuertes préstamos de dinero del exterior, especialmente de Estados

Unidos; y (B) el arresto de Raúl Salinas de Gortari, hermano de Carlos, acusado de ser el autor intelectual de la muerte de Ruiz Massieu y de haber recibido sobornos de más de cien millones de dólares de los narcotraficantes.

En el nuevo milenio los acontecimientos más importantes en México han sido: (a) el aumento de la conmoción social causada por el EZLN, que, para defender a los amerindios explotados, utiliza armas, diálogo y el Internet en su lucha contra el neocapitalismo egoísta [*selfish*]; (b) el triunfo electoral del ranchero norteño Vicente Fox, del Partido Acción Nacional (PAN), que derrotó al PRI en el año 2000 tras 71 años en el poder; y (c) la disputa política nacional generada por las reclamaciones de Andrés Manuel López Obrador (candidato del Partido de la Revolución Democrática), acusando al gobierno de manipulación electoral al darle el triunfo a Felipe Calderón, derechista del PAN, por un margen de 5% de los votos en las elecciones generales del 2006. Tras sus primeros 100 días de gobierno su nivel de aprobación nacional fue de 58%.

13.7 Perfil de México y su gente

México ocupa la parte sur de Norteamérica y la parte norte de Centroamérica. Es el único país latinoamericano que limita con los Estados Unidos de América. Por su área, ocupa el tercer lugar en Latinoamérica y el decimocuarto en el mundo, y por sus más de 108 millones de habitantes, es el país más poblado de habla castellana del mundo. La Constitución Política de 1917 le dio el nombre oficial de Estados Unidos Mexicanos.

Casi el 85% del país es abrupto, formado por cadenas de montañas, mesetas y valles. Las regiones más importantes son: la Meseta Central, que goza de un clima templado agradable, las costas tropicales y el desierto del norte del país. Según fuentes fidedignas [*reliable sources*], el 60% de su población es indígena; el 30%, amerindia; el 9%, blanca; y el 1%, de otras razas. El 10% de los mexicanos son analfabetos. Se calcula que un millón de mexicanos no habla el castellano sino uno o más idiomas amerindios de las treinta y tres familias lingüísticas existentes en el territorio nacional.

En 2006 se estimaba que la población de las principales zonas metropolitanas eran: Ciudad de México, veinte millones; Guadalajara, capital del Estado de Jalisco, cinco millones; Monterrey, Nuevo León, 3 664 331; Puebla, Tlaxcala, 2 109 049; Tijuana, Baja California, 1 484 005; San Luis Potosí, un millón; Mérida, capital del Estado de Yucatán, 897 740; Cuernavaca, capital del Estado de Morelos, 787 556; Acapulco, 786 830; y Veracruz, 702 394.

La ciudad de México, capital del país, es una de las urbes más grandes del mundo. Guadalajara, donde anualmente se celebra la famosa Feria Internacional del Libro es apreciada por sus plazas, palacios, iglesias y casonas que muestran mucho de su pasado colonial. Monterrey, en cambio, es una ciudad industrial, diferente de Puebla y Mérida, conocidas por su bella arquitectura colonial. Puebla es famosa por el vestido típico del país, el de la

©Royalty Free/Corbis

Monumento de la Independencia en el Paseo de la Reforma de México, una de las ciudades más pobladas del mundo.

china poblana, atribuido por la leyenda a una princesa asiática traída en el famoso Galeón de Manila. Veracruz, en el Atlántico, y Acapulco en el Pacífico, son los puertos más activos y más visitados por los extranjeros. Las playas de Yucatán, como Cancún, atraen a muchos turistas.

Desde la época colonial, México ha sido el principal productor de plata del mundo. Además tiene minas de oro, cobre, plomo y zinc. El país ocupa el primer lugar del mundo en la producción de plomo y antimonio y es un importante exportador de petróleo. Las cosechas más lucrativas son las de algodón, café, caña de azúcar, garbanzo, cacao, tabaco y cáñamo [*chickpea . . . hemp*], cuya producción de Yucatán es muy significativa. Los productos agrícolas de mayor consumo popular son: maíz, fríjoles, aceitunas, frutas, café, caña de azúcar y verduras. El país poco a poco se va industrializando y ahora manufactura muchos de los artículos que antes se importaban: productos químicos y eléctricos, tejidos de algodón, lanas y telas sintéticas. No obstante el progreso notable hasta hoy realizado, México todavía depende en gran parte de su agricultura. El petróleo y el turismo son los grandes proveedores de divisas. Sus principales productos de exportación son: material para manufactura, 86%; petróleo y sus derivados, 10%; productos agrícolas, 3%. El 84% de las exportaciones son enviadas a los Estados Unidos.

El mexicano medio se caracteriza por su fuerte nacionalismo y gran amor a la patria, como lo expresan los frecuentes gritos de «¡Viva México!», «¡Como México no hay dos!» y «¡Soy puro mexicano!» En realidad su carácter tiene mucho en común con el de los demás indoamericanos según sea su condición social y composición étnica. Samuel Ramos y Octavio Paz publicaron los mejores estudios del carácter del pueblo. Ambos recalcaron [stressed] la importancia de la experiencia histórica como condicionadora de la personalidad y la influencia en el comportamiento del pasado y presente indígenas, la herencia colonial hispánica, las revoluciones republicanas y la omnipresencia de la civilización estadounidense. A muchos no les convence la tesis de Octavio Paz de que el mexicano vive enmascarado en el laberinto de su soledad. Como otras generalizaciones, ésta parece ser una semi-verdad sospechosa. La cortesía mexicana no es siempre un mecanismo defensivo para enfrentarse al mundo circundante como en otras latitudes. Ella se ha desarrollado en el curso de los milenios de experiencia histórica de sus antepasados, como ha ocurrido con su hospitalidad, cariño a la familia, imaginación y apego [attachment] a las fiestas religiosas y cívicas. Su fuerte fervor religioso se puso en evidencia durante las visitas papales de 1979 y 1999, cuando millones de personas fueron a oír misa y ver a Juan Pablo II.

En resumidas cuentas, el verdadero perfil de la cultura y el hombre mexicanos se confunde con el del indoamericano medio, salvo ciertos rasgos característicos menores. El de la clase media piensa, siente y reacciona como sus hermanos hispanoamericanos. El «**pelao**» (pelado), como se conoce al hijo del pueblo pobre, tiene mucho en común con los ladinos guatemaltecos y mestizos andinos de igual nivel económico y cultural. Después de todo, la cultura de la pobreza condiciona la personalidad y el pensamiento de la mayoría de indígenas y mestizos mexicanos.

13.8 Resumen

I. **El caos inicial y la era de Antonio López de Santa Anna (1821–55)**
   A. Fusilado Iturbide, Guadalupe Victoria asume la presidencia (1824–28)
   B. Santa Anna derrota la expedición española de reconquista (1829)
   C. La anexión de Texas (1836) y la Guerra de los Pasteles (1838–39)
   D. Guerra con EE.UU. (1846–48) y Tratado de Guadalupe-Hidalgo (1848)

  E. Venta de la Mesilla para cubrir deudas personales de Santa Anna (1853)

  F. La rebelión de 1855 obliga a Santa Anna a abandonar México

II. **La Reforma anticlerical y antimilitarista (1855–72)**

  A. La Ley Juárez (1855) limita a las cortes militares y eclesiásticas

  B. La Ley Lerdo (1856) ordena la venta de las tierras de la Iglesia

  C. El Presidente Benito Juárez (1857–72) proclama las Leyes de Reforma

  D. Derrotados los franceses, el emperador Maximiliano es fusilado en 1867

III. **La Paz del Porfiriato (1875–1910)**

  A. «¡Pobre México: tan lejos de Dios y tan cerca de los Estados Unidos!»

  B. Los científicos y el imperio de los positivistas: orden y progreso

  C. Agrimensores, registro y despojo de las tierras de los indígenas

  D. La presidencia: «madre de los extranjeros y madrastra de los mexicanos»

IV. **La Revolución Mexicana (1910–hasta el presente):**

  A. Etapa bélica (1910–20)

   1. «Sufragio efectivo, no reelección» y el Plan de San Luis de Potosí (1910)

   2. Gobierno provisional de Francisco Madero (1911–13)

   3. Traición y dictadura del general Victoriano Huerta (1913–14)

   4. Gobierno del general Venustiano Carranza (1915–20)

    a. Convención de Aguas Calientes (1915–17) y guerra civil

    b. Ataque de Pancho Villa a EE.UU. y expedición punitiva del general John Pershing (1916–17)

    c. La Constitución de 1917

    d. Emiliano Zapata lucha por «Tierra y libertad»

  B. Etapa organizadora (1920–40)

   1. Presidencia del general Álvaro Obregón (1920–24):

    a. Dinamismo y honradez de José Vasconcelos, ministro de educación

    b. Estatización de tierras y controversia agraria con los EE.UU.

   2. Plutarco Elías Calles (1924–28) y la rebelión de los cristeros

   3. Gobierno realmente revolucionario de Lázaro Cárdenas (1940–46)

    a. Distribución de 45 millones de hectáreas de tierras

    b. Nacionalización de los ferrocarriles y el petróleo

  C. Etapa conservadora (1940–2000)

   1. Con Ávila Camacho reaparece la Iglesia y aumenta la corrupción

   2. El licenciado Miguel Alemán (1946–52) y la Ciudad Universitaria

   3. Adolfo Ruiz Cortines (1952–58) y los revolucionarios millonarios

   4. Ataque a los universitarios en la plaza de Tlatelolco en 1968

   5. Terremoto de México: 6000 muertos y 30 000 personas sin hogar

   6. Gobiernos de Carlos Salinas (1988–94), Ernesto Zedillo (1994–2000) y Vicente Fox (2000–06)

V. **Perfil del país y su gente**
A. El país más poblado de habla castellana: 108 millones de habitantes
B. Rico en plata, plomo (principal productor del mundo) y petróleo
C. Pasado indohispánico y omnipresencia estadounidense condicionan su presente

13.9 Cuestionario y temas de conversación

Cuestionario

1. ¿Cuál fue el papel histórico de Santa Anna?
2. ¿Por qué es recordado con tanto aprecio Benito Juárez en México?
3. ¿Por qué apoyaron los mexicanos conservadores al emperador Maximiliano?
4. ¿Qué significa la frase «¡Pobre México, tan lejos de Dios y tan cerca de los Estados Unidos!»?
5. ¿Quiénes fueron los «científicos» y por qué se los llamó así?
6. ¿Por qué dijo Zapata «Es preferible morir de pie que vivir de rodillas»?
7. ¿Por qué es importante la Constitución de 1917?
8. ¿Cuál fue la obra cultural de José Vasconcelos?
9. ¿Por qué Lázaro Cárdenas era «la conciencia de la Revolución»?
10. ¿Cuales son las etapas de la Revolución Mexicana?

Temas de conversación

1. Describa que ocurrió en México durante la era de Santa Anna.
2. Opine sobre el significado de la Reforma legal en México en el siglo XIX.
3. Compare los dos experimentos monárquicos de Iturbide y de Maximiliano en México.
4. Detalle las características sustantivas de la paz del Porfiriato o Paz Porfiriana.
5. Describa la importancia histórica de la Constitución de 1917.
6. Evalúe la labor educacional de José Vasconcelos.
7. Contraste la obra de dos de los principales pintores de la Revolución Mexicana.
8. Escriba un juicio crítico de la obra del presidente Lázaro Cárdenas.
9. Explique los rasgos fundamentales del carácter del mexicano.
10. Compare al Partido Revolucionario Institucional (PRI) con otros partidos políticos mexicanos.

Cronología comparada

1823–40 Provincias Unidas de Centroamérica vs. Gobiernos dictatoriales despóticos	**1823** Declaración de la Doctrina Monroe
1873–75 Guatemala: Rufino Barrios	**1860–65** Guerra Civil en EE.UU.
1898–1920 Estrada Cabrera	**1939–45** Segunda Guerra Mundial
1931–44 General Jorge Ubico	**1963** Asesinato de John F. Kennedy
1933–49 Honduras: general Tiburcio Carías	**1989** Caída del Muro de Berlín
1931–44 El Salvador: Hernández Martínez	**1999** El Senado juzga al Presidente Bill Clinton
1893–1909 Nicaragua: Santos Zelaya y los sucesores gobiernos	**2007** Triunfo del Partido Demócrata en el Congreso de los EE.UU.
1944–54 Guatemala: Arévalo y Arbenz	
1948– Costa Rica	
1957–63 Honduras: Villeda Morales	
1998 El Huracán Mitch devasta Centroamérica	

Guatemala
- Población: 12 728 111 (estimada en junio de 2007)
- Capital: Ciudad de Guatemala
- Índice de alfabetización: 55,6%
- Principales productos de exportación: café, azúcar, petróleo, ropa, bananas, frutas, verduras
- Área: 108 890 km^2
- Moneda: el quetzal

Honduras
- Población: 7 483 763 (estimada en junio de 2007)
- Capital: Tegucigalpa
- Índice de alfabetización: 76,2%
- Principales productos de exportación: café, camarones, bananas, oro, aceite de palma, frutas
- Área: 112 090 km^2
- Moneda: el lempira

Mapa de Centroamérica durante la república

14 Centroamérica republicana

Vocabulario autóctono y nuevo

- Mano Blanca
- Sandinista
- Contra
- tico
- minifundio

14.1 Período de unificación (1821–42)

En la Capitanía General de Guatemala, situada entre los virreinatos de Nueva España y Nueva Granada, también se experimentó a principios del siglo XIX la fiebre independentista del resto del continente. El sentir revolucionario no consiguió mucho hasta la intervención mexicana. Asegurada la emancipación de México, el gobierno de Agustín Iturbide envió una expedición militar para "ayudar" a los independentistas centroamericanos, aunque en realidad era para aprovecharse de la situación. Las fuerzas de Iturbide anexaron la provincia guatemalteca de Chiapas y después el resto de Centroamérica hasta la frontera con Panamá, entonces perteneciente a Colombia.

El derrocamiento de Iturbide puso fin a las aspiraciones mexicanas de gobernar la antigua Capitanía General de Guatemala. Eliminado el peligro de su vecino norteño, los centroamericanos establecieron las Provincias Unidas de Centroamérica el 24 de junio de 1823. Desde esa fecha hasta 1840, la naciente república trató de mantenerse unida, gracias al esfuerzo patriótico del hondureño [*Honduran*] Francisco Morazán (1792–1842), para muchos el verdadero «Padre de la Patria». El gobierno liberal del nuevo Estado proclamó la Constitución de 1824, en la cual se rebautizó al país con el nombre de *República Federal Centroamericana* y las cinco provincias pasaron a ser estados. Se designó

 Para enriquecer tus estudios, ve nuestros recursos suplementales en línea a **www.cengage.com/spanish/latinoamerica**

 Películas, videos y otros materiales audiovisuals: vea nuestras sugerencias en la página 366.

a la ciudad de Guatemala capital nacional y se abolió la esclavitud. Elegido presidente de la República Federal de Centroamérica en 1830, Morazán adoptó el Código Civil redactado [*drafted*] por el estadounidense Edward Livingston (1764–1836) para el Estado de Luisiana. La oposición conservadora al gobierno liberal de Morazán se agravó cuando Rafael Carrera (1814–65), un analfabeto ladino[1] guatemalteco, se alzó en armas en 1838 con el grito de «¡Viva la religión y mueran los extranjeros!» Apoyado por grupos enfurecidos y fanáticos, Carrera derrocó al gobierno de Morazán en 1840. El patriota hondureño se exilió en el Perú aunque volvió dos años más tarde para tratar de recapturar el poder y establecer la confederación. Su segundo intento unificador fue combatido por los conservadores, quienes lo derrotaron, apresaron y ejecutaron. Su muerte señala el fin de la Federación Centroamericana. De esta desintegración, nacieron las repúblicas de Guatemala, Honduras, El Salvador, Nicaragua y Costa Rica. Desde 1903 tradicionalmente el estudio histórico de Centroamérica incluye a la República de Panamá, creada en ese año a expensas de Colombia.

14.2 La República de Guatemala

Rafael Carrera, principal responsable del fin de la Confederación en 1840, gobernó tiránicamente Guatemala desde 1844 hasta 1865. Aunque impuso una tranquilidad favorable al desarrollo comercial, se lo recuerda más por la persecución de los liberales, las concesiones a los oligarcas y al clero, y por firmar el primer concordato con la Santa Sede.[2] El Papa, por supuesto, lo condecoró por sus servicios a la fe. Sin embargo, la historia lo considera uno de los déspotas más perversos de Centroamérica, el primero de los muchos tiranos de la región. Su «presidencia vitalicia» [*for life*] terminó en 1865, víctima, al parecer, de sus excesos alcohólicos.

La historia posterior de la República de Guatemala siguió una trayectoria de violencia y dictadura. Mientras más tiempo permanecían en el poder los autócratas eran más arbitrarios. Entre ellos el anticlerical Justo Rufino Barrios (1835–85), cuyo gobierno (1873–85), discriminó a los indígenas, expulsó a los jesuitas, a la vez que construyó ferrocarriles, aumentó la producción del café, estimuló [*encouraged*] la inmigración y estableció algunas escuelas. Entusiasmado con el restablecimiento de la unidad centroamericana, combatió y murió por ella. Otros autócratas que han dominado a Guatemala han sido Manuel Estrada Cabrera y Jorge Ubico. Estrada gobernó durante veintidós años (1898–1920) en perjuicio de los intelectuales enemigos y de los

---

[1] *Ladino*, derivado del latín *latinus* (latino), hoy en el mundo hispánico significa astuto, sagaz, taimado, pero en Centroamérica es el nombre que le dan al mestizo que sólo habla castellano.
[2] *concordato . . . Sede* agreement with the Holy See. (Concordat is an agreement between the Pope and a secular government.)

indígenas. A los amerindios les impuso trabajo forzado [*forced*], mientras que centenares de miles de acres de sus tierras agrícolas pasaban a ser propiedad de alemanes y de la United Fruit Company. La atmósfera de terror de su tiranía sangrienta ha sido brillantemente captada [*captured*] en la novela *El señor presidente* (1946), del guatemalteco Miguel Ángel Asturias (1899–1974), ganador del Premio Nobel de Literatura en 1968.

El gobierno del general Ubico duró alrededor de trece años (1931–44). Como el dictador se imaginaba parecerse a Napoleón, se encariñó con [*he grew fond of*] Hitler hasta que se dio cuenta de lo lucrativo de la unión con la causa de los aliados [*allied camp*]. La era de Ubico concluyó cuando triunfó una conspiración organizada por estudiantes, militares jóvenes e intelectuales que durante una manifestación callejera [*street demonstration*] se dejaron apresar. Por la noche, cuando el tirano y sus defensores dormían, los presos políticos fueron libertados y armados por los oficiales comprometidos, y así pudieron apoderarse de los cuarteles desde adentro y derrocar al gobierno.[3] Los patriotas guatemaltecos establecieron una junta de gobierno democrático que convocó a elecciones. Triunfó Juan José Arévalo, ex exiliado en la Argentina donde había sido profesor de filosofía en una de sus universidades. Durante su período presidencial (1945–51) inició la transformación social del país, mejoró la educación, creó un Instituto de Seguridad Social, proyectó la reforma agraria y permitió mayor participación de los indígenas en el gobierno local. Las fuerzas laborales se organizaron y apoyaron al Presidente Arévalo.

En las siguientes elecciones triunfó el revolucionario Jacobo Arbenz, quien asumió el poder en 1951. Al año siguiente, su gobierno aprobó la Ley de Reforma Agraria, que favoreció a centenares de miles de familias. La United Fruit Company combatió esta ley y desencadenó una campaña internacional en contra del gobierno liberal de Arbenz, acusándolo de infiltrar comunistas en los ministerios. Washington apoyó a la United Fruit y envió al coronel Carlos Castillo Armas, quien, ayudado por los dictadores de Honduras y de la República Dominicana, en 1954 invadió Guatemala con centenares de mercenarios, derrocó a Arbenz, se proclamó presidente y persiguió a sus opositores [*opponents*].

Castillo gobernó sumiso a los caprichos de la United Fruit y de la oligarquía. En 1957 un guardia personal, comprometido con los ultra conservadores, lo asesinó. Le sucedieron militares autócratas, que reactivaron el clima de terror y violencia policial. Ante esto se organizaron guerrillas campesinas en la región montañosa más cercana al Caribe. Irónicamente habían sido entrenados en los Estados Unidos los dos jefes guerrilleros guatemaltecos más destacados de este período: Marco Antonio Yong Sosa (de ascendencia

---

[3] *apoderarse . . . gobierno*   to occupy the barracks from the inside and to topple the Government

chino-guatemalteca) y Luis Augusto Turcio Lima, jefe de las Fuerzas Armadas Rebeldes.

En 1966 ganó el candidato civil Julio César Méndez Montenegro, a quien la oligarquía y el ejército le permitieron llegar a la presidencia, confiados en su habilidad para aplastar a [*to crush*] los rebeldes. Las guerrillas, sin embargo, continuaron actuando. Al agravarse la situación, apareció la «**Mano Blanca**», organismo paramilitar clandestino, que asesinó a miles de ciudadanos liberales. Por la represión interna y la desesperación de la mayoría pobre, los guerrilleros conquistaron nuevos adeptos [*followers*]. Se empeoró la situación cuando el alto mando militar impuso a sus candidatos en la elecciones de 1974, 1978 y 1982 y asesinó a varios candidatos a la presidencia. En la década de los años 1980, el ejército y la oligarquía siguieron controlando el país por medio de gobiernos de facto, como el del excéntrico evangelista Efraín Ríos Montt (1982–83) y el del general Oscar Humberto Mejía Víctores (1983–86). El terrorismo de Estado de Ríos Montt, arrasó centenares de villas mayas y asesinó a varios miles de amerindios.

Las fuerzas armadas de Guatemala le permitieron al democristiano ganador de las elecciones, Marco Vinicio Cerezo (n. 1943), asumir la presidencia

Trabajadores de una bananera guatemalteca

de la República en 1986. Cerezo inició la distribución de tierras estatales o no cultivadas a los campesinos sin tierra. Por ser el primer gobernante civil desde 1972, Cerezo gobernó con mucha cautela con el fin de no antagonizar a sus opositores y al Ejército. Le sucedieron varios presidentes que gobernaron por cortos períodos de tiempo, hasta que Álvaro Arzú Irigoyen, de orientación política centro-derechista, comenzó su cuatrienio presidencial en 1996. Firmada la paz con los guerrilleros, el gobierno trató de conciliar las diversas fuerzas contendoras del país. También trató de aliviar la situación económica muy afectada por el huracán-tormenta tropical Mitch, que azotó a gran parte de Centroamérica a fines de octubre y principios de noviembre de 1998. Los siguientes gobiernos hicieron muy poco para aliviar la pobreza general, incluso el de Óscar Berger Perdomo, que comenzó en 2004. Durante su administración la ONU denunció la corrupción y la violencia criminal.

14.3 Perfil de Guatemala y su gente

La República de Guatemala, el más septentrional [*northern*] y más poblado de los países centroamericanos, es el tercero en tamaño en toda la región, con un área parecida a la del Estado de Tennessee. De sus trece millones de habitantes, son considerados ladinos (mestizos) 50%; amerindios, 44%; y blancos, 6%. La topografía guatemalteca es típica de Centroamérica. Se distinguen dos zonas más o menos de igual extensión: una baja, tropical, muy lluviosa, al norte, y una montañosa de clima menos riguroso, donde reside el 83,3% de la población. La región alta la forman cadenas de montañas volcánicas que encierran valles fértiles donde se cultiva la mayor parte del café guatemalteco. Como en toda la América Central, la agricultura es la actividad primordial de la población. Al café, principal producto de exportación, le siguen en importancia el azúcar, el plátano, el algodón, las frutas y las verduras. Guatemala tiene una minoría rica que ejerce el poder y una inmensa mayoría que vive en la miseria. Datos estadísticos reveladores [*revealing statistical figures*] son: crecimiento anual de la población, 2,7%; desocupados, 5%; semidesocupados, 40%; y analfabetos 20%. En 2006 se estimaba la población de la ciudad de Guatemala, capital del país, en dos millones de habitantes; Mixco, 505 000, y Quetzaltenango, 136 000. El 50% de la población se dedica a la agricultura. Las principales lenguas son el español y el maya-quiché; y las principales religiones: el catolicismo y varias ramas del protestantismo.

14.4 La República de Honduras

En este país nacieron los más activos defensores de la confederación centroamericana. Francisco Morazán asumió el mando de la República Federal Centroamericana, sucesora *de* las Provincias Unidas de Centroamérica. La historia republicana de Honduras se asemeja a la de los países vecinos. Un gran factor determinante en el siglo XX fue la United Fruit Company. La larga lista de presidentes autocráticos (casi uno por año) gobernó para beneficio de las minorías oligárquicas y los intereses extranjeros que convirtieron el país en lo que algunos llaman despectivamente [*disparagingly*] «república bananera». El dictador que por más tiempo retuvo el poder (1933–49) fue el general Tiburcio Carías (1876–1969). El caudillo le cedió la presidencia a Juan Manuel Gálvez, quien, para sorpresa de todos, gobernó sin tener en cuenta a [*taking into account*] su ex protector. Gálvez mejoró el transporte y la educación e intentó la diversificación de la economía. Sus reformas no le gustaron a la United Fruit Company, por lo que Gálvez fue derrocado. Se sucedieron juntas militares y regímenes civiles que han tratado de mantener el *status quo* para beneficio de las clases y empresas tradicionalmente todopoderosas. Una excepción la ofreció Ramón Villeda Morales (1908–71), cuyo gobierno (1957–63) resultó ser el más democrático y progresista del siglo XX hondureño.

A pesar de las dificultades internas, los demócratas del país se esforzaron por llevar el progreso a su patria. No tuvieron suerte en los años 1980, cuando el Gobierno permitió en la zona fronteriza con Nicaragua el establecimiento de campamentos estadounidenses para entrenar contrarrevolucionarios para desestabilizar al gobierno sandinista nicaragüense. Las violaciones de los derechos humanos por las Fuerzas Armadas apoyadas por la CIA de Estados Unidos debilitaron el funcionamiento de la democracia y añadieron más sufrimientos al pueblo.

En la actualidad Honduras enfrenta serios problemas macroeconómicos, la corrupción, un alto índice del SIDA[4] y la creciente agresividad de las pandillas de jóvenes conocidas como maras, que crean un clima de inestabilidad e inseguridad y desestabilizan la economía y la cultura de los barrios pobres.

14.5 Perfil de Honduras y su gente

Honduras, el segundo país más grande de Centroamérica, tiene un área parecida a la de Tennessee. Sus 7 483 763 habitantes son en su mayor parte mestizos (90%), descendientes de los mayas que alrededor del siglo V edificaron la imponente ciudad de Copán. A principios del siglo XXI la distribución de las otras etnias se calcula así: amerindia, 7%; afrohondureña, 2%; y blanca, 1%. El 94% de la población es católica y el resto mayormente protestante. El analfabetismo abarca un 20% de los hondureños.[5] El 15% está desocupado y el 40%, semidesocupado.

---

[4] *SIDA* Also written as *sida* is the acronym of *Síndrome de inmunodeficiencia adquirida* (AIDS)

[5] United Nations Population Fund, State of World Population (New York, 2006), 97.

El Salvador

- Población: 6 948 073 (estimada en julio de 2007)
- Área: 21 040 km^2
- Capital: San Salvador
- Moneda: dólar estadounidense (USD)
- Índice de alfabetización: 80,2%
- Principales productos de exportación: artículos ensamblados, café, azúcar, camarones, textiles

14.6 La República de El Salvador

El Salvador es la república más pequeña pero la más densamente poblada de Centroamérica y la única que no posee costa en el Atlántico. Después de la disolución de la Confederación, apoyada por la mayoría de los salvadoreños, algunos de sus descendientes han intentado sin éxito restablecerla. Es el país que más se beneficiaría con la reunificación político-económica de Centroamérica. Durante el resto del siglo XIX y primeras décadas del XX, la pequeña república ha tenido también una vida política sumamente agitada. Gracias a las arbitrariedades de sus caudillos despóticos se promovieron [*promoted*] conflictos con los países vecinos para distraer la atención del pueblo. De 1931 a 1944 gobernó el país un militar excéntrico: Maximiliano Hernández Martínez. Sus amigos aseguraban haberle oído afirmar que es peor crimen matar a una hormiga que a un hombre porque éste se reencarna después de muerto mientras que aquélla muere para siempre. Las agitaciones políticas de 1944 lo obligaron a renunciar y desde entonces la oligarquía y el Ejército gobiernan el país por medio de militares o de civiles en la presidencia.

La guerra civil de los años 80 atrajo la atención mundial y causó aproximadamente 75 000 muertes. Llegó a su fin en 1993, cuando el Gobierno y los guerrilleros izquierdistas firmaron un Tratado de Paz. En él se establecieron reformas militares y políticas, en las que intervinieron el partido Alianza Republicana Nacionalista (ARENA) y el Frente de Liberación Nacional Farabundo Martí (FMLN). Defensores de los derechos humanos en el extranjero y en el propio El Salvador culparon a las fuerzas gubernamentales y ejércitos privados ultraderechistas por la mayoría de las desapariciones y asesinatos de hombres, mujeres y niños, incluyendo los del arzobispo Oscar Arnulfo Romero y Galdámez (1980) y los de seis jesuitas (1989).

El problema más serio después de principios del siglo XXI es la lucha contra la delincuencia generada por la pobreza, fuertemente afectada las inundaciones causadas por los huracanes y por las "maras" (pandillas) incrementadas por la deportación de salvadoreños ilegales en Estados Unidos. Desde 2004 arribaron a El Salvador más de doce mil salvadoreños deportados, muchos de los cuales aumentaron el nivel de criminalidad en el país.

14.7 Perfil de El Salvador y su gente

El área de El Salvador es parecida a la del Estado de Massachussetts. Es después de Haití, la república americana más densamente poblada. De sus casi siete millones de habitantes son considerados mestizos el 94%; amerindios, 5%; blancos, 1%. La exportación del café rinde la mitad de las divisas. El Salvador ocupa el séptimo lugar entre los grandes países cafetaleros del mundo. El algodón y el azúcar también son importantes. También se exporta el bálsamo[6] del Perú, obtenido únicamente de un árbol de las laderas de los volcanes de El Salvador y utilizado en la preparación de medicamentos y perfumes. Junto con el aumento demográfico, los problemas de la tierra y de la dependencia de la economía nacional en la exportación de café representan serios problemas para el futuro desarrollo del país. El gran problema del país es la desigualdad económica de la distribución de ganancias personales. El quinto más rico de la población salvadoreña recibe el 45% de la ganancia del país, mientras que el quinto más pobre recibe solamente 6%. Más del 36% de los salvadoreños vive por debajo de la línea de pobreza. Más de tres millones de salvadoreños viven legal o ilegalmente en Estados Unidos y centenares de miles en Canadá, México, Guatemala, Costa Rica, Australia, Suecia y otros países. Sus remesas monetarias de más de 2 500 000 de dólares anuales ayudan mucho a la economía nacional.

14.8 La República de Nicaragua

La historia de la República de Nicaragua se parece mucho a la de los países vecinos. Destruida la República Federal Centroamericana en 1840, Nicaragua entró en una era de conflictos internos entre conservadores y liberales. Los conservadores tenían por centro la ciudad de Granada; los liberales, la ciudad de León. Así transcurrieron los años hasta que en 1855 llegó el aventurero [*adventurer*] estadounidense William Walker (1824–60), agente de poderosos intereses económicos norteamericanos. Walker soñó establecer un imperio esclavista en Centroamérica para lo cual se hizo elegir presidente de Nicaragua en 1856. Al ver el peligro, los demás gobiernos centroamericanos combatieron al famoso filibustero hasta derrotarlo y fusilarlo en 1860.

Nicaragua
- Población: 5 675 356 (estimada en julio de 2007)
- Área: 129 494 km^2
- Capital: Managua
- Moneda: córdoba oro
- Índice de alfabetización: 67,5%
- Principales productos de exportación: café, carnes, camarones, langostas, tabaco, azúcar, oro, maní

---

[6] *bálsamo*   fragrant exudation from a shrub or tree of warm and arid country

Debido a su posición geográfica y a la naturaleza del territorio, el país ofrece muchas ventajas para una posible ruta interoceánica. Durante el siglo XIX capitales norteamericanos e ingleses contemplaron construir un canal. Las naciones extranjeras que miraban al país como un posible centro de mayores inversiones se disputaron la región para establecer su supremacía. Las condiciones domésticas favorecieron el establecimiento de una de las dictaduras más inescrupulosas de la región: la de José Santos Zelaya, que durante dieciséis años (1893–1909) benefició a los pocos dueños de las industrias cafetalera y bananera.

De 1909 a 1933 Nicaragua sufrió fuertemente la intervención estadounidense, guiada por la diplomacia del dólar. Estados Unidos impuso primero el control de sus aduanas y después ocupó el país (1912–33) con destacamentos de infantería de marina [*marines*]. La ocupación no tuvo oposición hasta 1927, cuando el general Augusto César Sandino se alzó en armas y, alentado por la opinión pública latinoamericana, combatió las fuerzas de ocupación y sus aliados nicaragüenses. En 1933 Washington llegó a un acuerdo con los patriotas nicaragüenses: Sandino cesaba [*would stop*] sus hostilidades y las fuerzas norteamericanas abandonaban el país. Todo se cumplió bien y el país comenzaba a recuperarse política y económicamente hasta 1934. El protegido de las fuerzas militares norteamericanas, Anastasio «Tacho» Somoza, jefe de la Guardia Nacional creada por ellas, mandó asesinar al héroe Sandino y a los dos años se instaló en el palacio presidencial con poderes absolutos [*all-embracing*]. Su dictadura duró hasta 1956, año en que fue asesinado por Rigoberto López Pérez, un joven poeta. Heredó la presidencia su hijo Luis Somoza, apoyado por su hermano Anastasio, «Tachito», comandante en jefe de la Guardia Nacional. En 1967 comenzó el turno de «Tachito», después de ser declarado vencedor en las elecciones presidenciales de ese año. Sin el menor signo de vida democrática, Nicaragua se hundió gradualmente en la miseria y el terror. Más sanguinario que su hermano, «Tachito» ordenó en 1978 el asesinato de Pedro Joaquín Chamorro, director del diario *La Prensa*. El crimen puso en marcha un fuerte proceso antidictatorial. La dinastía Somoza fue combatida por guerrilleros continuadores del ideario [*ideology, theory*] de Sandino. La opresión y la corrupción de los Somoza provocaron el repudio popular. Finalmente los diferentes sectores, olvidando diferencias ideológicas, se unieron y derrotaron a los Somoza en 1979. El tirano se refugió primero en los Estados Unidos y después en Paraguay, donde al fin cayó asesinado.

Durante los once años siguientes Nicaragua fue gobernada por el Partido **Sandinista**, comprometido a realizar transformaciones sociales dentro de un clima democrático para el beneficio de la mayoría de los ciudadanos. Sus errores y contradicciones fueron aprovechados por los conservadores nicaragüenses y estadounidenses para acusar al régimen constitucional de aliarse con Cuba y la Unión Soviética para exportar la revolución poniendo en peligro la seguridad de los Estados Unidos. En cambio, México y los regímenes democráticos de Europa Occidental continuaron apoyando al gobierno sandinista para proteger la democracia y animar la continuidad de una sociedad pluralista.

En 1988 el gobierno sandinista y los dirigentes de los **Contra** (contrarre-volucionarios) firmaron un acuerdo para cesar el fuego, permitir libertad de acción a la oposición gubernamental y llevar a cabo elecciones presidencia-les en febrero de 1990 para poner fin a la guerra civil responsable de más de 25 000 muertos desde 1981 y causante de la hiperinflación. El proceso de paz centroamericana iniciado por el Presidente Oscar Arias, de Costa Rica, en agosto de 1987 permitió que se llevaran a cabo las elecciones libres del 26 de febrero de 1990, que ganó Violeta Barrios de Chamorro, de la coalición de catorce partidos de oposición. La primera mujer en ser elegida presidenta de Nicaragua, Violeta Barrios asumió el poder el 26 de abril de 1990. A ella le sucedió en 1996 el ex alcalde de Managua, Arnoldo Alemán, de la derechista Alianza Liberal. En el segundo año de su mandato las fuertes pérdidas huma-nas y materiales causadas por el Huracán Mitch de 1998 requirieron la ayuda económica internacional para aliviar el sufrimiento del pueblo. El 2 de enero de 2002 fue inaugurado presidente el conservador Enrique Bolaños. Cuatro años después Bolaños compitió con Daniel Ortega (Frente Sandinista de Liberación Nacional) en las elecciones presidenciales de noviembre de 2006. Como se anticipaba, Ortega triunfó con la ayuda de sus antiguos enemigos políticos como el Cardenal Miguel Obando.

14.9 Perfil de Nicaragua y su gente

Nicaragua es el estado más extenso de Centroamérica, pero el de menos den-sidad de población. De los cinco millones y medio de habitantes, se consideran mestizos el 70%; blancos, el 17%; negros de origen jamaiquino, el 7%; ame-rindios, el 5%; y asiáticos, el 1%. El nicaragüense más brillante de su historia ha sido el famoso escritor Rubén Darío (1867–1916), a quien muchos consi-deran como el poeta más importante en castellano desde el fin del Siglo de Oro. Entre los mejores escritores de fines del siglo XX destacan Pablo Antonio Cuadra, Ernesto Cardenal, Sergio Ramírez Mercado y Gioconda Belli.

La mayor parte del territorio de Nicaragua es montañoso, cubierto [*covered*] de volcanes cuya lava y ceniza han fertilizado la zona baja del norte del país. En 1835 la violenta erupción volcánica del Cosegüina oscureció el sol en un radio de 35 millas. El polvo de una nueva montaña creada por la erupción cayó en Jamaica, a 700 millas de distancia. De importancia histórica y económica es la región baja de la república, deseada desde el siglo pasado por los Estados Unidos y la Gran Bretaña para construir ahí un canal inter-oceánico. En esa zona baja se encuentran dos lagos de agua dulce que se unen en el Mar Caribe. Para arreglar la histórica rivalidad entre las ciudades de Granada y de León, en 1858 se fundó una nueva ciudad capital en un punto equidistante entre ambas: Managua.

Trabajadores ticos (*Costa Rican*) preparan los racimos [*bunches*] de plátanos para la exportación. Las bananeras se encuentran en la costa del país. Carlos Luis Fallas (n. 1911) en su novela *Mamita Yunai* trata de la explotación de los bananeros por la United Fruit Company.

El 44% de la población de la república es rural, dependiente de la producción de café, maderas, y azúcar, principales fuentes de divisas, y de otros productos agrícolas de importancia comercial, el plátano, el algodón, el sésamo,[7] el maíz y el arroz, así como de la cría de ganado. El 56% de los nicaragüenses viven en ciudades, como Managua, la capital (casi dos millones), León (110 000) y Granada (90 000). El 16% están desocupados y el 36% subempleados. El 95% son católicos; los 5%, protestantes; y el 34%, analfabeto.

14.10 La República de Costa Rica

Al principio de la historia de la República de Costa Rica los habitantes de Cartago deseaban la unión del país con Colombia, mientras que los de Heredia preferían la unión con México. Costa Rica formó parte de la Confederación Centroamericana hasta su disolución en 1840. Entonces la nueva república tenía alrededor de 70 000 habitantes. Más tarde, las disputas domésticas degeneraron en conflictos internacionales con los vecinos. En 1856 tuvo una activa participación en la lucha contra el aventurero estadounidense William Walter, que se había apoderado del gobierno nicaragüense y amenazaba toda la región. Y así continuó la vida republicana del país, con luchas entre

---

[7] *sésamo* sesame (a tropical or subtropical erect herb, whose seeds are used as a source of oil and a flavoring agent)

Costa Rica

- Población: 4 133 884 (estimada en julio de 2007)
- Área: 51 100 km^2
- Capital: San José
- Moneda: colón costarricense
- Índice de alfabetización: 96%
- Principales productos de exportación: café, bananas, azúcar, piñas, textiles, componentes electrónicos, equipo médico

---

liberales y conservadores, hasta que en 1889 Costa Rica comenzó a estabilizarse y a sentar las bases de su democracia con gobernantes civiles.

Por esa época el gobierno de San José, deseoso de [*eager to*] facilitar la exportación del café con la construcción de un ferrocarril, buscó la ayuda de Henry Meiggs (1811–77), el «Pizarro yanqui» que se hizo famoso con la construcción del Ferrocarril Central en los Andes peruanos. Minor C. Keith, sobrino de Meiggs, completó en 1891 el ferrocarril de Puerto Limón a San José, la capital, desarrolló la industria bananera [*banana industry*] y ayudó a fundar la United Fruit Company en 1899. Debido a esta empresa, en 1909 Costa Rica llegó a ser el principal exportador de plátanos del mundo. Desprestigiada [*discredited*] en el mundo la United Fruit cambió su nombre a United Brands Company en 1970, y ésta se convirtió en Chiquita Brands Internacional en 1985.

Desde principios de este siglo hasta 1947, la tranquilidad de Costa Rica parecía asegurada por los políticos tradicionalistas y ricos propietarios de tierras, pero en 1948 fuerzas reformistas desafiaron el poder de la oligarquía. José Figueres Ferrer, don Pepe (1906–90), propietario cafetalero, organizó un Ejército de Liberación Nacional, que con la fuerza de las armas hizo que se respetara el veredicto del pueblo expresado en las elecciones de ese año y se proclamó presidente provisional. En 1951 fundó el Partido Liberación Nacional (PLN) de izquierda democrática. En 1953, don Pepe fue elegido presidente constitucional. Su gobierno reformista dio un ejemplo de dedicación al pueblo. Tras varios períodos presidenciales, durante los cuales su partido político y la oposición conservadora se alternaron en el poder, en 1970 don Pepe fue elegido presidente por tercera vez y continuó con su programa reformista interno, pero su política exterior se tornó anticomunista, aunque mantuvo la estabilidad democrática nacional. De 1982 a 1986 Luis Alberto Monge (n. 1925), miembro del PLN, gobernó bien Costa Rica, pese a la severa crisis económica causada en gran parte por el aumento del precio del petróleo importado. Le sucedió Oscar Arias Sánchez (n. 1942), otro dirigente del PLN, perteneciente a una de las familias cafetaleras más ricas, y doctorado [*received a doctorate*] en ciencias políticas por la Universidad de Essex, Reino Unido. Por su plan de pacificación de Centroamérica, el presidente

Arias recibió el Premio Nobel de la Paz en 1987. En 1991, durante la presidencia del demócrata cristiano Rafael Caldera, hijo, se firmó un importante tratado. México, Costa Rica, El Salvador, Guatemala, Honduras y Nicaragua acordaron integrar la economía de los seis países en el próximo sexenio [*six-year period*].

José María Figueres Olsen (n. 1954), hijo de don Pepe, y también perteneciente al PLN, llegó a la presidencia de Costa Rica en 1994. Su gobierno prestó especial atención a la educación, ofreciendo clases de inglés y computación en las escuelas públicas, y mejoró los sectores de salud pública y vivienda. En 1998 Miguel Ángel Rodríguez del Partido Social Cristiano fue proclamado presidente de la República. En las elecciones presidenciales de 2006 volvió a triunfar Oscar Arias para gobernar hasta el año 2010 con una política de izquierda democrática.

14.11 Perfil de Costa Rica y su gente

Con un área de 51 100 kilómetros cuadrados, el doble del Estado de Vermont, Costa Rica, después de Panamá, es la república hispanoamericana de menos habitantes: poco más de cuatro millones. La población aumenta anualmente en un 1,8%, una de las tasas de crecimiento [*growth rates*] más altas del mundo. Una cadena central de montaña, que forma una meseta, separa las dos costas planas del Pacífico y del Caribe. El clima es predominantemente tropical, caliente y húmedo y con abundantes lluvias en la costa caribeña y tierras bajas, frío en las regiones montañosas. El 80% de los costarricenses se considera de origen europeo; el 14%, mestizo; el 3%, afroamericano; el 1% amerindio; el 1% chino, y el resto, de otras etnias. Casi las dos terceras partes de los «**ticos**», como cariñosamente se llama a los costarricenses, viven en la meseta central donde se encuentra San José, la capital. Esta ciudad propiamente dicha tiene cerca de 350 000 habitantes mientras que su área metropolitana cuenta con casi un millón de almas. Otras ciudades importantes son Cartago (105 000) y Limón (60 000). El 93% de los ticos es católica y el 5%, analfabeta.

Costa Rica es una de las democracias latinoamericanas más viables por haber sido uno de los primeros países en conseguir estabilidad política, basada en el gobierno civil, la educación popular y la inexistencia de un ejército desde 1949. Los «ticos» se enorgullecen de tener más maestros que policías y de invertir la mayor parte de su presupuesto en la educación del pueblo. Últimamente la inflación y el narcotráfico han amenazado la economía y la estabilidad de la región. En Costa Rica el campesino vive mejor que en la mayoría de los países latinoamericanos, en gran parte debido al alto número de propietarios de tierra. En la zona central, por ejemplo, el 56% de los cafetaleros posee [*own*] sólo dos acres de terreno. El **minifundio** [*small farm*] no es antieconómico cuando hay orientación y asesoría del Estado y las asociaciones agrícolas.

Panamá

- Población: 3 242 173 (estimada en julio de 2007)
- Área: 78 200 km^2
- Capital: Ciudad de Panamá
- Moneda: el balboa
- Índice de alfabetización: 92,6%
- Principales productos de exportación: bananas, camarones, azúcar, café, ropa

---

14.12 La República de Panamá

Aunque geográficamente Panamá pertenece a Centroamérica, no siempre se asocia este país políticamente con esa región, tal vez porque por siglos ha estado vinculada a Sudamérica. Desde que Colombia se independizó de España en 1821, Panamá era una de sus provincias, aunque grupos de políticos panameños deseaban cierta autonomía administrativa local. En 1903, el presidente norteamericano Theodore Roosevelt, influido por los empresarios del proyectado canal en Panamá, intervino para que esa región se escindiera de [*secede from*] Colombia con el nombre de República de Panamá. La nueva república apenas tenía unos 250 000 habitantes. Uno de sus actos presidenciales que más enorgulleció [*filled with pride*] a Teddy Roosevelt, fue el haber manipulado la independencia de Panamá en violación del tratado existente, en el cual Estados Unidos reconocía la soberanía colombiana de esa región.

Desde que surgió como país independiente, la República de Panamá tuvo dificultades con el Coloso del Norte [*Colossus to the North, the United States*]. Mediante el tratado Hay-Bunau-Varilla de 1903, Estados Unidos impuso a Panamá el «arrendamiento» [*lease*] a perpetuidad de la famosa Zona del Canal, ofreciendo el pago de diez millones de dólares y 250 000 dólares anuales de alquiler [*rental*]. Completado el canal, fue inaugurado en 1914 y desde ese año constituye la principal fuente de ingresos del país. Arnulfo Arias, perteneciente a una de las familias prominentes del país, se atrevió a desafiar [*dared to defy*] la influencia norteamericana cuando llegó a la presidencia en 1940 pero por maniobras de Washington fue depuesto al año siguiente. En 1949 volvió a ser elegido presidente pero nuevamente fue derrocado. Lo mismo ocurrió en 1968, cuando después de once días de gobierno, una junta militar lo depuso y reemplazó en el poder. Poco después y hasta 1981 el carismático general Omar Torrijos dominó la política nacional imponiendo un programa de reformas populistas opuestas por la oligarquía. Torrijos fue el principal gestor promotor de un nuevo tratado con Estados Unidos para la devolución del Canal de Panamá. Pocos años después de firmar ese tratado murió en un sospechoso accidente de aviación. Desde entonces la política del gobierno panameño se tornó menos

El Canal de Panamá fue construido por trabajadores de diversas partes del mundo, principalmente de las Antillas, China y Europa. El Canal tiene 80 km (50 millas) de largo desde el Mar Caribe hasta el Pacífico. El 31 de diciembre de 1999, el Canal fue transferido a la República de Panamá, en conformidad con el Tratado de 1977, firmado por Jimmy Carter, Presidente de Estados Unidos, y Omar Torrijos, Jefe de Gobierno de Panamá.

nacionalista y menos interesada en antagonizar la política latinoamericana de Washington, hasta que se produjo una ruptura de relaciones entre el general Manuel Antonio Noriega y sus colaboradores norteamericanos. Ni la oposición civil interna, ni la presión del exterior, ni el alzamiento de parte de su ejército lograron derrocarlo. Su habilidad para sobrevivir y mantenerse como el hombre con más poder en Panamá ilustra los límites de la democracia cuando los dictadores son apoyados por políticos y militares estadounidenses. Posteriormente, se enfriaron sus relaciones con Washington. Decepcionado de la desobediencia de Noriega, el presidente George Bush, padre, ordenó la invasión de Panamá en diciembre de 1989, acto censurado por la Organización de Estados Americanos y la mayor parte del mundo no influido por Estados Unidos. De todas maneras, tras la destrucción de parte de la ciudad de Panamá, el general Noriega fue apresado y conducido a Miami, donde fue enjuiciado [*prosecuted*] por tráfico de drogas y condenado a cuarenta años de prisión. Guillermo Endara, candidato triunfante de 1989, fue juramentado como presidente de Panamá en una base norteamericana, hecho censurado por muchos gobiernos latinoamericanos, como los del Perú y Venezuela. En 1994 le sucedió en la presidencia Ernesto Pérez Balladares. En 1999 ganó las elecciones Mireya Moscoso. En ese año Estados Unidos transfirió el control del Canal de Panamá a los panameños, en conformidad con lo estipulado por el tratado Torrijos-Carter. En 2004 triunfó en las elecciones Martín Torrijos Espino (n. 1963), hijo de Omar Torrijos Herrera.

14.13 Perfil de Panamá y su gente

El nombre "Panamá" es de origen indígena y significa abundancia de peces y mariposas. El país tiene un área algo más pequeña que Carolina del Sur. Ocupa el famoso istmo [*isthmus*] del mismo nombre, tan importante durante el período colonial por encontrarse ahí Porto Belo y Nombre de Dios, puertos importantes en el comercio entre España y Sudamérica. El tráfico internacional ha sido la principal fuente de su economía y su razón de ser. El 85% de sus más de tres millones de habitantes es católica y el 15%, evangelista. La composición étnica es la siguiente: mestizos (descendientes de blancos y amerindios) 70%, afropanameños (descendientes de afrocaribeños e hindúes caribeños) 14%, blancos 10%, amerindios 6%. Aunque el español es el idioma oficial, un 15% de los panameños habla inglés y algunos idiomas amerindios. Panamá es admirada por su rica tradición folclórica, bailes populares, artesanía indígena y trajes nacionales de vivos colores usados durante los carnavales y otras fiestas. El clima es tropical lluvioso en las costas y templado lluvioso en las montañas.

Establecida en 1948, la Zona Comercial Libre de Colón importa anualmente alrededor de cinco mil millones de dólares y exporta unos 5 500 000 000 dólares. En la actualidad la vida económica de la mayoría de sus habitantes depende principalmente de la exportación de caoba, plátanos, cacao, azúcar, camarones, y sobre todo del Canal y de la actividad de las numerosas sucursales de bancos extranjeros. Periódicamente, los políticos panameños interesados en conseguir concesiones económicas de Estados Unidos, permitían disturbios populares causados por la discriminación racial y la injusticia económica de la zona del Canal. En varias ocasiones esta política tuvo éxito al obtener de Washington un aumento del pago anual por el uso de la zona del Canal, pero los beneficiados siempre fueron los políticos y no el pueblo.

En 1964 se produjo un grave incidente con motivo de izarse [*hoisting*] la bandera de Estados Unidos sola en la zona del Canal. En los disturbios que siguieron hubo más de veinte muertos y centenares de heridos. La crisis se calmó cuando el presidente Lyndon Johnson declaró, que su país estaba preparado a negociar la firma de un nuevo tratado, reconociendo la soberanía panameña de la zona del Canal. Después de largas negociaciones el nuevo tratado se firmó en 1977 bajo la presidencia de Jimmy Carter. El tratado reconocía la soberanía panameña sobre el Canal y señalaba 1999 como el año de la transferencia de todas sus operaciones a manos panameñas.

14.14 Resumen

I. **Período de unificación (1821–42)**
   A. Independencia de la Capitanía General de Guatemala (1821)
   B. Anexión mexicana de Chiapas (1821) y Centroamérica (1822)
   C. Las Provincias Unidas de Centroamérica (1821–47)
      1. Constitución Federal de 1824: Guatemala, capital de la República Federal de Centroamérica
      2. Gobierno anticlerical de Francisco Morazán (1829 y 1830–40)
      3. Adopción del código criminal de Luisiana
      4. El guatemalteco Rafael Carrera se alza contra la Federación

II. **República de Guatemala (1842–hasta el presente)**
   A. La era del conservador Rafael Carrera (1840–65)
   B. Gobierno anticlerical del liberal Rufino Barrios (1873–85)
   C. Dictaduras de M. Estrada Cabrera (1898–1920) y Jorge Ubico (1931–44)
   D. Presidencia democrática de Juan José Arévalo (1945–51)
      1. Política pro-indigenista y división de la gran propiedad
      2. Reformas económicas, políticas, sociales y laborales
   E. Presidencia reformista de Jacobo Arbenz y el golpe de Castillo Armas
   F. Gobiernos reaccionarios, golpes, desaparecidos y terrorismo de Estado
   G. Presidencia constitucional del democristiano Vinicio Cerezo (1986–91)
   H. Perfil del país y su gente

III. **República de Honduras (1841–hasta el presente)**
   A. Guerras con Guatemala, Honduras, Nicaragua
   B. Dictadura de Tiburcio Carías (1933–49) en beneficio de la oligarquía
   C. La United Fruit derroca al reformista Juan Manuel Gálvez (1949–54)
   D. Perfil del país y su gente

IV. **República de El Salvador (1842–hasta el presente)**
   A. Conflictos internacionales e internos, rebeliones y militarismo
   B. Dictadura del general M. Hernández Martínez (1931–44)
   C. Gobiernos despóticos militares impuestos por la oligarquía
   D. La guerra civil entre conservadores y el Frente de Liberación Nacional Farabundo Martí causa 70 000 muertes de 1980 a 1989
   E. Perfil del país y su gente

V. **República de Nicaragua (1842–hasta el presente)**
   A. Luchas entre conservadores de Granada y liberales de León
   B. William Walker impuesto como presidente (1850) es fusilado (1860)

C. Dictadura de José Santos Zelaya (1893–1909)

D. Ocupación norteamericana (1909–33) y resistencia de Augusto C. Sandino

E. Tiranía de la dinastía Somoza (1936–79) derrocada por los sandinistas

F. El gobierno sandinista combate a los Contra (contrarrevolucionarios)

G. Perfil del país y su gente

VI. **República de Costa Rica (1842–hasta el presente)**

A. Liberales y conservadores se disputan el poder (1849–89)

B. Gobiernos civiles progresistas desarrollan la democracia (1889–1948)

C. Liberación Nacional y el reformismo de los presidentes Pepe Figueres, Monge y Oscar Arias, Premio Nobel de la Paz (1987)

D. Perfil del país y su gente sin ejército

VII. **República de Panamá (1903–hasta el presente)**

A. Separada de Colombia, declara su independencia (1903) auspiciada por EE.UU.

B. El Tratado Hay-Bunau Varilla (1904) impuesto al nuevo país

C. Intervenciones armadas de EE.UU. de 1905, 1912 y 1918

D. El Tratado Torrijos-Carter (1977) devuelve la soberanía del canal

E. El general M. Noriega y su trágico desalojo del poder

F. Perfil del país y su gente

14.15 Cuestionario y temas de conversación

Cuestionario

1. ¿Cuáles han sido los esfuerzos de unificación en Centroamérica?
2. ¿Cuál fue la obra positiva de Juan José Arévalo en Guatemala?
3. ¿Qué papel histórico tuvo Jacobo Arbenz?
4. ¿Por qué es Costa Rica el país más democrático de Centroamérica?
5. ¿Cuál es la importancia histórica de Pepe Figueres?
6. ¿Por qué Centroamérica repudió a William Walker?
7. ¿Cómo pudo gobernar tanto tiempo la familia Somoza en Nicaragua?
8. ¿Qué importancia tiene la United Fruit en Centroamérica?
9. ¿Cómo explica las intervenciones de EE.UU. en los países centroamericanos?
10. ¿Cuáles fueron las causas de la independencia de Panamá?

Temas de conversación

1. Relate los principales intentos históricos de la unificación de Centroamérica.
2. Explique la rivalidad entre ladinos e indígenas en Guatemala.

3. Ocúpese del experimento democrático de Juan José Arévalo.
4. Comente sobre la popularidad del gobierno progresista de Jacobo Arbenz.
5. Describa el papel histórico del guerrillero Augusto Sandino.
6. Explique la importancia del Canal de Panamá en el comercio mundial.
7. Contraste el desarrollo de la democracia en Costa Rica con el de sus vecinos.
8. Describa el experimento aventurero de William Walker en Centroamérica.
9. Compare la familia Somoza con otras familias poderosas de Centroamérica.
10. Haga un juicio crítico de los gobiernos castrenses en El Salvador.

Cronología comparada

1494 Fundación de Isabela	**1492** Triunfo de los cristianos en Granada
1496 Fundación de Santo Domingo	**1521** Muerte de Magallanes
1514 Fundación de Santiago	**1648** En la Paz de Westfalia España reconoce la independencia de Holanda
1515 Fundación de La Habana	**1789** La Revolución Francesa
1697 En el Tratado de Ryswick España reconoce a Francia el derecho de administrar Saint Domingue (La Española occidental)	**1807** Napoleón invade España y Portugal
1762 Ocupación inglesa de La Habana	
1821 Independencia de la República Dominicana	
1902 El Tratado de París reconoce la Independencia de Cuba	
1959– Gobierno revolucionario de Fidel Castro	

Cuba
- Población: 11 394 043 (estimada en julio de 2007)
- Área: 110 860 km^2
- Capital: La Habana
- Moneda: peso
- Índice de alfabetización: 97%
- Principales productos de exportación: azúcar, níquel, tabaco, pescado, cítricos y café

República Dominicana
- Población: 9 365 818 (estimada en julio de 2007)
- Área: 48 730 km^2
- Capital: Santo Domingo
- Moneda: el peso
- Índice de alfabetización: 84,7%
- Principales productos de exportación: ferro níquel, azúcar, oro, plata, café, cacao, tabaco

Puerto Rico
- Población: 3 944 259 (estimada en julio de 2007)
- Área: 13 790 km^2
- Capital: San Juan
- Moneda: el dólar
- Índice de alfabetización: 94,1%
- Principales productos de exportación: productos químicos, textiles, atún enlatado, ron, bebidas concentradas, equipo médico

Mapa de las Grandes Antillas

15

La personalidad hispánica de las Antillas Mayores

Vocabulario autóctono y nuevo

- arahuaco
- castrista
- guajiro
- choteo
- afrocubanista
- taíno
- caribe
- borinqueño

Como sabemos, las islas más grandes de Latinoamérica están en el Caribe: Cuba, La Española y Puerto Rico, las cuales con Jamaica son conocidas como Antillas Mayores o Grandes Antillas [*Greater Antilles, West Indies*]. Las otras islas de las Indias Occidentales reciben el nombre de Antillas Menores. El 12 de octubre de 1492 Cristóbal Colón llegó a San Salvador, hoy una isla integrante de las Bahamas. En su primer viaje al Nuevo Mundo el afortunado marino genovés también exploró Juana (Cuba) y La Española (ocupadas hoy por Haití y la República Dominicana). En su segundo viaje, Colón en 1493 exploró Puerto Rico, la tercera Antilla Mayor de nuestro estudio.

15.1 Proyección histórica de Cuba colonial

Cuando en su primer viaje Colón visitó la isla que él llamó Juana (después llamada Cuba), ese gran territorio estaba habitado por indios siboneyes y taínos pertenecientes a la familia de los **arahuacos**[1] sudamericanos. La primera circunnavegación de Cuba realizada por Sebastián Ocampo en 1508 probó cómo Cristóbal Colón se había equivocado al creer que esa isla era una península asiática. Su colonización se llevó a

---

[1] Arahuacos Arawaks (*Indian people originally from the Amazon basin*)

 Para enriquecer tus estudios, ve nuestros recursos suplementarios en línea a **www.cengage.com/spanish/latinoamerica**

 Películas, videos y otros materiales audiovisuals: vea nuestras sugerencias en la página 367.

cabo a partir de 1511 con Diego Velázquez de Cuéllar (1465–1524). Desde entonces la isla se convirtió en un campo de adiestramiento y trampolín [*training and springboard*] para futuras conquistas. En Cuba los españoles combatieron a los pacíficos indígenas forzados a defenderse desesperadamente para evitar el exterminio de su raza. El histórico cacique Hatuey luchó heroicamente hasta caer preso. Los conquistadores españoles lo condenaron a morir en la hoguera [*he was condemned to be burned alive*]. Cuando un sacerdote le ofreció el cielo si aceptaba al dios cristiano, el cacique le preguntó si allá iban a estar los conquistadores. Al recibir la respuesta afirmativa, Hatuey declaró: «Si estos invasores blancos van a estar en el Paraíso, yo prefiero ir al infierno». Derrotada la rebelión indígena en 1513, Velázquez fundó varias ciudades, entre ellas Santiago (1514) y La Habana (1515).

Al no encontrar oro, gran número de los colonos abandonaron Cuba, incorporándose a las expediciones conquistadoras y colonizadoras de nuevas tierras americanas. Sin ofrecer fortuna fácil, la isla sobresalió principalmente por su importancia estratégica y por el puerto de La Habana. Durante mucho tiempo la actividad principal fue la construcción de fortificaciones, presidios, torreones y murallas [*prisons, towers and walls*]. Durante los siglos XVI, XVII y XVIII sirvió de base principal para la lucha contra los corsarios, bucaneros y piratas. Al principio de la colonización rivalizaron dos jurisdicciones administrativas: Santiago y La Habana. Asimismo desde los primeros años de la colonización se introdujo el cultivo de la caña de azúcar, pero la industria azucarera no floreció sino hasta el siglo XVIII. La población indígena fue casi totalmente exterminada por defender sus hogares y no tener inmunidad contra las enfermedades europeas. Para reemplazarla en el trabajo físico se importaron numerosos esclavos negros.

En el siglo XVII Cuba sufrió el filibusterismo de holandeses, franceses e ingleses, procedentes de las islas vecinas. En 1665 los franceses saquearon la villa de Sancti Spíritus, Tres años después el filibustero inglés Henry John Morgan (1635–1688) destruyó Puerto Príncipe, y el rey de Inglaterra le otorgó el título de *Sir*. Las luchas contra los agresores seguían el ritmo de la política europea y las treguas [*truces*] temporales eran, a veces, interrumpidas por nuevos combates navales e incursiones en tierras cubanas. En 1762 un ejército de 30 000 británicos, transportado en 27 naves de guerra, ocupó La Habana y se apoderó de un considerable botín. La presencia inglesa duró varios meses. El comercio internacional prosperó tanto que durante ese breve período ingresaron a la bahía más naves mercantes que durante el tiempo anterior de ocupación española. Gracias al Tratado de París (1763) que puso fin a la Guerra de los Siete Años, España recuperó La Habana, cedió la Florida a Gran Bretaña y obtuvo Luisiana de Francia.

La ocupación inglesa de La Habana puso en evidencia el nacionalismo y algunos rasgos de la personalidad cubana. Restituido el gobierno español, cien damas de la ciudad firmaron un documento que enviaron a Madrid, quejándose de las autoridades, cuya falta de decisión y capacidad contribuyó a la invasión inglesa. En las calles habaneras circulaban décimas [*ten-line poems*] irrespetuosas de las autoridades de la isla y reveladoras del carácter cubano. Al pedir el nombramiento de un nuevo gobernador, las décimas señalaban con sorna [*sarcastically*]:

> Sabio, cristiano, prudente
> de experiencia y muy valiente
> y que no sea traidor,
> . . . .
> que el que hubo fue un halcón [*falcon*]
> sin justicia ni razón
> y que me ha dejado en suma
> cacareando [*crowing*] y sin plumas.

Aparentemente el concepto de patria se estaba arraigando [*taking root*]. Cuando a los nacidos en Cuba se les preguntaba si preferían vivir bajo la bandera española o bajo la británica, ellos respondían que su patria era Cuba y no España ni Gran Bretaña.

Para 1774 la isla todavía no había prosperado mucho. Según el censo de ese año, tenía una población total de 96 430 habitantes blancos y 75 180 pardos (eufemismo para llamar a los negros). En esta segunda cifra se incluía a 44 633 esclavos (más de un cuarto de la población total).

La insurrección por la independencia de Haití de fines del siglo XVIII obligó a buen número de franceses de esa colonia a emigrar a la vecina Santiago, Cuba, con esclavos negros y la contradanza inglesa. De la versión haitiana, nos asegura Alejo Carpentier (1904–80) en su *Historia de la música en Cuba* (1946), se deriva la contradanza cubana, madre del danzón, del bolero, de la rumba y hasta del tango. Como en 1795 España había cedido a Francia toda La Española, la guerra por la independencia de Haití afectó grandemente a los españoles de Santo Domingo que también emigraron a Santiago. Se calcula que 30 000 franceses y españoles arribaron a esa ciudad cubana. Los nuevos colonos franceses construyeron grandes mansiones en las fincas cafetaleras que adquirieron, donde llevaron un lujoso estilo de vida.

El interés estadounidense en Cuba lo manifestó su tercer presidente, Thomas Jefferson. El 20 de octubre de 1805 escribió: "Confieso que siempre he considerado a Cuba como la adición más interesante que pudiera hacerse a nuestro sistema de Estados. El dominio que esta isla nos daría sobre el Golfo de Méjico . . . llenaría la medida de nuestro bienestar".[2] Por eso, Estados Unidos, consciente ya de la importancia estratégica de la isla, se opuso en 1826 al proyecto ya listo de Simón Bolívar de independizar

---

[2] Cnf. *Thomas Jefferson and James Monroe Correspondence*, Transcribed and Edited by Gerard W. Gawalt, Manuscript Division, Library of Congress; y *Autobiography/Notes on the State of Virginia/Public and Private Papers/Addresses/Letters; Thomas Jefferson; Library of America*; NY, 1984.

Cuba. Este veto postergó 75 años la liberación de Cuba de España. Como los isleños siguieron entusiasmados por la causa independentista, el gobierno español introdujo algunas reformas. Luego cuando el absolutismo se restableció completamente en la Península Ibérica, Madrid envió autoridades despóticas a la isla. Contra ellas emergió el general venezolano Narciso López (¿1798?–1851). En 1850, con centenares de hombres reclutados en Nueva York invadió Cuba, ocupó Cárdenas e izó la bandera cubana que había diseñado[3], pero fue derrotado. Al año siguiente, al intentar otra invasión, también desde Estados Unidos, López fue capturado y ejecutado. Los cadáveres de los patriotas fusilados en La Habana fueron mutilados horriblemente por la multitud monarquista.

La suerte de Narciso López y sus expedicionarios no desmoralizó a los cubanos que siguieron conspirando. El mayor desafío al poder español lo llevaron a cabo Carlos Manuel de Céspedes (1819–74), Máximo Gómez (1836–1905), Antonio Maceo e Ignacio Agramante y Loynaz en la Guerra de los Diez Años (1868–78). Ellos fueron auxiliados por 6000 soldados de trabajadores chinos integrantes del Ejército revolucionario cubano (Mambí).[4] El general historiador Gonzalo de Quesada y Miranda les rinde tributo en el monumento dedicado a ellos en La Habana: "No hubo un chino cubano desertor, no hubo un chino cubano traidor". En esa Guerra Grande, en la que también pelearon voluntarios latinoamericanos como los hermanos peruanos Leoncio y Grocio Prado, se proclamó la independencia de Cuba el 10 de octubre de 1868. Las autoridades realistas combatieron ferozmente a los patriotas cubanos y sus aliados, apresando y fusilando a centenares de ellos. Después de este esfuerzo y de la frustrada Guerra Chiquita (1879–80), el centro de rebelión se concentró en México y en Nueva York.

En 1895 José Martí (1853–95), uno de los patriotas asilados en Nueva York, dirigió la expedición libertadora a la isla. Su presentimiento escrito en una carta a su madre se cumplió y murió en el campo de batalla. Legó a la posteridad su ansia de libertad, a la cual había dedicado su producción literaria y su vida. Este noble espíritu es el héroe máximo de los cubanos de todos los colores políticos.

A fines del siglo XIX, mientras España decaía, el poderío de los Estados Unidos crecía. Como este país siempre había tenido pretensiones territoriales sobre las posesiones españolas del Caribe, la propaganda por la independencia de Cuba convenció a los políticos norteamericanos de que había que desmantelar los restos del imperio colonial español y anexarlos a la Unión.

---

[3] *izó . . . diseñado* hoisted the Cuban flag he had designed and which is now the officially designated Cuban national flag.
[4] Se llamó *Ejército Mambí* al Ejército Libertador cubano, organizado en la Guerra de los Diez Años (1868–1878). Comenzó con 8000 hombres mal armados y en 1896 llegó a 50 000, incluido los trabajadores chinos convertidos en soldados.

En 1898 la explosión del crucero "Maine" anclado [*anchored*] en la bahía de La Habana ofreció el pretexto. Después del incidente, la disputa cubano-española-estadounidense no duró mucho tiempo. Concluyó con la derrota de España y el Tratado de París (1898), en el que España renunció sus derechos sobre Cuba y le cedió a EE.UU. Puerto Rico, Guam y las Filipinas.

15.2 **Cuba republicana de 1902 a 1958**

El ejército de ocupación estadounidense permaneció en Cuba hasta 1902. En conformidad con la Enmienda [*Amendment*] Platt (1901) se obligaba al gobierno cubano a no concertar tratados internacionales sin consentimiento estadounidense, a autorizar el establecimiento de bases navales de los Estados Unidos en la isla y a conceder el derecho de intervención de éstos. Amenazado con proseguir la ocupación, la Convención Constituyente de Cuba la ratificó (pese a la fuerte oposición) y la incluyó en 1902 en su primera Constitución. Así fue cómo mediante la política del "Big-Stick" o "gran garrote" los Estados Unidos se autoproclamaron árbitros de la conducta de las repúblicas americanas y se apropiaron el derecho de intervenir en ellas.

En mayo de 1902 se estableció la República de Cuba. Su primer presidente, Tomás Estrada Palma, en 1903 autorizó la instalación de la base naval de Guantánamo. También firmó el Tratado de Reciprocidad comercial con Washington, que facilitó la exportación de azúcar cubana, la inversión de agentes norteamericanos en la isla y la importación de manufacturas estadounidenses evaluadas con precios más alto que las de Europa.

Con el fin de "restablecer el orden", Estados Unidos ocupó Cuba de septiembre de 1906 a enero de 1909 e intervino militarmente en la isla en 1912 (varios meses) y de 1917 a 1922. Durante este período, se pudo erradicar la fiebre amarilla (enfermedad endémica en la isla desde hacía siglos), cuya causa la descubrió el médico cubano Carlos Juan Finlay (1833–1915). En el campo económico, el país sufrió a consecuencia del impuesto monocultivo [*one-crop farming*] practicado por la mayoría de los ingenios de azúcar que terminaron en manos de estadounidenses. Estados Unidos era el principal mercado de esa azúcar y la principal proveedora de alimentos y productos manufacturados necesarios en la isla.

Cuba republicana fue por mucho tiempo gobernada principalmente por políticos ambiciosos, asesorados [*advised*] por administradores corruptos. El gobierno y la administración pública resultaron el medio más lucrativo y el camino más rápido de enriquecerse. Se sucedieron los dictadores, se corrompieron conciencias. Casi todo tenía su precio; quien no tenía influencia no prosperaba. Uno de los déspotas fue el general Gerardo Machado Morales, cuyo gobierno (1925–33) se hizo famoso por arrojar a sus enemigos a los tiburones [*sharks*]. La caída de Machado permitió en 1934 la derogación de la Enmienda Platt. Intelectuales y estudiantes universitarios, aliados con algunos sargentos del ejército, depusieron al tirano. Uno de éstos, Fulgencio

Batista, taquígrafo del Estado Mayor [*General Staff stenographer*], dio el golpe definitivo a la dictadura. Inauguró el período en el que se convirtió en el gobernante absoluto o en la eminencia gris [*power behind the throne*] de los regímenes sucesivos hasta 1952. Luego el autoritario militar asumió directamente el poder, esta vez como tirano sanguinario. Su gobierno duró hasta el 1° de enero de 1959, día del ingreso a La Habana del triunfante revolucionario Fidel Castro.

15.3 **La Revolución Cubana**

Es difícil historiar [*to write the history of*] los acontecimientos de 1959 para adelante, por ser contemporáneos[5] y sobre todo por las pasiones en pro y en contra del proceso revolucionario cubano. Lo que sí nadie puede disputar es que somos testigos [*witnesses*] de la revolución latinoamericana más radical. El régimen de Castro ha reestructurado completamente la economía, la política y la sociedad cubanas a tal punto que hoy la isla se parece poco a la de antes de 1959.

El Palacio de Gobierno en La Habana en vísperas del ingreso de Fidel Castro a esa capital en enero de 1959

Columbus Memorial Library/OAS

---

[5] *sumamente . . . contemporaneidad*   it is difficult to write the history of the events from 1959 on because they are contemporary

La alianza de Cuba con la Unión Soviética, desde la adhesión de Castro al comunismo, desencadenó en 1962 la crisis de los misiles, que puso al mundo al borde de la guerra nuclear. La influencia de Moscú concluyó en 1991 al disolverse la Unión Soviética. Desde entonces el gobierno de La Habana ha intensificado sus esfuerzos para atraer inversionistas de distintas áreas del mundo. En la actualidad, las mayores inversiones provienen de España, China, Venezuela, Canadá, Italia, Gran Bretaña, México y Francia, pese a la Ley Helms-Burton y otras medidas del gobierno de Washington que sancionan el comercio internacional con Cuba. Ante el antagonismo del gobierno estadounidense, Castro ha desarrollado el turismo hasta convertirlo desde la década de los años 1990 en una de las fuentes principales de divisas [*foreign currency*], complementaria de la disminuida exportación de azúcar. Un acontecimiento importante en Cuba en 1998 fue la visita del Papa Juan Pablo II, que llegó tratando de influir en la reforma del sistema gubernamental revolucionario de la isla.

Dos interpretaciones muy difundidas ayudan a evaluar los acontecimientos y emitir juicios sobre los méritos de lo realizado por la Revolución Cubana. Los simpatizantes del régimen **castrista** señalan estas realizaciones: 1) la eliminación de las clases sociales con la disminución considerable del prejuicio racial, del sentimiento antifeminista y del prejuicio social clasista; 2) la reforma de la educación que provee instrucción popular y universal; 3) desarrollo de la economía para proveer casa y comida a los **guajiros** (campesinos) que antes sólo tenían oportunidad de trabajar durante la zafra [*sugar harvest*]; 4) la eliminación de la centenaria corrupción administrativa; y 5) la instalación de un programa universal de salud pública gratuito. Los enemigos de Castro, por su parte, señalan los siguientes aspectos negativos: 1) el régimen comunista puso fin a la dependencia de Washington, pero ha hecho que Cuba dependiera de dos gobiernos autoritarios: primero del soviético; después, del de Hugo Chávez, adversarios de los Estados Unidos; 2) la escasez de alimentos, medicinas, ropa y artículos básicos ha llegado a ser alarmante; y 3) el éxodo de más de un millón de cubanos hacia otros países, especialmente a los Estados Unidos. Del debate entre ambas posturas antagónicas emerge una conclusión: la ilógica y contradictoria política de Washington, influida por los cubanos de Miami, ha contribuido a prolongar el embargo de la Isla y prolongar el régimen de Fidel Castro, quien en agosto de 2006 cumplió ochenta años de edad. Poco antes, el 1° de agosto, tras ser hospitalizado y ser sometido a una operación intestinal, Fidel delegó el poder con carácter provisional a su hermano Raúl Castro Ruz. Los críticos del régimen castrista sostienen que con Raúl la situación de los derechos humanos ha continuado como antes y la situación económica no ha mejorado.

15.4 Perfil de Cuba y su gente

El área de Cuba, semejante a la del Estado de Pennsylvania, abarca la mitad del área total de las Antillas. Sus 110 860 kilómetros cuadrados de territorio se extienden en forma de caimán [*alligator*], de este a oeste por unas

784 millas. Su ancho varía entre las 25 y 120 millas. Casi la mitad de su superficie [*surface*], plana y cubierta de rica tierra roja, es ideal para la agricultura tropical, especialmente del cultivo de la caña de azúcar. Desde 1900, Cuba ha sido el principal país exportador de azúcar del mundo. Durante la mayor parte del siglo XX la exportación de ese producto fue su principal fuente de divisas. El tabaco, en cambio, le ha rendido sólo el 9%. En el año 2006 sus exportaciones de más de dos mil millones y medio de dólares fueron de azúcar, níquel, tabaco, pescado, cítricos, café y otros productos enviados principalmente a Holanda, Canadá, China, España y Venezuela. Sus importaciones de ese año, en cambio, fueron de cerca de diez mil millones de dólares en adquisiciones de petróleo, alimentos, maquinarias, equipos y productos químicos procedentes de China, Venezuela, España, Estados Unidos, Canadá, Alemania, Italia y México, principalmente.

Una cuarta parte del país está cubierto de bosques, ricos en caoba y en cedro blanco del que se hacen las cajas de los cigarros puros. En sus sabanas del centro y del oriente prospera la industria ganadera. Alrededor de otra cuarta parte de la superficie de Cuba es montañosa, sobre todo el extremo sudeste de la isla, donde la Sierra Maestra llega a tener una elevación hasta de 8000 pies. Aquí se encuentra la mayor parte de su riqueza minera: manganeso, níquel, cobalto, cromo y hierro. Cuba también tiene depósitos de cobre y petróleo.

En el año 2006 a Cuba se le calculaba una población de alrededor de siete millones y medio de habitantes, de los cuales se consideraban afrocubanos 60%; caucásicos, 39%; sinocubanos, 1%. El 70% de la población vive en las ciudades: en La Habana, alrededor de dos millones y medio de habitantes; en Santiago de Cuba, Holguín y Camagüey, un cuarto de millón en cada una, y el resto de la población urbana reside en ciudades más pequeñas. El 30% de los cubanos vive en el campo.

Se ha dicho que la Revolución no ha cambiado la personalidad nacional, porque están muy arraigadas [*have taken root*] las características psicológicas del cubano. De los rasgos que se le atribuyen, no todos son aplicables a la mayoría de los nacidos en la Isla. Otras características, en cambio, son extensivas a otros caribeños, como por ejemplo la supuesta «verbosidad tropical». En realidad esta facilidad expresiva es un don de muchos habitantes de los países del Caribe y de Andalucía. Asimismo, la hipotética sensualidad en el gusto de vivir la comparten millones de personas oriundas de las latitudes tropicales. En cuanto a la llamada alegría vocinglera [*vociferous*] es un hecho que no la sienten únicamente los cubanos; también la muestran muchos de los habitantes de las zonas cálidas. El carácter del cubano es condicionado en gran parte por el medio, circunstancias históricas especiales y los componentes étnicos de la población. El medio ambiente modela en gran medida la manera de ser de todo pueblo.

Se dice que la manera de ser del cubano se resume en su «**choteo**», esa característica de irrespetuosidad burlona [*teasing*], de reírse de todo, de no tomar la vida y sus problemas en serio. El relajo es la actitud optimista, alegre, que hace de la vida una perenne juerga [*outburst of happiness*]. Esto tiene probablemente origen andaluz y africano, modificado por la atmósfera tradicionalmente tranquila de la vida cubana. Ya vimos cómo en 1762, con motivo de la ineptitud de las autoridades coloniales para defender La Habana de los ingleses, los cubanos ya mostraban rasgos distintivos. El africano influyó fuertemente en la música, los bailes y en la filosofía de la vida. Las características del andaluz se mezclaron a las del africano y produjeron un tipo humano muy extrovertido.

A raíz de la crisis económica española de 1921, una fuerte ola migratoria fue a engrosar los sectores proletarios y los sectores medios de la sociedad cubana. Su adaptación, en la mayoría de los casos, a casi todas las actividades diarias fue rápida y completa. Su amor a la tierra adoptiva resultó más expresivo que el de muchos cubanos de nacimiento. El que no cambió de nacionalidad inculcó [*instilled*] a sus hijos la lealtad a Cuba. Estos hijos sintieron la necesidad de cambiar y mejorar su país e ingresaron frecuentemente a la política.

La Habana, como las capitales de los otros países americanos, creció mucho durante esta época. Esta fiebre constructiva ya estaba en marcha en Cuba desde el fin de la Primera Guerra Mundial. Las ciudades se desarrollaron, como en otras partes, a expensas de la región rural vecina y distante. Consecuencia de esta invasión campesina de las ciudades lo atestigua la penetración y difusión de una serie de palabras campesinas adoptadas por los habaneros.

Durante las décadas inmediatas a la Primera Guerra Mundial, en el mundo intelectual aumentó el interés en lo afrocubano. Los intelectuales estaban condicionados por la moda francesa de posguerra de estudiar las culturas primitivas, y por la difusión de la pintura revolucionaria mural mexicana, que también impresionó y sirvió de estímulo al autoexamen nacional. Entonces abrazaron el interés en el afrocubano, promovido durante mucho tiempo por el famoso sociólogo cubano Fernando Ortiz (1881–1969). Vieron ellos la posibilidad de utilizar estéticamente la herencia cultural africana. Así se afirmó la tendencia **afrocubanista,** con mucho éxito en la poesía, la música, el baile y la pintura. La revolución contra la dictadura de Gerardo Machado (1871–1939) complicó el fenómeno, acelerando el proceso del matrimonio entre personas de diferentes razas al caer muchas barreras sociales. El cubano, cualquiera que sea su raza, parece tener una manera peculiar de ser que muchos consideran típicamente cubana sin definirla con claridad. Los estudios realizados—como el de Jorge Mañach (1898–1961) sobre el «choteo»—son esfuerzos parciales y provisionales de gran utilidad para el análisis comprensivo, global y científico aún por realizarse.

15.5 Santo Domingo colonial del siglo XV al siglo XVIII

Cristóbal Colón llegó en su primer viaje a la segunda isla más grande del Caribe y la nombró La Española. Dos años más tarde fundó en su costa norte la villa Isabela, que pronto fue destruida. En 1496 su hermano Bartolomé Colón fundó Santo Domingo, el primer establecimiento permanente en La Española y en todo el Hemisferio Occidental. Poco después, el nombre Santo Domingo fue dado a toda la isla La Española y la costumbre se prolongó por siglos. En la actualidad muchos latinoamericanos y dominicanos todavía lo emplean tanto para nombrar a la ciudad capital como a toda la República Dominicana. Los piratas, bucaneros y autoridades francesas establecidos en el occidente de la isla durante el siglo XVII contribuyeron a la confusión al denominar Saint-Domingue a la colonia establecida en esa parte de La Española.

El mal trato dado a los indígenas alarmó a algunos consejeros del gobierno español que temieron el exterminio progresivo de los aborígenes. La esclavitud y las enfermedades traídas por los europeos casi acabaron en poco tiempo con la población nativa de la isla. Alarmada, la Corona en 1499 envió a Santo Domingo un gobernador con la orden de hacer cumplir las leyes. El gobernador, espantado [*shocked*] ante la crueldad de sus compatriotas, aprisionó a los hermanos Cristóbal y Bartolomé Colón y a Diego, hijo de Cristóbal. Después envió a Cristóbal encadenado [*shackled*] a España. Los amigos consiguieron que en 1502 la Corona enviara a un nuevo gobernador. Aunque en 1503 se abolió la esclavitud de los indígenas reemplazándola con la encomienda, los abusos continuaron. Durante esta época, muchos padres franciscanos y dominicos llegaron a Santo Domingo con numerosos colonos ansiosos de enriquecerse rápidamente.

En 1509 Diego Colón fue nombrado gobernador de Santo Domingo. Entonces el exterminio de los amerindios se aceleró, a pesar de las leyes para su defensa y la prédica apasionada del dominico Fray Antonio de Montesinos en 1511 y de Fray Bartolomé de Las Casas (1484–1566) por muchos años. Cuando la industria azucarera reclamó más y más trabajadores, se importaron esclavos de África, dando comienzo a la infame trata de esclavos.

Desde la primera década de ocupación española, Santo Domingo fue la sede [*seat*] del gobierno colonial del Caribe y punto de partida de muchas expediciones exploradoras y conquistadoras. De Santo Domingo partieron los colonizadores de Jamaica y Puerto Rico. Santo Domingo llegó a ser por mucho tiempo un centro de experimentos coloniales, donde se ensayaron medidas administrativas para aplicarse después en otras posesiones españolas de América. La Casa de Contratación se fundó en Sevilla en 1503 para regular el comercio con Santo Domingo. En esa isla se establecieron por primera vez en América: (1) la audiencia como tribunal de apelaciones (1511); (2) la Real Audiencia, con jurisdicción sobre una extensa área (1526); (3) el ayuntamiento o municipalidad; y (4) el cabildo o junta de ciudadanos notables, cuyas sesiones abiertas tuvieron gran importancia histórica.

El desarrollo inicial de Santo Domingo comenzó a declinar a medida que aumentaba la prosperidad de otras colonias antillanas. La decadencia se aceleró cuando los colonos abandonaron la isla en busca de mejor suerte en México o en el Perú. Como el éxodo fue muy intenso y causó considerable daño a la economía isleña, las autoridades prohibieron la emigración. La rigidez del monopolio comercial español y el sistema de flotas a puertos fijos aceleró aun más la decadencia de Santo Domingo. Las flotas mercantiles y militares no tocaban la isla. Al no estar lo suficientemente defendida, Santo Domingo fue atacado por piratas y bucaneros de las naciones enemigas. Francis Drake (c. 1540–1596), por ejemplo, se apoderó de la ciudad de Santo Domingo en 1585.

Durante el resto del XVI y gran parte del siglo siguiente, la milicia local, compuesta de hombres libres de diversas etnias y posiciones sociales, luchó desesperadamente por mantener la seguridad de la isla, constantemente amenazada por los piratas y bucaneros franceses, ingleses y holandeses. En esa época la isla francesa de Tortuga, situada muy cerca de la costa occidental de Santo Domingo se había convertido en refugio de piratas, filibusteros, bucaneros y prófugos de la justicia de muchos países. Cuando los ingleses ocuparon Tortuga, los franceses desplazados se refugiaron en el extremo occidental de La Española, donde fundaron Port Margot. Con el tiempo la colonia francesa se apoderó de casi un tercio de la isla y la llamaron Saint Domigue. En virtud del Tratado de Ryswick (1697), España reconoció a Francia el derecho de administrarla.

Durante el siglo XVIII, Saint-Domingue llegó a ser la colonia europea más rica del Caribe, gracias a la producción de azúcar y al lucrativo tráfico de esclavos. Fue en medio de esta gran prosperidad económica cuando llegó la influencia de la Revolución Francesa. La población de origen africano se contagió del espíritu igualitario proclamado por el iluminismo francés y por los veteranos haitianos negros de la guerra por la independencia de los Estados Unidos. La minoría blanca, en cambio, desnaturalizó [*twisted*] el significado de los ideales de la Revolución Francesa y reclamó la libertad para gobernar la isla de la manera que le diera la gana [*they pleased*].

Los gritos de libertad, igualdad y fraternidad excitaron a la población africana a tal punto que estalló en 1791 una revuelta general dirigida por jefes expertos en vudú y en transmitir mensajes y órdenes por medio de tambores. Después se produjo un baño de sangre que afectó a decenas de miles de negros, blancos y mulatos. Miles de colonos franceses, acompañados de sus fieles sirvientes negros, emigraron a Santiago de Cuba. Un comisionado revolucionario de París arribó a Saint-Domingue en 1792, con 6000 soldados contagiados de los ideales jacobinos y simpatizantes de los rebeldes. En 1793 se proclamó la abolición de la esclavitud: la primera efectuada en el Nuevo Mundo. En 1795 España le cedió toda La Española a

Francia, la cual, influida por su gran Revolución, declaró a Saint-Domingue provincia francesa: declaración nominal porque en realidad los franceses ni siquiera controlaban su original tercera parte de la isla.

Cuando Saint-Domingue se hallaba bajo el imperio de la violencia revolucionaria, se destacó la fuerte personalidad del patriota negro Toussaint Louverture (1743–1802). Militar excepcional, después de derrotar a las fuerzas francesas e inglesas contrarrevolucionarias, consiguió persuadir al nuevo gobierno parisino que lo nombrara gobernador general de Saint-Domingue. Entonces, Louverture llevó a cabo la ocupación militar de la parte española de la isla.

El advenimiento de Napoleón Bonaparte al poder en París repercutió en Saint-Domingue. En 1802, Napoleón, Primer Cónsul de Francia, despachó una poderosa expedición, bajo las órdenes de su cuñado [*brother in law*], el general Víctor Leclerc. Engañado, Toussaint fue depuesto y enviado [*deposed and sent*] en cadenas a Francia, donde murió a los pocos meses. El triunfo napoleónico no duró mucho. El pueblo negro, enterado del inminente restablecimiento de la esclavitud, se rebeló, dirigido por el ex esclavo Jean Jacques Dessalines (1758–1806), que derrotó al ejército francés. En 1803 las fuerzas napoleónicas abandonaron la isla después de haber perdido 50 000 soldados y haber experimentado su primera gran derrota militar. El 1° de enero de 1804 Dessalines proclamó la independencia de su patria, que llamó Haití, nombre indígena que probablemente significa "lomas". Nació así el primer país latinoamericano libre y la segunda nación independiente del continente. Aparentemente la debacle francesa en Haití contribuyó a la decisión napoleónica de vender la Luisiana a los Estados Unidos en 1804.

15.6 La República Dominicana

En el antiguo Santo Domingo español los criollos se adhirieron al espíritu antifrancés al iniciarse la lucha contra las fuerzas napoleónicas en España. En 1808 el rico ganadero dominicano Juan Sánchez Ramírez (1762–1811), expulsó a las fuerzas francesas y haitianas de ocupación y restauró la soberanía española en Santo Domingo. Pero en pocos años el absolutismo de Fernando VII decepcionó a los patriotas dominicanos. En 1821, dirigidos por un criollo, expulsaron al gobernador español, izaron la bandera de la Gran Colombia y solicitaron su anexión. Al año siguiente, la invasión de las fuerzas armadas haitianas al mando de Jean Pierre Boyer frustró los esfuerzos libertadores de los dominicanos. La conspiración por la independencia tuvo como nuevo objetivo expulsar a las fuerzas haitianas de ocupación. Al fin, el 27 de febrero de 1844, Juan Pablo Duarte (1813–76) se levantó en armas y proclamó la independencia de Santo Domingo. Duarte fue pronto expulsado del poder y exiliado por el general Pedro Santana (1801–63). Este ambicioso militar se proclamó presidente, repelió varios intentos haitianos de invasión y le dio al país el nombre de República Dominicana.

A veces en países inmersos en una vida política caótica aparecen individuos ambiciosos que ven en el protectorado extranjero la mejor manera de
sacar provecho personal. En 1860, Santana, al no poder imponer un régimen arbitrario y absoluto, solicitó a Isabel II de España el restablecimiento
del poder español en Santo Domingo. Su traición fue compensada primero
con el título de Capitán General y después con el de Marqués del Reino. Las
tropas españolas enviadas se comportaron [*behaved*] en la isla con total
arrogancia: fueron especialmente severas en la aplicación de la ley y los nuevos impuestos monarquistas. No tardó mucho en producirse la reacción
patriota que consiguió arrojar definitivamente a los españoles en 1865. A
partir de ese año marcan la vida política dominicana la intranquilidad y la
acumulación vertiginosa de la deuda externa del país.

Buenaventura Báez, un ex títere [*puppet*] de Santana, otro traidor, desde
la silla presidencial conspiró para conceder bases navales y derechos especiales a los Estados Unidos, como paso previo [*previous*] a su completa anexión. El presidente Ulysses S. Grant apoyó entusiastamente la anexión de
esa república antillana a Estados Unidos, pero su propuesta fracasó gracias
a la valiente intervención del senador Charles Sumner. Obstinado, Grant
mantuvo las fuerzas navales norteamericanas en la República Dominicana
hasta 1874. Apenas levó ancla la flota [*the fleet weighed anchor*] estadounidense, el traidor Báez fue desalojado de la presidencia por los patriotas
dominicanos.

La paz no duró mucho tiempo porque los períodos de tranquilidad
impuestos por gobernantes despóticos fueron interrumpidos por las etapas
de predominio de los políticos ambiciosos que también deseaban participar
de los préstamos [*loans*] extranjeros. Entre 1902 y 1916 se instalaron catorce
presidentes, que para mantenerse en el poder conseguían préstamos en el
exterior. Entre los más importantes acreedores [*creditors*] se encontraba la
Santo Domingo Improvements Company de Nueva York, que desde 1892
había ganado control de los préstamos holandeses a esa república. Esta
compañía desempeñó un papel importante en la decisión de Estados Unidos de ocupar militarmente a la República Dominicana en 1916. La ocupación militar duró hasta 1924. Al año siguiente, Rafael Leonidas Trujillo
(1891–1961), entrenado por el Ejército Estadounidense, fue impuesto como
Comandante en Jefe de la Guardia Nacional, la única fuerza armada dominicana. En 1930 Trujillo asumió los poderes absolutos de su patria. Gobernó
durante treinta años como si el país fuera su propio feudo [*fief*]. El tirano
impuso el reino del terror en la República Dominicana, al mismo tiempo
que sus agentes en el extranjero realizaban sus planes de tortura y muerte a
los enemigos políticos. Así sucedió con el profesor de civilización latinoamericana en la Universidad de Columbia, el Dr. Jesús de Galíndez, que fue
secuestrado en Nueva York, llevado secretamente a Santo Domingo para ser
torturado y asesinado en 1956 por haber escrito el libro *La era de Trujillo*
(1955).

Al fin el megalómano [*megalomaniac*] Trujillo cayó asesinado en 1961. Tras un período crítico de transición, Juan Bosch (1909–2001), conocido escritor y fundador del Partido Revolucionario Dominicano (PRD), triunfó en las elecciones presidenciales. Gobernó brevemente de febrero de 1962 a septiembre de 1963, cuando fue depuesto por las fuerzas armadas. Tres años más tarde estalló un movimiento revolucionario constitucionalista que produjo la guerra civil y la intervención estadounidense. El 10 de junio de 1966, bajo la protección de las fuerzas interamericanas de ocupación, compuestas principalmente de estadounidenses, se llevaron a cabo las elecciones generales.[6] Sorpresivamente triunfó Joaquín Balaguer (1906–2002), candidato de los conservadores. Durante su gobierno, Balaguer consiguió que las fuerzas extranjeras abandonaran el país, pero no pudo o no quiso impedir [*to prevent*] que sistemáticamente centenares de dominicanos cayeran asesinados. En las elecciones generales de 1970 y 1974, Balaguer fue reelegido presidente. En 1978 triunfó Antonio Guzmán del PRD, durante cuyo gobierno se logró un clima de libertad política en medio del deterioro [*deterioration*] de la economía nacional. En las elecciones de 1982 triunfó su Salvador Jorge Blanco. Inexplicablemente, antes que Blanco asumiera el poder, el presidente Guzmán se suicidó. El problema más serio durante el cuatrienio [*four-year period*] administrativo de Jorge Blanco fue el económico. En 1983 el gobierno clausuró dos universidades privadas por expedir títulos «irregulares», especialmente a estadounidenses matriculados o falsamente inscritos. Balaguer fue reelegido en 1986 y 1990. Por anomalías en el proceso electoral de 1994, un compromiso político prolongó la presidencia de Balaguer por cuatro años. Leonel Fernández Reyna, del Partido Liberal Dominicano (PLD), fue elegido presidente en 1996, gracias al apoyo que recibió de Balaguer y Bosch, unidos temporalmente para impedir el triunfo del popular y carismático Francisco Peña Gómez (1937–98), candidato del PRD, del cual Bosch había renunciado para formar en 1978 el Partido de la Liberación Dominicana (PLD). En sus cuatro años de gobierno (1996–98), el Presidente Fernández enfrentó problemas por los azotes de los huracanes, el alto interés a la propiedad inmueble, el desequilibrio fiscal, las pérdidas sufridas por las empresas públicas ineficientes y el ineficaz sistema del cobro de impuestos. Tras el cuatrienio gubernamental (2000–04) de Hipólito Mejía, Leonel Fernández volvió a ser elegido Presidente para el período 2004–08.

15.7 Perfil de la República Dominicana y su gente

Este país de rica tradición histórica colonial tiene un área semejante a la de Vermont y New Hampshire juntos. Sólo el 17% es cultivable, 12% cubierta de pastos y 71% de zonas forestales. Cuatro cadenas de montañas

---

[6] Ver Eugenio Chang-Rodríguez, ed. *The Lingering Crisis: A Case Study of the Dominican Republic* (New York: Las Américas Publishing Co., 1969).

la atraviesan casi paralelamente de este a oeste, haciendo a la parte occidental del país quebrada y árida. Entre las cordilleras Central y Septentrional se encuentra la fértil región del Cibao, en la cual sobresalen los valles de Santiago y de la Vega Real, donde se cultiva la caña de azúcar, vegetales y frutas. En las tierras bajas del este del país vive la mayor parte de los más de 9 000 000 de habitantes (73% mulatos, 11% negros y 16% blancos).

El 65% de la población es urbana. Tres ciudades importantes son Santo Domingo (la capital), Santiago de los Caballeros y San Pedro de Macorís. La primera tiene una población de alrededor de dos millones de habitantes, la segunda algo más de 900 000 y la tercera se acerca a los 300 000. Por razones económicas centenares de miles de dominicanos han emigrado al exterior, especialmente a los Estados Unidos, de donde envían dinero a sus familiares. El 35% de los dominicanos vive en el campo, dedicado mayormente a la agricultura. Los principales productos de exportación son: aleación de fierro y níquel, azúcar cruda, oro, plata, café, cacao y carnes.

Tumba de Cristóbal Colón en Santo Domingo. Todavía no se ha resuelto si los restos [*remains*] del gran navegante de 1492 se encuentran en esta tumba o en España.

La Calle de las Damas, Santo Domingo, es la más antigua de las calles construidas por los europeos en el Nuevo Mundo.

Courtesy of Dominican Republic Ministry of Tourism

15.8 Puerto Rico

En el período precolombino habitaban la isla de Puerto Rico los **taínos,** descendientes de los arahuacos, como los **caribes** de las islas vecinas. Su cacique ingenuamente cometió un grave error cuando llegó Cristóbal Colón en 1493: guiado por la tradición local, con toda buena voluntad le obsequió un adorno de oro. Estimulada la ambición, los españoles ocuparon la isla y la colonizaron mientras buscaban depósitos de ese codiciado metal.

Puerto Rico estuvo bajo la jurisdicción directa del gobierno de La Española hasta 1509. En ese año, Juan Ponce de León fue nombrado gobernador y desde entonces la isla prácticamente constituyó una unidad administrativa aparte durante el dominio español. En 1511 Ponce de León fundó la ciudad de San Juan como capital de la Isla. La encomienda, los repartimientos y las nuevas enfermedades diezmaron [*decimated*] la población indígena. Los indígenas se rebelaron pero los abusos continuaron con tanto rigor que para fines del siglo XVI los amerindios casi había sido exterminados. Sin mano de obra disponible [*available labor force*], los colonizadores comenzaron a transportar esclavos de África. A pesar de esto, la economía no floreció mucho y la isla continuó siendo una de las posesiones menos lucrativas, cuya principal importancia estaba en su estratégica posición militar. Empeoraron la situación la negligencia administrativa, los continuos ataques de los piratas y la emigración de quienes en busca de gloria y riqueza se marchaban a conquistar nuevos horizontes. Se calcula que a principios del siglo XVII la isla tenía apenas 1000 habitantes españoles, negros, mulatos y mestizos. La pobreza, las malas comunicaciones con España y la autocracia militar desalentaron a nuevos inmigrantes. Así era la vida de la hermosa isla hasta fines del siglo XVIII y principios del siglo XIX, cuando llegaron los que buscaban asilo para escaparse de las conmociones políticas de Haití, Sudamérica y México. Estos nuevos inmigrantes, muchos de ellos con experiencia en la agricultura tropical, contribuyeron al florecimiento del comercio internacional. La revitalización económica de la isla, a principios del siglo XIX, le ganó representación en las Cortes de Madrid. Esta concesión del gobierno español fue para evitar que en Puerto Rico se difundiera la fiebre independentista responsable de la liberación de gran parte del Nuevo Mundo.

El restablecimiento del absolutismo en España, en 1823, perjudicial a la representación de los territorios de ultramar y sus libertades civiles, fueron golpes rudos para las Antillas españolas. En Puerto Rico los revolucionarios conspiraron repetidas veces en vano. Uno de los estallidos de mayor significado en favor de su independencia fue el «Grito de Lares» de 1867. Los movimientos revolucionarios fracasaron no tanto por la superioridad militar de los españoles, sino por la división de los **borinqueños** [*Puerto Ricans*]. No todos tenían el mismo punto de vista político. El partido más poderoso del siglo XIX, el Autonomista, deseaba mayor participación en el gobierno local y representación en España sin llegar a la independencia política: ser una provincia española en la que todos tuvieran los mismos derechos. Los autonomistas pedían la separación de la economía de la autoridad militar, la abolición de la esclavitud y el derecho de elegir a las autoridades locales. Intensificaron su campaña autonomista hasta que en 1897 consiguieron lo que deseaban. España autorizó el establecimiento de un gobierno puertorriqueño, asesorado de un cuerpo legislativo bicameral, con derecho a firmar pactos comerciales internacionales previamente aprobados en Madrid. Sin embargo, la guerra entre España y Estados Unidos del año siguiente determinó la expulsión del poder español y la incorporación de Puerto Rico a los Estados Unidos. A pesar de las promesas y retórica en defensa de la democracia y del derecho a la libre determinación, el pueblo continuó insatisfecho porque se consideraba en peores condiciones que en 1897, y acusó a Washington de imponerle un gobierno de los estadounidenses, por los estadounidenses y para los estadounidenses.

Uno de los defensores de la completa independencia fue el más famoso de sus hombres de letras: Eugenio María de Hostos (1839–1903), que viajó por [*journeyed through*] Hispanoamérica haciendo campaña por la libertad de Puerto Rico y su federación política con Santo Domingo y Cuba. Hombre honrado, apóstol de la moralidad, dedicó su vida a la enseñanza, en la cual él veía la salvación de Latinoamérica. Decepcionado al ver que a Puerto Rico se le negaba la independencia después de la guerra de 1898, murió en el exilio voluntario en Santo Domingo.

Ante el clamor independentista puertorriqueño respaldado [*endorsed*] por amigos en los Estados Unidos, el Presidente Wilson firmó, en 1917, la ley que concede la ciudadanía [*citizenship*] estadounidense a los nacidos en la isla. La ciudadanía era un pobre sustituto de la libertad, máxime cuando se la concedían [*especially when it was awarded*] a los puertorriqueños en medio de la guerra, que necesitaba más soldados. Para 1930 la isla no mostraba prosperidad económica, no obstante la campaña de salubridad, beneficiosa tanto para las fuerzas norteamericanas de ocupación como para los isleños. Al contrario, la crisis durante la depresión económica aceleró el empobrecimiento y estimuló la corrupción. Los huracanes, que por esa época fueron de mayor intensidad y más destructivos que de costumbre, empeoraron la situación. En estas circunstancias, apareció el patriota Pedro Albizu Campos (1892–1965), educado en Harvard, dirigente del Partido Nacionalista que proponía la completa independencia de Puerto Rico. Sacrificado [*self-sacrificing*] luchador por la autonomía de su isla, Albizu Campos participó sin éxito en las elecciones puertorriqueñas de 1932. Convencido de que la única manera de libertar a su patria era la lucha armada, el Partido Nacionalista organizó y dirigió después de 1932 varios golpes revolucionarios. En 1936 hubo un acto de violencia independentista, por el cual Albizu Campos fue encarcelado. Permaneció en la prisión, o en el hospital donde se le recluyó a consecuencia de los sufrimientos padecidos en la cárcel, hasta su muerte en 1965.

Pocos años después, surgió Luis Muñoz Marín (1898–1980). Comenzó como patriota nacionalista, pero con el tiempo cambió su filosofía política reemplazándola por la concepción del Estado Libre Asociado [*Commonwealth*], es decir, la autonomía doméstica sin personalidad jurídica internacional. Muñoz Marín, después de ser expulsado del Partido Liberal, fundó en 1938 el Partido Popular Democrático que lo llevó a la gobernación de 1948 a 1964. En 1953 Estados Unidos reconoció al Estado Libre Asociado de Puerto Rico.

La isla ha progresado en el aspecto económico gracias al plan de industrialización iniciado en 1942. En las décadas siguientes, a pesar de la aparente prosperidad, no todos los puertorriqueños simpatizaban con la idea del Estado Libre Asociado. Éste, según muchos, no es ni estado, ni libre, ni asociado, porque la isla se encuentra completamente dominada por la economía estadounidense. Por su parte, el Partido Independentista, con miembros y simpatizantes de todas las clases sociales, persigue la independencia mediante un plan específico. El Partido Estadista, apoyado principalmente por la clase alta, considera económicamente ventajosa [*advantageous*] la transformación de la isla en un nuevo Estado de la Unión Estadounidense.

©mconnors/morguefile.com

Esta calle estrecha y adoquinada [*cobbled*] del viejo San Juan todavía conserva el gusto arquitectónico colonial. El gobierno de la capital puertorriqueña ha declarado esta zona urbana área histórica y prohíbe alterar su arquitectura.

15.9 La problemática cultural en Puerto Rico

Puerto Rico, la Isla del Encanto, ofrece un vivo ejemplo de cómo la cultura hispánica se encuentra arraigada [*is rooted*] en las antiguas posesiones españolas en las Américas. A pesar de los noventa y tantos años de vida asociada a la cultura anglosajona, que por décadas impuso el inglés como lengua de instrucción, los borinqueños todavía mantienen su personalidad hispanoamericana libremente expresada en castellano.

Cuando los españoles fueron expulsados, sólo el 8% de los niños de la isla asistía a la escuela. En el presente siglo la situación ha mejorado mucho con el lento y firme avance del programa educacional. Hoy día el número de niños matriculados en la escuela sobrepasa el 90%, de acuerdo con estadísticas oficiales. En 1903 se estableció la Universidad de Puerto Rico. Después se fundaron la Universidad Interamericana (1912), el Colegio Universitario del Sagrado Corazón (1935), la Universidad Católica de Puerto Rico (1948), el Puerto Rico Junior College (1949) y otras universidades y recintos [*campuses*] universitarios en años posteriores. Desde 1970 los gastos generales en educación consumen casi un tercio del presupuesto [*budget*] total de la isla. Desde 1948 la instrucción en todos los niveles se imparte [*is given*] en castellano pero el inglés se estudia como segunda lengua en cursos especializados.

La incorporación de Puerto Rico a la esfera política estadounidense significó al comienzo la imposición del monocultivo de la caña de azúcar. Al año de la llegada de las tropas estadounidenses, el 71% de la producción de azúcar estaba directamente en manos de firmas norteamericanas. Pronto se aceleró el proceso de expansión de la industria azucarera y se multiplicaron las inversiones a tal punto que en pocos años las tres cuartas partes de los puertorriqueños dependían de esa industria. Durante la ocupación española la isla se abastecía [*supplied itself*] de sus propios productos para su alimentación. Con la llegada de los norteamericanos y el aumento de la población, Puerto Rico comenzó a importar casi todos los productos de primera necesidad, agravando así el problema de la inflación.

El mejoramiento del sistema de salubridad pública, la extensión de los servicios médicos y la eliminación de las enfermedades endémicas han producido un rápido crecimiento de la población. Puerto Rico es una de las regiones más densamente pobladas del Nuevo Mundo. Su área, igual a dos tercios del Estado de Connecticut, tiene una población de cuatro millones de habitantes. La política gubernamental de esterilización de las mujeres ha sido severamente criticada.

El Partido Popular Democrático estableció en 1942 la Administración de Fomento Económico, organizadora de la «Operación Bootstrap». En virtud de este plan, el gobierno ayuda al capitalista que desea establecer industrias en la isla: lo exime de impuestos [*exempts him from taxes*] por diez años, le extiende crédito, le facilita terreno y adiestra a [*trains*] sus trabajadores. Atraídos por la mano de obra barata con salarios más bajos que en los Estados Unidos, muchas industrias nuevas se establecieron en la Isla. La principal fuente de ingresos es ahora la industria manufacturera. La agricultura sigue siendo una importante fuente de trabajo pero la importancia del azúcar ha declinado considerablemente, superada por la industria ganadera [*livestock*] y sus derivados. Aunque el tabaco, el café, la piña [*pineapple*] y la fruta son importantes en la industria agrícola, la producción total no abastece las necesidades locales. Por eso durante los meses de fuerte invasión turística, Puerto Rico se ve obligado a aumentar la importación de comestibles [*foodstuffs*].

El tráfico comercial con los Estados Unidos continental es intenso; registra el 94% de las exportaciones y el 90% de las importaciones. La industrialización ayudó por unas décadas a resolver parcialmente el problema del desempleo [*unemployment*] que lanzó a dos millones de puertorriqueños a los Estados Unidos, sobre todo a Nueva York, donde hoy día vive alrededor de un millón de ellos. El desempleo de 17,5% y el ingreso per cápita de menos de la mitad que el del Estado de Mississippi, el más pobre de Estados Unidos, han contribuido a aumentar el número de puertorriqueños en todo este país. A pesar de estos cambios económicos significativos en comparación con otras regiones del Caribe, la mayoría puertorriqueña sigue la tradición patriarcal hispánica y resiste la cultura anglosajona, desconociendo en gran parte el idioma inglés. Como en el Brasil, el prejuicio racial es menor que en los Estados Unidos.

Todavía se debate apasionadamente la idea de independizar a Puerto Rico. En el plebiscito de 1967 sobre el destino político de la isla, organizado y administrado por el partido en el poder, los resultados anunciados favorecían al sistema del Estado Libre Asociado. Al año siguiente el Partido Popular Democrático perdió las elecciones. El nuevo gobernador, Luis Ferré, aunque del partido estadista [*pro-statehood*], respetó el arreglo político firmado por el partido de Muñoz Marín y los Estados Unidos. Pese a la campaña de los recientes gobiernos estadistas para que se acepte la idea de transformar Puerto Rico en un nuevo estado de la Unión Norteamericana, los independentistas siguen aumentando en número tanto en la Isla como en los Estados Unidos: en las elecciones de 1980 obtuvieron alrededor del 10% de los votos.

Además de los sólidos argumentos en favor de la completa independencia, se señalan los siguientes aspectos negativos de los actuales vínculos con los Estados Unidos: 1) despersonificación del puertorriqueño y la adquisición de una mentalidad colonial; 2) carencia de poderes para regular las comunicaciones, el sistema de transportes, las tarifas y aranceles aduaneros, el refinamiento del azúcar; 3) impedimento para estructurar y operar una industria de refinería de petróleo; 4) control de la mayoría de las haciendas azucareras por el capital ausentista; y 5) control estadounidense del comercio mayorista, la banca, la industria manufacturera y el transporte aéreo.

Los puertorriqueños tendrán que decidir ellos mismos su futuro: continuar en calidad de Estado Libre Asociado, ser independientes, o convertirse en otro Estado de la Unión. Para que la decisión sea válida, debe proporcionársele a cada grupo igual acceso a los medios de comunicación masiva para poder explicar al público las ventajas y desventajas de cada sistema. Conscientes los independentistas de constituir una minoría, como la que acompañó a Washington, Jefferson y Franklin en su rebelión contra Inglaterra, seguirán votando en los plebiscitos, unos por la emancipación y otros por el Estado Libre Asociado, como táctica para impedir la estatización de la Isla. La mayoría de los latinoamericanos, por su parte, simpatiza con la idea de una eventual independencia de Puerto Rico, al cual consideran parte de la gran nación cultural hispanoamericana por ahora desunida.

15.10 **Resumen**

I. **Cuba**
    A. Período colonial del siglo XV al XIX
       1. Exterminio de los indígenas: heroísmo de Hatuey
       2. La ocupación inglesa de La Habana en 1762
       3. Arribo a Santiago de 30 000 franceses, españoles y esclavos negros
       4. Estados Unidos veta la expedición libertadora bolivariana
       5. Expedición militar de Narciso López (1850–51)
       6. La Guerra de los Diez Años (1868–78) y la represión

7. Expedición heroica del apóstol libertador José Martí en 1895
8. Explosión del «Maine» y la guerra entre EE.UU. y España
B. Las primeras décadas de vida republicana (1898–1959)
 1. La ocupación estadounidense (1898–1902) y la Enmienda Platt (1902)
 2. El cubano Carlos Juan Finlay descubre la causa de la fiebre amarilla
 3. Su majestad el azúcar impone el monocultivo y agrava la dependencia
 4. Tiranías corruptas y asesoradas por políticos ambiciosos
 5. Dictaduras de Gerardo Machado (1925–33) y Fulgencio Batista (1934–59)
C. La Revolución cubana (1959–hasta el presente)
 1. Cambio radical de estructuras económicas, políticas y sociales
 2. Nueva conciencia revolucionaria desborda la isla
 3. Evaluaciones discrepantes del papel del caudillismo de Fidel Castro
D. Perfil de Cuba y su gente
 1. Más de once millones de cubanos constituyen alrededor del 50% de la población de las Antillas
 2. Herencia andaluza y africana: «choteo», irrespetuosidad burlona a todo

II. **Santo Domingo y la República Dominicana**
A. Piratas y franceses atacan la Audiencia de Santo Domingo
B. La independencia (1821) y el deseo de incorporarse a Colombia bolivariana
C. Jean Pierre Boyer, dictador de Haití, conquista Santo Domingo
D. Se establece la República Dominicana (1848), nombre oficial hasta hoy
E. Militarismo, guerra con Haití, revueltas y dictaduras
F. Nueva ocupación española (1861–65), arbitrariedades y derrota española
G. Corrupción administrativa y plan de anexión a los Estados Unidos (1873)
H. Administración de aduanas y ocupación estadounidense (1905–24)
I. La era de Rafael Trujillo (1930–61) y gobierno de Juan Bosch (1963)
J. Militarismo, guerra civil (1963–65) e intervención estadounidense (1965–66)
K. Joaquín Balaguer sucede a gobiernos del Partido Revolucionario Dominicano
L. Perfil de la República Dominicana y su gente
 1. Población de casi diez millones de habitantes (65% urbana y 35% rural)
 2. Exportan azúcar, aleación de oro y plata, café, cacao y tabaco

III. Puerto Rico
A. Juan Ponce de León, gobernador (1509), funda San Juan (1511)
B. La Fortaleza rechaza piratas y corsarios durante la Colonia
C. Eugenio María de Hostos (1839–1903) lucha por la federación antillana
D. La ocupación de EE.UU. impone el inglés a la isla
E. Pedro Albizu Campos, graduado en Harvard, y el Partido Independentista
F. El Estado Libre Asociado (1953–hasta el presente)
   1. La «Operación Bootstrap» del gobernador Luis Muñoz Marín
   2. Compiten estadistas, independentistas y el Partido Popular Democrático
G. Problemática cultural en Puerto Rico
   1. La alta densidad poblacional envía millones de emigrantes a EE.UU.
   2. Personalidad hispanoamericana libremente expresada en castellano

---

15.11 Cuestionario y temas de conversación

Cuestionario
1. ¿Qué contribuciones intelectuales y políticas hizo José Martí?
2. ¿Cuáles han sido las causas de la Revolución Cubana?
3. ¿Qué es el choteo y qué opina Ud. de él?
4. ¿Qué ocurrió en La Española antes de su independencia?
5. ¿Qué significan los nombres Santo Domingo y República Dominicana?
6. ¿Por qué intervinieron los EE.UU. en la República Dominicana?
7. ¿Qué ocurrió en tierras dominicanas durante la nefasta era de Trujillo?
8. ¿Qué persigue el Partido Revolucionario Dominicano?
9. ¿Qué importancia tiene Hostos en la historia cultural del Caribe?
10. ¿Qué es el Estado Libre Asociado?

Temas de conversación
1. Comente sobre el papel de los Estados Unidos en la historia del Caribe.
2. Compare el desarrollo de los diferentes países caribeños.
3. Explique la Enmienda Platt impuesta por Estados Unidos a Cuba.
4. Describa Cuba después de la disolución de la Unión Soviética.
5. Considere el legado histórico de Albizu Campos.
6. Debata argumentos a favor y en contra de la Revolución Cubana.
7. Escriba una evaluación crítica de Cuba colonial.
8. Describa el desarrollo de la democracia en la República Dominicana.
9. Explique el proyecto de Eugenio María de Hostos para crear una Federación Antillana.
10. Comente sobre las ventajas y desventajas del Estado Libre Asociado.

Cronología comparada

1823 Andrés Bello anhela la independencia intelectual

1867 *María* por Jorge Issacs

1888–1916 El modernismo hispanoamericano

1889 *Aves sin nido* por Clorinda Matto de Turner

1896 *Frutos de mi tierra* por Tomás Carrasquilla

1897 El realismo de Alberto Blest Gana

1902 *Os Sertões* de Euclides da Cunha

1915 La novela de la Revolución Mexicana *Los de abajo* de Mariano Azuela

1929 *Doña Bárbara* por Rómulo Gallegos

1963 *Rayuela* de Julio Cortázar

1964 *Todas las sangres* por José María Arguedas

1965–2007 La nueva narrativa en Hispanoamérica y Brasil

1799–1850 Balzac

1821–67 Baudelaire

1821–80 Flaubert

1826 *El último de los Mohicanos por* James Fenimore Cooper

1840–1902 Emile Zola

1882–1941 Popularidad de James Joyce

1883–1936 Franz Kafka

1993–2004 Susan Sontag

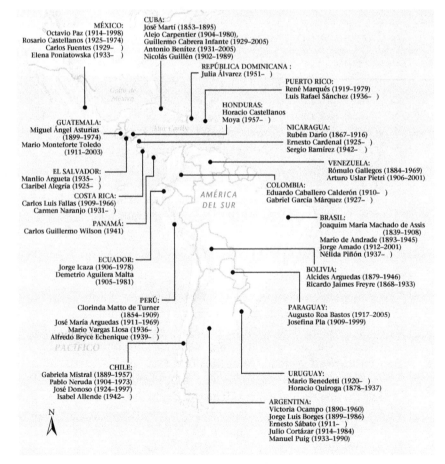

MÉXICO:
Octavio Paz (1914–1998)
Rosario Castellanos (1925–1974)
Carlos Fuentes (1929–)
Elena Poniatowska (1933–)

CUBA:
José Martí (1853–1895)
Alejo Carpentier (1904–1980),
Guillermo Cabrera Infante (1929–2005)
Antonio Benítez (1931–2005)
Nicolás Guillén (1902–1989)

REPÚBLICA DOMINICANA :
Julia Álvarez (1951–)

PUERTO RICO:
René Marqués (1919–1979)
Luis Rafael Sánchez (1936–)

HONDURAS:
Horacio Castellanos Moya (1957–)

GUATEMALA:
Miguel Ángel Asturias (1899–1974)
Mario Monteforte Toledo (1911–2003)

NICARAGUA:
Rubén Darío (1867–1916)
Ernesto Cardenal (1925–)
Sergio Ramírez (1942–)

EL SALVADOR:
Manlio Argueta (1935–)
Claribel Alegría (1925–)

VENEZUELA:
Rómulo Gallegos (1884–1969)
Arturo Uslar Pietri (1906–2001)

COSTA RICA:
Carlos Luis Fallas (1909–1966)
Carmen Naranjo (1931–)

COLOMBIA:
Eduardo Caballero Calderón (1910–)
Gabriel García Márquez (1927–)

AMÉRICA DEL SUR

PANAMÁ:
Carlos Guillermo Wilson (1941)

BRASIL:
Joaquim María Machado de Assis (1839–1908)
Mario de Andrade (1893–1945)
Jorge Amado (1912–2001)
Nélida Piñón (1937–)

ECUADOR:
Jorge Icaza (1906–1978)
Demetrio Aguilera Malta (1905–1981)

BOLIVIA:
Alcides Arguedas (1879–1946)
Ricardo Jaimes Freyre (1868–1933)

PERÚ:
Clorinda Matto de Turner (1854–1909)
José María Arguedas (1911–1969)
Mario Vargas Llosa (1936–)
Alfredo Bryce Echenique (1939–)

PARAGUAY:
Augusto Roa Bastos (1917–2005)
Josefina Pla (1909–1999)

PACÍFICO

CHILE:
Gabriela Mistral (1889–1957)
Pablo Neruda (1904–1973)
José Donoso (1924–1997)
Isabel Allende (1942–)

URUGUAY:
Mario Benedetti (1920–)
Horacio Quiroga (1878–1937)

ARGENTINA:
Victoria Ocampo (1890–1960)
Jorge Luis Borges (1899–1986)
Ernesto Sábato (1911–)
Julio Cortázar (1914–1984)
Manuel Puig (1933–1990)

N

Escritores representativos en Latinoamérica incluidos en *Voces de Hispanoamérica*

16 Del americanismo al universalismo literario

16.1 El deseo de independencia intelectual

El deseo de independencia política apareció en algunos de los grandes pensadores americanos, junto con el ansia de libertad intelectual. Hasta la primera década del siglo XIX el pensamiento iberoamericano había estado subordinado a la manera de razonar hispano-lusitana, pese a la influencia de las corrientes filosófico-científicas anglosajonas y francesas. A pesar de ello, muchos pensadores hispanoamericanos desafiaron tímidamente las normas literarias impuestas por el gusto hispánico. Andrés Bello (1781–1865), maestro de Simón Bolívar (1783–1830), fue uno de los primeros iberoamericanos en expresar el anhelo de independencia intelectual en su *Alocución a la poesía*, publicada en 1823 en Londres, al encontrarse allá en misión diplomática en favor de las nacientes repúblicas latinoamericanas. En este escrito sobre la poesía, Bello recomienda retornar a la naturaleza y abandonar a la «culta Europa», «región de luz i de miseria».[1]

---

[1] Among the orthographic reforms proposed by Bello to improve the art of writing was the use of the conjunction *"i"* instead of *"y"*. Orthography is the accepted way of spelling and writing words.

 Para enriquecer tus estudios, ve nuestros recursos suplementales en línea a **www.cengage.com/spanish/latinoamerica**

 Películas, videos y otros materiales audiovisuals: vea nuestras sugerencias en la página 367.

El humanista venezolano expresaba en forma neoclásica sentimientos repletos de indicios [*traces*] románticos.

A diferencia de neoclásicos ortodoxos como el ecuatoriano José Joaquín de Olmedo (1780–1847), fueron los neoclásicos románticos quienes mejor emplearon temas americanos para expresarse con moldes [*molds*] europeos. El mejor de ellos fue el cubano José María Heredia (1803–39), cuyos frustrados esfuerzos por conseguir la independencia política de Cuba impregnaron su vida de nostalgia. Sus poemas *En el Teocalli* [*ancient Mexican temple*] *de Cholula* (1820) y *El Niágara* (1824) están saturados de melancolía romántica. La contemplación de la pirámide mexicana precolombina, que compara con la catarata norteamericana, le permite a Heredia expresar un lirismo angustiado.

16.2 Los escritores románticos hispanoamericanos

Según el escritor francés Víctor Hugo (1802–85) el romanticismo es a la literatura lo que el liberalismo es a la política. Es fácil comprender entonces por qué el ansia de libertad intelectual se acentúa más en los escritores románticos. El patriota peruano Mariano Melgar (1791–1815) fue uno de los primeros escritores hispanoamericanos en expresar sentimientos autóctonos en versos castellanos. Sus **yaravíes** (poemas breves a la manera incaica) expresan el amor indio en un tono similar al subjetivismo romántico.

Pero para ser independiente no bastaba únicamente la novedad temática; se necesitaba también forjar nuevas formas de expresión. Intentaron crearla la mayoría de los románticos, principalmente los educados en París y España. Sin embargo ellos no llegaron a cristalizar esa liberación intelectual porque siguieron dependiendo de las técnicas literarias europeas. Poco importa que el argentino Esteban Echeverría (1805–51) fuera menos español y demasiado afrancesado. Aunque precedió cronológicamente a muchas obras españolas verdaderamente románticas, su poema *Elvira o la novia del Plata* (1832) tiene de latinoamericano sólo el subtítulo. El mismo autor se dio cuenta [*became aware*] de esto. En el prólogo a *Los consuelos* [*consolations*] (1834) luchó por una poesía hispanoamericana original que reflejara la naturaleza, las costumbres, las ideas y los sentimientos americanos. Tres años más tarde, en el mejor de sus trabajos literarios, el poemario *Rimas* (1837), incluyó el cuento en verso *La cautiva*, donde describió superficialmente la pampa argentina y reveló sentimientos antiindigenistas que después fueron imitados por muchos de sus compatriotas.

Los románticos argentinos no fueron verdaderos intérpretes del americanismo literario porque ofrecieron la «civilización» (europea) para eliminar lo que ellos llamaban «barbarie» americana. Domingo Faustino Sarmiento (1811–88), en su apasionamiento romántico por «civilizar», propuso norteamericanizar y anglogermanizar a Hispanoamérica. En *Facundo o civilización y barbarie* (1845) y en *Conflicto y armonía de las razas en América* (1883) articuló sus sentimientos antiindios y antiespañoles. *Facundo*, ensayo novelado acerca del caudillo gaucho Juan Facundo Quiroga (1793–1835), mostró su propia visión de la Argentina desgarrada [*ripped*] por las guerras civiles. Uno de sus objetivos era justificar un programa político que reemplazara lo que él llamaba "barbarie" (tradición colonial hispánica) con la civilización yanqui. En *Conflicto y armonía*, Sarmiento abandonó todo intento novelesco para postular claramente sus ideas acerca del delicado problema racial en Latinoamérica. Ahí sustentó la falacia [*fallacy*] de la inferioridad hispánica, indígena y mestiza y recalcó las virtudes intelectuales, morales y laborales de los anglosajones.

Sin embargo, en 1842 en la famosa polémica con don Andrés Bello y sus discípulos neoclásicos este mismo Sarmiento y sus compatriotas exiliados en Chile defendieron el discurso del chileno José V. Lastarria (1818–88) acerca de la necesidad de una literatura que exprese la nacionalidad. La literatura nacional auténtica no la escribieron los escritores ceñidos [*fastened*] a las reglas románticas francesas o inglesas. El argentino José Mármol (1817–71), por ejemplo, en su novela política *Amalia* (1851–55) narró las aventuras revolucionarias y amorosas de un enemigo de Rosas en el Buenos Aires dominado por la dictadura.

El romanticismo latinoamericano adquirió algunas características propias al incorporar en su temática una descripción de la exuberante naturaleza americana y las costumbres. Algunos escritores destacaron por su originalidad, como el colombiano Gregorio Gutiérrez González (1826–72) en su poema *Memoria sobre el cultivo del maíz en Antioquia* (1868), y el ecuatoriano Juan Montalvo (1832–89), autor de *Siete tratados* y otros ensayos. La mayoría, sin embargo, siguió los modelos literarios franceses y españoles. Merecen atención la novela sentimental *María* (1867), del colombiano Jorge Isaacs (1837–95) y dos novelas: *Cumandá* (1871), por el ecuatoriano Juan León Mera (1832–94) y *Enriquillo* (1879–82), del dominicano Manuel de Jesús Galván (1834–1910). *María,* tan popular por mucho tiempo, es la historia de un idilio de juventud en una hacienda del Valle del Cauca, interrumpido románticamente por la muerte prematura de la heroína. *Cumandá,* en cambio, es la narración poética del amor de una supuesta «india» y un joven blanco en la selva amazónica del Ecuador del siglo XVIII. Después de la descripción de las costumbres y paisajes [*landscape*] de la región, el lector descubre al final que se trata del amor entre dos hermanos separados en su infancia por una rebelión indígena precipitada por el abuso de los amos blancos. *Enriquillo,* por su parte, es una novela histórica del alzamiento de un cacique dominicano durante el primer siglo de colonización.[2]

Ante estos antecedentes, la expresión romántica más original es la **poesía gauchesca** creada por escritores cultos de Argentina y Uruguay, que utilizaron el lenguaje de los gauchos para narrar su vida, aventuras y frustraciones. Sus mejores frutos fueron: *Fausto* (1866), de Estanislao del Campo (1834–80), *Santos Vega* (1872), de Hilario Ascasubi (1807–75), *Martín Fierro* (1872–79),

---

[2] Para mayor información, consulte *Voces de Hispanoamérica,* 3° ed., pp. 101–191.

de José Hernández (1834–86) y los cuatro poemas sobre el legendario payador Santos Vega (1887), de Rafael Obligado. En el Perú, en cambio, el romántico más original fue don Ricardo Palma (1833–1919), autor de las famosas *Tradiciones peruanas* (1872–1910). Con estilo castizo ajustado al humor limeño [*from Lima*] escribió muchas «tradiciones», relatos que combinan la historia y el costumbrismo. Su éxito está en gran parte en su ingeniosa habilidad para manejar con originalidad la técnica de reconstruir vívidamente el pasado peruano. Por lo visto, los románticos hispanoamericanos tampoco consiguieron la completa liberación intelectual. Lograron describir el paisaje, reconstruir el pasado, narrar las costumbres americanas con nueva forma de expresión, rica en imágenes originales, pero dependieron mucho de las reglas europeas. Les fue difícil crear una forma genuinamente latinoamericana para expresar su emoción, experiencia y concepción estética.

En cuanto al Brasil, la otra gran parte de Latinoamérica, los poetas románticos más leídos fueron Antonio Gonçalves Dias (1823–64), cuyo poema *Canto del destierro* todavía recitan los niños de ese país, y Antonio de Castro Alves (1847–71), defensor de la emancipación de los esclavos y del sistema republicano de gobierno. Como reacción antirromántica se destaca un grupo de escritores interesados en frenar la pasión lírica con una forma literaria aprendida de los parnasianos franceses. De ellos sobresalió Joaquim María Machado de Assis (1839–1908), considerado por algunos críticos como el más eminente escritor brasileño y el mejor novelista latinoamericano del siglo XIX. El humor filosófico con toque melancólico y exploración sicológica ayudaron a la prosa poética de Machado de Assis en *Memórias póstumas de Bras Cubas* (1881) (traducido con el título *Epitaph of a Small Winner*), *Quincas Borba* (1890) (traducido como *Philosopher, or Dog?*) y *Dom Casmurro*, profundo análisis psicológico de varios tipos humanos.

16.3 El realismo tardío

En Hispanoamérica el realismo se manifestó principalmente en la narrativa. El realismo tardío coexistió con el final del movimiento modernista hispanoamericano. Sus cultivadores fueron buenos discípulos de Balzac, los hermanos Goncourt, Zola, Dickens, Pereda y Galdós. Aunque ofrecieron la realidad americana—flora, fauna, sociedad—, no se destacaron como artistas originales. Mostraron progreso técnico en el arte narrativo pero no ofrecieron una auténtica forma de expresión. En esta síntesis, mencionemos unos cuantos.

Entre los iniciadores del realismo posromántico en castellano está el chileno Alberto Blest Gana (1830–1920), autor de catorce novelas. Entre sus mejores obras se encuentran *Martín Rivas* (1862), sobre la vida de la sociedad de Santiago de Chile a mediados del siglo XIX, y su obra maestra *Durante la Reconquista* (1897), novela histórica que se desarrolla durante la guerra por la independencia de Chile. Otros realistas de importancia son José López Portillo (México, 1850–1923), autor de *La parcela* [*piece of ground*] (1898); Vicente

Romero García (Venezuela, 1865–1917), autor de *Peonía* [*peony*] (1890); Federico Gamboa (México, 1864–1939), autor de *Santa* (1903); y Tomás Carrasquilla (Colombia, 1858–1941), autor de *Frutos de mi tierra* (1896). *La parcela* trata del amor de dos jóvenes de familias de terratenientes [*landowners*] en disputa por un terreno de Jalisco. *Peonía* es una novela costumbrista acerca de un amor interrumpido por el destierro y la muerte. *Santa,* novela naturalista y costumbrista, cuenta la vida de una prostituta parecida al personaje Naná de Emile Zola. *Frutos de mi tierra* es un libro de relatos costumbristas de Antioquia, escrito con el lenguaje regional de esa zona de Colombia.

El objetivo fundamental del realismo hispanoamericano parecía ir en contra del deseo artístico latinoamericano. Al ofrecer una tajada de la vida, el escritor se ve imposibilitado de mostrar la realidad total del nuevo mundo que deseaba expresar, porque esa nueva escuela tenía en su esencia los ingredientes del fracaso [*failure*]. Cuando en el siglo XX el neorrealismo mostró la selva, los llanos, las serranías, las minas y haciendas, las villas y ciudades de Indoamérica, entonces consiguió mejores triunfos artísticos sin lograr completamente la ansiada auténtica literatura latinoamericana.

16.4 El modernismo hispanoamericano de 1880 a 1916

Al fracasar todos los intentos para conseguir la independencia intelectual con una expresión artística propia, un grupo de poetas inició la revitalización de la literatura en castellano. Su estética pronto se impuso en Hispanoamérica e influyó en los escritores de España. Entonces se trocaron los papeles [*the roles were exchanged*]: los hispanoamericanos se convirtieron en maestros de los españoles. Adoptaron por símbolo el cisne [*swan*], aceptaron el nombre de modernistas y se impusieron en tres olas sucesivas. En la primera, se destacaron los cubanos José Martí y Julián del Casal, el peruano Manuel González Prada, el colombiano José Asunción Silva, y los mexicanos Manuel Gutiérrez Nájera y Salvador Díaz Mirón. Con la segunda ola modernista se distinguió el nicaragüense Rubén Darío (1867–1916), a quienes muchos consideran como el poeta más importante en castellano desde el Siglo de Oro. Sus libros *Azul* (1888) y *Prosas profanas* (1896) marcan la culminación del modernismo. Sus mejores compañeros de escuela literaria fueron el argentino Leopoldo Lugones, el boliviano Ricardo Jaimes Freyre y el uruguayo Julio Herrera y Reissig. También destacaron los peruanos José Santos Chocano y José María Eguren, incorporados al movimiento algo más tarde.

La renovación modernista incluyó las corrientes literarias francesas del parnasianismo y el simbolismo.[3] Para liberarse de la tendencia provinciana y

---

[3] *parnasianismo y el simbolismo*   Parnassianism was the literary movement that stressed form over emotion, aiming at attaining perfect form with sensual imagery. Symbolism was the late 19th century literary movement that sought to express or evoke emotions and ideas by the use of symbolic language, color, and evocative and suggestive images.

regionalista del mundo hispánico, los modernistas cultivaron lo exótico, especialmente lo oriental; para combatir lo común y vulgar, el cliché y lo trillado [*the recurrent and hackneyed expressions*], los modernistas se convirtieron en elegantes aristócratas de la forma. La sensualidad refinada y artificio estimulante los elevaron a la torre de marfil, donde trataron de forjar un mundo de ilusión y formas caprichosas. Parecía que los de la segunda ola modernista habían modificado el propósito original de hallar nuevas formas de expresión y nuevos caminos para las letras hispanoamericanas. Entonces apareció la tercera y última ola modernista que abandonó el cosmopolitismo artificial y explotó las posibilidades estéticas del Nuevo Mundo, empleando temas americanos, cantando a su naturaleza y tratando de descifrar sus enigmas históricos. A este período se le llama **mundonovismo.** Las obras de esta época fueron de carácter nacional y continental, compuestas con otra manera muy distinta de ver al hombre americano y su medio ambiente; ellas compartieron la fe en el futuro de una patria continental.

Culminó esta última etapa con obras como los poemas antiimperialistas de Rubén Darío *A Roosevelt, Salutación del optimista* y *Los cisnes,* incluidos después en su libro *Cantos de vida y esperanza* (1905). *A Roosevelt* fue una oda escrita en 1904, unos seis años después del triunfo militar de los Estados Unidos sobre España y un año después de la creación de la República de Panamá, a expensas de Colombia. Darío llamó al presidente estadounidense: «cazador certero», «profesor de energía», símbolo del poderío yanqui, capaz de cazar el futuro como si fuera una fiera [*wild beast*]. El poeta evocó el pasado ilustre de la América indohispana y advirtió sobre el peligro de una invasión estadounidense a Latinoamérica. En *Salutación del optimista,* el autor lanzó un grito de esperanza en el futuro, censuró a quienes desconfiaban el vigor hispánico, exhortó a los jóvenes a redescubrir la fuerza antigua de la "raza" hispánica y postuló la unión de los pueblos de habla española. El poeta confió al cisne el mensaje de angustia y esperanza ante el inminente avance de los Estados Unidos. Declarándose defensor de su pueblo y «nieto de España», Darío dijo «*Brumas septentrionales* [*northern mists*] nos llenan de tristezas», y preguntó: "¿Tantos millones hablaremos inglés? / ¿Ya no hay nobles hidalgos ni bravos caballeros? / ¿Callaremos ahora para llorar después?"

16.5 La renovación del realismo y el criollismo

El mundonovismo influido por el realismo poco a poco engendró al **criollismo,** movimiento literario basado en el uso de temas latinoamericanos, especialmente el rural. Los criollistas se concentraron en el paisaje regional y en el pueblo, estimulados por periódicos y revistas nacionalistas, como *Caras y Caretas* (fundada en Buenos Aires en 1898) y *El Cojo* [*lame*] *Ilustrado* (publicada en Caracas, de 1892 a 1915). Desempeñaron papel importante en este movimiento los cuentistas chilenos Mariano Latorre (1886–1955),

Baldomero Lillo (1867–1923), Rafael Maluenda (1885–1963) y el argentino Roberto J. Payró (1867–1928). El criollismo tampoco consiguió forjar una auténtica expresión americana, pese a haber transmitido lo criollo en valores estéticos y morales universales. Su fracaso se debió a la excesiva influencia del realismo español obsesionado con el paisaje.

Contemporáneo al [*contemporary with the*] criollismo hispanoamericano aparece en el Brasil un movimiento literario nacionalista intensamente preocupado por los problemas sociales. En 1902 Euclides da Cunha (1866–1909) publicó uno de los mejores estudios sociológicos de la región ganadera del **sertão**.[4] *Os Sertôes* narra la campaña militar para dominar la rebelión del pueblo de Canudos (1897) y derrotar a su líder, un predicador [*preacher*] religioso, Antônio Vicente Mendes Maciel (Antônio Conselheiro, 1830–97), sobre quien escribirá en el siglo XX el escritor peruano Mario Vargas Llosa en *La guerra del fin del mundo* (1981). En 1897 apareció también la novela *Canaán*, de José Pereira de Graça Aranha (1868–1931), defensor de la tesis de la salvación del Brasil por medio de la inmigración blanca. Severa [*harsh*] crítica de la plutocracia (gobierno de los ricos) hace Alfonso Henriques de Lima Barreto (1881–1922) en sus novelas y cuentos.

El llamado modernismo del Brasil ocurrió después de la Primera Guerra Mundial: fue un movimiento anunciador y precursor del vasto proceso de transformación cultural y política. En su primera fase tomó como modelo inicial al futurismo de Marinetti[5], que beligerantemente odiaba a la tradición. En el Brasil la renovación literaria modelada a la francesa no tiene la importancia del modernismo hispanoamericano. El modernismo brasileño dependió mucho más de la técnica parnasiana, modificada por la influencia de los dadaístas Mário de Andrade (1893–1945), «el Papa del Modernismo», y Oswaldo de Andrade (1890–1954), fundador de la *Revista de Antropofagia* (1928), cuyo interés en el primitivismo de su patria le hizo forjar la frase irónica y nacionalista «*Tupí or not tupí, that is the question*».[6]

16.6 El arielismo y el despotismo estético

Aunque la revolución literaria modernista consiguió sus mejores triunfos en la poesía, sus efectos en la prosa también fueron significativos. En 1900 se publicó uno de los libros más influyentes de la época: *Ariel*, del pensador uruguayo José

---

[4] *sertão* "backland" (in Portuguese) refers to the semi-arid region in Northeastern Brazil. The plural of sertão is sertões.
[5] *Filippo Tommaso Marinetti* (1876–1944) was a famous Italian millionaire writer, founder of the Futurist literary school based on the modern aesthetic principles of a fast, aggressive lifestyle.
[6] *Tupí* is a language family spoken along the Brazilian coast from the XVI to the XIX centuries, and still used today by Indians around the Rio Negro region (between the Orinoco and the Amazon basins).

Agustín Yáñez (1904–80), autor de la novela *Al filo del agua*, se destacó como narrador, gobernador del Estado de Jalisco, ministro de educación de su patria y director de la Academia Mexicana de la Lengua.

Enrique Rodó (1871–1917), quien utilizó el simbolismo shakesperiano de *The Tempest*. Rodó contrastó a Ariel (símbolo de Latinoamérica) idealista, artista y humanista, con Calibán (símbolo de Estados Unidos), sensual, pragmático y grosero [*coarse*]. Su espíritu latinoamericanista, basado en la idea de una patria continental e impregnada de un optimismo idealista, fue recibido en Latinoamérica como campaña de propaganda unificadora. Con su mensaje a la juventud latinoamericana, Rodó contribuyó a frenar la nordomanía[7] estimulada por Sarmiento, Alberdi, otros argentinos y algunos chilenos. El escritor uruguayo promovió el auto examen espiritual, artístico e intelectual durante un período crítico de la historia iberoamericana para postular la inferioridad material y militar latinoamericana frente al poder arrollador [*overwhelming*] norteamericano. *Ariel* sobresale en la historia literaria por su elocuente estilo expresivo que contribuyó a darle mejor forma al ensayo hispanoamericano, añadiéndole musicalidad, cadencia y recursos literarios generalmente asociados con la poesía. Luego de unos años, el excesivo elogio [*praise*] al pensador uruguayo fue criticado por quienes vieron en él al esteta [*esthete, sensitive to beauty*] aristócrata. Lo consideraron culpable de la generalización y simplificación exagerada de las supuestas cualidades idealistas de los latinoamericanos y de las cualidades materialistas de los norteamericanos, ignorando a los indígenas y negros, y dependiendo demasiado de una filosofía vagamente humanista. Los críticos más severos [*harshest*] de Rodó y su **arielismo** fueron los indigenistas y los defensores de la literatura con contenido social.

16.7 El neorrealismo y el interés social

La disminución del interés estilístico de los modernistas dio paso a una rica literatura neorrealista de fuerte preocupación sociopolítica. Apareció estimulada por los grandes problemas históricos latinoamericanos: la Revolución

---

[7] *La nordomanía*, inclinación mental de incorporar ciegamente el modelo yanqui, transplantándolo artificialmente a expensas de la creatividad, fue propuesta por los románticos del Cono Sur del siglo XIX y muchos latinoamericanos del siglo XX. Su antítesis la defendieron los modernistas como el uruguayo Rodó y los antiyanquis contemporáneos.

Mexicana, la desaparición del gaucho, la explotación del trabajador en la selva, los llanos, los Andes y las ciudades.

La Revolución Mexicana, iniciada en 1910, comenzó a inspirar a un gran número de escritores-testigos y artistas asombrados [*amazed*] de sus consecuencias. La narrativa con este tema ha dado obras tan importantes como *Los de abajo* (1915), por Mariano Azuela (1873–1952); *El águila y la serpiente* (1928) y *La sombra del caudillo* (1929), de Martín Luis Guzmán (1887–1976); *La vida inútil de Pito Pérez* (1938), por José R. Romero (1890–1952); y *Al filo del agua* (1947) y *Las tierras flacas* (1962), de Agustín Yáñez (1904–80). *Los de abajo (The Underdogs)*, la más popular de las obras de Azuela, trata de las aventuras de un revolucionario y sus compañeros de lucha. Es la mejor novela de este tema y la más traducida a idiomas extranjeros. Los dos libros de Martín Luis Guzmán mencionados son en realidad memorias noveladas [*in novel form*] acerca de la etapa bélica de la Revolución Mexicana. *La vida inútil de Pito Pérez* [*The Useless Life of Pito Pérez*] es la biografía de un borrachín [*poor drunkard*], escrita a la manera de las novelas picarescas. Agustín Yáñez, el más innovador de los narradores de la Revolución, escribió con prosa lírica, llena de simbolismo. Sus novelas más difundidas son *Al filo del agua* [*The Edge of the Storm*] y *Las tierras flacas* [*The Barren Lands*]. La primera describe la vida religiosa de una aldea remota en vísperas del vendaval [*storm*] revolucionario, y la segunda trata del eterno problema de la escasez de tierras agrícolas.

La inhumana explotación del **cauchero** [*worker in a rubber plantation*] en la jungla conduce al colombiano José Eustasio Rivera (1888–1928) a escribir la novela, *La vorágine* [*The Vortex*] (1924) para evocar la selva amazónica y denunciar la explotación de los caucheros. La lucha entre civilización y barbarie en los llanos de Venezuela mueve a Rómulo Gallegos (1884–1969) a escribir otra gran novela simbólica sudamericana, *Doña Bárbara* (1929), acerca de una «devoradora de hombres» en los llanos de Venezuela. La protagonista, doña Bárbara, representa el atraso [*backwardness*]; el héroe, Santos Luzardo, simboliza la civilización. Gallegos fusionó la técnica realista y folclorista para utilizar mejor la mitología tradicional así como las leyendas y los cuentos populares europeos y latinoamericanos. La narrativa de este venezolano tipifica la novela telúrica[8] que revela la influencia del suelo hispanoamericano en el modo de ser del personaje.

El rápido progreso de la Argentina, obliga al gaucho a transformarse en campesino sedentario [*settled, not nomadic*], e impulsa a Ricardo Güiraldes a retratar simbólicamente el exterminio histórico de este importante personaje argentino. Lo hace en *Don Segundo Sombra* (1926), una de las obras maestras de la novelística hispanoamericana, apreciada por su valor estilístico.

---

[8] La innovativa novela telúrica latinoamericana apareció a partir de 1920; tenía por tema la geografía de las montañas, los llanos y la selva para expresar una estética realista que describe la diversidad étnica, las costumbres y el folklore, con ciertos recursos formales precursores del arte narrativo de los años 1960.

16.8 Del indigenismo tradicional al indigenismo continental

El movimiento intelectual indigenista que busca integrar al amerindio al estado moderno, ha atraído a sus filas a escritores de diversas tendencias. Algunos proponen favorecer el restablecimiento de las naciones indígenas precolombinas y rechazar las contribuciones culturales procedentes de ultramar [*overseas*]. Otros defienden al indio tanto como al mestizo, heredero étnico y cultural de dos civilizaciones. Para otros el «nuevo indio» es un ser cultural, no importa que sea indígena, mestizo o blanco, porque la raza ha sido modificada por el mestizaje cultural, generador de otra manera de actuar, pensar y sentir. Hay quienes insisten en la importancia de la influencia telúrica, esto es, cómo el influjo de la tierra determina el carácter del latinoamericano. La mística adoración a la naturaleza es para muchos una fuerza liberadora y creadora, que ha tomado lo mejor de todas las culturas y ha forjado el verdadero estilo latinoamericano.

La narrativa indigenista se consolidó con la peruana Clorinda Matto de Turner (1852–1909), cuya obra *Aves sin nido* (1889) fue la primera novela que usa al indígenas de carne y hueso como personaje central actuando de una manera muy diferente del indio decorativo del indianismo romántico. *Aves sin nido*, traducida al inglés como *Birds without Nest: A Story of Indian Life and Priestly Oppression in Peru* (1904) y *Torn from the Nest* (1998), trata del amor de dos jóvenes mestizos que al final de la novela descubren que son hermanos, hijos del mismo sacerdote.

En su rico y largo desarrollo, el indigenismo se ha manifestado mejor en los países con gran porcentaje de población indígena: México, Guatemala, Ecuador, Bolivia y Perú. Pero, en México, la ficción indigenista se confunde con la novela de la Revolución Mexicana y se la suele estudiar en esa importante agrupación literaria. En Guatemala, Miguel Ángel Asturias (1899–1974) publicó la novela *Hombres de maíz* (1949), en la que examina la mente y psicología del indígena mediante los mitos [*myths*] tradicionales que fusionan magia y realidad. En 1967 Asturias recibió el premio Nobel por su valiosa contribución literaria.

Los narradores indigenistas más importantes del Ecuador son Jorge Icaza (1906–78) y Gonzalo Humberto Mata (1904–88). Icaza, autor de varias novelas, dramas y cuentos, es uno de los más conocidos escritores iberoamericanos. Su novela *Huasipungo* (1934) ha sido traducida a más de doce idiomas, incluso al inglés (*The Tomb for the Corpse*, 1943). Trata ella de la más cruel explotación del indígena ecuatoriano, reducido a un estado infrahumano en su **huasipungo** (parcela pequeña) que el terrateniente le presta al amerindio para tenerlo cerca del trabajo no remunerado que debe hacer para el patrón [*master*]. Gonzalo Humberto Mata sobresalió con la novela *Sal* (1963), donde presenta una visión optimista del futuro del indígena que consigue mejorar su condición económica.

En el Perú han nacido varios indigenistas de prestigio. Uno de los primeros en destacarse en esta modalidad literaria fue Manuel González Prada

(1844–1918). Ejerció poderosa influencia en muchos escritores de su generación, incluyendo a Clorinda Matto de Turner. Las contribuciones de González Prada difundidas con mayor rapidez póstumamente son su ensayo *Nuestros indios* y el poemario *Baladas peruanas*. Otros indigenistas peruanos sobresalientes fueron Enrique López Albújar (1872–1966), Ciro Alegría (1907–67) y José María Arguedas (1911–69). López Albújar, poseedor de un estilo naturalista, reveló el mundo indígena de crimen y castigo en *Cuentos andinos* (1920) y *Nuevos cuentos andinos* (1927). Ciro Alegría conquistó gran prestigio internacional con novelas acerca de los indios y cholos explotados del norte del Perú. Desterrado a Chile por su militancia aprista, consiguió reconocimiento literario por sus dos primeras novelas, *La serpiente de oro* (1935) y *Los perros hambrientos* (1939). Su tercera obra, *El mundo es ancho y ajeno* (1941), ganó el primer premio en el concurso de novela latinoamericana auspiciado por Farrar & Reinhardt de Nueva York (1941) y fue traducida con el título de *Broad and Alien Is the World*. El libro narra con realismo conmovedor la usurpación de tierras de una comunidad indígena del norte del Perú y la vida dramática de sus miembros enfrentados a la estructura semifeudal de la región. José María Arguedas fue un escritor-puente: unió la corriente indigenista a la nueva narrativa. En los cuentos neoindigenistas de *Agua* (1935) y *Yawar Fiesta* (1941) muestra el mundo ambivalente del andino. En las novelas *Los ríos profundos* (1958) y *Todas las sangres* (1964) Arguedas combina antiguos mitos quechuas con realidades actuales del indígena que, sobreponiéndose a la costumbre de sufrir en silencio, exterioriza su protesta. Su libro póstumo *El zorro de arriba y el zorro de abajo* (1971) es un agónico testimonio personal terminado poco antes de suicidarse el autor.

Dentro de la nueva escuela indigenista, sobresale la mexicana Rosario Castellanos (1925–74), quien, en la novela *Balún Canán* (1957) deja al lector ver el mundo indígena a través de los ojos de la protagonista, una niña de siete años criada por una sirvienta india. En *Oficio de tinieblas* (1962), el empleo de la tradición neoindigenista de crear personajes individualizados sin mensaje alguno le permite a la novelista mostrar mejor la manera de ser de los indios tzotziles de Chiapas. En Bolivia, Alcides Arguedas (1879–1946) destacó entre los mejores indigenistas de ese país. Aunque su controversial ensayo *Pueblo enfermo* (1909) mostró un aspecto [*outlook*] racista, con *Raza de bronce* (1919) legó una excelente novela acerca del idilio amoroso de dos indios del lago Titicaca que sufren la tiranía de los hacendados de la región.

16.9 La interpretación de la realidad por medio de la fantasía

En los años veinte el ensayista peruano José Carlos Mariátegui (1894–1930) dio a conocer unas agudas [*sharp*] observaciones sobre la función del artista y su concepción estética. Las mismas adquieren actualidad unas décadas después, cuando la literatura continental, sobre todo la novela hispanoamericana, rinde una serie de obras de superior calidad e importancia universal. En 1924, por ejemplo, Mariátegui compartió [*shared*] la idea de que la ficción no es anterior ni superior a la realidad, como sostenía Oscar Wilde; ni la realidad es anterior ni superior a la ficción, como quería la escuela realista. Mariátegui estaba convencido de que la ficción y la realidad se modifican, que el arte y la vida se nutren recíprocamente y por eso: «Es absurdo intentar incomunicarlos y aislarlos. El arte no es acaso sino un síntoma de plenitud de la vida».[9] En artículos reunidos más tarde en forma de libro, el pensador peruano expande su estética y sostiene que la forma no puede ser separada de su esencia y que «la experiencia realista no nos ha servido sino para demostrarnos que sólo podemos encontrar la realidad por los caminos de la fantasía, y, sin embargo, la fantasía cuando no nos acerca a la realidad nos sirve de bien poco: En lo 'inverosímil' [*incredible*] hay a veces más verdad, más humanidad que en lo verosímil» [*credible*].

Empleando recursos clásicos olvidados o muy poco usados y adaptando técnicas los nuevos novelistas latinoamericanos enfocan ahora la acción, el pensamiento y el sentir de los personajes de manera cinematográfica, con discontinuidades y súper imposiciones, presentando diversos aspectos de la realidad simultáneamente e invitando al lector a participar en la recreación artística. El cruce de planos temporales (pasado-futuro-presente), los cambios de nivel de la realidad (objetivo-subjetivo), la multiplicidad de perspectivas interiores y de focos narrativos que rompen el orden temporal y espacial reclaman insistentemente la ayuda del lector, que para ponerle orden al aparente caos artístico se convierte en un personaje importante de la novela que lee.

Entre los más destacados narradores innovadores de la segunda mitad del siglo XX y principios del siglo XXI se encuentran los argentinos Jorge Luis Borges (1899–1986), Ernesto Sábato (n. 1911) y Julio Cortázar (1914–84), el uruguayo Juan Carlos Onetti (1909–94), los mexicanos Juan Rulfo (1917–86) y Carlos Fuentes (n. 1928), los cubanos Alejo Carpentier (1904–80) y José Lezama Lima (1910–76), el paraguayo Augusto Roa Bastos (1917–2005), el colombiano Gabriel García Márquez (n. 1928), el peruano Mario Vargas Llosa (n. 1936) y los chilenos José Donoso (1934–96) e Isabel Allende (n. en el Perú en 1942).

Jorge Luis Borges, repetidas veces candidato al premio Nobel de literatura, fue uno de los más exquisitos estilistas en castellano. Combinó en su estilo el humor, la fantasía y gran originalidad para conducirnos por los laberintos de su imaginación. Sus poesías, ensayos y cuentos policiales, así como su prosa tan ágil y culta, han tenido muchos seguidores en las últimas décadas. Su discípulo Julio Cortázar elaboró *Rayuela* [*Hopscotch*] (1963), libro que puede comenzarse a leer en cualquier capítulo y continuarse leyendo con un orden arbitrario al gusto del lector, quien así se convierte en otro de sus

---

[9] J. C. Mariátegui, *El artista y la época* (Lima: Biblioteca Amauta, 1959), 186. Ver también *Voces de Hispanoamérica*, 3° ed., pp. 349–353.

Jorge Luis Borges (1899–1986) fue el escritor argentino más importante del siglo XX. Su obra ha sido traducida a muchos idiomas.

personajes. Cortázar publicó varias novelas más, como *62. Modelo para armar* (1968), *El libro de Manuel* (1973) y libros misceláneos como *Un tal Lucas* (1979). Sin embargo, Cortázar muestra mejor su dominio de la técnica y su maestría narrativa en sus cuentos reunidos en diversas colecciones, especialmente en *Todos los fuegos el fuego* (1966).

En la novela *Pedro Páramo* (1955) por el mexicano Juan Rulfo (1917–1986) la trama [*plot*] se desarrolla en un tiempo deshumanizado, congelado [*frozen*] en una eternidad donde se mueven los personajes todos muertos. A Pedro (que representa la piedra) Páramo (desierto) lo busca en el curso de la obra uno de sus numerosos hijos naturales: Juan Preciado. En el mundo del más allá la odisea kafkiana [*in Kafka-like style, nightmarish*] narrada por Rulfo se aclara con la intervención del lector cuando ordena las diferentes secuencias de la narración. Carlos Fuentes en las novelas *La región más transparente* (1958), *La muerte de Artemio Cruz* (1962) y *Cambio de piel* (1968), da su visión de la sociedad mexicana contemporánea utilizando una multiplicidad de técnicas modernas. En ellas, Fuentes parodia a las clases conservadoras mediante un novedoso lenguaje y diversos cambios de planos narrativos. Con nuevo estilo ha escrito *Terra Nostra* (1975), *Gringo viejo* (1985), *La campaña* (1990), *Frontera de cristal* (1995), *Los años con Laura Díaz* (1999), *La silla del águila* (2003) y *Todas las familias felices* (2006) en las que novela [*ficcionalizes*] la historia de América para tratar de llegar a la esencia de lo mexicano.

Alejo Carpentier ha sido elogiado por varias de sus excelentes novelas. En *El reino de este mundo* (1949) narra aventuras verídicas e imaginadas que demuestran cómo en América Latina, bajo el barniz occidental, hay un fondo de fuerzas mitológicas no occidentales. En *Los pasos perdidos* (1953), un músico alienado y artísticamente esterilizado por la sociedad moderna encuentra la salvación y la felicidad en la selva del Orinoco. Lo real maravilloso[10] de la jungla sudamericana lo libera espiritualmente. En *El siglo de las luces* (1962), novela sobre los efectos de la Revolución Francesa en el Caribe,

---

[10] *real maravilloso*   magical realism (Spanish literary movement characterized by the introduction of fantastic elements to realist fiction)

así como en otras obras suyas, *El recurso del método* (1974) y *Concierto barroco* (1974), Carpentier usó el estilo neobarroco, profuso en detalles. En *La consagración de la primavera* (1978) vinculó [*linked*] la historia europea y cubana para mostrar la continuidad del proceso revolucionario, mientras que en su última novela, *El arpa y la sombra* (1979), parodió la biografía de Cristóbal Colón por medio de la técnica de la intertextualidad. Carpentier abordó [*tackled*] los problemas universales en el tiempo y en el espacio por estar interesado en la vida en función de sus constantes intemporales. Su compatriota, José Lezama Lima (1910–76) escribió la novela *Paradiso* (1960) utilizando su larga experiencia de poeta refinado. Sus escritos dan la impresión de que el autor está contándose a sí mismo una larga confesión. Sus imágenes poéticas no ofrecen el macrocosmo [*great world, universe*] sino el yo microcósmico [*man as a complete summary of the macrocosm*]. Como los novelistas que consideran el manejo del lenguaje el mayor desafío, Lezama Lima reveló su angustioso deseo de incorporar a su yo una nueva visión de la realidad con la que desea integrarse. El elaborado lenguaje de sus poemas y novelas lo conectó, como a Carpentier, con la tradición barroca.

El colombiano Gabriel García Márquez, ganador del Premio Nobel de Literatura, muestra su premio a la audiencia, luego de la presentación en el Concert Hall, Estocolmo, 12 de octubre, 1982.

©Associated Press

Gabriel García Márquez en su obra maestra *Cien años de soledad* (1967), narra la historia de Macondo, pueblo aislado del norte de Colombia. Utiliza varias secuencias temporales: el tiempo mítico de los fundadores, el tiempo histórico del coronel Aureliano Buendía y sus guerras, el tiempo cíclico de la madurez y muerte de los primeros personajes, y el tiempo decadente de Macondo. El tiempo artístico de García Márquez es como el de Borges, circular: da vueltas en círculo hasta retornar al punto de partida. La mezcla de ficción y realidad está iluminada por una poderosa imaginación que consigue darle universalidad a la historia del remoto pueblecito colombiano. En *El otoño del patriarca* (1975), García Márquez utiliza un personaje frecuente en la narrativa hispanoamericana: el dictador. En esta novela usa la exageración para retratar a un tirano mítico que ha gobernado por más de

200 años. En *Crónica de una muerte anunciada* (1981), relata las circunstancias que causaron la muerte del protagonista de una manera minuciosa [*meticulous*], reminiscente de las relaciones y crónicas redactadas por los conquistadores en los siglos XVI y XVII. Con justicia se le otorgó [*he was awarded*] el Premio Nobel en 1983. Las novelas *El amor en los tiempos del cólera* (1985) y *El general en su laberinto* (1989) confirman su destreza en el arte de narrar una pasión amorosa y el ocaso de un héroe a lo largo del río Magdalena.

Mario Vargas Llosa en *La casa verde* (1966) mezcla los focos narrativos usando varios pronombres atados [*tied*] con conjunciones que llevan a diferentes planos temporales y a desplazamientos [*shifts, movements*] espaciales. Sus variadas técnicas le dan a su narración una aparente complejidad que el lector puede ordenar mentalmente. Por esta novela se le otorgó en 1967 el Premio Rómulo Gallegos.[11] Después, Vargas Llosa consolidó su prestigio con *Pantaleón y las visitadoras* (1973), novela satírica y humorista sobre la burocracia militar en la selva peruana, y *La tía Julia y el escribidor* (1977), novela autobiográfica sobre sus años de periodista y comentarista radial en Lima. Cambiando de estilo, en *La guerra del fin del mundo* (1981), Vargas Llosa utiliza el tema histórico ya tratado por Euclides da Cunha en *Os Sertões* (1902): la rebelión en el pueblo de Canudo, Brasil, seguidor del fanático religioso Antonio Consejero. En *El hablador* (1987) Vargas Llosa vuelve a la amazonia peruana para mostrar la misteriosa relación de la ficción con la sociedad. El erotismo en su literatura es muy evidente en *Elogio de la madrastra* (1988), *Los cuadernos de Rigoberto* (1997) y *Travesuras de la niña mala* (2006).

Hay muchos otros escritores con parecido arte narrativo, entre los cuales sobresalen varios. El chileno José Donoso en *Coronación* (1962) y *El obsceno pájaro de la noche* (1969) lleva al lector hasta lo más hondo del subconsciente, en una experiencia de indagación y destrucción a fin de exponer la decadencia de la alta burguesía de su patria. Por su parte, Isabel Allende, cuya novela *La casa de los espíritus* (1982) ha recibido gran recepción en castellano y en traducción, sobre todo al alemán, también se interesa en el tema de la alta burguesía. Entre sus últimas obras sobresalen *La ciudad de las bestias* (2002), historia fantástica de un joven de 15 años en la selva amazónica, e *Inés del alma mía* (2006) sobre la vida de la extremeña Inés Suárez, que viaja al Nuevo Mundo en el siglo XVI en busca de El Dorado y termina dominando a Pedro de Valdivia, uno de los conquistadores de Chile. Muy distinta es la narrativa del argentino Manuel Puig, en cuyas novelas *La traición de Rita Hayworth* (1968), *Boquitas pintadas* (1969), *The Buenos Aires*

---

[11] El Premio Internacional de Novela Rómulo Gallegos de cien mil dólares es uno de los premios más importantes en el ámbito de la narrativa en lengua castellana. Lo han recibido, entre otros, Gabriel García Márquez (1972), Carlos Fuentes (1977) y Elena Poniatowska (2007).

affair (1973) y *El beso de la mujer araña* (1976) muestra un astuto manejo del lenguaje y, como John Dos Passos, incorpora técnicas desarrolladas por la cinematografía. En *Tres tristes tigres* (1967) del cubano Guillermo Cabrera Infante el lenguaje con sus juegos de palabras es lo central en el arte de narrar, a tal punto que los críticos afirman que el idioma en cierto sentido es el protagonista. Las parodias, chistes y juegos de palabras muestran el carácter creador de un inventado dialecto con que se describe la vida nocturna habanera de antes de 1959. Continuadores de esta modalidad son sus compatriotas Severo Sarduy y Reinaldo Arenas, y los puertorriqueños Emilio Díaz Valcárcel y Luis Rafael Sánchez. La novela del último, *La guaracha del macho Camacho* (1976), fue traducida al inglés por Gregory Rabassa con el título de *Macho Camacho's Beat*. De modo muy diferente escriben la mexicana Elena Poniatowska y el cubano Miguel Barnet. La primera, valiéndose de grabadoras [*tape recorders*] a la manera de Oscar Lewis, en *Hasta no verte Jesús mío* (1969) reconstruye la vida de Jesusa, una simple y a la vez extraordinaria mujer que ha sobrevivido diversas etapas de la historia de México. Miguel Barnet ha escrito *Biografía de un cimarrón* (1966) traducida al inglés como *The Autobiography of a Runaway Slave*. Allí el protagonista cuenta su vida como esclavo, cimarrón, soldado en las luchas por la independencia y simple trabajador.

Como se ha visto, para algunos escritores, la búsqueda de lo latinoamericano se da a nivel del lenguaje; para otros, la ficcionalización de la historia, animada unas veces por sus actores más conocidos y otras por seres anónimos, es la forma de mostrar la esencia de lo latinoamericano. Los variados registros de la actual narrativa hispanoamericana abarcan y mezclan estas diversas modalidades. Todas éstas anuncian su continuado vigor, como lo han demostrado últimamente, entre otros, el chileno Jorge Edwards, los nicaragüenses Sergio Ramírez y Omar Cabezas, y los peruanos Julio Ramón Ribeyro, Manuel Scorza, Alfredo Bryce Echenique, José Antonio Bravo y Carlos Thorne. Aunque los novelistas ocupan hoy un lugar preferencial en las letras hispanoamericanas, los cultivadores de otros géneros también han sobresalido. La poesía ha recibido reconocimiento universal con la adjudicación del premio Nobel en 1945 y 1971 a los chilenos Gabriela Mistral y Pablo Neruda y en 1990 al mexicano Octavio Paz.

En la segunda mitad del siglo XX, con ensayos de temas americanistas y universales, consiguieron gran renombre: el dominicano Pedro Henríquez Ureña, los venezolanos Mariano Picón Salas y Arturo Uslar Pietri, el cubano Jorge Mañach, los colombianos Germán Arciniegas y Eduardo Caballero Calderón, los argentinos Ezequiel Martínez Estrada, Francisco Romero, Victoria Ocampo, Eduardo Mallea y Héctor A. Murena, los uruguayos Mario Benedetti y Angel Rama y los mexicanos José Vasconcelos, el polígrafo erudito Alfonso Reyes, Leopoldo Zea, José Revueltas y Carlos Monsiváis; y los peruanos Luis Alberto Sánchez y Sebastián Salazar Bondy, entre otros.

Gabriela Mistral (1889–1957), maestra chilena, recibió el Premio Nobel de Literatura en 1945. Retrato de José María López Malquista.

Courtesy of the Hispanic Society of America

Desde fines del siglo XX han sobresalido por su originalidad estilística y temática, además de los ya mencionados antes: los novelistas argentinos Tomás Eloy Martínez, por *La novela de Perón* (1985), *Santa Evita* (1995) y *Las Memorias del General* (1996); Luisa Valenzuela, por *Novela negra con argentinos* (1990); Mempo Giardinelli, por *Luna caliente* (1983); y Osvaldo Soriano, por *Cuarteles de invierno;* los narradores peruanos Isaac Goldemberg, escritor de *La vida a plazos de don Jacobo Lerner* (1978) *y Tiempo al tiempo* (1984) y Gregorio Martínez, por *Canto de la sirena* (1976) y *Crónica de músicos y diablos* (1991); y los novelistas mexicanos Fernando del Paso, autor de *Noticias del imperio,* sobre el emperador Maximiliano y su esposa Carlota; María Luisa Puga, autora de *Las razones del lago* (1992) y *La reina* (1995); y Angeles Mastretta, por *Arráncame la vida* (1992) y *Mal de amores* (1996).

16.10 **La literatura escrita por los hispanoamericanos de Estados Unidos**

Desde el siglo XIX, los hispanoamericanos residentes en EE.UU. han producido una obra literaria tradicionalmente incluida en la literatura de los países de donde emigraron o salieron hacia el destierro. En el siglo XX esa producción artística ha sido continuada por los exiliados económicos y políticos del mundo hispánico y sus descendientes nacidos en EE.UU. Ella constituye ahora un nuevo capítulo de la literatura mundial. Durante el siglo XIX, los más prominentes escritores procedentes de Cuba fueron José María Heredia, Cirilo Villaverde, Enrique Piñeiro y José Martí. Provenientes de

Puerto Rico fueron: Ramón Betances, Eugenio María de Hostos, Francisco Gonzalo (Pachín) Marín y Arturo Alfonso Schomburg.

Heredia vivió en Filadelfia y Nueva York, en donde escribió *Poesías* (1825) y *Cartas sobre los Estados Unidos* (1926). Asilado en Nueva York desde 1849, Villaverde escribió artículos para revistas y periódicos y dirigió *La Verdad* (1853), *La Ilustración Americana* (1865–73), *El Espejo* (1874–94) y *El Tribunal Cubano* (1878). Su principal obra la realizó en 1882, cuando concluyó y publicó la edición definitiva de *Cecilia Valdés*, novela antiesclavista. De 1880 a 1895, el prolífico Martí escribió y publicó en Nueva York sus más importantes trabajos literarios: los poemarios *Ismaelillo* (1882) y *Versos sencillos* (1891), el ensayo *Nuestra América* (1891), la novela *Amistad funesta* (1885) y la mayor parte del poemario póstumo *Versos libres* (1920). Durante sus seis años en Nueva York (1870–74 y 1898–99), Hostos escribió parte de su *Diario* y laboró apasionadamente por la independencia de Puerto Rico. Su compatriota Pachín Marín dejó artículos sobre Nueva York y *Romances* (1892), y Arturo Alfonso Schomburg, desde 1891 víctima de la discriminación racial en Nueva York, escribió artículos, compiló bibliografías y recopiló las muestras de las contribuciones culturales de sus hermanos afroamericanos a la cultura universal conservadas hoy en el Schomburg Center for Research in Black Culture de Harlem, Nueva York.

En el siglo XX la producción literaria de los hispanohablantes de EE.UU. creció considerablemente. Los más conocidos escritores oriundos de Cuba han sido: Lino Novás Calvo, autor de *Maneras de contar* (1970), colección de cuentos sobre el exilio; el poeta Eugenio Florit, conocido también por su antología de la literatura hispanoamericana; Lydia Cabrera, cultivadora de temas afrocubanos; el novelista Enrique Labrador Ruiz; el poeta Heberto Padilla, autor de *La mala memoria* (1989), versión personal de su enfrentamiento contra el régimen revolucionario cubano; Antonio Benítez Rojo, escritor de *La Isla que se repite* (1989); el ya mencionado Reinaldo Arenas, autor de *El portero,* obra de ficción sobre sus experiencias en Nueva York; los dramaturgos Matías Montes Huidobro y Dolores Prida, influida por el feminismo estadounidense; los poetas Octavio Armand y José Kozer; y Lourdes Casal, quien en *Palabras juntan revolución* llamó a Nueva York «patria chica» y sintetizó en 1981 el problema de la identidad con los versos: «Por eso siempre permaneceré al margen, / una extraña entre las piedras, / demasiado habanera para ser **newyorkina,** / demasiado newyorkina para ser, / —aun volver a ser— / cualquier otra cosa».

De los de origen puertorriqueño, sobresalen: René Marqués, conocido por su pieza teatral *La carreta* (1951), sobre una familia puertorriqueña desplazada a Harlem; José Luis González, autor de *En Nueva York y otras desgracias* (1973) y de otros cuentos acerca de la migración de sus compatriotas; Pedro Juan Soto, residente en Harlem por nueve años, escribió *Spiks*[12] (1956); Emilio Díaz

---

[12] *Spiks*   Spik or spic or spick is a disparaging and offensive name in slang given to Hispanics in the United States.

Valcárcel, autor de *Harlem todos los días* (1978), sobre la angustia de los **neo-rriqueños** en El Barrio;[13] el narrador Luis Rafael Sánchez, ya discutido antes, y Julia de Burgos, autora de poemas sobre Nueva York, ciudad importante en su vida literaria. Entre los de origen dominicano, sobresalen Franklin Gutiérrez, conocido por sus *Voces del exilio* (1986), y los poetas Leandro Morales y Alexis Gómez Rosas, preocupados por el tema de la identidad, tema también explorado por Julia Álvarez en el poemario *Homecoming* (1984) y en la novela *How the García Girls Lost Their Accents* (1991).

Se aprecia mejor la literatura producida por los escritores estadounidenses de origen mexicano cuando se tienen en cuenta las obras escritas por los colonizadores hispanos parlantes de los territorios hoy pertenecientes a EE.UU. Entre ellas se encuentran: las crónicas *Relación* (1539) de Fray Marcos de Niza y *Naufragios* (1542) de Núñez Cabeza de Vaca; el poema épico *Historia de la Nueva México* (1610) de Gaspar Pérez de Villagrá; los libros etnográficos *Memorial* (1630) de Fray Alonso de Benavides y *Chinigchinich* (1831), sobre los indígenas en la misión de San Diego, California, de Fray Gerónimo Boscana; *Ensayos* (1831) y *Viaje a los Estados Unidos de Norteamérica* (1834) por el tejano Lorenzo de Zavala; y el drama folclórico anónimo *Los tejanos,* escrito poco después de 1841, año de la derrota de la expedición del general Hugh McLeod a Nuevo México. Estos antecedentes ayudan a comprender las novelas escritas por autores nuevo mexicanos en las últimas década del siglo XIX: *La historia de un caminante, o sea Gervasio y Aurora* (1881), de Manuel M. Salazar (1854–1900); *El hijo de la tempestad* (1892) y *Tras la tormenta la calma* (1892), de Eusebio Chacón; y *Vicente Silva y sus cuarenta bandidos* (1896), de Manuel C. De Baca. Asimismo, considerando lo anterior, es más fácil evaluar los todavía vigentes versos escritos en 1889 por el nuevo mexicano Jesús María Alarid: «Hermoso idioma español / ¿que te quieren proscribir? / Yo creo que no hay razón / que tú dejes de existir / [. . .] pues es de gran interés / que el inglés y el castellano / ambos reinen a la vez / en el suelo americano».

La producción literaria de los **chicanos**[14] durante el siglo XX es meritoria por su cantidad y calidad. Entre los más sobresalientes se encuentran: Rolando R. Hinojosa-Smith, autor de *Estampas del Valle y otras obras / Sketches of the Valley and Other Works* publicada en edición bilingüe en 1973, y ganador del prestigioso premio Casa de las Américas de 1976 por su novela *Klail City y sus alrededores* (1976); Sabine R. Ulibarrí, autor de *Tierra Amarilla: cuentos de Nuevo México* (1964), *Primeros encuentros* (1982) y *El cóndor and Other Stories* (1990); Fausto Avendaño, conocido por la pieza teatral *El corrido de California* (1979); el novelista Tomás Rivera, ganador del primer premio Quinto Sol en 1970; Rudolfo Anaya, autor de obras en inglés, como *Bless me, Ultima* (1971)

---

[13] *neorriqueños* Nuyoricans or neoricans (N.Y. Puerto Ricans) in El Barrio [E. Harlem area where hundreds of thousands of Puerto Ricans live]
[14] *chicanos* Mexican-Americans. Chicano is a shortened and altered form of "mexicano".

y *Lord of the Dawn* (1987); Estela Portillo Trambley, apreciada por sus obras en inglés: la obra teatral *The Day of the Swallow* (1971) y los cuentos de *Rain of Scorpions and Other Writings* (1975); Luis Martín Santos, conocido por su novela *Peregrinos de Aztlán*[15] (1974); Aristeo Brito, autor de las novelas *El diablo en Texas* (1976) y *El sueño de Santa María de las Piedras* (1986); Ron Arias, apreciado por la novela *Caras viejas y vino nuevo* (1975); y Ernesto Galarza, conocido por *Barrio Boy* (1971) su autobiografía en inglés.

Hispanos con ancestros en otras partes del mundo hispánico también han enriquecido la literatura de Estados Unidos, por ejemplo los escritores latinos de origen peruano, a quienes la *Hostos Review* le dedicó su tercer número (2005) titulado "Destellos Digitales: Escritores Peruanos en los Estados Unidos, 1970–2005", a cargo del poeta peruano Roger Santiváñez (Temple University). El volumen de 355 pp. reúne poesía, narrativa y crítica literaria. José Miguel Oviedo, Gregorio Martínez, Julio Ortega, Miguel Ángel Zapata, Isaac Goldemberg, Eugenio Chang-Rodríguez, Sara Castro-Klaren, Sandro Chiri, Eduardo González Viaña, José Antonio Mazzotti, son algunos de los más de 70 autores incluidos.

A esta rica producción artística de los latinos, que forma una literatura aparte, como la argentina, la peruana o la colombiana, se suma la producción académica de tantos otros estudiosos del mundo hispánico de larga residencia en la Unión Norteamericana, como lo fueron Federico de Onís, Américo Castro, Tomás Navarro Tomás, cuya defensa del patrimonio cultural hispano, sin embargo, no se opone a su voluntad de integrarse a la vida estadounidense con el fin de disfrutar culturalmente de lo mejor de ambos mundos.

16.11 Del regionalismo a la nueva novela brasileña

El deseo de romper con la tradición que llevó a los modernistas brasileños a importar tendencias europeas produjo una reacción neorrealista y regionalista que comienza en 1926, en Recife, en el Primer Congreso de Regionalistas del Nordeste, en la cual tuvo destacada actuación Gilberto Freyre, autor de *Casa grande e senzala* (1933), estudio sociológico de la sociedad feudal brasileña. Los neorrealistas de este grupo describen los ambientes colectivos y muestran las fuerzas naturales y sociales que los impulsan a crear y actuar. José Lins do Rego pintó la vida en las plantaciones azucareras evocando recuerdos que condensan el drama de las masas rurales explotadas por los latifundistas. *Fogo morto* (1943) es su mejor novela. Jorge Amado es más

---

[15] *Aztlán*   The legendary homeland from which the Aztecs began their journey to Tenochtitlán, the promised land. In the 1960 Chicano political activists resurrected the Aztec myth and placed Aztlán in the U.S. Southwest and other areas of large Mexican-American population.

MARIO VARGAS LLOSA, LONDRES, 1986. Llosa, un escritor peruano nacido en Arequipa en 1936, es uno de los escritores de novela y ensayos mas importantes de Latinoamérica.

©Christopher Pillitz/Alamy

conocido probablemente por la difusión de sus obras en el exterior que por el elogio intensivo que le han ofrecido sus camaradas del Brasil. Su *Gabriela, cravo e canela* (1958), traducida al inglés en 1962, se convirtió en un *best seller* en los Estados Unidos. El mejor estilista del grupo es probablemente Graçiliano Ramos, escritor mesurado y cauteloso, cuya obra maestra *Vidas sêcas* (1937), de muchos méritos estilísticos, narra las aventuras de una familia del noreste brasileño víctima de la sequía de la región.

João Guimarâes Rosa le dio al regionalismo neorrealista proyección universal adaptando las técnicas de la novela experimental. En *Grande Sertão: Veredas* (1956), juega con el tiempo y el espacio utilizando un lenguaje creador y poético. Erico Verissimo, aunque de la región gaucha brasileña de Río Grande do Sul, también pertenece al grupo de regionalistas resueltos a darle universalidad a sus novelas mediante el uso de técnicas narrativas innovadoras. João Guimarâes Rosa y Erico Verissimo, al adaptar con originalidad la técnica narrativa del *nouveau roman,*[16] han servido de escritores

---

[16] *nouveau roman*   French new novel, sometimes called the antinovel, dispensed with previous notions of plot, character, style, theme, psychology, chronology, and message.

intermediarios entre el regionalismo neorrealista y el grupo que cultiva la nueva novela brasileña. Este grupo de narradores que comienza a publicar en el período de posguerra, busca las esencias de la realidad nacional y emplea un lenguaje poético basado en el poder mágico de las palabras. Dos destacadas representantes del movimiento son Clarice Lispector y Nélida Piñón. El libro que le dio fama a Lispector es *A maça no oscuro (The Apple in the Dark)* (1961) donde con sabia lentitud cuenta la agonía de un hombre que no sabe si ha asesinado a alguien. *A Paixão Segundo G. H.* (1964) continúa la mezcla de angustia metafísica e imaginación poética. Nélida Piñón en *A Casa de Paixão* (1971) integra mitos y personajes alegóricos. La novelística latinoamericana (brasileña e hispanoamericana) está experimentando un proceso de gran renovación y está ganando universalidad. Tiene un sitio especial en la narrativa mundial; su éxito en Europa y Norteamérica ha obligado a los críticos a considerarla como una de las más desarrolladas de nuestro tiempo, cuyo auge recuerda al de la novelística rusa de fines del siglo XIX y principios del XX.

16.12 Resumen

I. **Neoclasicismo y romanticismo, primeras corrientes literarias**

   A. Andrés Bello (1781–1865) anhela independencia intelectual en 1823

   B. El americanismo en el neoclásico ecuatoriano Olmedo (1780–1841)

   C. Primicia romántica en los «*yaravíes*» del peruano Melgar (1791–1815), *La cautiva* (1837) de Echeverría (1805–51) y *Facundo* (1845) de Sarmiento (1811–88)

   D. Romanticismo francés de Mármol (*Amalia*, 1855) e Isaacs (*María*, 1867)

   E. Indianismo en *Cumandá* (1871) de Mera y *Enriquillo* (1879–82) de Galván

   F. Poetas gauchescos: Estanislao del Campo (*Fausto*, 1866), Hilario Ascasubi (*Santos Vega*, 1872), José Hernández (*Martín Fierro*, 1872–79) y Rafael Obligado (1851–1920)

   G. *Tradiciones peruanas,* del limeño Ricardo Palma (1833–1919)

II. **Tardío realismo decimonónico**

   A. Tajada de vida americana con técnica europea por el chileno Blest Gana (1830–1920)

   B. Regionalismo del colombiano Tomás Carrasquilla (*Frutos de mi tierra*, 1896), de los mexicanos J. López Portillo (*La parcela*, 1898) y F. Gamboa (*Santa*, 1903) y del venezolano V. Romero García (*Peonía*, 1890)

III. **El modernismo hispanoamericano (1880–1916)**

A. Primera ola iniciadora: Martí (1853–95), Gutiérrez Nájera (1859–95), Del Casal (1863–93), González Prada (1844–1918), Díaz Mirón (1853–1928) y Silva (1865–96)

B. Segunda ola triunfadora: Rubén Darío (1867–1916), Leopoldo Lugones (1874–1938), Ricardo Jaimes Freyre (1868–1933), Julio Herrera y Reissig (1875–1910), J. S. Chocano (1875–1934) y José María Eguren (1874–1942)

C. La tercera ola mundonovista y el antiimperialismo

IV. **Renovación del realismo**

A. Criollismo hispanoamericano: Latorre, Lillo, Maluenda y Payró

B. Nacionalistas brasileños: Euclides da Cunha (*Os Sertôes*, 1902) y José Pereira de Graça de Aranha (*Canaan*, 1902)

V. **El uruguayo José Rodó, su *Ariel* (1900) antinordomaníaco**

VI. **El neorrealismo y la narrativa sobre problemas sociales**

A. Novela de la Revolución Mexicana: Azuela, Guzmán, Romero y Yáñez

B. Novelas telúricas: *La vorágine* (1924) de J. Rivera, *Don Segundo Sombra* (1926) de R. Güiraldes y *Doña Bárbara* (1929) de R. Gallegos

C. Indigenismo de Clorinda Matto de Turner, Alcides Arguedas, López Albújar, Ciro Alegría, Jorge Icaza y Humberto Mata

D. Neoindigenismo de José María Arguedas (*Todas las sangres*, 1964)

VII. **La realidad a través de la fantasía**

A. La función del artista, según José Carlos Mariátegui (1894–1930)

B. Los nuevos narradores latinoamericanos:

1. Borges (1899–1986): fantasía en laberintos de tiempo circular

2. Cortázar (1914–84), maestro en la técnica narrativa, y su *Rayuela*

3. Rulfo (1918–86): tiempo congelado de los personajes muertos en *Pedro Páramo*

4. Fuentes (n. 1929) y la sociedad en *La muerte de Artemio Cruz*

5. Neobarroquismo de Carpentier (1904–80) y Lezama Lima (1912–76)

6. García Márquez (Premio Nobel, 1983) y su realismo mágico en *Cien años de soledad* (1967) y *El general en su laberinto* (1989)

7. Vargas Llosa (n. 1936): *La casa verde* (1966) y *La guerra del fin del mundo* (1981)

8. Caprichos lingüísticos en Cabrera Infante, Sarduy y L. R. Sánchez

VIII. **La producción literaria de los latinos (hispanos) de Estados Unidos**
   A. Los escritos de los exiliados del siglo XIX
   B. Las contribuciones literarias de los inmigrantes latinoamericanos y sus descendientes

IX. **Vanguardismo, regionalismo y la nueva novela en el Brasil**
   A. Modernismo influido por el futurismo de Marinetti cultivado por Mário de Andrade (1893–1935), "El Papa del Modernismo", y Oswaldo de Andrade
   B. Graçiliano Ramos (1892–1953): *Vidas sêcas* (1937) del noreste brasileño
   C. *Grande sertão: Veredas* (1956), novela experimental de Guimarães Rosa (1908–67)
   D. Jorge Amado (n. 1912) y la popularidad de *Gabriela, cravo e canela* (1958)
   E. Lenguaje poético en la narrativa de Clarice Lispector (1917–78)

16.13 Cuestionario y temas de conversacion

Cuestionario

1. ¿Cómo conseguiría Latinoamérica su independencia intelectual, según Bello?
2. ¿Qué clase de poesía hispanoamericana pide Esteban Echeverría?
3. ¿Por qué los neoclásicos y románticos no consiguieron independencia intelectual?
4. ¿Por qué el realismo no satisfizo a los buscadores del auténtico camino de expresión?
5. ¿Qué renovaciones literarias introdujeron los modernistas?
6. ¿Qué significa la frase «Tupí or not Tupí, that is the question»?
7. ¿Por qué combatieron los indigenistas el despotismo estético de los arielistas?
8. ¿Cuáles son las grandes novelas telúricas con contenido social?
9. ¿Qué diferencias hay entre indianismo e indigenismo?
10. ¿Cuáles son las características más sobresalientes de la nueva técnica de novela latinoamericana?

Temas de conversación

1. Explique la originalidad en la literatura hispanoamericana.
2. Evalúe el realismo decimonónico.
3. Explique la simultaneidad en la aparición de los movimientos criollista y nacionalista brasileños.
4. Comente el tema de la libertad en la literatura latinoamericana.
5. Contraste el movimiento indigenista con la corriente neoindigenista.

6. Compare y contraste el modernismo hispanoamericano con el modernismo brasileño.
7. Seleccione una obra del movimiento neorrealista y explique por qué es representativa del movimiento.
8. Explique cómo la historia se refleja en la literatura.
9. Compare la literatura del siglo XX escrita en Latinoamérica y en Estados Unidos.
10. Dé unas razones por las cuales la literatura brasileña es similar o diferente de la literatura del resto de Latinoamérica.

Cronología comparada

1503 La Torre del Homenaje de Santo Domingo, el más antiguo edificio del continente

1537–80 Estilos renacentista y barroco del convento de San Francisco en Quito

1539–60 Santuario gótico de San Agustín Acolman en México

1573–1656 El barroco de la Catedral en México

1698 Estilo mestizo de la Iglesia de la Compañía de Arequipa

1753 Influencia mudéjar del palacio de Torre Tagle en Lima

1785 El neoclasicismo de la Academia de San Carlos en México y las catedrales de Guatemala y Caracas

1809–11 Estilo neoclásico de las catedrales de Bogotá y Santiago, Chile

1827 Influencia italiana en el Templete de Cuba

1927 Estilo purista del Palacio del Gobierno en Brasil

1563–86 Juan de Herrera construye el Escorial

1630–80 Apogeo barroco en Italia

1840–60 Neoclasicismo de la Galería Nacional y el Parlamento en Londres

1841 El austriaco Otto Wagner inicia la arquitectura basada en el concreto armado

©Royalty Free/Corbis

Basílica de Nuestra Señora de Guanajuato, Guanajuato, México

La arquitectura

Vocabulario autóctono y nuevo

- huaco
- incanato
- chirimoya
- tuna
- kantuta
- chibcha
- indobarroco
- quincha

17.1 La arquitectura precolombina en Mesoamérica

Durante el período precolombino, la arquitectura en el Hemisferio Occidental era esencialmente religiosa y militar: respondía al profundo espíritu místico y bélico [*warlike*] de sus habitantes. Mientras que la arquitectura religiosa encontró su máxima expresión en los templos, pirámides y centros de adoración, la civil se concentró principalmente en levantar palacios gubernamentales. Como lo revela la ciudad de Teotihuacán, las estructuras precolombinas se caracterizaban por su magnitud; eran expresiones de un arte simbólico, colectivo, sintético y altamente decorativo. En las antiguas culturas amerindias más avanzadas, la arquitectura fue la expresión artística por excelencia. En la azteca y maya, la arquitectura religiosa alcanzó un alto nivel de desarrollo.

Del México prehispánico todavía quedan restos arquitectónicos clásicos y gigantescas obras toltecas y aztecas. La ciudad sagrada de Teotihuacán es apreciada por la majestad de las pirámides del Sol y de la Luna y las líneas armoniosas del templo de Quetzalcóatl (divinidad en forma de serpiente emplumada). Los aztecas en 1325 fundaron la ciudad de Tenochtitlán, sobre cuyas ruinas los españoles y mexicanos

Para enriquecer tus estudios, ve nuestros recursos suplementales en línea a
www.cengage.com/spanish/latinoamerica

Películas, videos y otros materiales audiovisuals: vea nuestras sugerencias en la página 367.

del siglo XVI en adelante contribuyeron a levantar la presente ciudad de México. Los cronistas españoles, maravillados ante la magnificencia de los edificios aztecas, afirmaron que la capital azteca era más grande que la mayoría de las metrópolis europeas y que ninguna ciudad española se comparaba a Tenochtitlán. Admiraron sus numerosos templos y palacios de piedra, así como sus plazas, jardines y avenidas extendidas con las gigantescas pirámides truncas [*truncated, flat on the top*].

La arquitectura maya, en cambio, tan distintiva, desarrolló variantes regionales durante las dos etapas de su historia. Cuatro ciudades se destacan por sus inmensas construcciones en el período clásico: Tikal (Guatemala), Copán (Honduras), Palenque y Uxmal (México). Tikal, la mayor de todas, se encuentra a 64 km de Flores, la bella capital de Petén en una isla dentro del lago de Petén Itza. Tikal, que significa "el lugar de las voces", es una de las ciudades mayas más grandes y magníficas existentes. Se extiende sobre unos 10 km². En el centro de la ciudad hay un gran patio rectangular destinado a los ritos religiosos. En ambos costados de este patio, se levantan gigantescos templos con gradas [*steps*]. Debajo de estos templos se encuentran las tumbas de los soberanos de la ciudad. Por su valor artístico, fue declarado Patrimonio Mundial por la UNESCO en 1979. Otras grandes estructuras del Viejo Imperio maya se construyeron en territorios que hoy ocupa Honduras, en Copán, importante centro de estudio y observaciones astronómicas. Allá se levantaron las más perfectas pirámides con cúspide [*apex, top*] plana. Veinte veces más pequeñas que la pirámide del Sol de Teotihuacán, ya que posiblemente sus constructores prefirieron concentrarse más en el factor cualitativo que en el cuantitativo. Fue en este período clásico cuando se construyeron centros religiosos con plataformas parecidas a las del Acrópolis, y columnatas[1] formadas por columnas cuadradas o redondas, esculpidas en bajorrelieve [*sculpted in bas-relief*].

Del Nuevo Imperio, el último período maya, se han preservado ruinas en mejor estado, en la costa oriental de Yucatán y en las vecinas Isla Mujeres y el puerto de Cozumel. Estas ruinas ayudaron a los primeros cronistas españoles a describir, desde su punto de vista, la manera en que vivían los mayas de entonces. En el centro de las ciudades estaban los templos y las hermosas plazas, a cuyos alrededores se alzaban [*rose*] las mansiones de los nobles y sacerdotes, y algo más distante se construían las casas del pueblo. Chichén Itzá, al noroeste de Yucatán, fue la metrópoli más imponente del período posclásico. Allá desarrollaron dos estilos distintos: uno típicamente maya y otro con reminiscencias del estilo tolteca. Se puede ver la influencia tolteca en los pilares con forma de serpiente emplumada [*adorned with feathers*] que ornamentaban los templos. Hasta ahora se han

---

[1] *columnatas* colonnades (a series of columns set at regular intervals and usually supporting the base of a roof structure)

©Emmanuel Lattes/Alamy

Escalinatas (*steps*) de la Pirámide del Sol en Teotihuacán, centro religioso-comercial del Valle de México, construido alrededor de un siglo antes de Jesucristo.

descubierto siete pirámides y un inmenso castillo. Sus columnatas, usadas tal vez para los consejos de guerra y concilios religiosos, reúnen unas mil columnas alrededor de la inmensa plaza abierta que probablemente servía de mercado.

Los mayas no desarrollaron la estructura curva en forma de arco romano. Construyeron un tipo de arco más angosto que termina en punta para usarlos en edificios circulares, especialmente durante el período de influencia tolteca. Al final del Nuevo Imperio se desarrolló un estilo exageradamente elaborado y decorado, parecido al barroco. Después ocurrió la repentina destrucción de la civilización maya, cuyas causas aún no se han podido determinar. Entonces la exuberante vegetación comenzó a invadir y cubrir las gigantescas construcciones.

17.2 La arquitectura precolombina en Sudamérica

El esplendor arquitectónico precolombino en Sudamérica ocurrió principalmente en las civilizaciones del Perú precolombino. Esta arquitectura se manifestó [*was evident*] en estructuras religiosas, militares y civiles de sobrias líneas que armonizan [*harmonize*] con la naturaleza. El espacio, el tiempo y la imaginación artística determinaron los estilos. Generalizando se puede decir que las estructuras de la costa fueron principalmente de adobe; las de la sierra, de piedra; y las de las regiones inmediatas a la selva, de madera. La vivienda del pueblo [*housing for the people*], se parecía a la de sus descendientes de hoy: era de forma rectangular; construida de adobe en la costa y en la sierra, y a veces de piedra en esta última región; tenía casi siempre un piso [*story*], con una puerta baja y pequeña, sin ventanas ni chimenea. Su comodidad no era muy inferior a la casa del campesino europeo contemporáneo. Cuando la familia indígena crecía con la incorporación de las familias de los hijos casados, las viviendas se agrupaban alrededor de un patio rectangular. Alrededor de un grupo de ellas se las protegía con una muralla de adobe o de piedra, según la región. Varios de estos grupos formaban una villa.

La magnificencia arquitectónica se expresó particularmente en las estructuras públicas. Se distinguieron principalmente tres estilos que corresponden: (1) a las culturas preincaicas de la costa, (2) a las civilizaciones preincaicas de la sierra y (3) a la arquitectura incaica. La civilización Chimú, desarrollada al norte y centro de la costa peruana dejó los tesoros arquitectónicos más valiosos del primer estilo. Todavía se aprecian tanto las importantes ruinas de Chan Chan (capital Chimú) como las maravillas arquitectónicas mochicas (predecesores de los Chimú): las pirámides del Sol y de la Luna (las construcciones individuales más grandes de Sudamérica precolombina) y la colosal fortaleza de Paramonga, cerca de Lima.

En la actualidad, las mencionadas pirámides truncas mochicas son conocidas como Huaca del Sol y Huaca de la Luna. Se encuentran a unos cinco km al sudoeste de Trujillo, sobre el margen izquierdo del río Moche. La del Sol fue construida por miles de amerindios que utilizaron aproximadamente 140 millones de ladrillos de adobes. Hoy se encuentra reducida a un tercio de su volumen original (345×160 m de área y 30 m de altura). Frente a ella, se alza otra menos grande, la Huaca de la Luna, en cuyas paredes de adobe de algo menos de 20 m de altura, todavía desafían al tiempo algunos murales de contornos definidos. Tiene una extensión aproximada de 290×210 m y la conforman tres plataformas articuladas por cuatro plazas dispuestas en distintos niveles. Estos centros ceremoniales se encontraban rodeados de muchas viviendas y un cementerio. En Paramonga, cerca de Lima, las murallas y baluartes [*bulwarks, protective ramparts*] formaban un inmenso castillo. Las paredes estaban bellamente revocadas [*plastered*] con barro, y decoradas con figuras de aves marinas y animales feroces, parecidos a los representados en adornos de los **huacos** [*ancient Peruvian pottery artifacts*] de este período. Sus ocho fortalezas se extendían desde el mar hasta la cordillera de los Andes.

Chan Chan (significa Sol Sol), capital del reino Chimú, heredera de los conocimientos arquitectónicos de la cultura mochica, fue la ciudad de adobe más grande de América prehispánica. Su área de 14 km^2 estaba rodeada de imponentes murallas, profusamente decoradas con relieves de figuras geométricas, estilizaciones con formas de animales, seres mitológicos y diseños en alto relieve, semejantes a los que usaban en tapices y tejidos. Las murallas encerraban otras pirámides truncas y estructuras agrupadas en varias ciudadelas [*citadels, fortresses*], donde se encontraban los palacios, mercados, plazas, viviendas del pueblo, depósitos, talleres, laberintos, edificios militares, cementerios y campos de cultivo, irrigados con agua traída desde muy lejos por un vasto sistema de acueductos subterráneos y acequias [*irrigation ditches*]. Chan Chan fue el último bastión del reino Chimú conquistado por los incas. Las paredes que todavía están en pie [*standing*] muestran, en alto relieve, diseños similares a los tapices y tejidos de la época.

Otra confederación indígena costeña, desarrollada en el centro de Perú, construyó el santuario de Pachacámac y su pirámide al Sol. En la sierra norteña del Perú preincaico se desarrolló la civilización Chavín de Huántar, quizá la más antigua en los Andes peruanos. Su arquitectura se caracteriza por el uso de las pirámides truncas hechas de piedra. En el sur, en la región vecina al lago Titicaca y en el territorio actual de Bolivia, floreció la civilización Tiahuanaco, que ha dejado el Templo del Sol y la famosa Puerta del Sol, íntegramente esculpida de una sola piedra gigantesca. Al parecer, la naturaleza majestuosa le dio el sentido de volumen y forma, y su decoración la tomaron de sus tejidos.

En el período incaico, cada ciudad tenía por lo menos un templo. El Coricancha, situado en la plaza principal del Cuzco y uno de los templos más suntuosos [*sumptuous, magnificent*], fue saqueado y desmantelado por los conquistadores españoles, que usaron sus cimientos [*foundations*] como base del monasterio de Santo Domingo construido sobre sus ruinas en el siglo XVI. Cuzco y sus alrededores ofrecen los mejores ejemplos arquitectónicos del **incanato** [*Inca Period*]. No muy lejos de las estructuras cuzqueñas todavía se conservan las ruinas de Sacsahuamán, Ollantaytambo y Machu Picchu, inmensos complejos de edificios construidos con gigantescas piedras poligonales unidas sin argamasa [*mortar*] alguna. Se desconoce cómo esas piedras monumentales fueron transportadas a través de las montañas desde las canteras [*quarries*] más cercanas que se encuentran a una distancia de 15 a 35 km (9 a 21 millas). De todas las estructuras, la más asombrosa del Hemisferio es la de Sacsahuamán, fortaleza defensora del Cuzco y ciudadela fortificada para albergar [*to shelter*] a sus habitantes en caso de ser sitiados. Una de sus piedras, de 8 m (27 pies) de alto y 3.6 m (12 pies) de grosor [*thickness*], probablemente pesa unas 200 toneladas. En las terrazas superiores se construyeron edificios, torres y depósitos para las épocas de peligro. Lamentablemente, los españoles desmantelaron la parte superior de Sacsahuamán para usar las piedras pequeñas en las construcciones suyas que levantaron en la ciudad del Cuzco, dejando solamente las bases, porque eran demasiado pesadas y difíciles de mover. En las ruinas de hoy, las piedras aún existentes se encuentran tan perfectamente unidas que, como repetidas veces se ha observado, ni siquiera la hoja de una cuchilla [*knife's blade*] puede penetrar.

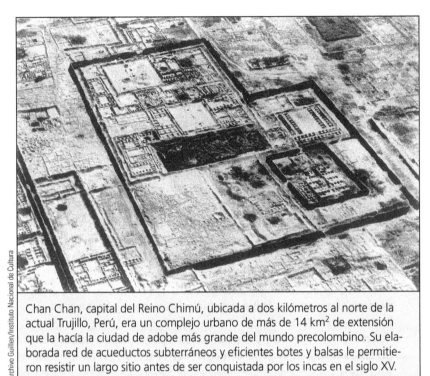

Chan Chan, capital del Reino Chimú, ubicada a dos kilómetros al norte de la actual Trujillo, Perú, era un complejo urbano de más de 14 km² de extensión que la hacía la ciudad de adobe más grande del mundo precolombino. Su elaborada red de acueductos subterráneos y eficientes botes y balsas le permitieron resistir un largo sitio antes de ser conquistada por los incas en el siglo XV.

17.3 Los estilos durante la Colonia

Los españoles trajeron consigo los estilos arquitectónicos dominantes y de moda en su patria. Desde el principio, las estructuras que levantaron en el Hemisferio Occidental siguieron los estilos desarrollados o adoptados en España: gótico decadente, mudéjar, isabelino, barroco, plateresco o una mezcla de ellos. Mudéjar era el musulmán residente en tierras de los cristianos, políticamente vasallo de ellos, que conservaba sus leyes, costumbres, religión y gustos. El arte mudéjar nace en España, en el siglo XII, de la fusión de los elementos románicos y góticos con el arte árabe. La arquitectura mudéjar tiene una estructura gótica simplificada: usa el arco de herradura árabe [*horseshoe arch*] pero con terminación en punta, como la ojiva [*pointed arch*]. El estilo isabelino, desarrollado durante la época de Isabel la Católica, combina los elementos arquitectónicos gótico y mudéjar. Durante el primer período del renacimiento español se desarrolló el estilo plateresco, llamado así porque añadía al arte italiano la minuciosidad del gótico florido y los adornos arabescos, recordando a simple vista, por lo recargado de su decoración, al trabajo de los plateros [*silversmiths*].

La influencia gótica se nota en las construcciones del siglo XVI. Son visibles, por ejemplo, en la Catedral de Santo Domingo, la primera iglesia mayor construida en el Nuevo Mundo. Aunque en realidad la catedral dominicana combina los estilos gótico, romano y renacentista italiano, se destacan en ella el trazado y disposición de la columnas que sostienen las bóvedas [*domes*], los arcos y las ventanas ojivales con vidrios multicolores. El santuario de San Agustín Acolman (1539–60), en México, tiene fachada plateresca, columnas renacentistas y nervaduras[2] góticas.

En la Hispanoamérica del siglo XVI, también se difundieron los estilos isabelino y herreriano. Este último, nombrado en honor de Juan de Herrera (1536–97), arquitecto del Escorial, se caracteriza por su austeridad y sobriedad. Un siglo después se arraigó el estilo barroco que en Latinoamérica tuvo su propia personalidad. La rica tradición ornamental indígena se asoció con el anhelo [*yearning*] decorativo del artista barroco importado. Facilitaron su difusión: a) la abundancia de piedra blanda y b) el patrocinio [*sponsorship*] del gobierno civil y la Iglesia, los cuales, enriquecidos por la conquista militar, apoyaron a las artes [*supported the arts*] para hacerlas servir en la gigantesca empresa de la conquista espiritual y política gubernamental.

Los edificios diseñados por los artistas blancos primero y mestizos después fueron construidos por los amerindios que pusieron en la obra [*job, task*] su espíritu traumatizado por la conquista: estamparon sutilmente en la arquitectura el dolor, la hostilidad y la rebelión india latentes. Cuando los maestros blancos se descuidaron, o lo permitieron, los artesanos indígenas pusieron a sus dioses, flora y fauna en los frontispicios [*frontispiece, façade*] de las construcciones. A veces los indígenas contribuyeron con ciertos principios técnicos precolombinos, como el terraplén rodeado de escalones para soportar el atrio [*the rampart surrounded by steps to support the inner court*] de la Iglesia (Yanhuitlán, México), o como las vigas [*beams*] horizontales y verticales (parecidas a la usadas en las pirámides de Yucatán) para fortalecer las esquinas del edificio. Junto a los motivos tradicionales españoles, añadieron primero pumas, monos, colibríes, garzas, papagayos, margaritas, mazorcas de maíz [*hummingbirds, cranes, parrots, daisies, ears of corn*], y más tarde, motivos ornamentales chinos, conforme llegaban al Nuevo Mundo a bordo del galeón de Manila.

Como expresión artística española, también surgió un estilo excesivamente decorado, rebuscado [*affected, unnatural*], complicado y ultra barroco: el churrigueresco, nombrado así en honor de su introductor y propagador, José Churriguera (1665–1723), escultor y arquitecto de Salamanca. Con los gobernantes Borbones llegó la moda [*vogue*] neoclásica en el siglo XVIII. En

---

[2] *nervaduras*   ribs, arches meeting and crossing each other in the Gothic vaulted space

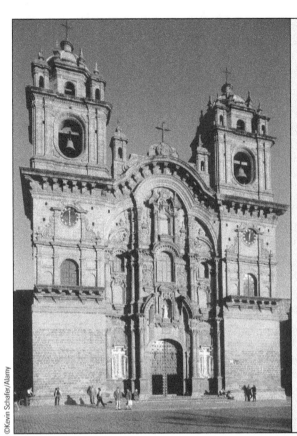

Iglesia de la Comapañía, construida en Cuzco, Perú, en 1571.

©Kevin Schafer/Alamy

arquitectura el neoclasicismo imita las obras de la antigüedad clásica. Su ideal es el racionalismo, la disciplina, la perfección de las líneas y el rechazo [*rejection*] del barroco. Como a todos los estilos anteriores y posteriores, el ambiente del Nuevo Mundo le impone modificaciones al neoclasicismo: se vuelve aún más discreto en sus formas.

17.4 La arquitectura religiosa con decoración indígena

Las estructuras más antiguas e impresionantes del período colonial son las religiosas. Su historia empieza con las capillas abiertas,[3] construidas para facilitar el trabajo de catequizar [*instructing in Christian doctrine*] a las masas campesinas de México, Guatemala y Perú. Después se edificaron monasterios-fortalezas con capillas abiertas, cuyas entradas mostraban fusión de las formas

---

[3] *capillas abiertas*   open spaces dedicated to Christian worship

españolas, moriscas e indígenas. Sus constructores amerindios añadieron que-rubines [*cherubs*] con rasgos indígenas, cuerdas de frailes que terminaban en cabezas de serpiente, frutas y flores americanas (como la **chirimoya,** la **tuna** [*the chirimoya and the prickly pear*], la flor del cacto y la **kantuta,** flor imperial incaica). Además tallaban las fachadas [*they carved the façades*] con motivos indígenas. La síntesis de teorías y prácticas europeas tuvo en el siglo XVI mar-cada influencia gótica, como lo demuestran las catedrales mexicanas. En el siglo XVII, en cambio, la predominante tendencia fue renacentista. En todas ellas, sin embargo, la influencia nativa es evidente en los portales de las iglesias por el interés indígena en el espacio exterior. Temas, estilos y representaciones decorativas precolombinas fueron utilizadas por los artesanos amerindios.

Con el correr de los años [*As years passed*] la arquitectura religiosa llegó a ser francamente mestiza. De ella hay muchos ejemplos notables en diver-sos lugares. La capilla del Rosario de la iglesia de Santo Domingo (Tunja, Colombia, siglo XVIII) tiene muchos elementos indios: en la parte baja del altar aparece la cabeza de Dios, idealizada como el Sol, con decoraciones **chibchas.**[4] En el sur de Perú, entre los elementos zoomórficos, aparecen auquénidos[5] (llamas, vicuñas, alpacas, guanacos), guacamayos [*macaws*], papagayos y pumas. La obra maestra de estilo mestizo en esta región es la Iglesia de la Compañía, de Arequipa (1698), estructura de dos pisos, decorada con parras [*grapevines*] e imágenes del Sol y de la Luna. En Bolivia, las cons-trucciones religiosas muestran diseños de fuerte sabor incaico. En Potosí, por ejemplo, las treinta y dos iglesias y diez monasterios construidos durante la Colonia pertenecen a una especie de barroco andino o **indobarroco,** es decir, a un barroco americano adaptado al medio indígena de los Andes, caracteri-zado más por su decoración que por sus planos de construcción.

17.5 Las iglesias de Quito

La primera joya arquitectónica de importancia construida en la ciudad de Quito fue el convento de San Francisco (1537–80), erigido en una extensa pro-piedad del inca Huayna Cápac. Contiene un complejo de varios edificios en un área de 31 000 m²: casa conventual con patios, jardines, huertos [*orchards*], la iglesia de San Francisco y dos grandes capillas más. Es de varios estilos. La fachada es de diseño de la última etapa del renacimiento italiano, con un toque barroco y con arcos que hacen recordar a las mezquitas [*mosques*] musulmanas. El claustro principal se levanta alrededor de un extenso patio interior de tipo medieval, a cuyos lados hay dos galerías superpuestas, la inferior de las cuales descansa sobre 104 columnas dóricas[6], enlazadas por arcos de ladrillos [*bricks*]

---

[4] *chibchas*   Chibchan (from the ancient Chibcha civilization of Colombia)
[5] *auquénidos*   camel-like species of animal living in the Central Andean region
[6] *dórica*   Doric, the oldest and simplest Greek architectural style

Altar mayor de la Iglesia de São Francisco en Salvador (Bahía). Muestra la extravagancia barroca con decoraciones de follaje tropical. En el barroco brasileño la sensualidad se manifiesta en ángeles con atributos femeninos y faunos con expresiones lascivas (*lewd*).

con adornos moriscos, sobre columnas panzudas [*paunchy, big-bellied*], características de la arquitectura quiteña [*from Quito*]. El patio sirvió de modelo a las construcciones civiles del Virreinato del Perú. Este convento ha recibido el nombre de El Escorial de los Andes, y aunque su construcción se inició antes que el monasterio edificado cerca de Madrid por Juan de Herrera, se cree que este famoso arquitecto pudo haber participado en la etapa final del diseño [*last stage of drawing the plan*]. Es el convento franciscano más grande del mundo. Esta inmensa obra religiosa es principalmente de ladrillo. De piedra labrada son la fachada de la iglesia, el atrio, las columnas, y los pilares y pilastras de las galerías de los patios del convento. Las pilastras del templo principal, las bóvedas y techumbres[7] están cubiertas de madera tallada, pintada y dorada, original innovación arquitectónica imitada después en muchos templos de Iberoamérica. Al construir el atrio[8] de San Francisco, sus arquitectos resucitaron algunos elementos decorativos de las antiguas basílicas cristianas de Europa. La construcción de esta iglesia quiteña fue tan costosa que, según la leyenda, el monarca español Felipe II, al enterarse del monto de lo gastado [*amount of money spent*], subió al punto más alto de su palacio español para ver desde allá las torres de San Francisco.

Otra joya de la arquitectura colonial de la capital ecuatoriana es la Iglesia de la Compañía de Jesús. Más homogénea que la estructura franciscana, se la considera como una de las iglesias más bellas del continente. Se empezó a construir en 1595, en el estilo favorito de los jesuitas: el barroco italiano. En el siglo XVII se destruyó la estructura original para construir el templo que ahora existe, siguiendo el modelo de la iglesia de San Ignacio, en Roma, aunque más se parezca en realidad a la catedral de Murcia. Sus

---

[7] *Las pilastras . . . y techumbres*   The pilasters (square pillars) of the main temple, the domes and ceilings
[8] *atrio*   inner courtyard surrounded by arcades

La fachada de la Iglesia de San Francisco, Quito, consta de dos niveles, ambos con columnas toscanas (dóricas romanas sin decoraciones). Su estilo arquitectónico luce un barroco moderado por la severidad del renacimiento tardío. Esta famosa iglesia ecuatoriana fue terminada poco después de 1580. Las dos torres que se ven en esta foto son de reciente construcción porque las originales fueron destruidas en el terremoto de 1868.

tres naves[9] forman una cruz latina. En las naves laterales se encuentran seis capillas. Los muros y las pilastras interiores son de piedra; las bóvedas de las altas naves tienen seis hermosas columnas salomónicas flanqueando [*twisted columns flanking*] la entrada principal y dos pilastras de estilo romano-corintio flanqueando cada una de las puertas laterales. La ornamentación de la fachada barroca es estrictamente europea, sin innovaciones americanas. La ornamentación interior es de oro realzado [*enhanced*] por los colores rojo y blanco. Una tercera joya arquitectónica ecuatoriana es la iglesia de La Merced, construida en el primer cuarto del siglo XVIII. La campana de su torre, la más grande de Quito, recibe el nombre de Campana de la Virgen de La Merced. El terremoto [*earthquake*] de 1773 afectó mucho a los edificios franciscanos y jesuitas pero no perjudicó a [*damaged*] La Merced, gracias en parte a sus fuertes y gruesas paredes. Otro edificio quiteño de inestimable valor es la Catedral, una de las estructuras más antiguas, pues se levantó poco antes de 1550. La exquisita puerta de su sacristía tiene ornamentaciones parecidas a las de la fachada del templo de la Compañía, lo que hace suponer que fueron realizadas por las mismas manos. La parte superior del patio interior tiene un toque chinesco [*Chinese touch*].

---

[9] *naves*   espacios a lo largo de los templos

17.6 México y sus 15 000 iglesias coloniales

De las 70 000 iglesias construidas en Hispanoamérica durante el período colonial, más del 20% (unas 15 000) fueron levantadas en México. En ese virreinato, como en las otras regiones del Nuevo Mundo, los estilos importados sufrieron significativas adaptaciones y se combinaron armoniosamente. De todos ellos, el estilo que mejor se impuso fue el barroco. La arquitectura religiosa colonial de México empleó mucho la cúpula con base octogonal, frecuentemente recubierta de azulejos [*tiles*] de colores vivos. Las catedrales de México y Puebla son las dos joyas arquitectónicas más valiosas del Virreinato de Nueva España. La primera requirió 83 años para ser construida (1573–1656); la segunda, cerca de tres cuartos de siglo (1575–1649). Sabido es que cuatro de las ocho obras maestras de la arquitectura barroca del mundo se encuentran en México: el sagrario[10] de la catedral en la capital, el colegio de los jesuitas (1606–1762) en Tepoztlán, el convento de Santa Rosa, en Querétaro, y la iglesia de Santa Prisca (1751–58), en Taxco.

17.7 La arquitectura militar durante la Colonia

Las construcciones militares levantadas por los españoles y sus descendientes han sido obras resistentes a los castigos del tiempo y del hombre. Por todo el imperio colonial español se construyeron fortificaciones militares, especialmente en las Antillas Mayores, cuyas costas fueron constantemente atacadas por los piratas, corsarios y marinas [*navies*] de los países enemigos de España. Casi todos los puertos fueron amurallados [*walled*], defendidos por imponentes fuertes y castillos, cuyas gigantescas dimensiones y belleza artística todavía son admirados. La Torre del Homenaje de Santo Domingo, el edificio más antiguo del continente, fue construida en 1503, el mismo año en que se comenzó a edificar la iglesia de San Nicolás de Bari (1503–08), primer templo occidental del Nuevo Mundo. Entre 1514 se terminó el Alcázar [*castle*] de Colón (Casa del Almirante), construido en Santo Domingo para Diego Colón y su esposa, sobrina del Duque de Alba. En las otras islas mayores del Caribe, los españoles también levantaron imponentes edificios militares para la protección de sus puertos y de las naves que allí se refugiaban [*took refuge*]. En La Habana, por ejemplo, se edificó el famoso Castillo de los Tres Reyes, popularmente conocido con el nombre de El Morro, y la fortaleza de La Cabaña. En San Juan, Puerto Rico se construyó el Castillo de San Felipe del Morro para defender la bahía. Por su parte, Cartagena, el puerto sudamericano más importante del Caribe, expuesto al ataque de los enemigos de ultramar, fue magníficamente fortificado. Sus murallas y torres defensivas son ejemplos elocuentes de lo avanzado de la ingeniería militar colonial. Las

---

[10] *sagrario*   a free standing vaulted canopy, supported by four columns, where the vessel for Eucharistic wafers is kept

Fachada de la nueva restauración de la Iglesia Dominicana de Ocotlán de Morelos, Oaxaca, Mexico.

murallas son tan anchas como las carreteras. En el resto del imperio colonial español también se construyeron impresionantes edificios militares. Los mejores defendían los puertos, como el famoso Castillo del Real Felipe, protector del Callao (Perú). Era tan seguro que el general español José Ramón Rodil (1789–1853) fue capaz de resistir en el castillo un sitio de dos años, durante las guerras de independencia.

17.8 La arquitectura civil en el período colonial

Durante la Colonia, las construcciones civiles no tuvieron la importancia y magnificencia de los edificios religiosos y militares, y, sin embargo, aún quedan estructuras dignas de admiración. Se destacan entre ellas los palacios virreinales de México y Lima, todavía usados por los presidentes de la República. Son también valiosas obras civiles los palacios de la Inquisición de México, Cartagena y Bogotá. En las capitales mexicana y peruana se encuentra la mayoría de los edificios civiles coloniales más importantes. Puebla en México, fundada en 1532, ofrece uno de los mejores ejemplos de la adaptación del estilo europeo a las condiciones locales. Su plano de tablero de ajedrez [*chessboard*], promovido por los arquitectos renacentistas italianos, fue aplicado a las ciudades americanas fundadas por los españoles. La plaza

Courtesy of Dominican Republic Ministry of Tourism

El alcázar de Colón fue construido en Santo Domingo en 1514 para Diego Colón y su esposa emparentada con el aristocrático Duque de Alba. Su estilo isabelino muestra arcos en forma de asa de canasta (*basket handle*). Las ventanas terminan en arcos ojivales (*ogee*), enmarcados (*framed*) con decoración mudéjar.

integraba los edificios religiosos y políticos, cuya importancia estaba vinculada a su proximidad a ese centro cívico. En Lima, la arquitectura colonial tuvo una fuerte influencia mudéjar, como lo ejemplifica el palacio de Torre Tagle (1753), que hoy es el edificio principal de la Cancillería del Ministerio de Relaciones Exteriores de la república peruana. Los magníficos edificios civiles de Antigua, segunda capital de la Capitanía General de Guatemala, fueron destruidos por el terremoto del siglo XVIII, que obligó al gobierno a trasladarse a la actual ciudad de Guatemala. En su época, Antigua era la ciudad hispanoamericana más bella después de México, Lima y Quito.

La arquitectura colonial del Brasil tiene menos originalidad que la de Hispanoamérica; sus edificios siguen los modelos portugueses con insignificantes innovaciones de detalle. Las mejores estructuras fueron las de estilo barroco, especialmente en Bahía, Recife de Pernambuco, Río de Janeiro y Minas Gerais.

17.9 El neoclasicismo arquitectónico en Iberoamérica

El establecimiento de la Academia de San Carlos, en la ciudad de México (1785), marca el triunfo del estilo neoclásico en Hispanoamérica, caracterizado por el retorno a las formas romano-renacentistas. En América española el estilo neoclásico también ha dejado joyas arquitectónicas, como el famoso

El Palacio de Torre Tagle, bella mansión lujosa de Lima de principios del siglo XVIII, unifica armónicamente contribuciones arquitectónicas mudéjares, criollas y chinas. Su fachada asimétrica conserva la tradición del siglo XVII. Aquí vemos la portada barroca, los balcones mudéjares, las columnillas delgadas con delicada ornamentación y las cornisas chinas.

edificio de la Escuela de Minería de la capital mexicana construido por Manuel Tolsá (1757–1818). Por ser más reciente, este estilo se encuentra asociado con algunos distinguidos arquitectos, especialmente con el mexicano Francisco Eduardo de Tresguerras (1759–1833), recordado por muchas obras suyas en Guanajuato, pero sobre todo, por la construcción de la Iglesia del Carmen de Celaya.

En otras partes de Hispanoamérica también se levantaron importantes estructuras neoclásicas, como las catedrales de Guatemala (1785) y Bogotá (1809–11) y la fachada de la catedral de Buenos Aires, inspirada en el estilo de los templos griegos. En el Perú, Matías Maestro construyó en Lima el baldaquino [*canopy-like structure*] del altar de la catedral, el interior de la iglesia de El Milagro y el altar de la iglesia de La Merced. En Santiago de Chile, el arquitecto italiano Joaquín Toesca (1752–99) dejó varias obras además de la Casa de la Moneda, residencia del presidente de la República de Chile. En Brasil, el estilo neoclásico recibió el patrocinio real [*royal sponsorship*]. Con la protección gubernamental se estableció la Academia Nacional y se levantaron numerosos edificios en Río de Janeiro, tantos que la ciudad tiene hoy la mayor concentración de estructuras neoclásicas en Sudamérica. Se destacan el Palacio Imperial de João VI, la Biblioteca Nacional, el Seminario de São Joaquim, el Museo Nacional, el Palacio del Comercio, el Jardín Botánico y la fachada de la Academia de Bellas Artes.

17.10 La influencia francesa e italiana de fines del siglo XIX

Los estilos franceses e italianos de fines del siglo diecinueve influyeron en la arquitectura hispanoamericana de ese período. En México muestran este fuerte influjo el Paseo de la Reforma. Los edificios del Congreso Nacional en Buenos Aires, Montevideo, Bogotá, Caracas y Santiago de Chile también denotan [*show*] esta influencia. No así la Casa Rosada (palacio presidencial) de Buenos Aires, que sigue el estilo neoclásico belga. Lima también tiene muchas obras que reflejan las variaciones francesas e italianas del neoclasicismo.

El Edificio de la Inquisición de Lima, erigido en estilo neoclásico, muestra sus columnas dóricas. Esta estructura colonial se encuentra simbólicamente a pocos metros del Congreso peruano y frente a la estatua de Bolívar.

Sirven de ejemplo la Plaza Bolognesi, las residencias del Paseo Colón y las fachadas de varios bancos, flanqueadas por columnas clásicas. En Cuba, el neoclasicismo comenzó a manifestarse a principios del siglo XIX. Su auge se llevó a cabo durante el período colonial cubano, a partir de 1826, cuando se desarrolló el barrio habanero de El Cerro. La capital cubana se extendió y se modernizó bajo el signo neoclásico. Un ejemplo representativo del nuevo estilo lo ofrece el Templete [*pavilion, kiosk*], construido en 1827, en homenaje al cumpleaños de la reina Doña Amalia de Sajonia. Las mansiones de El Cerro eran réplicas de las villas italianas. El toque hispano cubano se encuentra en el uso intensivo de hierro forjado y fundido empleado en barandas [*wrought and cast iron used in railings*] y rejas que obedecen más al gusto español que al italiano. Al mismo tiempo que desaparecieron los tejados [*tile roofs*] se inició la construcción de techos [*roofs*] planos de vigas de madera y cielorraso [*flat ceiling*] en el interior. Las mansiones se embellecieron con el uso más intensivo del mármol en los pisos, escaleras, fuentes y estatuas. En los edificios privados y públicos, el elemento neoclásico recurrente es el portal [*porch*], adornado con columnas y arcos o sólo con arcos. La influencia franco italiana de fines del siglo XIX acentuó el interés en adaptar al trópico los elementos europeos importados.

17.11 La arquitectura en el siglo XX

En el siglo XX dos movimientos artísticos facilitaron el desarrollo de la arquitectura moderna en Latinoamérica: el *art deco*[11] y el nacionalismo. El art deco insistió en la geometrización, formas curvilíneas [*bounded by curve lines*], colores atrevidos, simplificación y el empleo de concreto reforzado. El estilo ecléctico, la primera manifestación del modernismo, se generalizó

---

[11] *art deco*, abreviatura de *art decoratif*, fue un elegante estilo artístico modernista desarrollado en el Occidente durante la primera mitad del siglo XX. Su arte burgués estuvo en boga en la arquitectura, joyería, textilería moda, pintura, grabado, escultura y cinematografía hasta que la austeridad de la Segunda Guerra Mundial determinó su decadencia.

La Catedral Metropolitana de Brasilia fue diseñada por Oscar Niemeyer e inaugurada en 1970. Brasilia, la capital de Brasil, tiene una población de alrededor de 2,3 milliones de habitants y es la única ciudad del mundo construida en el siglo XX considerada por la UNESCO como Patrimonio Mundial. Niemeyer fue el arquitecto en jefe de la mayoría de los edificios públicos brasileños. Brasília fue construida en 41 meses, de 1956 hasta el 21 de abril de 1960, cuando fue inaugurada oficialmente.

en Latinoamérica en gran parte, gracias a los latinoamericanos que estudiaron arquitectura en Europa y Estados Unidos, tales como el venezolano Carlos Villanueva y el chileno Emilio Duhart. También promovieron el modernismo varios republicanos españoles exiliados, como Félix Candela en México y Antonio Bonet en Buenos Aires. El nacionalismo del siglo XX se expresó con el estilo neocolonial en ciudades como Lima, México, Guadalajara y Guatemala. Ejemplos magníficos de esta nueva orientación arquitectónica nacionalista lo ofrecen el Palacio de Justicia de la capital mexicana, el Palacio Nacional de la Ciudad de Guatemala y varias estructuras limeñas: el Palacio del Arzobispado (concluido en 1924), el palacio presidencial (terminado en 1938) y el edificio municipal.

Para fines de la década de los años 1930, la arquitectura moderna ya se había difundido por toda Latinoamérica; de 1940 a 1965 el racionalismo de Le Corbusier (1887–1965) influyó significativamente en los arquitectos nacionalistas latinoamericanos que edificaron hospitales, escuelas, universidades y complejos habitacionales. Poco a poco se impuso un estilo innovador, funcional y ultramoderno, que triunfó con resonancia primero en el Brasil, México y Venezuela y luego en el resto del continente.

En el Brasil se produjo una verdadera revolución arquitectónica. Flavio de Carvalho, por ejemplo, se destacó usando un estilo purista en el Palacio de Gobierno (1927) y en su propia casa de cemento. Cuando se prepararon los planos para la construcción del Ministerio de Educación (1937) de Río de Janeiro, Le Corbusier asesoró a los diseñadores y dejó muchos discípulos destacados por sus estructuras imaginativas e imponentes. Entre los arquitectos de fama universal debe mencionarse a Oscar Niemeyer (n. 1907), constructor de la Iglesia de San Francisco, en Belo Horizonte, responsable también de gran parte del Ministerio de Educación, de las estructuras de las Naciones Unidas, en Nueva York, y de las ultramodernas obras en Brasilia, cuyo plano fue diseñado, en gran parte por Lúcio Costa (1902–98), director de la Escuela de Bellas Artes de Río. Otro destacado arquitecto ha sido Roberto Burle Marx, constructor del Museo de Arte Moderno. En los últimos años han destacado João Batista Vilanova Artigas (1915–84) por sus contribuciones a la arquitectura modernista, y Sergio Bernardes, audaz urbanista, constructor del Centro de Exhibición São Cristóbal y de muchas hermosas casas palaciegas.

En México sobresalieron Juan O'Gorman (1905–82), José Villagrán García (1901–82) y Enrique de la Mora (1907–78). El primero construyó la moderna Biblioteca Central de la Universidad Nacional Autónoma; el segundo ha dejado muchas obras funcionales con formas innovadoras; el último terminó en Monterrey, en 1947, la iglesia más moderna del país. En el país, sin embargo, la ciudad universitaria y las mansiones residenciales de El Pedregal son los ejemplos más notables de la nueva arquitectura.

Venezuela, gracias a su petróleo, también ha experimentado en las últimas décadas un auge arquitectónico, especialmente en Caracas. Se han construido magníficas supercarreteras [*superhighways*] y numerosos edificios públicos, comerciales y particulares de dimensiones colosales [*huge*]. Entre sus muchos arquitectos destacados deben mencionarse a Carlos Raúl Villanueva (1900–75), que diseñó la Ciudad Universitaria de Caracas, y a Moisés Benacerrat (n. 1924), a quien se le deben algunos de los rascacielos [*skyscrapers*] de la capital venezolana.

De 1965 a 1980 la tradición y la herencia cultural latinoamericanas contribuyeron a la experimentación de nuevas técnicas y estilos en la construcción de viviendas, centros comerciales, bancos y edificios públicos. Desde la década de los años 1990 el alto costo de la tecnología metálica obligó a los latinoamericanos a limitar el uso de los materiales costosos y a promover la construcción rápida y la práctica ecléctica, la síntesis de formas y estilos. Entre los arquitectos más destacados de este período se encuentran los argentinos Juan Kurchan, Jorge Ferrari Hardoy, Alfredo Agostini, Federico Peralta Ramos, Mario Roberto Alvares, Flora Manteola, Josefina Santos, Justo Solsona y Rafael Vinoly.

17.12 La contribución original de la arquitectura peruana

Como al estilo arquitectónico lo limitan la imaginación, el gusto estético del artista y los elementos de construcción disponibles. En las regiones americanas de fuerte tradición arquitectónica precolombina, los estilos traídos por los españoles experimentaron adaptaciones y recibieron fuertes decoraciones indígenas. Tanto en la costa peruana (en Lima y Trujillo principalmente) como en Arequipa los estilos coloniales llegaron a ser francamente mestizos. Los templos y las casas particulares constituyen la riqueza arquitectónica colonial de la costa peruana. Es mestiza también la arquitectura barroca del Convento e Iglesia de San Francisco de Lima. Si bien su profusa ornamentación está inspirada del arte europeo, los materiales responden a las condiciones locales. Los edificios gubernamentales no sobresalen, debido a que las autoridades, por la distancia de España y por los azares de la política, no consideraban al Perú como hogar permanente, como lo hicieron los clérigos y nobles.

En la época colonial, Lima tenía cierto aspecto de ciudad musulmana, con balcones de madera salientes, cerrados como armarios [*wardrobes*] tallados, y con fachadas que se sucedían unas pegadas a otras, como si formaran una pared gigantesca de irregular altura, extendida por toda la cuadra.[12] Esta monótona pared lisa [*plain*], pintada de colores suaves, se interrumpía cada cinco o siete metros para mostrar portadas rectangulares, ventanas largas, bajas y salientes, defendidas por barras de hierro. Interiormente, la mayoría de las casas seguía la estructura y disposición grecorromanas que el clima de Lima, sin lluvia y sin fuerte frío, se adaptó mejor que España. Eran construidas de adobe las paredes fundamentales y de **quincha** las paredes secundarias y las del segundo piso, si lo había. La quincha es una pared forrada de cañas y recubierta con barro[13] y estructura de madera. Ella es precursora del cemento armado [*reinforced*]: la madera y las cañas tienen la función del acero; el barro, la del concreto. Esta especie de barro armado era la mejor defensa contra los terremotos, como repetidas veces lo ha demostrado la Iglesia de San Francisco. En las casas señoriales, las paredes interiores estaban cubiertas a veces de telas [*fabrics*] y brocados lujosos.

El palacio de Torre Tagle, construido a principios del siglo XVIII, es el mejor tesoro arquitectónico civil del Perú colonial. En vez de seguir el estilo churrigueresco de la época, el palacio muestra esencialmente el gusto mudéjar modificado con aportes criollos y algunas contribuciones orientales. La composición asimétrica de la fachada es una adaptación peruana del barroco con ornamentación de fuerte parecido a la pagoda china. En el tallado de las ménsulas[14] que sostienen los balcones moriscos se observa la influencia chinesca. Las puertas y los techos interiores, hechos de maderas finas, estaban bellamente tallados; sus muros estaban cubiertos de seda y brocados chinos, mientras que los pisos eran de roble [*oak*] y de cedro centroamericanos. Es importante señalar, sin embargo, que el palacio de Torre Tagle, como la Casa de Pilatos, la Quinta Presa —a menudo confundida con

---

[12] *cuadra*   block. Este sustantivo se usa en Hispanoamérica, a lo que en España llaman "calle"

[13] *forrada . . . barro*   first covered with cane and then plastered with mud

[14] *ménsulas*   corbels (a projection from the face of a wall, supporting a weight)

la «casa de la Perricholi»—,[15] la Casa de Osambela, y unos pocos edificios limeños más, constituyen, en realidad, excepciones arquitectónicas. El prototipo de la construcción civil, la casa de uno o dos pisos, seguía los lineamientos descritos anteriormente. Con todo, la arquitectura colonial limeña es bastante original, graciosa y suave. La escasez de materiales de construcción disponibles determinó, por la ley de compensación, especialmente en las casas señoriales, una rica ornamentación interior. La fuerte influencia eclesiástica y morisca hizo afirmar al poeta José Santos Chocano que la casona limeña finge ser mitad oratorio y mitad harén [*half chapel and half harem*]. La arquitectura civil de Trujillo y Arequipa era en general semejante a la de Lima, con menos suntuosidad en las portadas y en los interiores pero con superiores ventanas salientes de reja.

Durante el período colonial, los frailes influyentes, que formaban el 10% de la población de Lima, determinaron que en esa ciudad en cada dos o tres cuadras se levantaran una iglesia, una capilla o un convento. Pero las estructuras religiosas limeñas no pueden compararse en magnificencia con las de Quito o México. El uso del adobe y la quincha, obligatorio en las cúpulas después del terremoto de 1746, así como la escasez de piedra y madera, les dio a las iglesias cierta modestia arquitectónica compensada con un lujo interior. La Catedral, levantada poco después de fundada la ciudad y restaurada después de los grandes terremotos de 1609, 1687, 1746 y 1970, sigue varios estilos, entre los que predomina el plateresco.

Las iglesias de Trujillo tampoco reflejan en sus fachadas la riqueza interior de sus exquisitos altares y púlpitos. La Catedral, por ejemplo, tiene un tesoro artístico en las talladuras [*carvings*] barrocas de su coro y en sus altares churriguerescos. El mejor interior es el de la Iglesia del Carmen. Todos sus altares son de oro, excepto el retablo del altar mayor, que es de plata. Su conjunto interior es el ejemplo más importante que se conserva del barroco peruano.

En el primer siglo de vida republicana peruana, es decir desde la segunda década del siglo XIX hasta los años subsiguientes a la Primera Guerra Mundial, el país tuvo un hiato arquitectónico. Las pocas construcciones de la época imitaron los estilos neoclásicos franceses e italianos. En Trujillo, el palacio de los Iturregui es elocuente ejemplo de edificio con exterior neoclásico e interior colonial. En Lima, el Palacio de la Exposición exhibe un academicismo neoclásico falso. La ausencia de inviernos crudos, de lluvia y de nieve acentuó la artificialidad de las líneas equilibradas y sobrias del neoclasicismo europeo. Cuando el Canal de Panamá comenzó a funcionar en 1914 y facilitó el transporte de materiales de construcción (cemento, acero, vidrios y moderno equipo sanitario), se manifestó una reacción contra la imitación servil y se desarrolló interés en el pasado. Apareció entonces el estilo neocolonial de los

---

[15] *La Perricholi* was the popular name given to Micaela Villegas, an actress, who became the mistress of Manuel Amat, Viceroy of Peru from 1762 to 1776. *Perricholi* is a mispronunciation of *perra* and *chola*.

palacios arzobispal, gubernamental y municipal, el Hotel Bolívar y gran número de residencias de fuerte sabor tradicional. Poco a poco el interés en la fusión de estilos y de materiales importados e indígenas dio lugar a un tipo de arquitectura muy original que combina con vigor imaginativo diversos elementos importados y locales. Desde mediados del siglo XX la arquitectura verdaderamente peruana mantuvo mucho del mestizo barroco, equilibrado con proporción, plasticidad y comodidad. Ya no es una arquitectura española con decorados indígenas, sino una arquitectura verdaderamente mestiza en su estructura, que combina elementos coloniales e indígenas en su exterior. Los edificios que rodean la Plaza San Martín y las mansiones residenciales de las afueras de Lima muestran la originalidad de la arquitectura peruana.

En conclusión, el Perú ha creado, como contribución original americana, su propia arquitectura. Ella equilibra los elementos estéticos del pasado precolombino y colonial y el funcionalismo moderno al mismo tiempo que utiliza materiales accesibles y técnicas contemporáneas. Combina concepciones espaciales del Chimú, de los incas, del ecléctico colonial y de Le Corbusier para ponerlas a tono con el espacio y el hombre peruano de hoy, su propio ritmo y forma.

17.13 Resumen

I. **La arquitectura precolombina en Mesoamérica**
   A. Teotihuacán: pirámides del Sol y de la Luna y templo de Quetzalcóatl
   B. Pirámides truncas, templos y plazas mayas de Copán y Chichén Itzá
   C. Templos, palacios, plazas, jardines y avenidas aztecas de Tenochtitlán

II. **La arquitectura precolombina en Sudamérica**
   A. Mochica: numerosas pirámides además de las del Sol y de la Luna
   B. Chimú: decoraciones con barro en Chan Chan y el castillo de Paramonga
   C. Chavín: pirámides truncas de piedra, templos y palacios decorados
   D. Tiahuanaco: Templo y Puerta del Sol decorados con motivos textiles
   E. Inca: Sacsahuamán, Ollantaytambo y Machu Picchu, maravilla del mundo

III. **Estilos durante la Colonia**
   A. En el siglo XVI: influencias gótica, mudéjar, isabelina y herreriana
   B. Apogeo del barroco americano en los siglos XVII y XVIII
      1. Tradición ornamental precolombina e influencia indígena
      2. Abundancia de piedra blanda y apoyo estatal y eclesiástico
      3. Influencia china traída por el galeón de Manila a Acapulco
      4. México tiene cuatro de las ocho obras maestras del barroco en el mundo

C. Las iglesias de Quito
 1. Adaptación de estilos en el Convento de San Francisco (1537–80)
 2. Iglesia de la Compañía (s. XVI y XVII): homogeneidad estilística
 3. La Iglesia de la Merced (s. XVIII) y su famosa campana
 4. La exquisita puerta de la sacristía de la Catedral (c. 1550)
D. México y sus 15 000 iglesias
 1. Un quinto de las 70 000 iglesias coloniales de Hispanoamérica
 2. Catedrales de México y Puebla: dos joyas de Nueva España
 3. Barroco ejemplar en la Iglesia de Santa Prisca (1751–58) en Taxco
E. Arquitectura militar
 1. La Torre del Homenaje (1503) y el Alcázar en Santo Domingo
 2. El Morro y La Cabaña en La Habana y El Morro en San Juan
 3. Las murallas y fortificaciones de Cartagena
 4. El Castillo del Real Felipe en Callao, Perú
F. La arquitectura civil
 1. Palacios virreinales (hoy casas del Presidente) de México y Lima
 2. Palacios de la Inquisición en México, Cartagena y Bogotá
 3. Palacio de Torre Tagle de estilo mudéjar en Lima

IV. **El neoclasicismo en Hispanoamérica y Brasil**
A. Fundación de la Academia de San Carlos (México, 1785)
B. Manuel Tolsá (1757–1818) construyó la Escuela de Minas en México
C. Tresguerras: Iglesia del Carmen de Celaya y edificios de Guanajuato
D. Catedrales de Guatemala (1785) y Bogotá (1809–11)
E. Patrocinio real del neoclasicismo en el Brasil
 1. El mayor número de construcciones neoclásicas en Sudamérica
 2. Mejores ejemplos: Palacio Imperial de João VI, Biblioteca Nacional, Seminario de São Joaquim, Museo Nacional, Palacio del Comercio, Jardín Botánico y fachada de la Academia de Bellas Artes
F. Influencia francesa e italiana al final del siglo XIX
 1. En el Paseo de la Reforma en México y en el Congreso Nacional de Buenos Aires, Montevideo, Bogotá, Caracas y Santiago de Chile
 2. La Casa Rosada de Buenos Aires sigue el estilo neoclásico belga
 3. Plaza Bolognesi, residencias del Paseo Colón y bancos de Lima
 4. El Templete (1827) y residencias del barrio El Cerro en La Habana

V. **La arquitectura latinoamericana en el siglo XX**
A. Auge del estilo neocolonial en México, Guadalajara, Lima y Guatemala
 1. Palacio de Justicia en México y Palacio Nacional de Guatemala
 2. Palacios de Lima: presidencial, arzobispal y municipal

B. Triunfo del estilo innovador, funcional y ultramoderno
1. Innovaciones brasileñas influidas por Le Corbusier
   a. Flavio de Carvalho construye el Palacio de Gobierno en 1927
   b. Oscar Niemeyer: Iglesia de San Francisco en Belo Horizonte
   c. Lúcio Costa diseña el plano de Brasilia
2. Originalidad histórica mexicana
   a. E. de la Mora construyó en Monterrey la iglesia más moderna
   b. Juan O'Gorman: Biblioteca Central de la Universidad Autónoma
   c. La Ciudad Universitaria y las mansiones de El Pedregal
3. Ciudad Universitaria y rascacielos de Caracas

17.14 Cuestionario y temas de conversación

Cuestionario

1. ¿Por qué es la arquitectura religiosa tan importante para los amerindios?
2. ¿Cuáles son los grandes centros arquitectónicos de América precolombina?
3. ¿Qué estilos arquitectónicos se difundieron durante la Colonia?
4. ¿Cómo se manifiesta la influencia indígena en la arquitectura colonial?
5. ¿Cuáles son las iglesias más importantes de Quito?
6. ¿Cuáles son las cuatro obras americanas más importantes del barroco?
7. ¿Por qué fue la arquitectura militar tan importante durante la Colonia?
8. ¿Cuáles son algunas de las obras neoclásicas más destacadas del Brasil?
9. ¿Dónde se manifiesta la influencia finisecular francesa e italiana?
10. ¿Qué estilos predominan en Latinoamérica en el siglo XX?

Temas de conversación

1. Puntualice la importancia de la arquitectura religiosa precolombina.
2. Detalle los principales estilos arquitectónicos del siglo XVI.
3. Presente el apogeo del barroco en Hispanoamérica.
4. Explique la importancia de las iglesias de Quito.
5. Comente acerca de las 15 000 iglesias construidas en México colonial.
6. Discuta los estilos arquitectónicos latinoamericanos.
7. Discuta la importancia de la revolución arquitectónica en Brasil.
8. Compare y contraste las iglesias de Quito con las de México.
9. Describa el neoclasicismo de hispanoamericano y brasileño.
10. Esclarezca las razones históricas del surgimiento del estilo neocolonial en México y Lima.

Cronología comparada

s. **XIV a.C.** Gigantescos bustos de reyes olmecas

s. **XII y XVII d.C.** Abundantes esculturas y pinturas mayas

1479 El calendario azteca

s. **XVI–XVII** Un millón de cuadros, principalmente para las iglesias. México, Quito, Cuzco y Potosí sobresalen como centros artísticos

s. **XIX–XX** Neoclasicismo y academicismo; del impresionismo al modernismo; el arte como expresión de ideas sociales

1944 Cubismo de «La jungla» por Wifredo Lam

s. **XIV a.C.** Busto pintado de Nefertiti

s. **XII y XVII d.C.** Consolidación en Italia de la escultura y pintura

1433 David de Miguel Ángel

1541–1614 El Greco

1599–1660 Velázquez

1746–1828 Goya

s. **XIX–XX** Desarrollo en España del realismo y el simbolismo; Difusión del expresionismo, impresionismo y cubismo; difusión del arte pop estadounidense

Courtesy, National Museum of the American Indian, Smithsonian Institution

Pequeños objetos esculpidos en piedra por los habitantes precolombinos de Guatemala

18 *Las artes plásticas*

Vocabulario autóctono y nuevo

- alpaca
- vicuña
- Aksu Mama
- poncho
- calavera
- goyesca

18.1 Las bellas artes en México precolombino

Como en otras partes del mundo, en México las primeras manifestaciones artísticas fueron de carácter religioso: productos del temor a lo desconocido, del respeto a lo incomprensible, de la interpretación mística del caos [*chaos*] del mundo. En su manifestación más nítida y lograda [*successfully finished*], el arte, como gran parte de las actividades humanas, sirve para honrar a los dioses.

Los aztecas, herederos de las conquistas culturales de sus predecesores mexicanos, se expresaron mejor en la arquitectura y en la escultura que en la pintura. Su concepción artística y su habilidad en el diseño arquitectónico se aprecian en el Templo del Sol en Teotihuacán, que ofrece la ilusión de la altura infinita y del espacio ilimitado. El indígena parado [*standing*] al pie de la gigantesca escalinata [*flight of steps*] no podía ver a los fieles [*faithful*] situados en la parte superior del edificio. Sí veía los escalones [*He did see the steps*] que se prolongaban hacia lo alto, como si se proyectaran [*as though they extended*] hacia el infinito. El plano de la ciudad sagrada de Teotihuacán se diseñó para combinar armoniosamente lo monumental con la altitud infinita. Las pirámides de Egipto no fueron construidas con tanto cuidado ni producen la ilusión del dominio del hombre por las fuerzas

Para enriquecer tus estudios, ve nuestros recursos suplementales en línea a **www.cengage.com/spanish/latinoamerica**

Películas, videos y otros materiales audiovisuals: vea nuestras sugerencias en la página 367.

sobrenaturales como las de Teotihuacán. Sin embargo la inicial labor destructora de los conquistadores y sacerdotes celosos fue tan perjudicial que dificultó reconstruir con exactitud el desarrollo artístico de las civilizaciones precolombinas. El trabajo artístico precolombino fue meticuloso y bien hecho, capaz de resistir los efectos del tiempo y la incomprensión foránea. Hoy día las ruinas todavía permiten apreciar la imaginación y talento de sus artistas.

La escultura fue un importante auxiliar [*auxiliary*] de la arquitectura de la época. Las paredes de los edificios religiosos y públicos se encontraban generalmente cubiertas de multitud de ornamentos en alto y bajorrelieve [*high and bas-relief*]. En algunos templos la arquitectura se combinó tan bien con la escultura que a veces el observador no sabe cuál de las dos artes apreciar más. El azteca esculpía [*sculpted*] en relieve en gran escala o en miniatura. Tenía mucha habilidad para expresarse tanto en forma realista como simbólica, utilizando gran diversidad de materiales. Representaba a los hombres en actitudes pasivas, más frecuentemente sentados que de pie, con un equilibrio y proporción tan exactos que las reproducciones pequeñas de los trabajos masivos recibían igual atención y eran casi réplicas, en escala diminuta, de los grandes trabajos. Por supuesto, la forma de los objetos en relieve y la minuciosidad del detalle requirieron siglos de desarrollo. El buen ojo artístico probablemente se desarrolló en el pueblo azteca gracias a su gran interés en la industria textil.

Las mejores esculturas representan a las divinidades que observan las labores de la cosecha. La forma del hombre azteca esculpida muestra un cuerpo proporcionalmente más largo que las extremidades. Como algunos dioses tienen representaciones zoomórficas [*of animal forms*], se deduce que el reino animal los influyó y recibió especial atención. De todos los animales, el más reproducido fue la serpiente, emblema de Quetzalcóatl, símbolo de sus poderes misteriosos y del tiempo. Entre los materiales más usados se encontraban la madera, el hueso, el cristal de roca, la piedra obsidiana [*hard volcanic glass*] y las piedras semipreciosas, como el jade y la amatista. El calendario azteca, esculpido en piedra alrededor de 1479, es una de las manifestaciones escultóricas mejor apreciadas.

La pintura es el arte más susceptible a la acción destructora del tiempo y del hombre, por eso hoy se tiene menos datos precisos de la pintura precolombina. En el siglo XIX se descubrieron algunos frescos de no muy buena calidad artística, que muestran excesivo uso de colores y diseños convencionales. Se deduce [*one deduces*] de ellos y de los dibujos en los códices[1] que aparentemente los aztecas de menos inspiración y talento se dedicaban a la pintura, mientras que los de mejor habilidad artística se dedicaban a la arquitectura y a la escultura.

---

[1] *códices* manuscript books in Spanish record ancient Pre-Columbian annals

18.2 Las bellas artes en la civilización maya

Durante la primera parte del período clásico los mayas no adornaban mucho las paredes de sus edificios públicos. Después, emplearon la decoración con estuco [*plaster*] a tal punto que la ornamentación de las fachadas fue casi parte integrante de la arquitectura. Los materiales más utilizados fueron: la piedra, la madera, el estuco y la arcilla [*clay*]. Las herramientas [*tools*] eran principalmente de piedra, y a veces de madera. Cubrían muchas de las esculturas con pintura roja, obtenida del óxido de hierro de los hormigueros [*anthills*], o con pintura azul.

Las esculturas de piedra más antiguas existentes datan del siglo IV de nuestra era. A fines del período clásico (731 a 889) la escultura maya llegó a su máximo desarrollo y alcanzó en el hemisferio occidental precolombino el más alto grado de perfección. En el período posclásico (s. X–XIV) la escultura se subordinó a la arquitectura, concentrándose en su embellecimiento. La pintura también llegó a ocupar un lugar importante en la civilización maya, sin alcanzar el grado de desarrollo obtenido por la escultura. Así lo demostraron los frescos que adornaban las paredes, las decoraciones policromadas de la cerámica y las ilustraciones de los códices. Sus pinturas eran de origen vegetal y mineral, y sus brochas [*brushes*], de pelo humano. Los murales más antiguos que se conservan, desenterrados en 1937 en Uaxactún, muestran una ceremonia religiosa importante. Las pinturas más espectaculares e informativas, descubiertas en 1946 en Bonampak, Chiapas, datan de fines del siglo XIII. Su realismo es probablemente superior al alcanzado en otras partes de la América precolombina.

Otra manifestación pictórica de importancia es la realizada en la cerámica y en los códices. Los vasos y platos policromos tienen el mismo estilo de los frescos: representan escenas ceremoniales y ritualistas con muchos detalles sobre la vestimenta [*outer garment*] sacerdotal y la ropa popular. Los colores principales fueron: rojo, amarillo negruzco [*blackish*] y blanco. La combinación de ellos, así como su distribución artística, se desarrolla considerablemente durante el período posclásico al impulsarse la industria textil. Cada pueblo tenía su propio estilo distintivo. El empleo de los colores era simbólico: el negro, color de la obsidiana, representaba las armas; el amarillo, color del maíz, simbolizaba la comida; el rojo representaba la sangre; y el verde, la nobleza. Ya hemos visto cómo en la última etapa del período clásico, el arte llegó a ser [*became*] excesivamente decorado como posteriormente caracterizó al barroco del mundo occidental.

18.3 Las bellas artes en el Perú precolombino

Las artes plásticas en el Perú precolombino no se desarrollaron tanto como las artes manuales menores y las vinculadas con la industria textil. La escultura tuvo menos importancia que en Mesoamérica precolombina.

Pocas piezas escultóricas han sido halladas en la Sierra [*the Andean region*] y menos aun en la Costa, que es tan árida y carece de suficiente material para el escultor. Ellas revelan poca imaginación e insuficiente dominio artístico. Sin embargo, los antiguos peruanos sobresalieron con su joyería, cerámica y tejidos [*jewelry, ceramics and textiles*] cuya calidad estética es insuperable.

La capacidad creadora de estos amerindios aparentemente se concentró principalmente en la industria textil, sobre todo en la región de Paracas, situada a 239 km al sur de la Lima actual. Algunas de sus telas todavía no han sido superadas [*excelled*].

La diversidad textil de los peruanos precolombinos sorprende y deleita al observador contemporáneo, que aprecia sus telas simples, dobles y complejas; encajes y gasas, con decoraciones superpuestas [*laces and chiffons with printed decorations*] tan finas que hoy son muy difíciles de imitar. En sus tejidos de algodón, lana de **alpaca,** llama y **vicuña,** y fibras de varias plantas usaron principalmente los colores rojo, amarillo, pardo [*brownish-gray*] oscuro, azul, púrpura, verde, blanco y negro en varios matices [*shades*]. Los motivos de las decoraciones los tomaban de la naturaleza o representaban actividades humanas, motivos geométricos o la flora y la fauna. Simplificaban [*They stylized*] tanto las representaciones realistas que hoy son difíciles de reconocer. Más elocuentes fueron sus líneas en juegos geométricos, círculos y pirámides escalonadas [*outside stairways*]. La mayoría de estas ornamentaciones textiles se repiten en las decoraciones en la arquitectura.

La industria textil incaica se basó en 3000 años de tradición preincaica y estaba dedicada a **Aksu Mama** (dios de los textiles), en cuyo honor se ofrendaban preciosos tejidos. Se siguió la tradición milenaria de usar el hilo de los auquénidos y otras fibras de la región para hacer **ponchos,** alfombras y tapices [*tapestries*] de diferentes tamaños y formas con gran variedad de diseños y los colores del arco iris. Los productos y la industria fortalecieron [*strengthened*] el comercio y los lazos políticos y sociales.

En cerámica, la mochica [*of Moche*] fue quizá la más desarrollada del mundo precolombino. Sorprende su variedad y realismo en las representaciones antropomórficas y en la amplia gama de actividades humanas: pesca, caza, combate, castigo, actos sexuales y ceremonias a sus divinidades. Es una fuente informativa de los tipos humanos, rasgos faciales y corporales y provee detalles arquitectónicos de templos, pirámides, palacios y viviendas de esa sociedad desarrollada milenios antes de la aparición de los incas. La cerámica mochica es un rico manantial [*source*] de información para la paleopatología (ciencia que estudia las evidencias dejadas por las enfermedades de los antiguos) que ha contribuido a distinguir las dolencias [*ailments*] precolombinas de las traídas por los conquistadores europeos (viruela, tifus, sarampión, influenza y peste bubónica, entre otras). Ninguna cerámica precolombina tuvo el nivel de realismo, la exactitud en el detalle, el número y la variedad de condiciones representadas por los ceramistas mochicas. Ellos fueron maestros en el uso de una diversidad de técnicas para reproducir en sus huacos (objetos de cerámica) los signos de los tumores y de las enfermedades de la piel, ceguera, obesidad, desnutrición, fisura del paladar, etapas del embarazo y parto [*cleft palate, pregnancy stages and childbirth*]. Los huacos mochicas reproducen con realismo algunas plantas medicinales y muestran curanderos llevando a cabo la trepanación, amputaciones y otros tratamientos muy especializados. Las esculturas médicas de colecciones mochicas de museos peruanos y del exterior revelan su propósito simbólico y ritual.

18.4 Las artes plásticas en la Colonia

En el período colonial hispánico la arquitectura siguió siendo el arte por excelencia, pero en las artes auxiliares se produjo un cambio: desde el siglo XVI la pintura superó en calidad a la escultura. Durante los cuatro siglos del sistema colonial, los artistas blancos, mestizos e indios pintaron cerca de un millón de cuadros, la mayoría destinada a las 70 000 iglesias americanas. Cada templo tenía por lo menos diez cuadros, y muchas iglesias, alrededor de cien. En Quito y Cuzco, por ejemplo, se llegaron a producir lienzos en serie [*mass-produce paintings*] para satisfacer la demanda sudamericana. Después de siglos de exportación y más de siglo y medio de haber cesado esa dinámica actividad pictórica, en el Cuzco todavía encontramos en sus edificios públicos y en mansiones particulares un gran número de pinturas coloniales.[2]

Al comienzo del período colonial la pintura estuvo principalmente en manos de artistas blancos, excepto el trabajo de ilustración de los códices realizado por indígenas. Más tarde aparecieron pintores mestizos y finalmente se permitió a los amerindios ingresar al gremio [*guild*] artístico. Cuando los indios pintaban, lo hacían a la europea, generalmente con espíritu religioso, pero con gusto propio. Sobresalieron cuatro importantes centros artísticos en Hispanoamérica colonial: México, Quito, Cuzco y Potosí. Los dos primeros mostraron cierto intelectualismo pictórico; los dos últimos, poderoso sentido decorativo y gran vuelo imaginativo.

El valenciano Baltasar de Echave el Viejo (1548–1620) estableció en el siglo XVII la importante escuela mexicana. Entre sus discípulos se destacó su hijo Baltasar de Echave el Mozo, nacido en México, recordado sobre todo por sus pinturas en la sacristía de la catedral de Puebla. A principios del siglo XVIII sobresalieron José María Ibarra (1688–1756), el «Murillo de la Nueva España», y Miguel Cabrera (1695–1768), amerindio zapoteca, pintor de los murales de la iglesia parroquial de Taxco y de la reproducción del retrato de Sor Juana Inés de la Cruz.

---

[2] Luis E. Valcárcel calcula en más de 15 000 los óleos coloniales en poder de particulares del Cuzco en 1920. Véase su *Ruta cultural del Perú* (Lima: Ediciones Nuevo Mundo, s.f.), 174.

En la escuela de Quito sobresalió el mestizo Miguel de Santiago (c. 1626–1706), genio atormentado, alrededor de quien se han tejido algunas leyendas. El escritor peruano Ricardo Palma nos cuenta en una de sus "tradiciones" cómo este Apeles americano apuñaló[3] a su modelo para poner en el lienzo [*canvas*] la cara adolorida de Cristo agonizante. Nicolás Javier Goríbar, sobrino y discípulo de Santiago, reveló la seguridad de sus trazos [*strokes*] y la elegancia de sus líneas en los cuadros conservados en la Iglesia de la Compañía en Quito.

La escuela cuzqueña ha legado a la posteridad numerosos óleos [*oil paintings*] de temas religiosos. Muchos de ellos revelan cierta originalidad en la perspectiva y una versión indianizada de los modelos europeos, sobre todo los de Jesús crucificado. El Señor de los Temblores [*Tremors*] llegó a ser una de las imágenes más reproducidas, especialmente después del terremoto de 1651 en Lima. También se pintó a la Virgen y al niño Jesús rodeados de ángeles gorditos. En la parte inferior de los cuadros solían aparecer los devotos que habían pagado por la ejecución de la obra. Algunos óleos no religiosos muestran príncipes y nobles incaicos. En otros aparecen animales: aves, guacamayos de colores subidos y auquénidos [*birds, flashy macaws and camel-like Andean animals*]. Algunos lienzos grandes ofrecen representaciones históricas, como el sitio del Cuzco, durante la guerra civil entre conquistadores. Juan Espinosa de los Monteros fue uno de los más distinguidos pintores cuzqueños de mediados del siglo XVII. Una de sus obras maestras fue un lienzo monumental, de unos doce metros por nueve, que representa a más de ochocientos franciscanos célebres en la historia. La escuela de Potosí floreció en los siglos XVI y XVII, durante el apogeo de ese centro minero. Ofrece características semejantes a las de la escuela cuzqueña. Como en otras partes de Iberoamérica colonial, la pintura de Potosí existente en los templos y palacios es esencialmente aristocrática, alejada de la cultura del pueblo.

La escultura propiamente dicha estuvo subordinada a la arquitectura, y tuvo la misión primordial de reproducir estatuas para adornar iglesias y palacios. Los escultores utilizaron principalmente piedra, madera y estuco. En cambio, los entalladores [*carvers*] encargados de decorar en bajorrelieve las estructuras arquitectónicas tuvieron más importancia que los escultores de estatuas, pero menos que los imagineros [*maker/painter of religious images*], artistas dedicados principalmente a esculpir santos. Los imagineros dejaron en las iglesias numerosas imágenes y retablos esculpidos [*carved altarpieces*] según la tradición realista española, utilizando pelo y uñas del ser humano, además de telas de diferentes clases. Debido a la influencia oriental, los imagineros quiteños emplearon el encarnado [*flesh-color*] brillante para hacer más realista el color de la tez humana. Debido al carácter religioso de

---

[3] *Apeles . . . apuñaló*   Spanish-American Apeles (IV century BC Greek painter) stabbed

la escultura colonial y a la influencia medieval, los artistas de esa época no esculpieron desnudos.

Pese a la importancia limitada de la escultura, algunos se destacaron en este arte. Diego de Robles (1550–94) fue uno de los iniciadores de la escuela quiteña. El amerindio ecuatoriano Manuel Chil (1723–96), conocido con el apodo de «Caspicara», sobresalió como elegante intérprete del barroco. El amerindio quiteño Jorge de la Cruz Mitina y su hijo Francisco Morocho participaron en 1610 en el labrado [*carving*] y pintura de las sillas de cedro del templo franciscano de Quito y en sus cuadros con querubines indígenas.

En cuanto a la otra gran parte importante de Latinoamericanos, el brasileño Antonio Francisco Lisbôa (1738–1814), conocido con el nombre de Aleijadinho (tullidito [*little cripple*]), ha dejado trabajos importantes en casi todas las iglesias coloniales del estado de Minas Gerais al sudoeste de Brasil. Se lo reconoce como el mejor escultor del Nuevo Mundo de su época. En la última década del siglo XVIII, Aleijadinho elevó la escultura a la altura de la arquitectura: en la fachada de la iglesia de São Francisco de Asís, en Ouro Prêto, diseñada en 1774, las esculturas vinculan mejor la fachada con el interior.

El prejuicio racial durante la colonia se manifestó también en el terreno de las bellas artes. En Quito, por ejemplo, los gremios de escultores (entonces conocidos como cofradías) no permitieron la admisión de negros ni indios. Sólo en el siglo XVIII el despotismo ilustrado de las autoridades borbónicas al fin permitió a las cofradías abrir sus puertas a todos los escultores de la región.

La influencia china en la escultura se manifiesta tanto en el empleo de la coloración rosada de las estatuas religiosas como en el uso del estofado, esto es el procedimiento de dorar la imagen, cubrirla con una capa de pintura de otro color y finalmente dibujar sobre ella con punzón.[4] Los quiteños, especialmente, trataron de imitar la laca [*lacquer*] oriental y el empleo de los colores rojo, azul y verde en una combinación chinesca.

El neoclasicismo pictórico tiene su apogeo principalmente en México, sobre todo a partir de la fundación de la Academia de San Carlos en 1785. Durante este período sobresalió Francisco Eduardo de Tresguerras (1759–1833), artista de varias aptitudes, destacado tanto en la ingeniería como en la pintura, la escultura, la música y la poesía. El mejor trabajo neoclásico del período es probablemente la estatua ecuestre[5] de Carlos IV, realizada por el valenciano Manuel Tolsá (1757–1816). Esta escultura, conocida con el nombre irónico de «el caballito», fue la primera estatua de su tipo en el continente.

---

[4] *punzón*   engraver's burin (a pointed steel cutting tool)
[5] *ecuestre de Carlos IV*   representing Carlos IV on horseback

Corrida de toros, acuarela atribuida a Pancho Fierro (1810–79), humilde artista autodidacta que en sus centenares de composiciones pictóricas muestra con humor realista la vida y costumbres de sus compatriotas peruanos del siglo XIX.

18.5 El neoclasicismo, el romanticismo y el academicismo

La fuerza intelectual más poderosa en la revolución por la independencia fue neoclásica. La actitud revolucionaria en sí era romántica en su forma exterior, pero los modelos adoptados para imponerse en las nuevas repúblicas eran neoclásicos. Este espíritu predominante en el mundo intelectual se extendió al terreno de las artes. El espíritu libertador de los padres de la emancipación y las corrientes literarias adoptadas por los escritores revolucionarios tuvieron su equivalente en el academicismo galo[6] de las bellas artes. El romanticismo francés triunfante en Europa repercutió en las playas de América. La pintura romántica vino al Nuevo Mundo con los pintores europeos no académicos encargados de anotar detalladamente gentes y paisajes americanos para satisfacer la curiosidad de los europeos interesados en las expediciones científicas de Humboldt, Bonpland y Darwin. Sus imitadores iberoamericanos pintaron la flora, la fauna, el paisaje y las violentas acciones políticas de una manera algo diferente a la de sus maestros europeos. Sobresalieron en el período inicial republicano y durante el resto del siglo XIX los pintores que idealizaron a los héroes de la independencia y pintaron escenas de la vida de

---

[6] *academicismo galo* French academicism (school adhering to classical and formal principles)

los gauchos, criollos, mestizos costeños [*coastal dwellers*] y vendedores en los mercados serranos, y escenas de la vida en los claustros [*cloisters*] y haciendas. Muchos cuadros del período son anónimos o todavía no han podido ser identificados. Los pintores más exitosos [*successful*] son probablemente los que se dedicaron a la caricatura social, como el peruano Pancho Fierro (1783–1879), el mexicano Mariano Jesús Torres, y los argentinos Prilidiano Pueyrredón (1823–70) y Juan Manuel Blanes (1830–1901), famosos por sus escenas gauchescas. Los pintores no académicos, como el ecuatoriano Joaquín Pinto (1842–1906), pusieron especial atención en el detalle específico para precisar la descripción. A mediados del siglo XIX, el gobierno colombiano financió una Comisión completada con cuatro artistas cuya misión era anotar y pintar en acuarela [*watercolor*] la vida y el medio ambiente de los diferentes rincones del país. Los trabajos que nos han dejado son importantes ejemplos del arte latinoamericano de la época. A partir de 1875 los latinoamericanos volvieron a interesarse en el estilo académico y muchos de los artistas jóvenes se dirigieron a París a estudiar técnicas europeas. El resultado de esta búsqueda [*search*] de una nueva expresión artística lo encontramos en los cuadros que muestran una técnica pulida [*refined*] desconocida hasta entonces. Sus óleos son retratos [*portraits*], escenas de batallas y escenas narrativas.

La influencia francesa se manifestó fuertemente en numerosos pintores de renombre, la mayoría de los cuales se dividió entre los que siguen el arte tradicional y conservador y los que cultivan el más riguroso academicismo. Entre los primeros encontramos a dos destacados peruanos que retratan [*portray*] a la aristocracia de sangre y de dinero de los diversos países: Daniel Hernández (1856–1932), muy popular con la sociedad de Nueva York, y Carlos Baca-Flor (1867–1941), dedicado a mantener la tradición pictórica romántica francesa. El brasileño Rodolfo Amoedo (1857–1941) transformó el estilo académico en una especie de expresionismo local. En su cuadro «Marabá», el cuerpo sensual de la india Marabá evoca [*evokes*] la belleza primitiva. Otros artistas se dedicaron a pintar el paisaje. Uno de los mejores paisajistas [*landscape painters*] de la época fue el autodidacta ecuatoriano Joaquín Pinto (1842–1906), que dejó cuadros preciosos de la naturaleza de su patria, tales como su magnífica versión del «Chimborazo» (1901), además de experimentos con diversas técnicas y temas; pasó por el retrato, el paisaje y el estudio académico. Merecen especial mención el mexicano José María Velasco (1840–1912), famoso por sus cuadros de los volcanes del Valle del Anáhuac, y el colombiano Epifanio Garay (1849–1903), que estableció la Escuela Nacional de Bellas Artes en Bogotá. El academicismo se mantuvo hasta las primeras décadas del siglo veinte, aunque otros movimientos y escuelas lo combatían y ganaban más discípulos. En 1919, pese al progreso de las otras corrientes, Daniel Hernández fue nombrado primer director de la Escuela Nacional de Bellas Artes de Lima.

18.6 **Del impresionismo al modernismo en la pintura**

La moda impresionista vino a Latinoamérica directamente de Francia. Los discípulos de esta escuela imitaron tanto a sus maestros europeos que necesitaron mucho tiempo para pintar algunos cuadros originales. Cuando esto ocurrió, el impresionismo había dejado de ser la escuela dominante en Latinoamérica. La primera etapa impresionista es, pues, demasiado artificial, de poca imaginación y de caprichoso despliegue [*display*] de colores. El impresionismo, más visual que imaginativo, no prosperó en Hispanoamérica, probablemente en parte porque se prefirió el derroche [*excessive display*] de colores más propio del expresionismo. Miguel Carlos Victorica (1884–1955), post impresionista argentino, por ejemplo, se especializó en desnudos de colores resplandecientes [*radiant*] y sensuales.

A partir de 1920, variedades del modernismo europeo fueron imitadas en Latinoamérica. En 1922 el modernismo pictórico se estableció con fuerza en el Brasil, pese a la fuerte oposición del público. En 1924, al llegar a Buenos Aires, el modernismo cubista sintético experimentó igual rechazo del público. No obstante la oposición popular a las diversas corrientes modernistas, la rama cubista-purista-concretista continuó siendo cultivada por algunos argentinos

El florero, 1935 Diego Rivera (1886–1957 Mexican) Oil & Tempera on masonite. San Francisco Museum of Modern Art/Superstock
©Banco de Mexico Rivera & Frida Kahlo Museums Trust

Pintura por Diego Rivera titulada *El florero*, nombre que también se le da al vendedor de flores.

hasta 1930. Uno de los más importantes cultivadores de esta corriente fue el uruguayo Pedro Figari (1861–1938), abogado, catedrático, diputado y escritor, que comenzó a pintar a los 47 años de edad. Una serie de sus cuadros está dedicada al paisaje de la pampa con sus gauchos y bailes; otra, al interior doméstico del hogar uruguayo de alrededor de 1840; y otra, a los uruguayos descendientes de esclavos negros brasileños, cuyo mundo inmortalizó con técnica parecida a la de Gauguin. El impresionismo de Figari es a veces superior al de sus maestros franceses y mucho más apreciado que el de Teófilo Castillo (1857–1922), su contemporáneo peruano.

18.7 El arte como expresión de ideales sociales

En el período de entreguerras (1918–39) los latinoamericanos se interesaron en el arte con contenido social. Aunque la orientación política y la protesta social suelen filtrarse en las artes hispanoamericanas desde el movimiento por la independencia, es probablemente con la Revolución Mexicana cuando la connotación político-social llega casi a dominar las artes, especialmente la pintura.

El florecimiento de la pintura mexicana durante la Revolución tiene sus antecedentes. Así como en el terreno económico-político los dirigentes de la Revolución de 1910 se alzaron contra la dictadura de terratenientes y burgueses [*bourgeois*], en el campo de la pintura, los artistas se rebelan contra el academicismo. Los mejores volvieron a contemplar al pueblo, todavía entusiasmado en los trabajos provincianos de retablos, máscaras rituales y murales de pulquería. Sus retablos (pequeñas pinturas al óleo hechas en madera en honor de un santo milagroso) y murales de pulquería (anuncios comerciales de las tabernas donde se vendía pulque[7]) son trabajos anónimos de arte popular.

También desempeñaron papel importante en el florecimiento de la pintura mexicana Dr. Atl (agua, en náhuatl, seudónimo de Gerardo Murillo, 1875–1964), José Guadalupe Posada (1852–1913) y Francisco Goitia (1882–1960). Después de estudiar filosofía en Roma y arte en París, Dr. Atl retornó a México para dirigir la Escuela de Bellas Artes del Distrito Federal. Allá fundó una escuela de pintura al aire libre y rechazó el academicismo europeo al pintar el paisaje y el pueblo mexicanos. Posada, primer maestro de Diego Rivera (1886–1957), era un conocido ilustrador de corridos [*Mexican ballads*] populares y caricaturista de humorismo macabro, famoso por sus «**calaveras**» del primero de noviembre, Día de los Difuntos [*deceased*], que representaban a los políticos y tenían un epitafio irónico. Goitia, artista oficial de las fuerzas de Pancho Villa, ganó prestigio con sus representaciones de indígenas desesperados por la pobreza y la opresión.

---

[7] *pulque*   beer-like alcoholic drink brewed from the agave plant (**maguey**)

Terminada la primera década de la Revolución Mexicana, el Gobierno envió a Europa en viaje de estudios a un grupo de pintores que incluía a José Clemente Orozco (1883–1949) y David Alfaro Siqueiros (1896–1974). En Europa, Diego Rivera, tras abandonar el cubismo, sostuvo con Orozco una discusión apasionada sobre política y arte. En 1921 Orozco publicó en Barcelona un famoso manifiesto para atacar los ideales europeos y defender la estética revolucionaria y el retorno al arte indígena. Poco más tarde, José Vasconcelos, Secretario de Educación de Obregón, para fomentar las artes, encomendó [*to commission*] una serie de murales a los pintores mexicanos más distinguidos. El interés en la pintura mural de raíces precolombinas había recibido el apoyo del espíritu innovador del Dr. Atl, por ello el gobierno mexicano repatrió de Europa a Rivera, Alfaro Siqueiros y Orozco para encomendarles murales en diversos edificios públicos. Antes de retornar a México, Diego Rivera viajó a Italia a estudiar los antiguos frescos de ese país, especialmente de Giotto (1266–1377) y sus predecesores. Allí los trabajadores, afectados por la crisis económica de posguerra, ocupaban algunas fábricas y se oponían al fascismo. De vuelta a la capital mexicana, de 1923 a 1929, Rivera trabajó en la Escuela Preparatoria y en el edificio de la Secretaría de Educación en México. Los murales que pintó en esos lugares dan una coherente visión dialéctica de la vida activa del pueblo en el campo, en las minas, en la industria. El hombre aparece dominando a la naturaleza, pero a su vez dominado por la concepción artística del capitalismo, el militarismo y el clericalismo.

La crítica histórica del pintor mexicano es aguda y optimista: muestra las fuerzas positivas (el obrero, el campesino y los elementos populares) castigando a los opresores. Rivera ejecuta después, con gran maestría, los frescos del Salón de Actos de la Escuela Nacional de Agricultura, en Chapingo, cerca del Distrito Federal. Son poemas pictóricos de fuerza espectacular, verdaderamente impresionantes y monumentales, considerados como sus obras maestras. Rivera más tarde pintó, entre 1930 y 1936, una serie de frescos en el Palacio de Gobierno de la ciudad de México, en los cuales los protagonistas de la lucha son el indígena y el obrero anónimo. Las figuras históricas representadas ahí son más prototipos mexicanos que individuos integrados al proceso revolucionario. Tal vez porque da una visión dialéctica de la vida dinámica del pueblo mexicano, Rivera obtuvo especial recepción en los Estados Unidos, donde se apreció su arte especialmente por los murales que pintó en la escuela de Bellas Artes de San Francisco, en el Instituto de Bellas Artes de Detroit, en el Rockefeller Center y en la New Workers School de Nueva York (New School for Social Research). En ellos no pudo evitar que su brocha trazara en colores fuertes su idealismo crítico de la sociedad actual, como si fuera una sinfonía pictórica revolucionaria.

Orozco, en cambio, empleó símbolos elocuentes, formas clásicas y colores modernos para expresar la tragedia del alma mexicana. Usó poco el tema revolucionario, pero cuando lo hizo, criticó cáusticamente [*severely*] el pasado y el presente para realzar la magnitud histórica de la Revolución. Sus

La obra de David Alfaro Siqueiros (1898–1974) es dramática y comprometida. Utiliza con gran destreza contrastes impresionantes y temas revolucionarios. Despliega maestría en el manejo de las formas humanas, sobre todo cuando expresan dolor, como en el *Eco de un grito,* su cuadro de 1937.

figuras abstractas expresan emoción y patetismo. Sus mejores trabajos en México son los que se encuentran en la Escuela Nacional Preparatoria y el mural del Palacio de Bellas Artes, su obra maestra. También son de importancia sus pinturas en los Estados Unidos: los óleos de Zapata, en el Art Institute de Chicago, y de unos zapatistas, en el Museo de Arte Moderno de Nueva York, y sus frescos en la New Workers School de Nueva York y en Dartmouth College.

La obra pictórica de Siqueiros es más dramática y comprometida. Utiliza contrastes impresionantes y temas revolucionarios. Evidencia maestría en el manejo de las formas humanas escultóricas de origen precolombino. Se interesó en el empleo de materiales nuevos, como la pintura al duco [*with spraying lacquer*]. Son suyos unos frescos excelentes de la Plaza Art Center de Los Angeles. En 1921 Siqueiros organizó un congreso de artistas y soldados, y poco después, el Sindicato de Trabajadores Técnicos, Pintores y Escultores, que publicó un famoso manifiesto nacionalista, declarando que el propósito del arte es crear belleza para el pueblo porque el arte es colectivo y debe manifestarse en grandes murales. En las últimas obras de Siqueiros se nota cierto abandono de su antiguo optimismo agresivo. En este período pintó principalmente en caballete [*easel*] paisajes y retratos con estilo controlado. «La marcha de la humanidad en Latinoamérica», su mural más grande, tiene 4600 metros cuadrados (29 400 pies cuadrados), llenos de soldados y obreros marchando y subyugando a los opresores. Juan O'Gorman (1905–82), ya estudiado como arquitecto, también destacó por sus frescos, especialmente por los murales destruidos por sus imágenes políticas o anticlericales. No todos los artistas

Carlos Mérida, el más importante pintor guatemalteco, participó en Europa en la revolución artística del cubismo. De regreso a Latinoamérica abrazó el indigenismo, adoptó el vértigo [*dizziness*] geométrico de los elementos decorativos de la arquitectura maya y expresó en sus cuadros la movilidad de un sistema de signos que aparecen, danzan y desaparecen. En este cuadro no figurativo pueden apreciarse formas triangulares y figuras geométricas.

José Sabogal (1888–1956) es el pintor indigenista peruano más importante.

destacados del período revolucionario mexicano pintaron murales. Rufino Tamayo (1899–1991) utilizó el caballete para pintar óleos donde los colores y las formas se armonizan poéticamente. El guatemalteco Carlos Mérida (1893–1984), de larga residencia en México, se inició con pinturas indigenistas para pasar luego a la representación de formas abstractas. Su gusto por los temas zoomórficos lo tomó de los tejidos precolombinos. La pasión por la música influyó parte de su labor pictórica: pintó variaciones del mismo tema. Lo mejor suyo radica en la interpretación maya-quiché del origen del universo (cosmogonía maya).

La pintura con significado social, especialmente la de temas indigenistas, también fue cultivada en el Perú. Su mejor exponente fue José Sabogal (1888–1956), fundador de una escuela neocostumbrista popular en la época en que colaboraba en la revista *Amauta* (1926–30) y dirigía la Escuela de Bellas Artes de Lima. Sus compañeros de escuela fueron Julia Codesido (1883–1979), Camilo Blas (José Alfonso Sánchez Urteaga, 1910–85), Enrique Camino Brent (1909–60) y Jorge Vinatea Reynoso (1900–31). El muralismo se extendió con mucho éxito en el Brasil, donde Cándido Portinari (1903–62) ejecutó magníficos frescos en el

Ministerio de Educación. Ellos, como sus impresionantes murales en el edificio de la Asamblea General de las Naciones Unidas (Nueva York) y en la Biblioteca del Congreso (Washington), analizan críticamente la sociedad y muestran con simpatía al pueblo oprimido.

18.8 El internacionalismo de posguerra

Desde fines de la Segunda Guerra Mundial, el arte latinoamericano tiende a internacionalizarse y subordinar el localismo, lo pintoresco, el nativismo y el indigenismo a un segundo plano de importancia artística. Se acepta, desde entonces, la riqueza del mundo fenomenal, limitada solamente por la unidad de la obra de arte en sí misma y por su organización expresiva. La primera dirección que tomó el internacionalismo artístico fue la del concretismo constructivista, arte curiosamente no objetivo, perteneciente a la tradición constructivista que, como las otras escuelas de posguerra, vino de Europa algo tardíamente. Esta corriente, sumamente teórica en sus orígenes, estaba muy vinculada con la arquitectura y la tipografía, sometida a la exigente disciplina de la metodología y los valores del purismo universal. El uruguayo Joaquín Torres García (1874–1949) la introdujo en la Argentina con la cooperación de otros pintores.

En el Brasil, en medio del apogeo arquitectónico, el concretismo ganó mayor número de adeptos [*followers*]. En Venezuela determinó una verdadera revolución artística. Se mantiene todavía en casi todos los países latinoamericanos, aunque con los años ha perdido algo de su rigidez, gracias a la flexibilidad personal mostrada individualmente por los pintores. El movimiento concretista es de importancia histórica por haber jugado un papel descollante en la labor planificadora de [*outstanding role in the planning work done by*] los diseñadores de Brasilia y ciudades universitarias como las de México y Caracas. Los jardines de Roberto Burle Marx y los nuevos museos construidos en México muestran también la fuerte influencia del concretismo.

Otra forma del ansia artística de universalidad es el informalism —nombre latinoamericano del internacionalismo pictórico— interesado en la amplia libertad y la abstracción intuitiva. El entusiasmo por este tipo de expresionismo se debe a que permite exteriorizar emociones personales sin inhibiciones de una manera muy individualista. Es esotérico, impulsivo, automático, cuyos métodos accidentales satisfacen ampliamente la inclinación hacia las metáforas poéticas y al desorden de formas artísticas. En el Brasil, promovió esta tendencia Cándido Portinari. En el Perú, el internacionalismo por medio del cubismo lo cultivó Carlos Quizpez Asín (1900–83), severo crítico del indigenismo, como su compatriota Pedro Azabache (n. 1918), e introductor del muralismo renacentista en Lima. El internacionalismo con surrealismo modernista lo abrazaron la mexicana Frida Kahlo (1907–54), esposa de Diego Rivera, y los peruanos Ricardo Grau (1907–70) y Sérvulo Gutiérrez

Frida Kahlo (1907–54), pintora surrealista mexicana.
En varios de sus cuadros superó en originalidad las
pinturas de su esposo Diego Rivera. (Kahlo, Frida,
Fulang-chang and I, 1937)

(1914–61). Otros destacados informalistas fue el brasileño de ancestros
japoneses Manabu Mabe (1924–97) y lo son los argentinos Mario Pucciarelli
(n. 1928) y Clorindo Testa (n. 1923), y el peruano Fernando de Szyszlo
(n. 1925). En Argentina esta corriente ha generado una de las escuelas nacionales más fuertes de posguerra: el neofigurismo, que descubre fuerzas bárbaras
escondidas bajo el barniz [*varnish*] de la civilización moderna para configu-
rarlas en líneas y loca confusión de colores con monstruos salidos de la televisión y de la propaganda mural.

El existencialismo pictórico de posguerra ha llevado a los artistas a
acentuar los aspectos groseros del hombre moderno y a ofrecer seres defor-
mados, desesperanzados y ridículos para protestar lo absurdo de la existencia humana. De la década de 1960 en adelante surge un nuevo tipo de
arte figurativo también crítico de la sociedad y deseoso de captar sus partes
más deformantes. Entre los cultivadores de esta tendencia se destacan el

mexicano Pedro Coronel (n. 1923); el argentino Rómulo Macció (n. 1932) y el colombiano Fernando Botero (n. 1932), quien ha desarrollado un estilo figurativo especial que distorsiona las formas para acentuarlas, como sus cuadros de militares y políticos con caras y cuerpos de una redondez satírica.

El arte pop, probablemente la orientación extrema de protesta al tradicionalismo artístico y a la comercialización de nuestra civilización, ha llegado a la América Latina como el arte op, por contagio. En los rincones más apartados, donde hay muy poco desarrollo técnico y comercial, el arte pop resulta incongruente y chocante. Sólo en tres países han aparecido destacados cultivadores de estas nuevas corrientes. En la Argentina, pintores como Roberto Squirru (n. 1934), hacen hincapié en la ironía social. En México, Alberto Gironella (n. 1929) utiliza con mucha originalidad con collages y efectos tridimensionales. En Venezuela, Alejandro Otero (1921–90) y Jesús Soto (1923–2005) se han destacado por su construccionismo óptico, espacios multidimensionales y el empleo del aluminio.

18.9 El moderno abstraccionismo latinoamericano

El interés en lo abstracto y en las otras corrientes modernas de las artes plásticas y pictóricas no siempre ha encontrado fieles discípulos imitadores de las tendencias europeas y norteamericanas. Algunos pintores latinoamericanos, sobre todo donde existe una fuerte tradición indigenista y mucho interés en la protesta social, han usado las nuevas técnicas y corrientes para continuar una forma muy estilizada del nacionalismo continental. Han tratado de universalizar el americanismo artístico con la nueva metodología y filosofía estética. Sus interpretaciones cubistas y expresionistas de la realidad americana muestran hasta qué punto se puede ser internacionalista sin abandonar las fuertes raíces nacionales. Se han destacado en este moderno abstraccionismo de formas y técnicas contemporáneas que expresan la identidad cultural latinoamericana Alejandro Obregón (1921–92), de Colombia, Oswaldo Guayasamín (1919–99), del Ecuador, Rodolfo Abularach (n. 1933), de Guatemala, y el ya mencionado Fernando de Szyszlo. Obregón pintó objetos animados e inanimados del mundo americano con un cubismo y expresionismo muy personal. Guayasamín se inspiró en la cerámica precolombina de su patria y utilizó una técnica suya para captar la luz en forma plástica, añadiendo a sus cuadros arena y mármol molido. Además aplicó la técnica del expresionismo abstracto a la representación simbólica de la mitología incaica, basándose en los motivos de la cerámica y los tejidos precolombinos. Szyszlo continúa en el siglo XXI poniendo en sus abstracciones la nostalgia amerindia. En sus trazos y colores sintetiza el cosmos del peruano conquistado.

18.10 Otros destacados pintores y escultores

Además de los pintores ya mencionados, debemos considerar otros que la crítica internacional ha elogiado por su originalidad en el empleo especial de una o más técnicas modernas: los cubanos Amelia Peláez (1897–1968), Wifredo Lam (1902–82) y René Portocarrero (1912–86); el chileno Nemesio Antúnez (1918–93); el mexicano José Luís Cuevas (n. 1933); los peruanos Teófilo Castillo (1857–1922), pintor impresionista formado en Francia e Italia, Alberto Dávila (n. 1912); Carlos Aitor Castillo (n. 1913); Víctor Humareda (1921–87), José Milner Cajahuaringa (n. 1922), Tilsa Tsuchiya (1936–84) y Gerardo Chávez (n. 1936); los argentinos Sarah Grilo (n. 1920), José Antonio Fernández Muro (n. 1920), Raquel Forner (1902–88), Miguel Ángel Vidal (n. 1928) y Ari Brizzi (n. 1930); la boliviana María Luisa Pacheco (1919–82); el tico (de Costa Rica) Francisco Zúñiga (n. 1917); y los brasileños Iberé Camargo (n. 1914) y Emilio Castellar (n. 1930).

Con técnica surrealista y cubista aprendidas directamente de Picasso, Wifredo Lam pintó recuerdos y visiones caóticas del trópico en cuadros en que, en forma aterradora, se mezclan tallos de caña [*stalks of sugar cane*], frutas, animales y hombres alumbrados por una luna tenue. En «La jungla» (1944), por ejemplo, ofrece una composición geométrica de la naturaleza del Caribe, unificando el caos tropical. Ahí los colores impresionantes sugieren la luz y la sensualidad tropicales y realzan las formas caprichosas. Hace unos años el director del Museo de Arte Moderno de Nueva York incluyó «La jungla» entre los cien cuadros más importantes de la pintura modernista de este siglo. A partir de 1947, Lam abandonó los colores tropicales para ofrecer visiones diurnas y nocturnas, en blanco y negro principalmente, para sintetizar un mundo aterrorizado por monstruos erizados de púas [*bristling with sharp points*]. Con razón ha escrito André Bretón: «Nunca como en mi amigo Lam se ha operado con tanta sencillez la unión del mundo objetivo y del mundo mágico».[8] Nemesio Antúnez, esencialmente abstracto, mostró la influencia de su larga residencia en París: sus cuadros con figuras ondulantes producen una sensación de vértigo. Fue director del Museo de Arte Contemporáneo de Santiago y Agregado Cultural de la Embajada Chilena en Washington. José Luís Cuevas tiene su propia versión del neofigurativismo. Se expresa en dibujos en blanco y negro de figuras **goyescas** [*in the style of Goya*] que ridiculizan la sociedad contemporánea y censuran, como lo hace en literatura su amigo Carlos Fuentes, el estancamiento [*stagnation*] de la Revolución mexicana.

Emilio Castellar merece especial mención por sus cuadros cósmicos [*sidereal, starry*] de paisajes ínter espaciales, colores crepusculares y formas

---

[8] Citado por Edmundo Desnoes, *Lam: azul y negro* (La Habana: Editorial Nacional de Cuba, 1963), 11.

La gran jungla o Luz en la selva, cuadro pintado por Wilfredo Lam, artista cubano de ascendencia china.

planetarias. Como dice Jorge Amado, Castellar pinta «el misterio del universo conquistado». Tilsa Tsuchiya se destacó entre los pintores peruanos por su seguro dominio de la técnica, especiales combinaciones de colores suaves y distorsión del cuerpo humano, especialmente el femenino, en una angustiosa búsqueda de las esencias. Carlos Cajahuaringa ha mantenido la misma línea cromática con el repetido uso de tonos claros, ligeros y luminosos, especialmente cuando pinta el cielo campestre.

Entre los pintores y escultores más destacados de las últimas décadas se encuentran la argentina Alicia Peñalba (n. 1918), cuyas estructuras se parecen al tótem; la boliviana Marina Núñez del Prado (1910–95), que ha utilizado piedras y maderas de su patria; el peruano Víctor Delfín (n. 1927), que se vale de gran variedad de materiales para crear composiciones, productos de la más alta artesanía y la pura escultura, y el guatemalteco Roberto González Gyri (n. 1924), ganador del primer premio en escultura en un concurso centroamericano en 1964. Destacan igualmente el mexicano Francisco

Toledo (n. 1940), continuador de la obra de Tamayo y el puertorriqueño Pancho Rodón (n. 1934), retratista de personalidades hispanoamericanas. Hay, por supuesto, muchos más cultivadores de las artes plásticas en Latinoamérica a quienes lamentablemente no mencionamos por las limitaciones de esta apretada síntesis que sólo permite ocuparse de los artistas más destacados y representativos de las diversas orientaciones. Mencionemos sin embargo, al pintor surrealista-metafísico Carlos Revilla (n. 1940), influido por Salvador Dalí. Revilla es apreciado por sus compatriotas peruanos por sus cuadros con imágenes recurrentes de mujeres deshumanizadas, caracoles distorsionados, maquinarias extrañas, paisajes desérticos en un mundo onírico [*pertaining to dreams*] y erótico. Y concluyamos el capítulo reconociendo al boliviano Alfredo La Placa (n. 1929), cuyo arte, saturado de misterio y sugestiones oníricas (relativo a los sueños), es simultáneamente abstracto y representativo de formas andinas caprichosas, rico con exceso de colores.

18.11 Resumen

I. **Las bellas artes en México precolombino**
   A. La escultura es superior a la pintura mediocre de frescos y códices
   B. El calendario azteca de 1479 es considerado la mejor obra plástica

II. **Las bellas artes en la civilización maya**
   A. Su escultura es la mejor de América precolombina
   B. Frescos y decoraciones policromadas se inspiran en la cerámica
   C. Ilustraciones de los códices revelan el desarrollo de la pintura.

III. **Las bellas artes en el Perú precolombino**
   A. Las artes plásticas son inferiores a las artes aplicadas y manuales
   B. Los tejidos de Paracas se encuentran entre los mejores del mundo
   C. Los diseños textiles fueron usados en la ornamentación arquitectónica

IV. **La pintura y la escultura durante la Colonia (1492–1824)**
   A. Casi un millón de cuadros pintados principalmente para las iglesias
   B. Tras secular espera los indígenas son admitidos a los gremios de artistas
   C. La escultura, subordinada a la arquitectura, usa el encarnado
   D. México, Quito, Cuzco y Potosí: los más importantes centros artísticos
   E. La escuela mexicana
      1. Fundada en el siglo XVIII por Baltasar de Echave, el Viejo
      2. Labor de José Juárez, el «Apeles mexicano», y B. de Echave, el Mozo

      3. José María Ibarra (1688–1756), el «Murillo mexicano»
      4. El indio Miguel Cabrera (1695–1768) y sus murales de Taxco
   F. La escuela de Quito
      1. Cuadros realistas de Miguel de Santiago (¿1626?–1768), genio atormentado
      2. Pinturas sobresalientes de N. J. de Gorívar, sobrino de Santiago
   G. Fuerte decoración en las obras de las escuelas de Cuzco y Potosí
   H. Los escultores Diego de Robles, «Caspicara» y «Aleijadinho» (tullidito)
   I. El triunfo del neoclasicismo
      1. Fundación en México de la Academia de San Carlos en 1785
      2. Manuel Tolsá esculpe en México la estatua ecuestre de Carlos IV

V. Del neoclasicismo al romanticismo durante el período republicano
   A. Idealización de los héroes y las batallas por la independencia
   B. Escenas gauchescas, criollas, mestizas y del paisaje iberoamericano
   C. Persistencia del academicismo: Hernández, C. Baca Flor y R. Amoedo

VI. En la pintura
   A. Salvo en P. Figari, predomina la estéril imitación de los europeos
   B. Desnudos de M. C. Victorica (1884–1955), postimpresionista argentino

VII. El arte como expresión de ideales sociales
   A. La pintura de la Revolución mexicana
      1. Influencia del Dr. Atl, J. G. Posada y Francisco Goitia
      2. Diego Rivera (1866–1957) y su dialéctica estética:
         a. Frescos en la Secretaría de Educación (1923–29)
         b. Murales en la Escuela Nacional de Agricultura (1926–27)
         c. Murales de interpretación histórica en el Palacio de Gobierno
         d. Comisiones en los EE.UU. y el debate sobre su mensaje político
      3. José Clemente Orozco (1883–1949) y la tragedia del alma mexicana
         a. Murales en la Escuela Preparatoria y el Palacio de Bellas Artes
         b. Óleos y frescos en Chicago, Nueva York y Dartmouth College
      4. David Alfaro Siqueiros (1896–1974)
         a. Pintor dramático con maestría al pintar al hombre precolombino
         b. Estilo controlado en paisajes y retratos pintados en caballete
         c. Gigantesco mural «La marcha de la humanidad en Latinoamérica»

B. El indigenismo triunfa en México, Guatemala, Perú, Ecuador y Bolivia
   1. Óleos del mexicano Rufino Tamayo y del guatemalteco Carlos Mérida
   2. Éxito de los peruanos José Sabogal, Julia Codesido y Camilo Blas
VIII. **Del internacionalismo de posguerra al moderno abstraccionismo**
   A. Murales informalistas de Cándido Portinari en Brasil y EE.UU.
   B. Surrealismo de Frida Kahlo, Ricardo Grau y Sérvulo Gutiérrez
   C. Surrealismo y cubismo de Wifredo Lam en sus caprichos tropicales
   D. Existencialismo pictórico de Botero, J. L. Cuevas y Alejandro Otero
   E. Informalismo pictórico interesado en la abstracción intuitiva
      1. Entusiasmo desbordante exterioriza al individuo esotérico
      2. Inclinación a la metáfora poética y el desorden consistente
      3. El neofigurismo denunciador de la barbarie de nuestros días
   F. El arte pop y op y su incongruencia ante el subdesarrollo

18.12 Cuestionario y temas de conversación

Cuestionario

1. ¿Cuál de las bellas artes se desarrolló más en América precolombina?
2. ¿Quiénes fueron los grandes pintores de América colonial?
3. ¿Por qué se destacaron los escultores del período colonial latinoamericano?
4. ¿Cuáles fueron las escuelas pictóricas más importantes durante la Colonia?
5. ¿Por qué se le apodó el «Aleijadinho» a Antônio Francisco da Costa Lisboa?
6. ¿Cómo se expresó el neoclasicismo en América?
7. ¿Quiénes cultivaron el arte con contenido social?
8. ¿Qué características tiene el internacionalismo de posguerra?
9. ¿Cómo se manifiesta el abstraccionismo en Latinoamérica?
10. ¿Quiénes son los más destacados pintores latinoamericanos de hoy?

Temas de conversación

1. Explique el desarrollo de las artes precolombinas.
2. Comente sobre las grandes escuelas pictóricas de la América colonial.
3. Describa la influencia del arte indígena en la pintura hispanoamericana colonial.
4. Aclare el papel de «Aleijadinho» en la escultura colonial brasileña.

5. Relate la difusión del neoclasicismo en las Américas.
6. Explore la importancia de Wifredo Lam y el realismo mágico.
7. Evalúe la pintura de la Revolución mexicana.
8. Dé su opinión sobre la pintura indigenista.
9. Explique la originalidad en el abstraccionismo latinoamericano.
10. Compare y contraste a dos pintores latinoamericanos destacados de hoy.

Cronología comparada

s. XV–I a.C. Instrumentos musicales olmecas de viento y percusión

1556 México imprime un libro con música (el primero de las Américas)

1701 En Lima se representa la primera ópera en las Américas

1750 Se funda la Orquesta Sinfónica de Caracas (primera en el Nuevo Mundo)

s. XIX–XX Influencia africana e india; nacionalismo vs. antifolklorismo universalista; la música mestiza afroantillana e hispanoindia

s. XV–I a.C. En Egipto bailan al son de la música de arpas. Desarrollo de la música coral y dramática en Grecia. Predilección española por la guitarra.

1534–1609 Compositor español Fernando Las Infantas

1548–1611 Compositor español Tomás L. de Victoria

1608 Primera ópera al aire libre en Roma

1637 Primer teatro de ópera en Venecia

1652 Primer teatro de ópera en Viena

1656 Primer teatro de ópera en Londres

1675–1741 Vivaldi

1770–1827 Beethoven

1809–47 Mendelssohn

1810–49 Chopin

1900–71 Louis Armstrong

Esta pieza de cerámica precolombina hallada en México representa a un músico con un instrumento de percusión de madera con muchas muescas [notches].

19 La música

Vocabulario autóctono y nuevo

- huaca
- corrido
- huapango
- jarabe
- fado
- samba
- bossa nova
- clave
- criolla
- guajira
- danza
- habanera
- danzón

- comparsa
- rumba
- charango
- huayno
- yaraví
- sanjuanito
- marinera
- carnavalito
- zamba
- gato
- bailecito
- bombo
- cielito

- pajarito
- pollito
- tango
- meringue
- merengue
- marimba
- cumbia
- bambuco
- joropo
- vallenato
- cueca
- zamacueca

19.1 La música precolombina

Aunque la música en América precolombina estuvo vinculada con casi todas las actividades humanas (religiosa y secular, militar y civil), las fuentes de información acerca de ella son limitadas a causa de la ausencia de material escrito. La impresión de música amerindia más antigua es la que hizo en 1578 el francés Juan de Léry en su *Histoire d'un voyage fait en terre du Brésil* (*Historia de un viaje al Brasil*), al incluir cinco melodías de los tupinambás que vivían cerca de la región donde hoy se

Para enriquecer tus estudios, ve nuestros recursos suplementales en línea a **www.cengage.com/spanish/latinoamerica**

Películas, videos y otros materiales audiovisuals: vea nuestras sugerencias en la página 367.

encuentra Río de Janeiro. También son importantes tanto los frescos aztecas y mayas como la cerámica precolombina sudamericana que muestra a los músicos y sus instrumentos. Las crónicas coloniales tienen valor relativo si se tienen en cuenta los esfuerzos iniciales de los conquistadores para obliterar la música americana. La impresión de himnos y salmos [*psalms*] cristianos traducidos al náhuatl, como *Psalmodia Christiana* (México, 1583), no ayudó a retener este arte.

Los arqueólogos, antropólogos y musicólogos han formulado hipótesis después de examinar la poca evidencia disponible. Los instrumentos musicales más antiguos conocidos son de origen olmeca, procedentes de las regiones de Veracruz y Tabasco, centros olmecas entre los siglos XV y I a.C. Desde entonces hasta la llegada de los europeos, los instrumentos musicales fueron principalmente de percusión y de viento. Se desconoce si los precolombinos usaron instrumentos de cuerda [*string*] además del arco musical, cuya cuerda era golpeada con dos flechas para producir sonidos que resonaban en una gran calabaza [*gourd*]. Los aztecas emplearon tambores [*drums*] de madera cuidadosamente tallados: algunos cilíndricos, con una terminal cubierta de piel de venado, jaguar o mono [*covered with deer, jaguar or monkey's skin*]; otros, con doble terminación horizontal. En las danzas, los bailarines ejecutaban pasos complicados al son [*sound*] de ritmos complejos y misteriosos que ayudaban a simular acontecimientos mitológicos. Los antiguos mexicanos también usaron flautas de caña, ocarinas, trompetas de concha marina y sonajeros [*rattles*] de calabaza. La música maya, tan vinculada a su danza, era interpretada principalmente con instrumentos de percusión, acompañados de algunos instrumentos de viento. Vale la pena mencionar [*it is worth mentioning*] aquí la semejanza que hay entre los instrumentos usados por los amerindios y los de la China antigua, algunos de los cuales han existido únicamente en las tierras de Asia, Oceanía y América a las orillas del Pacífico.

Los huacos (cerámica) de las culturas mochica y nazca de la costa del Perú precolombino informan gráficamente sobre sus músicos e instrumentos. En la cerámica mochica aparecen dioses, hombres y esqueletos humanos tocando flautas parecidas a la quena [*notched-end flutes*] y trompetas. Las excavaciones en las **huacas** [*burial sites*] han desenterrado sonajeros, campanas, tambores, tamborines, pitos [*whistles*] y trompetas de caña, arcilla, hueso, concha o madera. Hasta hace poco se había generalizado la tesis que sostiene que la música precolombina se basaba en la escala pentatónica [*scale consisting of five tones*], pero recientemente algunos estudiosos plantean el empleo de mayor número de tonos y semitonos.

19.2 La música en Hispanoamérica colonial

En el terreno musical del siglo XVI, España era una de las naciones más desarrolladas de Europa. El instrumento peninsular predilecto era la guitarra y no el laúd [*lute*], como en el resto del continente europeo. Las cuatro cuerdas de

Un grupo peruano toca música folklórica con instrumentos tradicionales.

la primera guitarra poco a poco fueron aumentando a cinco, seis y hasta siete. Por esa época los músicos españoles tuvieron destacada actuación en Italia, donde llegaron a ocupar importantes posiciones. Los primeros músicos europeos que vinieron al Nuevo Mundo estuvieron incorporados a las expediciones militares españolas. Algunos de ellos fueron españoles, como sucedió en la expedición de Pedro de Mendoza a Buenos Aires (1536). Consigo trajeron trompetas, flautas, tambores y timbales [*kettledrums*].

Las necesidades de los servicios católicos determinaron el establecimiento de escuelas de música. En 1524, a los tres años de la ocupación de Tenochtitlán, fray Pedro de Gante fundó una escuela musical en Texcoco para enseñar a los indígenas a copiar y cantar música polifónica religiosa, además de manufacturar y tocar instrumentos y componer villancicos y misas [*Christmas carols and masses*]. En Sudamérica en 1591 ya funcionaba en Caracas una escuela parecida.

En México se publicó en 1556 el primer libro en el Nuevo Mundo con anotaciones musicales: *Ordinarium* (ordinarios de misas). Se han llegado a descubrir hasta siete libros parecidos, publicados en México antes de 1600. Su importancia es apreciada mejor si se tiene en cuenta que en Europa misma poquísimas eran las imprentas equipadas con tipos musicales. Recién en 1698, en Nueva Inglaterra se publicó el primer libro semejante: la novena edición del *Bay Psalm Book*, que desde 1640 venía apareciendo sin las anotaciones musicales. La música secular no quedó descuidada. En 1526 un compañero de Cortés estableció en la ciudad de México una escuela de baile. De la música secular se desarrollaría después la música latinoamericana.

Todas las manifestaciones artísticas importadas experimentaron en el Nuevo Mundo fuertes modificaciones. Durante el siglo XVII la música criolla ya tenía sus características definidas y era tan apreciada que llegó a influir en la Península. Así como la música barroca y renacentista religiosa se cultivaba en las iglesias, conventos, monasterios y misiones, la popular, como la seguidilla, el fandango, la jota y las sevillanas,[1] se extendía modificada por todas partes. En la región del Caribe, la música andaluza y la africana se mezclaron con rapidez. «El son de la Má Teodora» [*The folk song about Mom Teodora*], compuesto en honor de la africana libre Teodora Ginés, tan parecido a los ritmos afrocubanos de nuestro siglo, se popularizó en Santiago de Cuba hacia 1580.

En México la música española fue poco influida por los ritmos indígenas. El **corrido** mexicano proviene del romance[2] peninsular y del corrido andaluz; el **huapango** se basa también en la música andaluza, mientras que el **jarabe** se deriva de la seguidilla, el fandango, el zapateado [*tap dance*] y la jota. En el Nuevo Mundo rara vez se usaron las castañuelas [*castanets*], aunque en algunos bailes folklóricos, como en el pericón de la Argentina y la zamacueca del Perú, los bailarines levantan la mano que sostiene un pañuelo, como si fuera un gesto pantomímico del empleo de las castañuelas. Generalmente la versión criolla de la canción popular peninsular cambia de nombre. Pocas, como la malagueña mexicana y el bolero español, retuvieron su nombre peninsular. Los centros musicales importantes durante la época colonial fueron México, Lima y Caracas. Les seguían, Cuzco, Chuquisaca, Bogotá, Quito, La Habana y Buenos Aires. A este último lugar a veces llegaban orquestas de indígenas de las misiones a ofrecer conciertos públicos.

En los siglos XVI y XVII, y hasta durante el siglo XVIII, se representaron comedias españolas, a menudo acompañadas de música escrita en América, como sucedió con la compuesta en Lima para las obras de Calderón. Las famosas zarzuelas[3] contribuyeron desde el siglo XVIII a difundir ampliamente la música secular española. Esta música fue la base inicial del tango argentino que después recibió la influencia de la versión cubana de la contradanza.[4] La primera representación operática en el Nuevo Mundo se llevó a cabo en Lima, en 1701: *La púrpura de la rosa compuesta* por Tomás de Torrejón y Velasco (1644–1728) sobre la base de una obra de Calderón. La ópera se presentó por primera vez en el México en el año 1730, cinco años antes que en Charleston, Carolina del Sur. En el siglo XVIII, en Lima las comedias y sainetes del peruano Pedro de Peralta se representaron acompañados de música.

Además de la guitarra, el instrumento musical más difundido en Sudamérica, especialmente entre los indígenas, ha sido el arpa [*harp*]. Los jesuitas la llevaron al Paraguay y desde entonces es el instrumento predilecto de ese país. Tiene allá tanta importancia como la marimba en Guatemala. En el

---

[1] *seguidilla . . . sevillanas* names of lively Spanish tunes, most of which are danceable
[2] *El corrido . . . romance* The Mexican ballad comes from the Spanish narrative poem in octosyllabic verse.
[3] *zarzuela* is a Spanish musical comedy with alternating music and dialogue
[4] *contradanza* es un baile de figuras, que ejecutan muchas parejas a un tiempo.

siglo XVIII Venezuela se destacó por su interés en la música eclesiástica, clásica y popular. Aparecieron varios maestros de capilla y compositores de misas destacados. En 1750 se estableció la primera Orquesta Sinfónica en Caracas, Venezuela. La guerra de independencia diezmó [*decimated*] a los músicos de esa capitanía general. Como muchos de ellos estuvieron involucrados en las conspiraciones, el general español José Tomás Boves (1783–1814) fusiló a más de treinta músicos y su persecución obligó a otros a exiliarse o a esconderse. La vida musical de Caracas sólo logró normalizarse después de la batalla de Carabobo que aseguró la independencia de Venezuela.

19.3 **La música en el Brasil**

Los monjes franciscanos introdujeron la música sagrada al Brasil, pero desde 1550 los jesuitas fueron más influyentes en la enseñanza de música en Bahía, donde Caetano de Mello Jesús escribió en 1759 la primera composición del período colonial del país. El compositor más prominente de ese período fue José Maurício Nunes García (1767–1830), autor de numerosas misas y otras piezas religiosas. La música laica [*secular*] de América lusitana se caracteriza por la fuerte influencia africana en los elementos portugueses e indígenas. Durante la época colonial, sobre todo en el período de la unión de España y Portugal (1580–1640), los españoles que llegaron al Brasil llevaron sus boleros, fandangos y seguidillas, los cuales desde entonces compitieron con la música triste del **fado.**

La fuerte influencia italiana llegó en el siglo XIX. Cuando la monarquía brasileña le dio gran impulso a las artes, se establecieron bandas y orquestas en diferentes ciudades del país. En 1841 Francisco Manoel da Silva (1795–1865), autor del himno nacional brasileño, fundó el Conservatorio Nacional de Música. Diecisiete años más tarde se establecieron la Academia Imperial de Música y la Ópera Nacional. La primera se propuso presentar obras italianas, francesas y españolas en traducción y por lo menos una vez al año una pieza compuesta por un compositor brasileño. La primera ópera de un compositor nacional fue *A Nôite de São João* de Elías Alvarez Lobo (1834–1901), presentada en Río de Janeiro en 1860. Carlos Gomes (1836–96) llegó a ser el compositor latinoamericano más importante del siglo XIX. Sus óperas se presentaron con rotundo éxito en Río de Janeiro y en Milán. Gracias al apoyo de Pedro II, había sido admitido al Conservatorio de Música y de ahí se había graduado en busca del éxito. Sus primeros trabajos tienen fuerte influencia italiana, pero en su ópera más conocida, *Il Guarany,* estrenada [*premiered*] en 1870, el nacionalismo musical es bastante marcado. Gomes retornó a Río de Janeiro después de recibir el elogio de Verdi y allá fue agasajado [*showered with attentions*] como un héroe. Posteriormente alternó en sus óperas temas italianos y brasileños. Aunque se le ha acusado de haber dependido demasiado de los modelos italianos, su música influyó mucho en los compositores brasileños de las últimas décadas del siglo diecinueve y las primeras del siglo veinte.

Como en el resto del continente, en el Brasil a fines del siglo XIX el nacionalismo musical se sistematizó, ganó adeptos [*followers*] y dominó el mundo artístico. Uno de los primeros en seguir esta orientación fue Alberto Nepomuceno (1864–1920), autor de las primeras composiciones para orquesta basadas en temas brasileños, por las cuales se le consagró como «padre del nacionalismo musical» de su país. Otros distinguidos compositores siguieron su camino: Francisco Mignone (1897–1986), autor de composiciones llenas de color y emoción; Oscar Lorenzo Fernández (1897–1948), autor de piezas delicadas y sutiles; Luciano Gallet (1893–1931), conocido por sus canciones populares; y sobre todo, Héitor Villa-Lobos (1887–1959).

Villa-Lobos, uno de los más destacados compositores del siglo XX, se esforzó por elevar el valor estético y comunicar universalidad a la música folklórica de su patria. Utilizó melodías indígenas publicadas por Jean Léry en *Historia de un viaje al Brasil* (1578) y escribió más de 700 composiciones musicales en casi todos los géneros (óperas, sinfonías, poemas sinfónicos, oratorios, conciertos, música de cámara, canciones, música coral y composiciones para piano y otros instrumentos). Se destacan sus *Bachianas brasileiras,* en las cuales mezcla la técnica del contrapunto de Bach con elementos populares y folklóricos brasileños y añade riqueza rítmica y mucha originalidad.

Como reacción al predominio musical de Villa-Lobos, se desarrolló en el Brasil una corriente antifolklorista que quería obtener universalidad sin explotar el folklore nacional. Sus seguidores, a su vez, encontraron fuerte resistencia de parte de los discípulos y admiradores de Villa-Lobos. Se han destacado como antifolkloristas, Hans J. Koellreutter (1915–2005), César Guerra Peixe (1914–93) y Claudio Santoro (1919–89), conocido en especial por su *Octava sinfonía* (1964).

La vitalidad y la riqueza melódica de la música brasileña la han hecho famosa fuera del país. Al Carnaval de Río de Janeiro asisten muchísimos extranjeros a apreciar el espectacular evento que inspiran las orquestas con sus violines, mandolinas, guitarras y tambores africanos. El Carnaval de Río revela claramente la mezcla de los elementos cristianos y paganos de una

Héitor Villa-Lobos (1887–1959) es arquetipo del compositor genial latinoamericano con éxito internacional. El sabor de sus mejores composiciones procede de la tradición vernácula brasileña influenciada por la estética europea y adaptada a las exigencias espirituales latinoamericanas.

civilización que ha modernizado los ritmos ancestrales. En la música popular se nota aun más fuerte la influencia africana, especialmente en la música de las prácticas fetichistas, mezcla de rituales africanos, indígenas y católicos. Se les da el nombre de *samba* a varios bailes de diferentes regiones del país, sobre todo a uno de Río de Janeiro, aunque difiere muchísimo de la *samba* rural. Con posterioridad la *bossa nova* de los años cincuenta y sesenta, se popularizó mucho y se la exportó con éxito a los Estados Unidos y Europa. Lo mismo ocurrió con la *lambada* en la década de los años noventa.

19.4 La música afrocubana

No se sabe a ciencia cierta [*for sure*] cuándo llegaron los primeros africanos a Cuba. Los documentos mencionan su presencia en la isla en 1513, y revelan que Hernán Cortés llevó a México algunos africanos de Cuba. El conocido sociólogo cubano Fernando Ortiz (1881–1969) comprobó que en 1526 dos genoveses [*Italians from Genoa*] llevaron a la isla un cargamento de 145 esclavos de Cabo Verde. En 1534 ya había en Cuba alrededor de mil africanos y en 1769, unos 22 740 negros libres.[5] La influencia africana en la música española de la isla se debe al hecho que desde el siglo XVI la mayoría de los músicos fueron de origen africano. La discriminación racial no se extendió a los reglamentos de ingreso al gremio de músicos debido a la gran escasez de maestros de este arte. En 1557 el único músico en La Habana era un flamenco que tocaba el tambor cuando se aproximaba un navío a la bahía. «El son de la Má Teodora» revela que desde los primeros años del coloniaje la música de Cuba es producto de la mezcla de melodías africanas y españolas. La iglesia católica, con su ritual y pompa, ejerció poderosa atracción en los negros que adoptaron el culto cristiano sin renunciar a sus propios dioses africanos (Ogún, Changó, Eleguá, Obatalá). Varias divinidades cristianas enriquecieron el panteón africano, sustituyendo las antiguas representaciones con sus imágenes. De esta manera, San Lázaro vino a hacerse uno con Babalú-ayé; la Virgen de Regla[6] con Yemayá; Santa Bárbara con Changó; San Norberto con Ochosí. La música fue otro poderoso atractivo de la Iglesia, sobre todo en esa época en que los templos eran las únicas salas de concierto. Así como en las colonias angloamericanas el negro adoptó el himno protestante y en Santo Domingo se apoderó de las danzas y canciones francesas, en Cuba integró la música española, la contradanza y el minué a sus interpretaciones míticas.

En 1774 Cuba tenía una población de 96 430 blancos y 78 180 negros, de los cuales 44 360 eran esclavos. Es decir, algo menos de la mitad de la población era de sangre africana. Como hemos visto en el Capítulo 15, fue durante esta

---

[5] Alejo Carpentier, *La música en Cuba*, pp. 31–33.
[6] *La Virgen de Regla,* named for a seaport in Spain, the Andalusian city of Regla, Spain, was the favorite Virgen Mary of Saint Agustine (354–430), who sculpted her image for the North Africans devotees. In the XVI century the slaves introduced her veneration to Cuba.

época cuando el carácter del habitante de la isla comenzó a mostrar características definidas. En estas circunstancias llegaron a Santiago de Cuba los refugiados de la isla de Santo Domingo, huyendo de la agresión de la Revolución Francesa. La *contradance* francesa, derivada del *country dance* inglés, arraigada en Santo Domingo, fue tan modificada en Cuba que dio lugar a la contradanza cubana. Esto derivó una serie de variaciones musicales. De la contradanza cubana de tiempo de 6/8 nacieron la **clave**, la **criolla** y la **guajira;** de la contradanza cubana de tiempo de 2/4 nacieron la **danza**, la **habanera** y el **danzón**. La contradanza cubana se exportó como si fuera un producto originario de la isla. En el extranjero, sobre todo en México, se la denominó danza habanera. En España se la presentaba como danza americana o simplemente como americana. En Puerto Rico llegó a ser la música predilecta, sobre todo gracias a la labor del compositor Juan Morel Campos (1857–96). En la Argentina, con cadencia más sensual y mezclada con las tonadas andaluzas acriolladas [*adaptation of Andalusian tunes*], creó la versión moderna del tango. El vasco Sebastián Iradier (1809–65), de larga residencia en Cuba, la propagó en Europa con canciones como «La Paloma» y la melodía que sirvió de base a la «Habanera» de la ópera *Carmen* compuesta por Bizet. También se vieron atraídos por esta música otros compositores europeos como Saint-Saëns y Ravel. La habanera alcanza su más alta expresión con Eduardo Sánchez de Fuentes (1874–1944), autor de la mundialmente conocida «Tú». En París esta canción fue reeditada con el nombre de «tango-habanera». En Buenos Aires, «Tú» se popularizó con gran rapidez. El caso de Sánchez es sumamente curioso porque, a pesar de que el compositor utilizó elementos africanos en su canción, irónicamente apoyaba el estado de ánimo antinegro de principios del siglo. De hecho, rehusó con cierto desdén incorporar conscientemente ritmos afrocubanos en sus composiciones musicales.

Alrededor de 1913, cuando se propagó la falsa creencia de que la herencia africana era un impedimento en la «europeización» y «civilización» de Cuba, se prohibieron las **comparsas** [*carnival group-dancing in the streets*] tradicionales y las fiestas religiosas de los negros. La política oficial era entonces utilizar al negro en las farsas electorales sin que «infectara» la «cultura occidental» de la isla. Cuando las comparsas otra vez fueron autorizadas unos años más tarde, ya no tenían la misma fuerza, aunque daban la impresión de ser más teatrales y utilizaban más instrumentos musicales. La prohibición había matado su vitalidad y les había hecho perder su autenticidad. Con el correr de los años, la danza generó el danzón, cuya síncopa africana pronunciada le dio igual aceptación en el extranjero. Aaron Copland trató de captarla en su famoso «Danzón cubano». Cuando se universalizó el «jazz» estadounidense durante la primera guerra mundial, los músicos cubanos que hasta entonces habían usado principalmente las maracas, los bongós, las claves [*twin hand-drums, cylindrical sticks*] y otros instrumentos de percusión, comenzaron a utilizar el saxofón y los tambores norteamericanos. Por esos años se popularizó el «son». Algunos de ellos, como «Siboney», «El manisero» y «Mamá Inés», consiguieron rápida difusión. Cuando en 1913 las comparsas y las congas callejeras [*street*] fueron prohibidas, hizo su aparición la **rumba,** la cual se convirtió en parte del repertorio mundial de música bailable.

Mientras se llevaba a cabo la transformación y universalización de la música popular cubana, los compositores de la isla incorporaron en sus composiciones las formas populares. El español José Ardévol (1911–81), establecido en Cuba en 1930, fundó el grupo de Renovación Musical, escribió sinfonías afroantillanas y preparó a una generación de artistas. Amadeo Roldán (1900–39), que llegó a ser director de la Orquesta Sinfónica de La Habana, le dio impulso al movimiento de música moderna con énfasis afrocubano. Su composición musical «La Rebambaramba» es una de sus piezas más conocidas. Alejandro García Caturla (1900–40) se hizo famoso con su «Bembé» y Ernesto Lecuona (1896–1963), autor de numerosas canciones populares, se hizo muy conocido con «Siboney», «La Comparsa» y «Malagueña».

A partir de la Segunda Guerra Mundial, la música cubana ha dado nuevas adiciones al repertorio de música bailable del mundo: el chachachá, el mambo, el mambo jambo y otras composiciones. Desde 1959, y durante la década siguiente, apareció en los Estados Unidos el llamado «Latin Jazz», que es una mezcla de «jazz» estadounidense y ritmos afrocubanos. En 1999 mantenían su alto prestigio en el pueblo cubano, David Calzado (n. 1957), director de Charanga Habanera, la más importante y controvertida banda musical para bailar de Cuba, y Manolín González Hernández (n. 1965), conocido como "Doctor de la salsa" por haber abandonado su carrera médica para convertirse en una de las grandes estrellas de la música popular de la Isla. En la actualidad hay además otros 12 000 músicos que reciben modestos sueldos del Gobierno y tocan alrededor de treinta variedades de música, desde la clásica al jazz, pasando por el son, la rumba, el rock, el rap y sus derivados. Desde la legalización del dólar en 1993 y la ley de 1995 que permite a los músicos negociar con los extranjeros fabricantes de discos y organizadores de giras musicales, buen número de músicos se encuentran entre los profesionales cubanos mejor remunerados en la Isla.

19.5 La música en el México republicano

En México, como en el resto de Hispanoamérica, en el siglo XIX, se propagó el gusto por la música italiana, francesa y alemana. La expresión favorita fue la ópera. Muchas compañías europeas tuvieron gran éxito en la capital mexicana. La reacción anticlerical alejó al público de la música eclesiástica y lo entusiasmó más en la música popular. Los compositores nacionales imitaron la música romántica europea y se dedicaron a escribir valses y mazurcas.[7] De 1864 a 1867, durante el gobierno de Maximiliano, comenzaron a popularizarse los mariachis, que tocaban en las celebraciones de las bodas [*marriages*]. Hoy día son popularísimos en todo el país. Generalmente integran esta orquesta típica dos violines, una guitarra, un guitarrón, un arpa y una trompeta.

---

[7] *valses y mazurcas* waltzes and mazurkas (mazurka is a Polish dance slower than the waltz)

La Revolución que comenzó en 1910 afectó mucho el arte musical. Algunos de los valses populares con letra [*lyrics*] revolucionaria compitió en popularidad con las piezas musicales que sirvieron de himnos de guerra («Adelita», «La cucaracha»,[8] «Marieta»). Durante esta época, Manuel Ponce (1886–1948) abrazó y difundió el nacionalismo folklórico: compuso más de un centenar de canciones, incluyendo unas composiciones para la guitarra de Andrés Segovia. Dos de sus discípulos han tenido destacada actuación internacional: Silvestre Revueltas (1899–1940) y Carlos Chávez (1899–1978). Silvestre Revueltas, subdirector de la Orquesta Sinfónica de México, de 1929 a 1936, no sólo usó elementos folklóricos, románticos y pintorescos, sino también empleó la politonalidad y la disonancia. El poema sinfónico «Sensemayá», basado en los versos del poeta cubano Nicolás Guillén, es una de sus composiciones más apreciadas. Carlos Chávez fue después el compositor y conductor más importante de México. En 1928, el mismo año en que se le nombró director del Conservatorio Nacional de Música, fundó la Orquesta Sinfónica de México. En su período nacionalista, Chávez escribió la famosa *Sinfonía india* (1935–36) y otras piezas indigenistas que requieren amplio uso de instrumentos indígenas. En su etapa internacional, el maestro mexicano compuso importantes piezas, como su *Concierto para violín y orquesta* (1948–50) y varias sinfonías. Reconociendo su prestigio universal, Harvard lo invitó a dictar el ciclo de conferencias Charles Eliot Norton en el año académico 1960–61. Después del apogeo del gran maestro Chávez, entre los que más han destacado son Daniel Ayala Pérez (1908–75), José Moncayo (1912–58), Carlos Jiménez Mabarak (1916–1994), Manuel Enríquez (1926–94), Leonardo Velázquez (n. 1935), Héctor Quintanar (n. 1936), Mario Kuri Aldana (n. 1931) y Eduardo Mata (1942–95).

19.6 La música indígena del Peru republicano

La introducción de los instrumentos musicales de cuerda, la modulación, los medios tonos y la armonía europeos revolucionaron la música de los países andinos. Tuvieron especial valor el arpa, que con su escala diatónica es capaz de llegar a las cinco octavas, y la mandolina, que reducida en tamaño se convirtió en el *charango* de los quechuas y aimaras contemporáneos. La guitarra y el violín llegaron algo más tarde y su difusión se hizo más pronunciada entre los mestizos. Como hemos visto anteriormente, los esfuerzos españoles para extirpar la música precolombina tuvieron éxito y consecuentemente sus manifestaciones más puras no sobrevivieron el impacto de la Conquista. Lo que en la actualidad se conoce con el nombre de música indígena, en realidad es una mezcla de melodías y ritmos nativos

---

[8] «*La cucaracha*», based on a mazurca, was probably composed in Campeche, México, around 1860. Soon it became a popular satirical song among the enemies of Juárez's federal army. During the Mexican Revolution it was a song of social protest.

con fuerte influencia española. Por su parte, la llamada música criolla de la región es mestiza; en ella predominan los elementos hispanos sobre los elementos indígenas. El **huayno,** el **yaraví** y el **sanjuanito** son «indios», mientras que la **marinera** y el vals criollo son mestizos.

Aunque en todo el Perú se oye la música del huayno, se la toca y se la baila principalmente en el centro y el sur del país. Su origen es desconocido. Sólo se sabe que en el siglo XVII ya era popular entre los indígenas aimaras de la región del Lago Titicaca. La mayoría de los estudiosos cree que es una adaptación colonial del antiguo baile quechua *kashwa* mencionado por los cronistas de la Conquista. El grado de influencia española varía de región en región. En muchas partes, el huayno es cantado con letra en quechua, pero las versiones favoritas de los mestizos son más hispanizadas y tienen letra en castellano. El tiempo de la mayoría de los huaynos es 2/4. El huayno más antiguo, que todavía se conserva en el Valle de Jauja, en el centro del país, lo bailan hombres y mujeres tomados de la mano y formando un círculo. La versión cuzqueña la bailan parejas que al final forman un corro [círculo] alrededor de los músicos. Durante el baile, los mestizos levantan y agitan el pañuelo en lo alto; los indígenas agitan una borla [*tassel*] de lana. El yaraví es una canción amorosa melancólica, cuyo nombre probablemente se deriva de la palabra quechua *harawek* (melodía triste). Llegó a adquirir su forma actual alrededor del siglo XVIII, durante la revolución de Túpac Amaru II. Por coincidencia histórica, fue el poeta Mariano Melgar (1791–1815), el autor de la letra de buen número de los yaravíes más populares. La mayoría de ellos, sin embargo, son anónimos. La ciudad peruana donde más se los aprecia es Arequipa, la tierra natal del patriota Melgar. La música de la marinera es alegre y su letra picaresca y de doble sentido. Es esencialmente una creación mestiza de la costa. El vals criollo es probablemente la composición musical más popular del Perú de hoy. Apareció en el siglo pasado y hasta la época de la Segunda Guerra Mundial era principalmente una canción norteña. Hoy, con los nuevos medios de comunicación y transporte, se ha popularizado en todo el país.

Son pocos los compositores e intérpretes de música peruanos destacados fuera de su patria. Sobresalieron en el siglo pasado José Bernardo Alcedo (1788–1878) y Carlos Enrique Pasta (1855–98). El primero compuso el himno nacional peruano, varios villancicos y siete misas, y escribió una *Filosofía elemental de la música* (1869). El segundo se destacó por su ópera *Atahualpa* (1877). En el presente siglo han sido importantes José María Valle-Riestra (1859–1925), autor de *Ollantay* (1901), la primera ópera compuesta por un peruano. Continuó su nacionalismo musical, Teodoro Valcárcel (1902–42), autor del ballet-ópera *Suray-Surita* y numerosas canciones indigenistas. Otros compositores nacionalistas han sido Carlos Valderrama (1888–1950) y Ernesto López Mindreau (1892–1972). Valderrama consiguió fama internacional con su ópera *Inti Raymi: La Fiesta del Sol* y por sus composiciones indohispánicas: *La pampa y la puna* y *Las vírgenes del Sol*. López Mindreau, animador del arte musical en Trujillo, dejó entre otras obras musicales la ópera *Cajamarca*.

Andrés Sas (1900–67) y Rudolf Holzmann (1910–92), importantes compositores y musicólogos europeos residentes en el Perú, instruyeron a una generación de músicos peruanos que enriquecieron el panorama musical del país. También lo han hecho varios de los peruanos entrenados en Estados Unidos y Europa en técnicas musicales avanzadas y experimentales. Los que se han distinguido son Enrique Iturriaga (n. 1918), Enrique Pinilla (n. 1927), César Bolaños (n. 1931) y Edgar Valcárcel (n. 1932). Entre los más destacados compositores surgidos a partir de la última guerra mundial se encuentran Leopoldo La Rosa (n. 1931), Francisco Pulgar Vidal (n. 1929) y Armando Sánchez Málaga (n. 1929). En las últimas décadas también han brillado, entre otros: Daniel Alomia Robles (1871–1942), quien alrededor de 1916 arregló una antigua melodía para componer la zarzuela "El cóndor pasa", declarada en Lima en 1993 "patrimonio cultural de la nación"; Chabuca Granda (1920–83), compositora de "La flor de la canela", "José Antonio" y otros muy difundidos valses populares; el compositor Celso Garrido Lecca (n. 1926), becado en los Estados Unidos; y el tenor Juan Diego Flórez (n. 1973), entrenado en Instituto Curtis de Filadelfia y considerado uno de los sucesores de Lucciano Pavarotti, es también un compositor apreciado en Europa y las Américas.

19.7 La música en la Argentina

A la mayoría de los argentinos, especialmente a los porteños, les es difícil reconocer que parte de su herencia cultural es indígena. La influencia amerindia se manifiesta fuertemente en la música mestiza del Noroeste, región que estuvo por tiempo bajo la influencia de las civilizaciones precolombinas. La música del **carnavalito**, la **zamba**, el **gato** y otros bailes argentinos es esencialmente mestiza, aunque en ellos los elementos españoles predominan sobre los elementos nativos. El gato es un baile alegre que se ha difundido por casi todo el país, y en algunas provincias se le da simplemente el nombre de **bailecito**. A principios del siglo pasado, sobre todo en la época del caudillo Juan Manuel de Rosas (1829–1852), el gato era una de las danzas preferidas de los paisanos. El gato cantado con el acompañamiento de la guitarra se hizo sumamente popular, aunque la forma tradicional bailable es ejecutada con el acordeón o con el violín, acompañado del **bombo** [*bass drum*]. Lo baila generalmente una pareja. Cuando lo bailan cuatro, esto es, dos parejas, recibe el nombre de *cielito,* especialmente en Córdoba. El gato también es conocido como *pajarito* y *pollito* en otras provincias del país.

La música argentina más conocida es probablemente la del **tango**. Su base rítmica es una adaptación criolla del tango de Cádiz que llegó con la zarzuela española, fuertemente influida después por la versión cubana de la contradanza. A partir de la segunda década de este siglo es uno de los bailes más difundidos del mundo occidental. El actor del cine mudo Rodolfo Valentino (1895–1926) y el cantante argentino Carlos Gardel (1890–1935)

©The Thomson Corporation/HIRB

Una pareja baila el tango en un bar de Buenos Aires.

contribuyeron enormemente a su rápida aceptación en el período entre las dos guerras mundiales.

El compositor más destacado de la Argentina del siglo XX fue Alberto Ginastera (1906–83), conocido en el exterior por sus óperas indolatinas y por su *Cantata para América Mágica* (1960), basada en una imaginativa reconstrucción de música precolombina. A partir de algunas comisiones recibidas del extranjero, Ginastera decidió abandonar parte de su entusiasmo por el folklorismo y escribió valiosas piezas para la Orquesta Filarmónica de Nueva York. Comisionado por la municipalidad de Buenos Aires, compuso la ópera *Don Rodrigo* (1964) cuya presentación en el Lincoln Center de Nueva York fue elogiada por los críticos. Después se destacó por sus óperas *Bomarzo* (1967) y *Beatrix Cenci* (1971), apreciadas por su atmósfera de alucinación, sensualismo y violencia. También fue director del Centro Latinoamericano para Estudios Avanzados de Música (Buenos Aires, 1962), del cual se han graduado distinguidos intérpretes de música moderna.

La corriente cosmopolita, que en la Argentina ha seguido una política antifolklorista, ha dado también distinguidos nombres: Juan José Castro (1895–1968) y Juan Carlos Paz (1897–1972). El primero se destacó en la dirección del famoso Teatro Colón de Buenos Aires, por su labor durante su exilio político en el extranjero y por su *Sinfonía argentina*. Su conocida composición *Corales criollos No. 3* ganó un premio de diez mil dólares en el primer Festival Interamericano de Música de Caracas (1954). Juan Carlos Paz, por su parte, llegó a ser jefe del movimiento vanguardista musical de su país y sobresalió por el empleo consistente del método de composición de doce tonos. Entre los más aplaudidos de los compositores después de los anteriores han sido: Antonio Tauriello (n. 1931), Gerardo Garini (n. 1936), Juan Carlos Zorzi (n. 1936) y Alicia Terzián (n. 1936).

19.8 La música en otros países latinoamericanos

En los demás países latinoamericanos, la música es también esencialmente mestiza. En Haití la música más difundida es la del *meringue,* algo más acelerada que la del **merengue** dominicano. Como ésta probablemente se deriva de la contradanza influida por los ritmos africanos y del areíto taíno. En Centroamérica gusta mucho la música hispanoindia (mexicana, colombiana) y la afrocubana, aunque también son populares la marcha, el merengue dominicano y las composiciones criollas locales. En Guatemala el instrumento más popular es la **marimba.** En toda Centroamérica como en el resto de Latinoamérica, la guitarra es uno de los instrumentos musicales más usados. En la costa continental del Caribe, sobre todo en la de Venezuela y Colombia, la música tiene una fuerte influencia africana, como se nota en el baile la **cumbia** y en la canción «Barlovento». En las laderas y valles andinos de estos países son populares los **bambucos;** al otro lado de las sierras, en los llanos, gusta mucho el **joropo** interpretado con el uso del arpa en vez de la guitarra. La música del **vallenato,** música campestre con raíces hispánicas, se ha difundido en el norte de Colombia. Al sur, en cambio, han tenido buena acogida el pasillo y los tristes sanjuanitos ecuatorianos.

En Chile es popularísima la **cueca** alegre, composición musical mestiza parecida a la **zamacueca** peruana y a la zamba argentina, y como éstas, también bailable. Al pueblo paraguayo le encanta la polca y las canciones parecidas a las mexicanas, interpretadas con la ayuda del arpa. La música del Uruguay está emparentada con las melodías porteñas (de Buenos Aires), aunque en el interior también se oye la música mestiza semejante a la del Noroeste argentino.

En las últimas décadas se ha difundido en Latinoamérica la música revolucionaria que expresa la convulsa realidad social. En ella el interés en la

Courtesy of Dominican Republic Ministry of Tourism

Unos dominicanos bailan el merengue frente al Alcázar de Colón en Santo Domingo.

lucha popular predomina sobre lo estético. Junta a la política y el arte con la premisa de que no hay arte sin ideología. Ha producido cantatas en favor de la paz, poemas sinfónicos al trabajador en la fábrica, himnos y marchas revolucionarios, canciones de lucha para los obreros en huelga, composiciones para celebrar la memoria de guerrilleros como el Che Guevara y Camilo Torres, y, sobre todo, canciones-protesta. Apristas, comunistas, tupamaros, montoneros, sandinistas y otros revolucionarios tienen sus compositores y cantantes. Como para ellos la música debe utilizar sus conquistas para corregir la alienación del hombre, convierten su guitarra, mandolina o cualquier instrumento musical popular en arma de batalla. En el Perú se popularizaron piezas como «La Marsellesa Aprista», «Marcha de los Búfalos», «Marcha Aprista», «Marcha a los Caídos»; en Chile, las canciones politizadas de Violeta Parra y Víctor Jara; en la Argentina, las interpretaciones de Atahualpa Yupanqui y Mercedes Sosa; y en el Brasil, la música rebelde de Geraldo Vandré, de Chico Buarque de Holanda. Finalmente debemos reconocer las contribuciones de la Nueva Trova Cubana y de Soledad Braco (venezolana nacida en España) a la Nueva Canción latinoamericana.

En las dos últimas décadas del siglo XX se popularizó entre los jóvenes latinoamericanos, especialmente los caribeños, un estilo de música popular: el *reguetón* o reggaeton. Para algunos se originó en Puerto Rico; para otros, en Panamá. Aunque el nombre provino del Reggae, música difundida en Jamaica en los años 1970. La letra del reguetón era simple y rica en modismos populares. Esta música fue muy criticada por su machismo y por bailarse sensualmente. En el primer decenio del siglo XXI tuvo mucho éxito en el mundo musical popular de Latinoamérica Shakira Isabel Mebarak Ripoll (nacida en Baranquilla, Colombia en 1977), conocida por su primer nombre de pila: Shakira (que significa "mujer llena de gracia" en árabe y "diosa de la luz" en hindi). Esta cantante y compositora colombiana de rock en español y pop latino ha sido también aclamada en Norteamérica y Europa.

19.9 Resumen

I. **La música precolombina**
   A. Fuentes: frescos aztecas y mayas; cerámica sudamericana
   B. Instrumentos: de percusión y de viento; ausencia de los de cuerda

II. **La música en Hispanoamérica colonial**
   A. Inicial intento español de extirpación de la música precolombina
   B. Fundación en Texcoco de un centro musical para los indígenas (1524)
   C. En 1556 en México se imprime libro con música, el primero de América
   D. Música polifónica de iglesias, conventos, monasterios y misiones
   E. La música secular experimenta en Iberoamérica profundas modificaciones
   F. En el siglo XVII la música criolla tiene sus propias características

G. La primera ópera representada en las Américas: en Lima en 1701

H. La Orquesta Sinfónica de Caracas (1750): primera en el Nuevo Mundo

I. Boves fusila 30 músicos en Caracas a principios del siglo XIX

III. **La música en el Brasil**

A. Influencia africana e indígena en la tradición musical portuguesa

B. Protección gubernamental y la influencia italiana en el siglo XIX

C. Gomes (1836–96): el compositor latinoamericano más importante del siglo XIX

D. Nacionalismo musical finisecular y de la primera mitad del siglo XX:

1. Alberto Nepomuceno (1864–1920), «Padre del nacionalismo musical»

2. Héitor Villa-Lobos (1887–1959) y su fama mundial:

   a. Da universalidad estética a la música folklórica

   b. Escribe más de 700 composiciones en casi todos los géneros

   c. Elementos folklóricos en sus *Bachianas brasileiras*

E. El antifolklorismo universalista en la *Octava sinfonía* de C. Santoro

F. La música popular: la *samba,* la bossa nova y el Carnaval de Río

IV. **La música afrocubana**

A. Amalgama creativa de melodías españolas y africanas

B. El ritual, la pompa y la música de la Iglesia atraen a los negros

C. Desde el siglo XVI la mayoría de los músicos son de sangre africana

D. La contradanza derivada de la *contradance* y la *country dance*:

1. Difusión en México (danza habanera) y España (americana)

2. Juan Morel Campos (1857–96) la propaga en Puerto Rico

3. Otorga cadencia sensual al tango argentino en formación

4. «La Paloma» de S. Iradier y la «Habanera» en *Carmen* de Bizet

5. Ritmos afro-andaluces: danzón, son, rumba, chachachá y mambo

E. A. Roldán (1900–39), director de la Orquesta Sinfónica de La Habana

F. Ernesto Lecuona (1896–1963): «Siboney», «La Comparsa» y «Malagueña»

V. **La música en el México republicano**

A. El antiespañolismo del siglo XIX populariza la música no hispánica

B. Aparición de los mariachis durante el afrancesamiento de Maximiliano

C. Difusión del nacionalismo folklórico durante la Revolución mexicana

1. Manuel Ponce (1886–1948) compone más de cien canciones populares

2. Politonalidad y disonancia en Silvestre Revueltas (1899–1940)

3. Carlos Chávez (1899–1978) y su *Sinfonía india* (1935–36)

VI. **La música de los herederos del Incanato**

A. Música india (huaynos, yaravíes, sanjuanito) con influencia española

B. Música criolla (marinera, zamacueca, vals criollo) de influencia indígena

VII. **La música en la Argentina**
A. Ritmos mestizos del Noroeste y de los bailes gauchescos
B. Difusión regional del gato y universal del tango
C. Alberto Ginastera (1906–83) y sus óperas indolatina (*Cantata para América Mágica* [1960] e internacionales (*Don Rodrigo* [1966] y *Bomarzo* [1967])
D. Antifolklorismo de J. J. Castro (1895–1968) y J. C. Paz (n. 1897)

VIII. **La música en otros países latinoamericanos**
A. Predominio de la música mestiza: afroantillana o hispanoindia
B. Joropo venezolano, bambuco colombiano y pasillos ecuatorianos
C. Cueca chilena, polca y arpa paraguayas y marimba guatemalteca
D. Supremacía de la guitarra en toda Latinoamérica

19.10 Cuestionario y temas de conversación

Cuestionario

1. ¿Por qué al principio los conquistadores destruyeron la música indígena?
2. ¿Qué significado histórico tiene «El son de la Má Teodora»?
3. ¿Cuáles fueron los principales centros musicales durante la Colonia?
4. ¿Qué importancia tuvo la música en Venezuela durante el siglo XVIII?
5. ¿Qué características fundamentales tiene la música brasileña?
6. ¿Por qué fue Villa-Lobos un destacado compositor del siglo XX?
7. ¿Cómo se explica la importancia del elemento africano en la música cubana?
8. ¿Por qué se difundió la ópera en la Latinoamérica del siglo XIX?
9. ¿Quiénes son los grandes compositores hispanoamericanos de este siglo?
10. ¿A qué se le llama música indígena en el Perú de hoy?

Temas de conversación

1. Detalle las características sobresalientes de la música precolombina.
2. Describa la relación entre la Iglesia y el desarrollo de la música durante la colonia.
3. Explique la importancia de la contradanza en el desarrollo de la música latinoamericana.
4. Describa la influencia mundial de la música latinoamericana.
5. Explique la importancia histórica de la música hispanoamericana.
6. Contraste dos corrientes de la música en Latinoamérica colonial.
7. Escoja dos grandes músicos cubanos y explique por qué los prefiere.
8. Compare la música peruana con la mexicana.
9. Contraste la música de la Revolución Mexicana con la música de hoy.
10. Evalúe la contribución musical de Héitor Villa-Lobos.

Cronología comparada

1850–1950 Once millones de europeos emigran a Latinoamérica

1950–2006 Veintiún millones de latinoamericanos emigran al exterior: (90% a EE.UU., 9% a Europa, 1% a Asia y Australia)

2000 El censo de EE.UU. registra 257 000 ecuatorianos (64,3% en NY)

2001 Centenares de latinoamericanos mueren en EE.UU. el 9/11, aniversario del derrocamiento en 1973 de Salvador Allende por Augusto Pinochet, quien, como Osama Bin Laden, era anticomunista

2003 390 mil inmigrantes ecuatorianos en España, la colonia extranjera más numerosa

2006 Latinoamérica recibe anualmente 32 mil millones de dólares de sus ciudadanos en el exterior

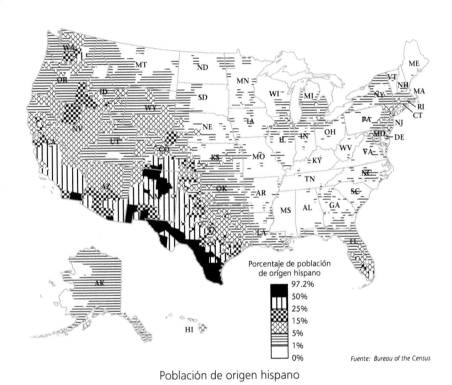

Porcentaje de población de orígen hispano

- 97.2%
- 50%
- 25%
- 15%
- 5%
- 1%
- 0%

Fuente: Bureau of the Census

Población de origen hispano

Estados Unidos
- Población: 272 300 000
- Población de latinos en Estados Unidos: 27 230 000 (10%)
- 64,2% de origen mexicano
- 14,5% de América Central o Sudamérica
- 10,5% de Puerto Rico
- 4,8% de Cuba
- 6,0% del resto del mundo latino

Feminismo en Latinoamérica e hispanos en EE.UU.

Vocabulario autóctono y nuevo

- indo-afro-latinoamericana
- cabildo
- jitanjáfora

- chicano
- pan-latinoamericanismo

20.1 Interpretaciones y críticas recientes

En los capítulos anteriores hemos visto cómo, conforme se aflojan los eslabones de la dependencia, mejora la originalidad de la civilización latinoamericana. Algunos capítulos han mostrado cómo la cultura de los dominadores ha sido por mucho tiempo hegemónica y por qué paulatinamente es reemplazada por una nueva cultura latinoamericana, cuyas manifestaciones indigenistas, africanas y occidentales adaptadas se evidencian en la literatura, las artes plásticas y la música. En otras partes de este libro se ha visto que en los países tradicionalmente más dependientes se ha desarrollado un panorama multicultural. Ya hemos observado en nuestro Prefacio que la cultura latinoamericana es un arco iris de los siete colores de las etnias [*ethnic, racial groups*] coexistentes en esta nación continental **indo-afro-latinoamericana** (española, lusitana, indígena, indoibérica, afroamericana y mestiza), por ende, es necesario explicar la relativa unidad en la multiplicidad y la manera en que las relaciones de dominación y conflicto interraciales han creado la interdependencia. Por supuesto, en ninguna sociedad multicultural existen aisladamente los diversos elementos. La dinámica histórica y social los vincula y obliga a influirse mutuamente hasta confluir y comenzar a integrarse en distintos grados,

Para enriquecer tus estudios, ve nuestros recursos suplementarios en línea a
www.cengage.com/spanish/latinoamerica

Películas, videos y otros materiales audiovisuals: vea nuestras
sugerencias en la página 367.

conforme lo permiten las barreras económicas y políticas. Las relaciones estructurales se jerarquizan [*are arranged in order of importance*] en proporción directa a los niveles de dominación. En América Latina el orden estructural no ha emergido de modo sistemático. La estructura la condicionan los desafíos históricos y ambientales. Es evidente que en algunos rincones aislados de Latinoamérica las condiciones semifeudales han mantenido la pirámide racial. Pero aun en esos lugares las tendencias ancestrales y las condiciones especiales favorecen la mutua modificación cultural y generan cierta homogeneidad en la heterogeneidad de los núcleos subordinados y a la vez competidores y convergentes.

20.2 Desafíos a la nueva cultura latinoamericana

El latinoamericano ha tenido experiencias históricas únicas que han afectado sus acumulados rasgos culturales. Frente al desafío histórico y ecológico, ha respondido creando una cultura que ya no es ni occidental, ni indígena, ni africana sino una mezcla de ellas en diversos estados de armonía, según las regiones y conforme a sus estadios [*stages*] de desarrollo. Tuvo razón Bolívar al afirmar en el Congreso de Angostura (1819) que los iberoamericanos son una raza nueva, compuesta de blancos, mestizos, indios y negros, diferente de sus antepasados precolombinos por ser hombres y mujeres nuevos con personalidad, pensar, sentir y reaccionar propios. No es menos cierto que todavía hay criollos inadaptados a su circunstancia, divorciados de su realidad, cuyo conflicto cultural no les permite sentirse latinoamericanos ni occidentales, al creerse superiores a aquéllos e inferiores a éstos. Latinoamérica les parece poco y Europa les significa mucho; desprecian lo americano, pero resienten lo euronorteamericano. Estos seres frustrados sufren un gran vacío: cuando están en Latinoamérica sueñan con Europa o Norteamérica, y cuando se encuentran en estas dos áreas del mundo occidental, anhelan retornar al terruño atormentador. Los amerindios y afroamericanos, por su parte, han desarrollado claramente modos propios, menos dependientes de la cultura de los dominadores. Con todo, aparte de estas excepciones, la vasta mayoría de latinoamericanos, sobre todo de las grandes ciudades, han hecho suya y sienten la cultura latinoamericana y defienden sus variados matices, por encima de las distinciones étnicas.

A pesar de ser dominante, lo occidental no ha podido desintegrar completamente las culturas amerindias al intentar destruir las estructuras sociopolíticas precolombinas. Resultante de este fenómeno ha sido la emergencia de desafíos culturales con su secuela de competencia en algunas áreas rurales pero de integración en los centros urbanos, en los cuales se han arraigado mejor el nacionalismo, la armonía y el deseo de revitalizar el latinoamericanismo. En este contexto, la ideología nacionalista emerge como respuesta a la dependencia. Es una actitud defensiva del patrimonio ecológico y cultural. Los pueblos coloniales y semicoloniales aspiran al reconocimiento de su personalidad y de sus derechos a la autonomía, pero en la fragmentada Latinoamérica contemporánea, el nacionalismo estrecho, de patria chica, a veces se contrapone al nacionalismo continental y dificulta el establecimiento de los Estados Unidos de Latinoamérica soñados por Bolívar, San Martín, Martí, Haya de la Torre y otros grandes prohombres. Los intentos de integración centroamericana, gran colombiana y peruano-boliviana, los esfuerzos por establecer mercados comunes en el Caribe, Centro y Suramérica, así como la fundación de la Corte Interamericana de Derechos Humanos y el Parlamento Latinoamericano son manifestaciones del deseo latente de unificación continental.

En la presente encrucijada [*juncture*] histórica, cuando el proceso de integración cultural se acelera por doquier [*everywhere*], surge un nuevo desafío. La dependencia económica y política está obligando al latinoamericano a enfrentarse con la cultura euronorteamericana difundida insistentemente mediante nuevas tecnologías de comunicación masiva y globalización. Quizás de este choque cultural, repetido paralelamente en otras áreas del tercer mundo, surja, a la larga, la cultura universal, mundial, ideal, soñada por los nuevos buscadores del futuro paraíso.

20.3 Los nuevos amerindios

La actual cultura indígena de la mayor parte de Mesoamérica y la región andina es una amalgama [*blending*] de elementos precolombinos modificados por lo hispánico durante los cinco siglos de contacto mutuo. Ello significa que así como la cultura latinoamericana es mestiza con tronco español-lusitano, la que actualmente se conoce como cultura indígena es también, hasta cierto punto, mestiza, con tronco precolombino. Al estudiar la música, vimos claramente un ejemplo de los cambios: lo que hoy se llama música india no es sino música mestiza con fuerte base indígena.

Quienes ven conflicto intercultural en Indoamérica no se percatan [*realize*] de que en ese choque no se contraponen lo occidental a lo indígena o a lo africano sino a sus productos mutuamente modificados en contacto en el curso de los siglos. Actualmente en los países amerindios se está llevando a cabo un proceso de mestizaje cultural acelerado, mediante el cual ciertas capas de la población aborigen campesina se intercambian elementos indígenas tradicionales por elementos del mestizaje urbano, elaborando una subcultura de transición diferente de las dos culturas en contacto. El nuevo estado cultural les permite cambiar significativamente de ocupación, vestimenta [*clothing*], lenguaje y educación. Si antes eran principalmente agricultores, ahora el nuevo amestizado cultural asume una variedad de ocupaciones laborales, artesanales, comerciales y electromagnéticas que no practicaba antes. Su vestimenta también cambia: abandona las prendas consideradas típicamente nativas —en realidad españolas de los siglos XVI y XVII— para adoptar, a su manera, la ropa occidental adaptada a las ciudades latinoamericanas. El lenguaje se modifica: emplea en la calle un castellano influido por la lengua vernácula, mientras que en casa o durante los intensos estados emocionales recurre a la lengua amerindia. La escolaridad [*schooling*]—especialmente la de sus hijos—aumenta: deja de ser analfabeta para convertirse en semianalfabeta y a veces adquiere algunos años de educación básica.

En la actualidad se calcula que la población indígena de América Latina varía entre los veinte y cuarenta millones, dependiendo de quiénes admitan ser indios y, sobre todo, de quiénes los censen [*register them*]. De todas maneras, cualesquiera que sean las formas de conteo [*counting*], los sociólogos reconocen el promedio indígena entre el 5 y 10% de la actual población latinoamericana. Porcentajes más altos residen en México, Guatemala, Ecuador, Perú y Bolivia. En los demás países los porcentajes varían. Sin embargo, la población indígena en general está disminuyendo proporcionalmente aun en los llamados países indios. En éstos, antes constituían mayoría, pero hoy, con el incremento del mestizaje, el porcentaje de los amerindios ha bajado. En otras repúblicas esa disminución es aún más acelerada. En Argentina, por ejemplo, que, como hemos visto, hoy es predominantemente de origen europeo; en vísperas de su independencia, en 1810, los indígenas representaban el 20% de la población total de las provincias rebeldes del Río de la Plata, es decir cien mil del total de medio millón de habitantes de entonces. El fenómeno de la aculturación o transculturación tanto como el de la mezcla de razas tienen que ver mucho con este decrecimiento. Se usa el anglicismo aculturación para nombrar al proceso de adaptación a una cultura o de absorción de los módulos culturales de una sociedad más desarrollada. La mezcla de razas puede ser voluntaria o impuesta: expresión libre o instrumento para el exterminio de una etnia.

20.4 Deculturación africana y aportes afroamericanos

El cubano Fernando Ortiz (1881–1969) denominó "transculturación" a la sustitución de las propias formas culturales por otras. Por su lado, el historiador cubano Manuel Moreno Fraginals (1920–2001) llamó deculturación al proceso consciente mediante el cual, con fines de explotación económica, se efectúa el desarraigo de la cultura de un grupo humano abusado laboralmente. Este proceso, inherente a las formas de explotación colonial y neocolonial, es aplicado como herramienta de hegemonía para facilitar la extracción de las riquezas naturales. Así, en las plantaciones de América, sobre todo en el Caribe y Brasil, la deculturación fue la etapa previa a la transculturación y a la transmisión y difusión de los aportes africanos a la cultura general de la sociedad latinoamericana.

Solamente teniendo en cuenta las referencias documentales existentes, entre los años 1518 y 1873 llegaron al Nuevo Mundo nueve millones y medio de negros africanos. Aproximadamente el 90% de ellos arribaron al

Brasil, al Caribe y al sur de Norteamérica, poco después de que muchos de sus hermanos perecieran [perished] en la forzada travesía. La literatura sobre la esclavitud negra demuestra la crueldad de los amos y establece distinciones entre el comportamiento de los patrones españoles, portugueses, criollos, ingleses, franceses y mestizos. En realidad, el tratamiento recibido por el esclavo fue una consecuencia económica. Al amo sólo le interesaba la productividad de la mercancía humana, el precio del producto de su trabajo, la plusvalía[1]. Después de desembarcados en el Nuevo Mundo, la mayoría de los africanos fueron conducidos a zonas deshabitadas, donde inmediatamente se los puso a trabajar en la agricultura o en la minería. En las plantaciones, los amos impidieron que entre los esclavos emergiera el sentido gregario, la cohesión social y la solidaridad. Se usó el proceso de deculturación como recurso maquiavélico para impedir la cohesión y la identidad. Se concentró a los esclavos mezclando los de diferentes tribus, regiones de África, idiomas, dialectos, religiones, pero con mutuos sentimientos hostiles. Los odios entre los grupos étnicos [*between or among ethnic groups*] fueron estimulados para obstaculizar la formación de una conciencia de clase. En cambio, en ciertas zonas urbanas, como las cubanas, por ejemplo, el gobierno colonial auspició y legalizó la constitución de «**cabildos**», donde se agrupaban esclavos de una misma tribu o nación africana, pero siempre asegurándose de que ningún «cabildo» fuese suficientemente fuerte o numeroso que opacase a los demás.

En las plantaciones y minas la diversidad de subculturas africanas desencadenó conflictos y acercamientos entre las etnias que desembocaron en la transculturación interafricana y en el lento e inconsciente proceso de aculturación. Ayudó al proceso de tránsito cultural la edad de los esclavos traídos a América. Hasta 1830 se importaban jóvenes de 15 a 20 años, pero a partir de ese año se trajeron esclavos de 9 a 12 años. La juventud aseguraba estadísticamente la vida del esclavo durante el tiempo necesario para adiestrarlo a incrementar la productividad. Desde 1830, frente a la posible paralización del tráfico de esclavos por la amenaza de Inglaterra que ya no los necesitaba, las plantaciones y minas iniciaron la masiva importación de niños y mujeres como último recurso para la supervivencia del sistema esclavista amenazado por la industrialización británica. La poca edad de los africanos importados facilitó los procesos de deculturación y aculturación. Al cumplir la edad de 38 años, el esclavo había vivido más tiempo en Latinoamérica que en África. La norma importadora hasta principios del siglo XIX fue traer un bajísimo porcentaje de mujeres. En el criterio de los patrones, ellas eran de poca productividad y tenían bajísima fecundidad a consecuencia del régimen de trabajo. Además, la mortalidad infantil entre los esclavos de las plantaciones era altísima. Sólo el 10% de ellos llegaba a la

---

[1] *Plusvalía* es un término económico que expresa el acrecentamiento del valor de una cosa por causas extrínsecas a ella.

edad madura. La pronunciada desproporción de hombres y mujeres originó una tensión que se expresó en una multiplicidad de formas: bailes, cantos, juegos, relatos. Tras su participación masiva en las guerras de la independencia y sobre todo después de su emancipación en el siglo XIX, el negro libre continuó contribuyendo al arco iris cultural latinoamericano.

Aunque el interés en los aportes africanos comenzó en los albores del siglo XX, como el mostrado por Fernando Ortiz, sólo a partir de la década de 1920 se desarrolló una literatura negra y otra vertiente negrista, ambas estimuladas por las corrientes vanguardistas, cuando la curiosidad francesa por lo exótico puso de moda lo negro. El movimiento se extendió principalmente en los países caribeños, pero también en Ecuador, Perú y Uruguay. Cuando en los años 1930 y 1940 la poesía afroantillana consiguió resonantes triunfos, entonces con más claridad se distinguieron dos vertientes. La poesía negrista objetiva, retrata al afroamericano con interés satírico y humorístico, como una cámara fotográfica, sin penetrar en su drama. Los mejores cultivadores del género fueron el puertorriqueño Luis Palés Matos y los cubanos Emilio Ballagas, José Zacarías Tallet y Ramón Guirao. La poesía negra subjetiva expresa el sentir y el pensar del afroamericano. Percibe su angustia, su dolor, su condición social disminuida: la tragedia afroamericana derivada de su posición económica inferior. La distinción está, en realidad, en el fondo porque ambas corrientes utilizan la misma temática. Emplean el mismo pasado histórico, examinan los anhelos, usan los cantos guerreros ancestrales, las leyendas del origen mítico del universo, el folklore afroamericano. Sus recursos literarios son la **jitanjáfora**,[2] los sonidos onomatopéyicos, las alusiones a las diferentes partes de la anatomía humana. La verdadera distinción tal vez esté en el deseo implícito en la poesía negra de interpretar la protesta de la raza antiguamente oprimida y expresar su deseo de redención porque siente como propia la tragedia colectiva. Los mejores cultivadores de esta vena fueron el cubano Nicolás Guillén y el dominicano Manuel del Cabral.

Nicolás Guillén (1902–89), escritor cubano, uno de los mejores autores de poesía negra. Sus poemas están cargados de fuerte contenido social.

[2] *jitanjáfora* is a meaningless poetic word created by the writer to add musical cadence to the Latin American Negro poetry

En la actualidad el afro-latinoamericano más que el amerindio se encuentra más integrado a la civilización latinoamericana. El negro y el mulato en sus diversos grados de mezcla son hoy mestizos culturales que han contribuido mucho a la literatura, la música, la danza y las artes plásticas de Brasil, Cuba, República Dominicana, Puerto Rico, Venezuela y Panamá. Como culturalmente hablando, ya no hay población negra sino mulata, todavía en muchas partes de Latinoamérica se exagera la verdad, como cuando se repite la observación de 1708, que Brasil es un infierno para los negros, purgatorio para los blancos y paraíso para los mulatos.

20.5 La presencia asiática en Latinoamérica

La inmigración asiática del Lejano Oriente a América Latina ha llegado principalmente de China y Japón. Las relaciones sino-latinoamericanas comenzaron en 1565. Desde ese año hasta el principios del siglo XIX, buen número de sangleyes (chinos filipinos, comerciantes viajeros) sirvieron de tripulantes en los galeones de Manila y se establecieron en las colonias hispanoamericanas, como lo confirman estos datos: a) el censo de 1613 reveló que en Lima residían 38 de ellos; b) el mexicano Carlos de Sigüenza y Góngora (1645–1700) incluyó a dos sangleyes entre los personajes de los *Infortunios de Alonso Ramírez;* c) a fines del siglo XVII, Humboldt vio a varios de ellos en México y Cuba. Durante este período histórico el vocablo chino *cha* (dialecto pekinés) y *te* (dialecto de Amoy) pasaron al portugués y al castellano como *cha* y «té» respectivamente; también se difundieron las palabras «chino», «china» (con diversos significados), «chinela» (zapatilla), «tifón», y «china poblana» como nombre del vestido típico de México. Por el interés en el fomento del cultivo del té, a principios del siglo XIX Brasil fue el primer país latinoamericano de transportar de China campesinos chinos para que trabajaran en las plantaciones brasileñas. Desde entonces hasta hace algunas décadas la emigración china disminuyó.

En 1847, dos años después de la prohibición [*banning*] del tráfico de esclavos, los agricultores de Cuba importaron un cargamento de chinos engañados. El método furtivo en el contrato laboral, la altísima mortalidad en la travesía y las penosas condiciones se repitieron en el tráfico de culis [*coolies*] de China al Perú. Así comenzó el triste capítulo de ese negocio que violentó tanto al hombre como a la verdad histórica. Se calcula que entre 1847 y 1874, año de la supresión del tráfico, alrededor de medio millón de trabajadores chinos fueron embarcados con engaño [*trickery*] hacia Latinoamérica; de ellos solamente el 80% llegó a su destino; el resto fue lanzado al fondo del mar. El tráfico de trabajadores de la India, en donde parece que se originó el término culi (coolí o culí), continuó hacia las Antillas y las Guayanas hasta mucho después. Cuando comenzó la guerra por la independencia de Cuba en 1868 ya habían llegado a ese país más de cincuenta mil braceros [*farm hands*] chinos. Su sufrimiento en las plantaciones de caña de

Inscripción de bienvenida en una pared del Barrio Chino de La Habana alusiva [alluding] el centenario de la fundación de la Sociedad Min Chi Tang.

©Christian Schmidt/zefa/Corbis

azúcar contribuyó a que seis mil de ellos se unieran a los ejércitos revolucionarios. En La Habana todavía existe un monumento erigido en gratitud a esa participación; en él hay una mención alusiva a su heroicidad y al hecho de que en esas guerras no hubo traidores chinos.

De 1868 a 1873 la respuesta de los amos de las plantaciones fue importar más culis. Trajeron, según las estadísticas, 33 081 más. Cuando al fin se cumplieron las provisiones de la abolición de la trata [*trade*] de estos trabajadores en 1874, Cuba había recibido 126 000 braceros chinos.

Los primeros chinos en el Perú también fueron sangleyes que se establecieron en ese país desde la segunda mitad del siglo XVI. Su llegada se prolongó a lo largo de todo el período colonial y continuó a través de la ruta Manila-Acapulco-Panamá-Guayaquil-Paita-Callao. Entre los años 1849–1879, los patronos concesionarios del guano[3] realizaron el traslado de cerca de 100 000 culis. Trabajaron en las haciendas azucareras, algodoneras y arroceras, en la extracción del guano y en la construcción de ferrocarriles. El tratamiento inhumano que recibieron causó numerosas rebeliones sofocadas con crueldad sádica. Durante la Guerra del Pacífico se asesinó a centenares de chinos en Lima, en venganza por la ayuda prestada por los culis de Ica al ejército invasor chileno que perseguía a los crueles propietarios de las haciendas donde trabajaban. El pésimo tratamiento de la población china contribuyó a su disminución numérica. Al igual que en otras partes de Latinoamérica, la inmigración china al Perú ha tenido sus altibajos debido a las leyes discriminatorias adoptadas periódicamente por algunos de los gobiernos con diversos pretextos, a menudo burladas mediante el soborno, como lo hizo el dictador Manuel Odría de 1948 a 1956. Según datos publicados por *China Construye* (febrero de 1987), en 1982 había más de 230 000 ciudadanos chinos en Latinoamérica y desde entonces el número había crecido hasta llegar a 100 000 en Brasil, mientras que los chinos nacionalizados peruanos,

---

[3] *guano* sea-bird excrement used to prepare fertilizer

se acercaban a los 40 000, el doble que los nacionalizados en Panamá y el cuádruple que los de Ecuador, Argentina o Venezuela. Era evidente que esas cifras no incluían a los mestizos con antecesores chinos, cuyo número es mucho más alto. En febrero de 2005 el Embajador Óscar Múrtua de Romaña, días antes de ser nombrado Ministro de Relaciones Exteriores del Perú, afirmó que más de cuatro millones de peruanos descendían de ancestros chinos.

La inmigración china en México comenzó después del convenio firmado con China en 1899. De 1900 a 1930 los censos de población indicaron un aumento de 2660 a 18 965. La mitad de ellos se dedicaban al comercio y las mayores concentraciones residían en el norte del país. La discriminación racial, la rivalidad comercial y la corrupción política en México causaron una ola de abusos que obligaron a 10 000 chinos a abandonar el país de 1931 a 1934.

En la actualidad la población de origen chino en la América Latina se concentra principalmente en Perú, Brasil, Cuba y Panamá, y en menos proporción en México, Argentina, Ecuador, Chile, República Dominicana, Uruguay, Paraguay y en algunos países de Centroamérica. Laboran en casi todas las actividades y su contribución cultural ha sido importante. Se han destacado en la pintura el cubano Wifredo Lam (1902–82), uno de los mejores pintores latinoamericanos; en literatura, el cubano Regino Pedroso (1896–1983), el panameño Carlos Francisco Chang Marín (1922–) y el sino peruano Siu Kam Wen (1951–); en filosofía, los peruanos Pedro S. Zulen (1889–1925) y Víctor Li Carrillo (1929–89), ex decano de humanidades de la Universidad Bolívar de Caracas; en antropología, los peruanos Emilio Choy (1915–76) y Rosa Fung Pineda (1935–), ex directora del Museo de Arqueología y Etnología de la Universidad de San Marcos; en física, el astronauta costarricense Franklin R. Chang-Díaz (1950–), y en historia los sino peruanos Manuel Burga Díaz (1942–) y Albert Chan, S.J. (1915–2005).

Asimismo, descendientes de chinos han ocupado importantes posiciones en el gobierno, las fuerzas armadas, los deportes, la dirigencia gremial y hasta en las guerrillas. En el Perú, Víctor Joy Way fue Primer Ministro (1999), Presidente de Congreso (1996–97, 1998–99) y ministro de industria; Wilfredo Chau se desempeñó como ministro de trabajo; Luis Chang Reyes, como ministro de transporte, comunicaciones y vivienda, y Antonio Chang Escobedo como ministro de educación; Luis Chu Rubio y varios otros sino peruanos han servido de congresistas. En Panamá el coronel Guillermo Wong dirigió el servicio de inteligencia del ejército. Otros fueron elegidos al Senado de Cuba y a la Asamblea Constituyente, la Cámara de Diputados, el Senado y el Congreso del Perú. En el deporte peruano debe mencionarse a Edwin Vásquez, campeón mundial de tiro al blanco en los Juegos Olímpicos de 1947, a Edith Wong, subcampeona sudamericana de tenis en la década de 1960, y a Mónica Liyau, representante de su patria en competencias internacionales de ping pong. Entre los líderes laborales sino peruanos, destacaron Adalberto Fonkén, maestro de Víctor Raúl Haya de la Torre, y Chang Lofock, por largo tiempo dirigente del gremio de transportes en Lima. Dos jóvenes murieron peleando por sus creencias: el peruano Juan Chang Navarro, compañero del Che Guevara, y el guatemalteco Marco Antonio Yon Sosa. Otro revolucionario es el peruano Víctor Polay, fundador y jefe máximo del Movimiento Revolucionario Tupac Amaru, acusado de acciones guerrilleras contra el gobierno y contra Sendero Luminoso. Últimamente en el Perú han sobresalido Eduardo Chullén, en arquitectura, y Mónica Chang en la televisión.

La migración japonesa a Latinoamérica es más tardía. Comenzó con braceros contratados para las haciendas costeras del Perú en 1899 y del Brasil en 1908. Alrededor de 18 000 braceros llegaron al Perú entre 1899 y 1923. De 1924 a 1936 arribaron a las ciudades peruanas un número mayor. Históricamente el número de peruanos de origen chino ha sido más alto que los de origen nipón. A México los japoneses comenzaron a llegar en números significativos a partir de 1909. En 1910 ya había 2205 y en 1934, los inmigrantes japoneses sumaban 5360, el 90% de los cuales eran varones [males]. En Sudamérica, en cambio, el número de japoneses aumentó de 16 000 en 1913 a 201 000 en 1938, la mayoría de los cuales residía en el Brasil (170 165), en el Perú (21 503) y Argentina (6267), dedicados principalmente a la agricultura y al comercio. La población japonesa en el Brasil ha crecido significativamente del cuarto de millón en 1945, a 615 000 en 1968 y a un millón dos cientos mil en 1990, de los cuales 40% vive de la agricultura y produce el 94% del té del país. El 71% de nipones brasileños vive en São Paulo, el 12% en el vecino Estado de Paraná, y los demás en otras partes del país, especialmente en la zona franca de Manaos, dedicados a la industria. En el Brasil dos brasileños de origen japonés llegaron a ser Ministros de Estado y el pintor Manabu Mabe ha tenido éxito internacional. Durante la Segunda Guerra Mundial el Brasil no envió a ninguno de sus japoneses a los campos de concentración de Estados Unidos. El Perú, en cambio, remitió 1771, muchos de los cuales tenían hijos peruanos. En el período de posguerra, de 1951 a 1970, emigraron al Perú 765 japoneses, número inferior a los que llegaron al Brasil (56 341), al Paraguay (7754), a la Argentina (2141), a Bolivia (1971) y a la República Dominicana (1330). En 1956 se calculaba que en el Perú había 38 000 japoneses. Cuando Alberto Fujimori fue juramentado Presidente del Perú en 1990, en el país residían unos 70 000 peruanos descendientes de japoneses y ciudadanos del país del sol naciente.

La población japonesa, como la china, también se ha diversificado en sus ocupaciones y un mayor número de ellos recibe educación universitaria. Su contribución al desarrollo industrial, cultural y deportivo de los países en donde viven ha sido significativa. En el Perú, por ejemplo, se han destacado en diversas actividades. El arqueólogo Yoshitaro Amano al morir en 1982, cuarenta y dos años después de haber arribado al país, dejó la Fundación Museo Amano. La antropóloga Amelia Morimoto es autora de varios libros y de un estudio de la inmigración japonesa en el Perú. En la TV destacan Suzie Sato, Gonzalo Iwasaki y Julio Higashi. En la pintura han sobresalido Tilsa

Tsuchiya (1936–84), hija de una sino-peruana, y Venancio Shinki (n. 1932); en poesía, José Watanabe (1946–2007); Eduardo Tokeshi y Venancio Shinki; y en política, Alberto Fujimori, Presidente del Perú de 1990 a 2000; Daniel Hokama, ministro de energía y minas en 1998; Jaime Yoshiyama, ministro de la presidencia y tres veces presidente interino del país; Eduardo Yashimura, ex senador (1980–85) y ex viceministro de agricultura; Augusto Yamada Fukusaki, vice ministro de promoción social; y Samuel Matsuda, presidente de La Comisión de Descentralización del Congreso en 1998. También han destacado Joaquín Muruy, Manuel Kawashita y varios más. En el Perú, Alberto Fujimori se lo identifica como chino por la costumbre andina de llamar con ese nombre a los asiáticos, sean de origen chino, japonés o coreano.

20.6 La liberación femenina en Latinoamérica

Parecido a lo sucedido en las colonias inglesas del Continente, en Latino-américa colonial la mujer compartió con el hombre la dura vida de la época y contribuyó su cuota de sacrificio. La india, la negra y la mestiza tuvieron un papel más duro que la blanca porque además del prejuicio tradicional al sexo femenino, experimentaron la discriminación racial. La participación de la mujer en las guerras por la emancipación política no mejoró su suerte durante el primer siglo de vida de la primera independencia de los nuevos países. En ellos la mujer siguió recibiendo trato parecido al de sus hermanas en el resto del mundo, sometida al concepto machista de la sociedad. Flora Tristán (1803–44), hija de un peruano y una francesa, y abuela del pintor Paul Gauguin (1848–1903), dejó en *Peregrinaciones de una paria* (1838) un retrato de la sociedad peruana. Esta pionera del socialismo en Europa, en sus escritos posteriores resumió la posición de la mujer de su época al llamarla manceba [*mistress*] al servicio del hombre, proletaria del proleta-riado mismo, y como tal, explotada por la burguesía. Su simpatía se exten-dió a las mujeres de todo el mundo, excluidas de los análisis marxistas de entonces. Siguiendo su ejemplo, Marx y Engels entonces vieron en el *status* de la mujer la medida del progreso de la sociedad pero no explicaron cómo debía realizarse esa evaluación.

Desde fines del siglo pasado, el lento avance de la industrialización conmo-vió a la sociedad tradicional y minó gradualmente las bases de la discrimina-ción sexual. Desde entonces los censos indican la progresiva participación femenina en las fuerzas laborales mejor remuneradas y la disminución de su porcentaje en el servicio doméstico. El movimiento feminista desarrollado en Europa y Norteamérica se extendió a Latinoamérica con un poco de retraso y con menos intensidad. En 1930, por ejemplo, se reunió en La Habana la Pri-mera Conferencia de la Comisión Interamericana de Mujeres (CIM) para discutir la falta de derechos civiles y políticos de las latinoamericanas. Sólo en el Ecuador la mujer votaba en las elecciones nacionales desde 1929, nueve años después que en los Estados Unidos. La CIM obtuvo poco porque únicamente en la República Dominicana y por concesión táctica del presidente Rafael Leonidas Trujillo se le concedió el voto a la dominicana en 1942. Las chilenas lo consiguieron en 1949; las peruanas, en 1955; las colombianas, en 1957; las paraguayas, en 1961.

El desarrollo del movimiento agresivo de liberación femenina está dando buenos dividendos desde hace medio siglo, después que en Latinoamérica, más que en Europa y Norteamérica, por demasiado tiempo se cumplía la observación de Goethe: «La casa del hombre es el mundo, el mundo de la mujer es la casa». Prevalecía la interpretación masculina de la historia y del papel de los sexos. Más que en otras partes se aceptaba pasivamente la idea aristotélica de que «La mujer es hembra en virtud de cierta falta de cualidades». En el mundo tradicional masculino muchos concordaban [*agreed*] con Schopenhauer en que «La mujer es un animal de cabellos largos y de ideas cortas». Estos prejuicios dieron por resultado una tasa más alta de analfabetismo entre las mujeres. Su falta de educación formal sirve de pretexto para la discriminación, como cuando recibe menor remuneración por el mismo trabajo realizado por el hombre. Lo cierto es que la baja educación no es la causa sino el efecto de la discriminación. Afortunadamente, poco a poco en Latinoamérica se comienza a abandonar el viejo concepto de aceptar al hombre como la medida del cambio y a tener una visión machista del universo. Las últimas conquistas socioeconómicas ya comienzan a extenderse a la mujer.

En 1975 se reunió en la ciudad de México la Conferencia del Año Internacional de la Mujer para redactar un Plan de Acción Mundial para la Década de la Mujer de las NN.UU. (1976–1985). Allí se debatieron las ideas de la estadounidense Betty Friedan y de Domitila Barrios de Chungara, representante de las esposas de los mineros bolivianos. Durante los siguientes diez años en diferentes regiones circuló un buen número de publicaciones feministas, como *Fem* en México, *La Cacerola* en Uruguay, *Mujer y Sociedad* en Perú y *Enfoques de Mujer* en Paraguay. Desde 1985 se han instituido programas de

Victoria Ocampo (1891–1979), conocida escritora argentina, pertenecía a una rica familia porteña. En su casa se hospedaron el Príncipe de Gales y muchos grandes escritores de diferentes partes del mundo. Ella representaba a la mujer moderna que con su posición social, dinero e inteligencia se hizo respetar y aplaudir en el mundo hispanoamericano machista.

estudios feministas, como el Programa Interdisciplinario Estudios de la Mujer en el Colegio de México y en la Universidad Autónoma de Costa Rica. En febrero de 1993 el Programa Interdisciplinario de Estudios de Género de la Universidad de Costa Rica organizó el V Congreso Interdisciplinario Internacional de Mujeres, al cual asistieron dos mil representantes de organizaciones feministas del mundo. En sus sesiones se debatieron los temas vigentes del feminismo latinoamericano actual, incluyendo los de la mujer, el medio ambiente, la cuestión del género, el SIDA (*AIDS*) y los derechos humanos. Con posterioridad se han reunido encuentros feministas en Brasil (1985), México (1987), Argentina (1990) y El Salvador (2007), todos ellos muy concurridos. También en 1907 en Caracas, Venezuela, se realizó el XIV Congreso Internacional de la Federación Democrática Internacional de la Mujer, con la participación de delegaciones de damas de muchos países del mundo para buscar solueciones a problemas, como la violencia ingtrafamiliar. El evento se celebró del 7 al 15 de abril de 2007.

20.7 El cambiante papel de la Iglesia en América Latina

El papel sociológico de la Iglesia Católica en Latinoamérica comienza con la Conquista. Aunque el factor económico predominó en la colonización ibérica del Nuevo Mundo, la propagación del cristianismo le dio una justificación religiosa cual si fuera una nueva cruzada. Desde entonces la Iglesia asumió un papel descollante [*outstanding*] en la sociedad virreinal. Durante las primeras épocas del período republicano comenzó a debilitarse su poder. Las luchas entre liberales y conservadores minaron su posición privilegiada entre las élites gobernantes. En México la lucha anticlerical adquirió especial efervescencia, sobre todo, durante su Reforma (a mediados del siglo XIX) y durante las etapas bélicas [*pertaining to war*] y radical de la Revolución mexicana (1910–39). Al perder el poder económico, la Iglesia disminuyó considerablemente su influencia en México.

Tras la Segunda Guerra Mundial, la radicalización del bajo clero y de algunos altos prelados le dieron a la Iglesia una imagen reformista, algo revolucionaria, especialmente por la labor de la llamada teología de la liberación. Centenares de sacerdotes y religiosas se entregaron al servicio de las reivindicaciones populares. Las conferencias episcopales latinoamericanas (CELAM) reunidas en Medellín (1968) y Puebla, México (1979), con sus debates sobre el papel de la Iglesia en la transformación social, revelaron la magnitud de los cambios experimentados. Muchas manifestaciones de esa inquietud y virulencia del cambio pueden citarse: la prédica de Helder Cámara (1909–99), Arzobispo de Recife, Brasil; la reforma agraria instituida en Chile por el obispo de Talca; el apoyo al movimiento laboral cristiano, especialmente en Chile y en Argentina, y los fuertes vínculos con los partidos reformistas demócratas cristianos establecidos después de la segunda guerra mundial; la labor guerrillera del sacerdote colombiano Camilo Torres Restrepo (1929–66); y la participación del sacerdote-poeta Ernesto Cardenal (n. 1925) y del Padre Maryknoll Miguel D'Escoto (n. 1933), que fueron nombrados ministro de cultura y ministros de Relaciones Exteriores en el gobierno sandinista de Nicaragua. El papel progresista de sacerdotes y religiosas continuó, pese a las limitaciones impuestas por el Papa Juan Pablo II. En 1984 el Vaticano inició el «proyecto de restauración» y comenzó a reestructurar la Iglesia en Latinoamérica, particularmente en el Brasil, con el nombramiento de arzobispos y obispos conservadores, opuestos a la teología de la liberación, como lo había recomendado el Cardenal Ratzinger, desde 2005 Papa Benedicto XVI.

Para algunos estudiosos, el fervor cristiano en Latinoamérica es más aparente que real. Los indígenas mesoamericanos y andinos y los afroamericanos del Caribe y Brasil creen en una fusión sincrética del catolicismo con los cultos heredados de sus antepasados y practican un ritual bastante diferente al los blancos y mestizos de las clases medias. A esta cultura religiosa floreciente entre millones de latinoamericanos se le ha dado el nombre de «religiosidad popular» y «catolicismo popular». Los antropólogos la describen como expresión de fe de los sectores socioeconómicamente marginados que constituyen en casi todos los países la mayoría de la población. Este catolicismo popular coexiste con la religión oficial de la élite gobernante difundida por los sacerdotes tradicionales, protectores de las normas y prácticas ortodoxas. A veces las creencias y prácticas de la religiosidad popular nacen del esfuerzo del pueblo por interpretar a su manera las ideas abstractas del catolicismo oficial expresadas en términos y símbolos más familiares. Sus manifestaciones externas más visibles son las fiestas en honor de los santos patrones, los cultos en torno a los lugares donde se cree que la Virgen o un santo ha aparecido, los ritos funerales, las imágenes sagradas, el uso de símbolos religiosos (medallas, reliquias, hábitos, velas), la fundación de instituciones sociales como las hermandades y la aceptación de cargos especiales en las fiestas del pueblo. Por las condiciones inhumanas de explotación y el peso abrumador del diario sufrimiento en la lucha por el pan de cada día, las clases populares en Latinoamérica se han identificado más con Cristo crucificado y con la Virgen dolorosa que con Cristo resucitado. La nueva Iglesia Católica en general es muy comprensiva de la expresión de fe popular.

20.8 Los latinos (hispanos) en los Estados Unidos

A la mayoría de latinoamericanos y españoles les sorprende enterarse de que en los Estados Unidos reside una comunidad de origen hispánico de alrededor de cuarenta millones, constituyendo un conglomerado humano que ocupa el quinto lugar en el mundo hispanoparlante, después de México, España, Colombia y Argentina, y de que alrededor del año 2015 ocupará el segundo puesto. Su crecimiento cuantitativo es tan importante como su larga historia. Sus antepasados, como hemos visto en el capítulo 4, fueron los primeros europeos en llegar al territorio actual del país con la expedición de Ponce de León a la Florida (1513), donde medio siglo después otro español fundó San Agustín (1565), la ciudad más antigua de los Estados Unidos conocida hoy como Saint Augustine. Por décadas, identificados como «hispanos», hoy, especialmente los jóvenes, prefieren llamarse «latinos» de los Estados Unidos.

Para 1804 la población de Tucson y sus alrededores tenía más de mil habitantes mestizos, indígenas y españoles, dedicados al cultivo de maíz, trigo, frijoles, verduras, y a criar más de 7300 cabezas de ganado vacuno, caballar y lanar. El área siguió prosperando después de la independencia de México (1821) hasta la llegada de los angloamericanos, particularmente después de la llamada Compra de Gadsden de la región de Tucson (1854) para ser añadido al Territorio de Nuevo México cedido a Estados Unidos en 1848. En 1864 Arizona se convirtió en Territorio de los Estados Unidos, pero la ciudad de Tucson, el centro comercial más importante de la región no fue escogida como capital del Territorio porque la mayoría de sus habitantes eran de origen mexicano. Con el tiempo, las relaciones entre mexicanos y angloamericanos (anglos) mejoró y generó algunos matrimonios mixtos, mejoraron y generaron algunos matrimonios mixtos, especialmente durante los años de las décadas de 1860 y 1870. Mas, como los mexicano-estadounidenses retuvieron el dominio del comercio con la república mexicana, las cordiales relaciones con los anglos deterioraron a partir de 1880, cuando se extendió hasta Tucson el ferrocarril estadounidense. Entonces llegaron los inversionistas angloamericanos y se produjo un significativo cambio económico, demográfico y social. Desde esa época los nuevos empresarios del norte dominaron la minería, el comercio, la agricultura y la ganadería, cuyos abastecimientos importaban de otros Estados de la Unión y no de México. Irónicamente aumentaron los matrimonios entre estadounidenses y mexicanas, pero continuó la costumbre de excluir a los mexicanos de las reuniones sociales de las familias anglo norteamericanas. La población mexicana fue empujada a residir al sur del distrito comercial de Tucson y disminuyó considerablemente la presencia mexicana en los puestos gubernamentales al nivel distrital, regional y territorial. Para defenderse del prejuicio, los mexicano-estadounidenses organizaron la Alianza Hispano-Americana, el Club Mexicano, el Club Republicano, el Club Democrático y sociedades de ayuda mutua. Establecieron, asimismo, sus propios teatros y cines, y organizaron fiestas y actividades religiosas por separado.

Al terminar la Segunda Guerra Mundial en 1945, la población de origen hispánico en Estados Unidos ascendía a unos diez millones de habitantes, concentrada principalmente en Texas, California, Nuevo México y otros Estados del Oeste, donde vivían los descendientes de mexicanos, muchos de los cuales, por el fuerte prejuicio racial, reconocían sólo a sus antepasados españoles. Constituían el conglomerado hispanohablante más numeroso, seguidos de unos 100 000 puertorriqueños que también disfrutaban de la ciudadanía estadounidense, concedida durante la primera guerra mundial para reclutarlos en las fuerzas armadas. En los años de posguerra siguientes, llegaron a Estados Unidos centenares de miles de inmigrantes de Puerto Rico. El censo estadounidense de 2006 registró un total de dos millones y medio de puertorriqueños, la mitad de ellos viven en el área metropolitana de Nueva York, la ciudad puertorriqueña más grande del mundo. En las últimas décadas los puertorriqueños se han dispersado a otros Estados, especialmente a Nueva Jersey, Connecticut e Illinois. A los puertorriqueños les siguen numéricamente alrededor de un millón y medio de cubanos, concentrados principalmente en Miami, aunque también se han desplazado hacia otras ciudades de Florida, Nueva Jersey (West New York, Union City, Elizabeth), Georgia (Atlanta) y Pennsylvania (Filadelfia). Vienen después, los dominicanos, cuya diáspora de cerca de un millón los ha colocado en cuarto lugar. A ellos se suman centenares de miles de cada uno de los siguientes países: Colombia, El Salvador, Ecuador, Nicaragua, Perú y otras naciones centro y sudamericanas.

Se ha afirmado que antes de los años sesenta emigrar a Estados Unidos desde algunos países de Sudamérica era casi un privilegio de la clase media. Con posterioridad, la ola migratoria se incrementó, principalmente por la explosión demográfica, el deterioro económico, la inseguridad socioeconómica, acentuada en algunos países por el terrorismo y el rápido aumento de la delincuencia. Olas migratorias sucesivas, desde mediados del siglo pasado, pero especialmente después de las dos grandes guerras mundiales, han aumentado su número hasta la llegada de los indocumentados, que siguen la tradición de los peregrinos del Mayflower establecidos aquí sin permiso de los nativos.

La mayoría de los más de veinte millones de **chicanos** (mexicano-estadounidenses) vive principalmente en la parte de los Estados Unidos que pertenecía a México antes de 1848: California, Texas, Nuevo México, Arizona y Colorado. De los aproximadamente tres millones y medio de puertorriqueños, alrededor de un millón de ellos se han establecido en el área metropolitana de Nueva York, especialmente en El Barrio, donde se los conoce como neorriqueños. Los demás viven, como sus hermanos del mosaico hispánico, a lo ancho y largo de la Unión, especialmente en las grandes ciudades. Del millón tres cientos mil cubanos, la mitad reside en Miami y la cuarta parte en Nueva York y Nueva Jersey. De los ocho cientos mil dominicanos, la mayoría vive también en Nueva York, formando parte de los dos millones de hispanos de la gran ciudad.

El significado de la presencia iberoamericana en los Estados Unidos no es únicamente numérico. Aunque la fuerza de la aculturación es poderosa, los hispanos defienden su patrimonio cultural e identidad. Son enemigos poderosos la deculturación, la cultura de la pobreza y la cultura del temor en las que viven los indocumentados. De los millones establecidos legalmente en el país y con nacionalidad estadounidense, la mayoría defiende su manera de ser, apoya la enseñanza bilingüe y poco a poco va conquistando los derechos económicos y políticos. Veintenas de miles ejercen profesiones liberales, sobre todo en medicina y en pedagogía. Han fundado revistas, periódicos, emisoras de radio, estaciones de televisión, casas editoriales y agencias de publicidad. En 1973 se creó la Academia Norteamericana de la Lengua Española (ANLE), correspondiente de la Real Academia Española y miembro de la Asociación de Academias de la Lengua Española.

El español hablado por la comunidad hispánica en los Estados Unidos varía bastante de región en región, según su procedencia original. Se distinguen cuatro zonas: Sudoeste, Florida, Nordeste y Medioeste, cuyos rasgos diversos no son extraños al castellano general. En esas zonas hay tres niveles lingüísticos: el segmento minoritario que se expresa con la lengua normal tradicional, el segmento mayoritario que se expresa con léxico y morfosintaxis algo interferidos por el inglés, y el segmento de población cada vez más creciente, cuyos léxico y sintaxis sufren fuerte interferencia del inglés. El primer nivel se mantiene gracias en parte a la tradición cultural establecida desde el siglo pasado por escritores distinguidos, autores de importantes libros pertenecientes a la rica herencia del castellano culto universal. En 1826 se publicó en Filadelfia anónimamente *Jicoténcal*, la primera novela histórica escrita en castellano. Después escribieron y publicaron en Estados Unidos grandes escritores ahora pertenecientes a la historia universal de sus países de origen aunque su obra muestra la impronta [*mark*] del medio estadounidense. Esa rica producción artística forma casi una literatura aparte, como la paraguaya, la ecuatoriana y la de los demás países hispanoamericanos. Son sus autores José Martí, Eugenio María de Hostos, Pedro Henríquez Ureña, José Vasconcelos, Federico García Lorca, Pedro Salinas, Andrés Iduarte, Germán Arciniegas, Eugenio Florit, Enrique Anderson Imbert, sólo para mencionar a unos cuantos. A ellos se sumaron con su producción erudita Federico de Onís, Américo Castro, Tomás Navarro Tomás y tantos otros de larga residencia en la Unión (Ver 16.10). Es justo reconocer que las dos cadenas de televisión en castellano (Univisión y Telemundo), vistas por aproximadamente el 74% de la población hispanoparlante de la Unión, han contribuido a aumentar el sentimiento de identificación panhispánica, esforzándose en borrar las diferencias entre los hispanos procedentes de diferentes países al recalcar la cultura «latina» común. En parte gracias a ellas, hoy los nuevos inmigrantes saben más de Hispanoamérica que antes de arribar a los Estados Unidos. El **pan-latinoamericanismo** no se opone a su voluntad de integrarse a la vida estadounidense para poder disfrutar de lo mejor de los dos mundos.

20.9 Nuevos datos sobre los latinos en los Estados Unidos

El análisis de los datos recogidos por los últimos censos de los Estados Unidos aclara hechos ampliamente difundidos sobre sus 37 millones de hispanos censados en 2005: (1) la población de origen hispánico ha sobrepasado el

10% de la población total del país; (2) las cifras de los hispanos reconocidas por los censos oficiales es inferior a la cifra real; (3) en la última década los latinos han aumentado numéricamente siete veces más rápido que el resto de la población de Estados Unidos; (4) los ingresos anuales de los latinos sobrepasa los 35 000 millones de dólares. Fuentes no oficiales que complementan los datos incompletos proporcionados por los censos oficiales registran lo siguiente: (1) el 90% de la población hispánica está concentrada geográficamente en diez Estados, en ocho de los cuales sobrepasa ampliamente el 10% de la población total (38% en Nuevo México, 26% en California, 26% en Texas); (2) la población latina en los diez Estados donde están concentrados constituye más del 75% de los votos necesarios para decidir una elección presidencial del país.

El 12 de octubre de 1996 se llevó a cabo una manifestación de hispanos en Washington para utilizar la conmemoración de la llegada de Colón a las Américas con el fin de esgrimir la historia como arma contra la xenofobia escondida detrás de las leyes antimigratorias, inconstitucionales y violadoras de los derechos humanos auspiciadas por algunos políticos anglo norteamericanos. Las decenas de miles de participantes recordaron a los enviados por España a explorar las costas de los actuales Estados Unidos: (1) al veneciano Juan Caboto (progenitor de los Cabot de Boston), que en 1497, al servicio de Inglaterra, navegó por Labrador y Terranova; (2) a Juan Ponce de León, y (3) a Hernando de Soto. La Marcha a Washington obligó a muchos observadores de esta magno acontecimiento cívico a reconocer que el castellano es el primer idioma europeo hablado ininterrumpidamente en los Estados Unidos desde 1513, año en que Ponce de León exploró la Florida. Recordaron que durante los siglos XVI, XVII y XVII los españoles y sus descendientes latinoamericanos exploraron la mayor parte de los territorios que hoy forman los Estados Unidos, donde el español todavía es la lengua más hablada y estudiada después del inglés.

Los dirigentes de las organizaciones que desfilaron en Washington tuvieron en cuenta de que varias décadas antes de que los peregrinos ingleses llegaran a Norteamérica en el *Mayflower* en 1620, Pedro Menéndez de Avilés en 1565 fundó San Agustín, la primera ciudad europea en la actual Anglo América. En los dos siglos siguientes se establecieron en los Estados Unidos más de 1500 ciudades y misiones que todavía retienen sus nombres españoles. Estaban conscientes que desde 1849, año de la incorporación de casi la mitad del territorio de México, han llegado a esta gran nación inmigrantes del mundo hispánico, impulsados por razones espirituales, a cultivar el intelecto, a respirar el aire de libertad y, claro, en busca de mejores oportunidades para ganarse honradamente el pan de cada día, como lo han hecho tradicionalmente los inmigrantes de otras latitudes del mundo. La creciente población hispanohablante de los actuales Estados Unidos constituye la segunda minoría del país, en camino a convertirse en pocos quinquenios en la primera.

Hace poco la Asociación Nacional de Publicaciones Hispánicas informó que en la Unión Norteamericana se editan más de 350 periódicos y revistas en castellano. Sólo en el Estado de California se han fundado 45 semanarios en los últimos años, incluyendo *Estadio,* que se publica en Los Angeles y tiene una circulación de 40 000 ejemplares. El diario en castellano de mayor circulación (más de 110 000) es *La Opinión,* de Los Angeles. Le siguen en circulación *El Nuevo Herald* (de Miami), *El Diario-La Prensa* (de Nueva York) y el *Diario las Américas,* también de Miami. Todos estos diarios continúan aumentando su tiraje, gracias en parte a la nueva percepción que del mercado latino tienen las grandes corporaciones estadounidenses, las cuales anualmente aumentan su publicidad comercial en estas publicaciones. La publicidad dirigida al mercado hispanohablante sobrepasa los 600 millones de dólares anuales, invertidos principalmente en la televisión, prensa escrita y radial en español y en publicaciones periódicas bilingües (castellano-inglés). Hace unos años se fundó Hispanimedia L.P., la primera red nacional estadounidense de publicaciones bilingües en español e inglés.

20.10 Resumen

I. **Interpretaciones y críticas recientes**
   A. Teorías que vinculan cultura con luchas de clases y dependencia
   B. Hipótesis sobre la socialización de la producción cultural
   C. Arco iris indo-afro-latinoamericano forja el mestizaje cultural
   D. Relaciones estructurales jerarquizadas por los niveles de dominación

II. **Desafíos a la nueva cultura latinoamericana**
   A. Historia y ecología crean nueva cultura integrando diversos aportes
   B. La dependencia causa confrontación con la cultura euro norteamericana

III. **Los nuevos amerindios**
   A. Herencia indígena modificada durante tres siglos de predominio hispano
   B. Herencia europea transformada en largo contacto con otras culturas
   C. El mestizaje cultural, más evidente que el racial, crea nueva conciencia
   D. Las dos caras de la mezcla de razas: unión libre y exterminio étnico
   E. El nuevo indio es en realidad un mestizo cultural indoamericano

IV. **Deculturación africana y aportes afroamericanos**
   A. Deculturación antecesora de la transculturación y transmisión cultural
   B. Sólo al Brasil llegaron nueve millones y medio de esclavos de 1518 a 1873

C. Tras la emancipación se aceleró la difusión cultural negra en América

D. La integración del negro parece ser más rápida que la del indígena

E. Desarrollo de la poesía y música negras y la literatura negrista

V. **La presencia asiática en Latinoamérica**

A. Pocos sangleyes (filipinos chinos) en Hispanoamérica colonial

B. Obreros chinos engañados laboraron en las haciendas, guaneras, salitreras, ferrocarriles y el Canal de Panamá

C. 230 000 ciudadanos chinos radicados en Latinoamérica, orgullosos de los sino-latinoamericanos destacados como W. Lam, R. Pedroso, P. Zulen y F. Chang-Díaz

D. Latinoamericanos de origen japonés (1 millón en Brasil y decenas de miles en Perú, Bolivia, etc.) destacan en el gobierno y las artes

VI. **Liberación femenina en América Latina**

A. Labor feminista de Sor Juana, Flora Tristán y sus sucesoras actuales

B. Disminución del machismo y del prejuicio antifeminista

C. Considerable aumento femenino en las fuerzas laborales y guerrilleras

VII. **Cambiante papel de la Iglesia Católica en Latinoamérica**

A. Radicalización del bajo clero y algunos altos prelados desde 1960

B. Catolicismo popular y teología de la liberación entre los marginados

C. Reacción conservadora del Vaticano y reestructuración del alto clero

D. Mayor identificación con Cristo crucificado que con Cristo resucitado

VIII. **Los 40 millones de hispanos en Estados Unidos**

A. Quinto lugar después de México, España, Argentina y Colombia

B. Olas migratorias desde el siglo XVI

C. Distribución en millones: chicanos, 12; puertorriqueños, 3; cubanos, 2 (seguidos de centenares de miles de dominicanos y de otros países)

D. Imitando a los del Mayflower, millones de latinoamericanos llegan sin visa

E. Defensa de la identidad cultural, el castellano y el bilingüismo

F. La Academia de la Lengua y la prensa escrita, radial y televisiva

G. Rica producción artística y literaria desde el siglo XIX

20.11 Cuestionario y temas de conversación

Cuestionario

1. ¿Cuáles son algunas interpretaciones recientes de la cultura?

2. ¿Por qué se compara la cultura latinoamericana con el arco iris?

3. ¿Por qué dijo Bolívar que los iberoamericanos son una raza nueva?

4. ¿Cuáles son las causas fundamentales del nacionalismo latinoamericano?
5. ¿Cuáles son las características sobresalientes de la cultura indígena actual?
6. ¿Cuáles son los aportes afroamericanos a la cultura en Latinoamérica?
7. ¿Qué latinoamericanos de origen oriental se han destacado?
8. ¿Cómo ha cambiado el estado de la mujer en la sociedad latinoamericana?
9. ¿Qué prejuicios antifemeninos impiden la liberación de la mujer?
10. ¿Cómo ha cambiado el papel de la Iglesia Católica en Latinoamérica?

Temas de conversación

1. Resuma la historia de la integración cultural latinoamericana.
2. Explique la liberación femenina en Latinoamérica.
3. Discuta las raíces históricas de los choques culturales en Latinoamérica.
4. Comente sobre la población indígena actual en Indoamérica.
5. Sintetice la deculturación africana en las plantaciones.
6. Nombre los rasgos fundamentales de la integración cultural latinoamericana.
7. Compare la deculturación africana en las plantaciones del Brasil con la aculturación en las plantaciones en los EE.UU.
8. Comente sobre Flora Tristán y el estado de la mujer en la sociedad de su época.
9. Contraste el trato a los esclavos en Latinoamérica con el recibido por los esclavos en EE.UU.
10. Discuta la importancia del bilingüismo para los latinos estadounidenses.

Films, Videos & Other Audiovisual Materials

The author would like to recommend the use of films, Websites, and other audiovisual materials to supplement the adoption of this textbook, as they are rich sources of cultural information. Instructors who have adopted this text have used effectively in class audiovisual materials from different sources because the combination of image, sound, and language provided by the audio visual materials engage and stimulate students' senses and mind simultaneously, and assist them to develop their listening, reading, speaking, and writing skills.

The following abbreviations are used before the name of the film or video to indicate the source:

AZ = www.amazon.com

CG = The Cinema Guild, Inc.: 115 West 30th St, Suite 800, New York, NY 10001, Phone: (800) 723-5522, Fax: (212) 685-4717, E-mail: Info@CinemaGuild.com, Website: www.cinemaguild.com.

EN = Ediciones del Norte: P.O. Box 5130, Hanover, NH, 03755, Fax: (603) 542-1256. Website: www.nortebooks.com.

FA = Film Arobics, Inc.: 9 Birmingham Place, Vernon Hills, IL 60061-2103, Phone: (800) 832-2448, (847) 367-5667, Fax: (847) 367-5669, E-mail: Filmafilmarobics.com, Website: www.filmarobics.com

FH = Films for the Humanities & Sciences: P.O. Box 2053, Princeton, NJ 08543-2053, Phone: (800) 257-5126, Fax: (609) 671-0266, E-mail: custserv@filmsmediagroup.com, Website: www.films.com.

FR = First Run/Icarus Films: 32 Court St, 21st Floor, Brooklyn, NY 11201, Phone: (718) 488-8900, Fax: (718) 488-8642, E-mail: Mailroom@frif.com, Website: www.frif.com.

FV = Facets Video: 1517 W. Fullerton Ave., Chicago, IL 60614, Phone: (773) 287-9075, Fax: (773) 929-5437, E-mail: Sales@facets.org, Website: www.facets.org.

IMDb = The Internet Movie Database; an Amazon.com company. Website: www.imdb.com.

NYF = New Yorker Films: Phone: (212) 645-4600, Fax: (212) 645-3030, E-mail: info@newyorkerfilms.com, Website: www.newyorkerfilms.com.

NF = Netflix, www.Netflix.com

Chapter 1: FH: "Hispanic Americans: One or Many Cultures?"; FR: "La esperanza incierta"; FV: "The Buried Mirror," Program I (Eng. or Span.).

Chapter 2: FR: "Icemen of the Chimborazo"; FV: "Amazonia: Voices from the Rainforest" (Eng., 70 min.); FV: "The Buried Mirror," Program II (Eng. or Span.).

Chapter 3: IMDb: "Tales from the Latin American Indians" (English, 25 min.).

Chapter 4: FH: "Colón señaló el camino" (Span., 52 min.); "The Discovery of America" (Eng., 13 min.); "Conquest of Mexico and Peru" (Eng., 13 min); "A New World Is Born" (Eng., 13 min.); "The Conquest of Mexico" (Eng., 35 min.); IMDb: "La Conquista" (Eng. & Span., 55 min.); Films: John Glen's "Christopher Columbus, the Discovery" (1992); Roland Joffe's "The Mission," and Werner Herzog's "Aguirre, Wrath of God" (1972).

Chapter 5: FH: "El Camino Real" (20 min.); FV: "The Buried Mirror," Program III (Eng. or Span.).

Chapter 6: FH: "Sacerdotisas, sambistas y mulatas de Brasil" (Span. or Eng., 58 min.).

Chapter 7: FV: "The Buried Mirror," Program IV (Eng. or Span.).

Chapter 8: FH: "Simón Bolívar: The Great Liberator" (Eng., 58 min.); "Fray Servando Teresa de Mier"; FV: "The Buried Mirror," Program IV (Eng. or Span.).

Chapter 9: FR: "The Comrade: The Life of Luis Carlos Prestes"; "South: This Is Not Your Life"; AZ: "1950s Brazil People, Culture, Travel, & History" (DVD, 65 min.).

Chapter 10: CG: "Paraguay: The Forgotten Dictatorship" (Eng., 27 min.); FV: "Allá lejos y hace tiempo" (Span. & Eng., 91 min).

Chapter 11: CG: "The Music of the Devil" (Eng., 52 min.); FR: "The Battle of Chile"; "The New Battle of Chile: Keeping the Memory Alive"; "Chile, Obstinate Memory"; "Chile's Roots"; "My House Is on Fire;" "Bolivia: The Coca Leaf, Food of the Poor" (Eng. or Span.).

Chapter 12: CG: "Secuestro" (Span., 92 min.); FH: "Venezuela: Petroleum-Powered Economy" (30 min.); "Hugo Chávez" (DVD 54 min); "El Espectador, The Press and the Drug Lords" (58 min.); "Ecuador: The Indigenous Woman" (Eng. or Span.)

Chapter 13: FA & NF: "Like Water for Chocolate"; FH: "Chiapas: The Inside Story" (Span. & Eng., 40 min.); "Tradiciones navideñas" (Span., 56 min.)

Chapter 14: CG: "Sacred Earth" (Eng., 58 min.); FH: "Rigoberta Menchú: Broken Silence" (25 min.); FR: "Five Centuries Later"; "Winds of Memory"; FV: "Romero" (Eng. or dubbed into Span., 105 min.); FR: "Remembering Romero."

Chapter 15: AZ: "The Cuban People—The History and Culture of Cuba"; FH: "Cuba: Pictures from the Revolution" (DVD, 46 min); "The JFK Tapes: Inside the Cuban Missile Crisis" (20 min.); "The Cubans" (Eng., 52 min.); "Che Guevara" (DVD, 51 min); FV: "Dominican Republic, Cradle of the Americas" (Eng. or Span., 25 min.); CG: "Puerto Rico: Art and Identity" (Eng., 56 min.).

Chapter 16: FH: "Hernández: Martín Fierro" (Span., 60 min.); "Yo soy Pablo Neruda" (Eng., 28 min.); "The Inner World of Jorge Luis Borges" (Eng., 28 min.); "Gabriel García Márquez: La magia de lo real" (Eng. or Span., 60 min.); "Mario Vargas Llosa: In Love with Peru" (Span. or Eng. DVD, 30 min); "Roberto Fernández Retamar" (Span., 30 min.); "Augusto Roa Bastos" (Span., 30 min.); "Isabel Allende" (56 min.); FV: "Jorge Luis Borges: Borges and I" (Eng., 76 min.); EN: "Luis Rafael Sánchez with Gregory Rabassa" (DVD); "Juan Rulfo with Silvia Fuentes" (DVD); "Julio Cortázar with Saúl Sosnowski" (DVD); "Severo Sarduy with Roberto González Echevarría" (DVD).

Chapter 17: FH: "The Walls of Mexico: Art and Architecture" (56 min.); FV: "The Buried Mirror", Program IV (Eng. or Span.); "Art and Recreation" (Eng. and Span., 45 min.).

Chapter 18: FH: "El favor de los santos" (DVD, 57 min); FH: "Frida Kahlo: Portrait of an Artist" (Span., 28 min.); "Siqueiros" (Span., 56 min.); "Art and Revolution in Mexico" (Eng., 60 min).

Chapter 19: FH: "Corridos de la Revolución Mexicana" (Span., 56 min.); "New Audiences for Mexican Music" (30 min.); "Songs of the Gauchos" (60 min.); "Songs of the Argentine Provinces" (60 min.); "Songs of the Poor" (60 min.); "Brasil: Priestesses, Samba Dancers, and Mulattos of Brazil" (Eng. or Span.); FR: "South of the Border" (video or film); FV "Barroco" (Span. & Eng., 102 min.); FV: "Music of Latin America" (Eng., 20 min.); "Canciones de México"; IMDb: "Biography—Andy Garcia: Latin Rhythms & American Dreams" (Video in English).

Visit our iTunes Playlist at www.cengage.com/spanish/latinoamerica for music suggestions.

Chapter 20: NF: "Como agua para chocolate" (Span., 105 min.); NF: "Maria Full of Grace" (Span., 101 min.); CG: "A Quiet Revolution"; FA: "Con ganas de triunfar"; "El Norte." FH: "Biculturalism and Acculturation Among Latinos" (Eng., 28 min.); "Bilingualism: A True Advantage" (Eng., 28 min.); "Los españoles, hoy, en los EE.UU." (Span., 52 min.); "The Latino Family" (Eng., 28 min.); "Immigration: Promise and Hope for Generations" (29 min.); "Rigoberta Menchú: día sereno" (Span. & Eng., 30 min.); "The Changing Role of Hispanic Women" (Eng., 44 min.); FR: "Maya Voices: American Lives."

Vocabulario

This vocabulary omits, with a few exceptions:

1. The first 1000 most frequent words of the *Frequency Dictionary of Spanish Words,* by A. Juilland and E. Chang-Rodríguez (1964)
2. Easily recognizable cognates of English words
3. Terms from the **Vocabulario autóctono y nuevo** section whose definition is given in the body of the text
4. Adverbs ending in **-mente** when the corresponding adjective is included, unless there is a difference in meaning
5. Easily recognizable diminutives and superlatives without special meaning
6. Names of months and days of the week, cardinal and ordinal numbers
7. Verbal forms other than the infinitive, except when used as adjectives
8. Subject, demonstrative, and possessive pronouns and adjectives, except in cases of special use and meaning
9. Personal pronouns.

Gender of nouns has not been indicated in the following cases: masculine nouns ending in **-o**, feminine nouns ending in **-a, -ión, -d, -ie, -umbre**, nouns indicating feminine or masculine beings. Adjectives, including those ending in **-ón** and **–dor** are given in the masculine singular only.

The following abbreviations are used:

adj.	adjective	*m. & f.*	masculine and feminine
adv.	adverb	*math.*	mathematics
Am.	Spanish-American	*mil.*	military term
arch.	architecture	*mus.*	music
aug.	augmentative	*n.*	masculine noun whose
bot.	botanical		feminine ending is
coll.	colloquial		formed regularly
com.	commercial	*naut.*	nautical
conj.	conjunction	*p.*	person
e.g.	for example	*p.p.*	past participle
f.	feminine noun	*pl.*	plural
fig.	figurative	*prep.*	preposition
ger.	gerund	*pres.*	present
ind.	indicative mood	*pret.*	preterit indicative
indef. pron.	indefinite pronoun	*pron.*	pronoun
inf.	infinitive	*sing.*	singular
int.	interjection	*subj.*	subjunctive mood
irr.	irregular	*tr.*	translate
lit.	literally	*v.*	verb
m.	masculine noun	*var.*	variation

abanderado (*adj.*) standard-bearing; (*n.*) standard-bearer

abarcar to embrace; to cover

abastecer to supply

abatir to knock down; to shoot down; to discourage

abigarrado motley, variegated

abigeato cattle-stealing

abogacía law, legal profession

abogar por to advocate

abolir to revoke; to repeal; to abolish

abono fertilizer

abordar to approach; to accost; (*naut.*) to board; to dock

aborrecer to abhor; to detest

abrigar to shelter; to foster (*hopes and plans*)

abrumador crushing

abundar to abound

acabar to finish, to end

acaecer to happen, to occur

acalorado heated

acallar to silence; to quiet

acaparar to monopolize; to hoard

acariciar to caress; to cherish

acarrear to cause; to entail

acaso perhaps; **por si —** in case

acatamiento reverence; respect

acatar to hold in awe; to accept; to respect

acaudalado rich, wealthy; (*n.*) rich man

acaudillar to command

accidentado stormy; full of incidents

acechar to lie in ambush, to lurk; to spy on

acentuar to emphasize: **—se** to become marked

acerbo sour, bitter, harsh

acercamiento approach; drawing together

acero steel

acérrimo very bitter

acertar to hit the mark; to guess right; to succeed; **—a** + *inf.* to succeed in + *ger.*

acierto ability; success

aclamar to acclaim

acogedor inviting, welcoming

acoger to welcome

acometer to attack; to overcome suddenly

acometida attack, assault

acomodar to accommodate; to arrange; **—se** to comply, to adapt oneself

acontecimiento event, happening, incident

acordar to decide, to agree upon; to agree; **—se (de)** to remember

acorralar to corner

acosar to beset, to harass

acostumbrar to accustom; to be used to; **—se** to get accustomed

acre (*adj.*) acrid; severe; mordant; (*m.*) acre

acrecentar to increase

acribillar to riddle; to riddle with wounds; **— a balazos** to riddle with bullets

acriollarse to take on Spanish American ways

acta minutes; certificate

acuarela watercolor

acudir to resort; to be present; to attend

acuerdo accord; agreement; **de —** in accord; **de — con** in accord with, according to

acuñar to coin; to mint

adelantado *official leader of an expedition during the conquest of the New World*

adelanto advance, progress

ademán (*m.*) attitude; gesture, look, manner

además (*adv.*) besides; **— de** (*prep.*) in addition to

adentrarse to get into; to comprehend

adepto (*m. & f.*) follower

adiestramiento training

adiestrar to train, to instruct

adivinar to guess; to prophesy
adjudicar to adjudge (*to award*);
—**se** to appropriate
adoctrinar to indoctrinate
adolecer to suffer
adormecido dormant
aduana customhouse
aducir to adduce, to bring forward
adueñarse to take possession;
to become owner (*of something*)
adulón (*adj.*) fawning; (*n.*) gross
flatterer, bootlicker
advenedizo (*adj.*) foreign, upstart;
(*n.*) foreigner, newcomer
advenir to come, to arrive
advertir to notice; to point out;
to warn
adyacente adjacent
afán (*m.*) eagerness, zeal; anxiety
aferrar to seize; —**se a** to stick to
afianzamiento security; support
afianzar to guarantee; to grasp; —**se**
to steady oneself; to hold fast
afición fondness, liking
aficionado (*adj.*) fond; amateur;
(*n.*) fan, amateur
afilar to grind, to sharpen
afín near, similar; akin
afinar to refine, to polish;
(*mus.*) to tune
afincado resident
aflojar to loosen
aflorar to flower, to bloom
afluente (*m.*) tributary
afrancesado Frenchified; Francophile
afrancesamiento Gallicization,
conformance to French standards
afrentar to affront; to insult
afrontar to confront; to defy
agarrar to grasp, to seize; (*coll.*) to get
agasajar to entertain
agasajo party, treat
agazapado hidden
agobiar to weigh down; to oppress;
to bow
agotado exhausted; sold out

agotador exhausting
agotar to wear out, to use up;
—**se** to become exhausted
agradar to please, to be pleasing to
agradecer to thank, to show gratitude
agravar to aggravate; —**se** to become
aggravated, to get worse
agregar to add
agro land, countryside
agropecuario (*adj.*) farm, farming
(*pertaining to cattle and crop-raising*)
agrupación grouping, group, cluster
aguardar to wait; to expect, to wait for
aguardiente (*m.*) spirituous liquor,
brandy
agudo high-pitched; sharp, acute
aguerrido inured to war, inured,
hardened
aguzar to sharpen, to whet; to incite
ahijado godchild, protégé
ahínco ardor, eagerness
ahogar to drown; to suffocate; —**se** to
choke; to drown
ahorcar to hang
ahorro economy; saving
ahuyentar to scare away, to drive
away; —**se** to flee
aimara (*m. & f.*) Aymara (*Indian
group living near Lake Titicaca*)
aislamiento isolation
aislar to isolate
ajeno another's; foreign, alien
ají (*m.*) chili, hot pepper
alabar to praise, to commend
alambre (*m.*) wire; — **de púas** barbed
wire
alarde (*m.*) show, ostentation,
display; **hacer** — to boast
alargar to lengthen
albañil mason, bricklayer
albergar to shelter, to harbor;
to lodge; —**se** to take shelter;
to lodge
alborotado hasty, rush
alborozo joy, merriment
alcalde mayor

alcance (*m.*) reach; scope, range; talent, capacity; **al — de** within reach of

alcanzar to overtake; to reach, to attain, to obtain; **— a** + *inf.* to manage to, to succeed in + *ger.*

alcázar fortress, castle, royal palace

aldea village, hamlet

aleccionador (*adj.*) teaching, instructing

aledaño (*adj.*) bordering, attached; (*m.*) border, boundary

alegrar to cheer; to be glad, to rejoice

alejado (*p.p. of* **alejar**) distant, remote

alejar to move away; to keep at a distance

alentador encouraging

alentar to encourage, to inspire

alfarero potter, pottery maker

algarabía clamor, uproar, confusion

alguno (*adj.*), some, any

aliado (*n.*) ally

aliarse to ally oneself

alimentar to feed; to foster; **—se de** *or* **con** to feed on *or* upon

alimento food, sustenance

alinear to align; to line up

alistar to enroll; to list; to enlist; to prepare; **—se** to enroll

alivio relief

alma soul, spirit; (*fig.*) inhabitant

almagrista (*m. & f.*) follower of Almagro

alocución address

alojarse to lodge, to take lodging

alpaca wool-bearing Peruvian mammal similar to the llama and the vicuña

altanero haughty, arrogant

altiplanicie (*f.*) upland; high plateau

altisonancia high-flown language

altivez (*f.*) pride

alucinado deluded

alumbrar to light

alumnado student body

aluvión (*m.*) alluvion; (*fig.*) flood

alza rise

alzar to raise, to lift, to elevate; **—se** to rise (up); to revolt

allegado (*adj.*) related; (*n.*) relative

allende beyond; **— los mares** overseas

amancebamiento concubinage

amanecer to dawn; to awake at dawn

amargo (*adj.*) bitter

amargura bitterness

amarrar to tie up

amasar to knead; to mold

ambiente (*m.*) environment; atmosphere

ámbito limit, scope; place

amedrentar to intimidate

amén (*m.*) amen; **— de** aside from, except for

amenaza threat, menace

ametralladora machine gun

ametrallar to machine-gun

amistad (*f.*) friendship

amo boss; master

amontonar to pile, to pile up; to gather

amparar to protect, to shelter; to seek shelter; **—se a** to have recourse to

amparo protection, shelter

amulatarse to acquire mulatto characteristics

amurallar to wall, to wall in

anacrónico anachronistic, anachronous

analfabeto illiterate

ancla (*naut.*) anchor; **echar —s** to cast anchor

angustia anguish; affliction, pang

anhelar to desire eagerly, to crave

anhelo yearning, longing

animator (*n.*) inspirer

animar to enliven; to encourage

ánimo soul, spirit; will, intention

aniquilar to annihilate

anochecer to grow dark; to go to sleep; (*m.*) dusk

ansia anxiety, longing

ansiar to be anxious

ansiedad anxiety
antaño long ago, of yore
ante before, in the presence of;
—**todo** first of all
antecesor (*adj.*) preceding;
(*n.*) ancestor, predecessor
antepasado (*adj.*) before last;
(*n.*) ancestor, predecessor
anticastrista (*adj.*) against Castro
antigalo anti-French
antigüedad antiquity, seniority
antillano Antillean
antojarse to take a sudden fancy to *or*
for; to imagine; **antojársele** a
uno + *inf.* to have a notion to + *inf.*
antojo whim, caprice
antropófago cannibal
antropomorfo resembling human
form
anunciador (*adj.*) announcing
añadir to add
añoranza nostalgia, longing; — **al**
terruño homesickness
apacible peaceful
apaciguar to pacify
apagar to extinguish
aparecer to appear; to turn up
aparentar to feign, to pretend
apartado distant
apedrear to stone
apegado attached
apego attachment, fondness
apelar to appeal; to have recourse
apelativo name
apellido last name
apenas scarcely, hardly, no sooner
than, only
apéndice appendix, appendage
apetencia hunger, appetite, craving
ápice (*m.*) apex; summit, top
aplastar to smash, to crush
apoderar to empower; —**se de** to take
hold of, to seize
apogeo apogee, pinnacle
aportar to contribute, to provide
aporte (*m.*) (*Am.*) contribution

apostar to post; to bet
apoteósico epoch-making
apoyar to lean; to support, to back;
—**se (en)** to lean on, to rely on
apoyo support, backing
aprecio appreciation, esteem
apremiante pressing, urgent
apresar to seize, to capture
aprestarse to get ready
apresurar to hasten, to hurry; —**se a**
to hasten to
apretado tight; dangerous
aprisionar to imprison, to capture
aprista (*adj.*) of the APRA (Alianza
Popular Revolucionaria Americana);
(*m. & f.*) member of APRA (American
Popular Revolutionary Alliance)
aprobación approval
aprobar to approve
apropiar to give possession of;
—**se** to appropriate
aprovechamiento use
aprovechar to profit by, to take
advantage of; —**se de** to avail
oneself of
apuntar to aim
apuñalar to stab
apurar(se) to worry; (*Am.*) to hurry
arado plow
arancel (*m.*) tariff
arar to plow
arbitraje (*m.*) arbitration
arbitrariedad arbitrary act
arbitrio free will; —**s** excise taxes
arbusto shrub
arca chest, coffer, ark
arcilla clay
arcoiris (*m.*) rainbow
arder to burn; (*Am.*) to itch; to blaze
ardid (*m.*) stratagem, trick
arengar to harangue
argamasa mortar
arielismo *literary movement based on*
the idea of a unified, idealistic Latin
American contintent-country
aristocratizante favoring aristocracy

arma weapon; — **blanca** sword; **pasar por las —s** to shoot, to execute
armado armed; reinforced (*e.g., concrete*)
armario wardrobe
arrabal (*m.*) suburb; —**es** outskirts
arraigar to take root; to establish; —**se** to get settled
arrancar to root out, to pull out; to snatch away
arranque (*m.*) impulse, fit
arrasar to raze, to wreck
arrastrar to drag, to drag along; to crawl; —**se** to creep, crawl
arrastre (*m.*) drag; — **popular** influence with the masses
arrebatar to snatch, to grab;— **a** to snatch away from
arreglo adjustment, arrangement, settlement; **con — a** according to
arremeter to attack
arrendamiento lease, rent
arrendar to rent, to be rented; to lease
arrepentirse to repent, to regret
arriero muleteer
arriesgado dangerous, risky; bold
arriesgar to risk
arrimar to move up, to bring closer; —**se a** to come close to
arrodillarse to kneel
arrogar to adopt; to usurp; —**se** to arrogate to oneself
arrojar to throw, to hurl; to emit, to shed; —**se** to throw oneself; to rush
arrojo fearlessness
arrollador devastating
arropar to wrap, to wrap up; —**se** to wrap oneself up, to bundle up
arteria artery; — **fluvial** river
artesanía handicraft
artimaña trap, trick
asaltar to assault, to storm; to overtake
ascendencia ancestry, line
ascenso promotion; ascent
asediar to besiege

asegurar to secure; to assure; to fasten; to guarantee, to insure; to ensure; —**se** to verify
asentamiento establishment; settlement, settling
asentar to seat; to place; to be suitable or becoming
asesorar to advise
asilar to give refuge; —**se** to seek sanctuary, to take asylum
asimismo likewise, also
asir to grasp, to seize
asolar to destroy, to raze; to burn
asomar(se) to show; to stick out; to lean out
asombrar to amaze, to frighten; —**se de** *or* **con** to be amazed at
asombro astonishment
aspereza rudeness, coarseness, asperity
áspero rough, harsh; hard
asqueroso disgusting, filthy
asunceño *from Asunción, capital of Paraguay*
asunto matter, subject, theme, business, affair
asustar to scare; —**se de, con,** *or* **por** to be frightened at
atañer to concern
atar to tie, to fasten
atareado busy
ataviar to dress up
atemorizar to terrify; to frighten
atenerse to depend on, to rely on
atentado attempt; attack; crime
atentar to attempt
atento attentive; polite
aterrar to terrify
atestiguar to give evidence of
atisbo sign, token
atónito astonished, amazed
atrapar to catch
atrasado slowed down; late; backward
atrasar to go slow
atraso slowness, delay; backwardness
atravesar to go across; to pierce

atreverse to dare
atrevido (*adj.*) bold, daring
atrevimiento boldness, daring
atrincherar to entrench
atrio paved terrace or platform (in front of a church or other buildings)
atropellar to trample
atroz atrocious
aturdir to confuse; to stun
audaz audacious, bold
audiencia *governmental group of eight formed to oversee political authorities in the absence of the viceroy*
auditorio audience
auge (*m.*) acme, apogee; boom; vogue
augurio augury, omen
aunar to join, to unite; to combine
aunque (*conj.*), although
auquénido camel-like species of animals of the Andes
auspiciar (*Am.*) to support, to back; to foster
auto edict, decree; miracle play
autóctono native, indigenous
autodeterminación self-determination
autoexamen (*m.*) self-examination
autosuficiencia self-sufficiency
autotitularse to call oneself
auxiliar to help, to attend; (*m.*) aid, assistant
ave (*f.*) fowl, bird
avena oats
aventajar to advance; to win an advantage; to excel
avergonzar to shame, to put to shame, to embarrass; —**se** to feel shame
averiguar to find out, to ascertain
avidez (*f.*) avidity, greediness
aviso warning, advertisement
avistar to catch sight of
avivar to revive, to brighten
ayuntamiento municipal government
azar (*m.*) chance, hazard, misfortune, fate; **al** — at random
azaroso risky, hazardous
azogue (*m.*) quicksilver, mercury

azotar to whip, to scourge
azote (*m.*) whip, lash, scourge
azulejo glazed tile
azuzar to incite, to stir up

bachiller (*n.*) holder of a bachelor's degree
bahía bay, harbor
bajar to lower, to bring down; to descend, to go down
bajeza lowliness; lowness, meanness
bajorrelieve (*m.*) bas-relief
bala bullet, shot
balance (*m.*) balance sheet
baldaquino canopy-like structure
balde (*m.*) bucket; **en** — in vain
baldón (*m.*) insult, affront, disgrace
baluarte (*m.*) bulwark
banano banana tree
bancarrota bankruptcy
banderín (*m.*) little flag; pennant
bando edict, proclamation; faction, party
bandola mandolin
baño (*m.*) bath, bathtub
baraja deck (*of cards*)
baranda railing
barbarie barbarism, barbarity
barniz (*m.*) varnish, glaze, polish
barrer to sweep, to sweep away
barrera barrier, barricade
barro mud, clay
barroco baroque
basamento (*arch.*) base and pedestal (*of a column*)
basar to base; to support; —**se en** to base one's judgment on, rely on
bastante enough
bastar to suffice, to be enough; to have enough
bastón (*m.*) cane, stick
batalla battle; — **campal** pitched battle; **librar** — to engage in battle
batallador (*adj.*) battling, (*n.*) fighter
batallar to battle, to fight, to struggle
batir to beat; to clap; —**se** to fight

bautizo baptism
bebedor (*adj.*) drinking; (*n.*) drinker
becado holder of a scholarship or
fellowship
bélico pertaining to war
bendecir to bless
bendición blessing
beneplácito approval
betarraga beet
bienestar (*m.*) well-being, welfare,
comfort
bienhechor (*adj.*) beneficient;
(*n.*) benefactor
bienvenida welcome; **dar la —** to
welcome
biznieto (*n.*) great-grandchild
blanquear to whitewash; to turn white
blasón (*m.*) heraldry; honor, glory
boato pomp; pageantry
bocado mouthful, bite
bochornoso embarrassing, shameful
boda(s) wedding, marriage
bodega hold (*of ship*); cellar; store
boga vogue
bolivarista follower of Bolívar
bolsa purse, pocketbook; stock
exchange
bombardeo bombardment
bonachón good-natured
bondad kindness, goodness,
gentleness
bondadoso kind, good
bono bond
Borbón Bourbon
borde (*m.*) edge, border
boreal (*adj.*) northern
borla tassel
borrego lamb
botar to throw away; to launch (*a boat*);
(*Am.*) to squander; to kick out
botín (*m.*) booty, spoils
bóveda dome, vault
bracero day laborer
brasa live coal
bravura ferocity, bravado
brillar to shine

brillo luster, brightness
brindar to offer; to invite; to drink
a toast
brío spirit, determination; elegance
brioso spirited, determined
brocha brush
broma joke, jest
bromear to joke, jest
brotar to sprout, to bud; to spring forth
bruja witch
brujo sorcerer, magician
brújula compass
bruma fog, mist
bruscamente (*adv.*) suddenly;
brusquely
brusco brusque; rough
búho horned owl
buitre (*m.*) vulture
bullicioso (*adj.*) bustling, rumbling;
(*n.*) rioter
buque (*m.*) ship, vessel; **— de carga**
freighter
burdo coarse; ordinary
burgués bourgeois
burlar to ridicule; to trick; **—se de** to
make fun of
buscador searcher
búsqueda search, hunt

cabal exact, perfect, complete
caballería cavalry, knights, chivalry
caballete (*m.*) easel
cabaña cabin
cabellera hair, head of hair
caber to fit; to be possible
cabida space, room, capacity; **dar — a**
to make room for; **tener — en** to
have a place in
cabildo municipal council; meeting of
the council
cabo end; cape; corporal; **al —** finally,
after all; **Cabo de Hornos** Cape Horn
cacarear to cackle; to crow
cacería hunt, hunting party
cacique (*m.*) Indian chief;
political boss

cadalso scaffold; gallows
cadena chain
caducar to become extinct *or* obsolete
cafetal (*m.*) coffee field *or* plantation
caída fall
cal (*f.*) lime
calabaza pumpkin, squash, gourd
calaña character, caliber
calar to fix (*a bayonet*); to perforate, (*fig.*) to go deeply into
calavera skull
calco copy; imitation
cálculo calculation, estimate
calibre (*m.*) caliber; quality
calidad quality; **en — de** in the capacity of
cálido warm, hot
calificar to qualify; to characterize
callado silent
callejero pertaining to the street
calumniador (*n.*) slanderer
caluroso warm, hot; enthusiastic
calzón, calzones (*m.*) pants, breeches; trousers
cámara chamber, room
camarada (*m. & f.*) comrade
camarón (*m.*) shrimp
cambio change, exchange; money exchange; shift
camote (*m.*) sweet potato
campamento camp (*mil.*); encampment
campana bell
campaña campaign; country (*as opposed to city*)
campesinado peasantry
campestre (*adj.*) country
campiña field
campo countryside; field; space
canalizar to canalize; to channel
canasto basket; wastebasket
canela cinnamon
canónigo canon (*clergyman*)
cansancio tiredness
caña reed, bamboo, cane
cáñamo hemp (*plant and fiber*)

cañaveral (*m.*) field *or* plantation of canes *or* reeds
cañón (*m.*) cannon, gun; gorge, canyon
caoba mahogany
capa coat, cape, mantle
capaz capable, competent
capilla chapel
capitanear to head, to have the command
capricho whim, caprice
cara case; **de —** facing, opposite
carbón (*m.*) coal, charcoal; **—encendido** burning charcoal
carcajada outburst of laughter
cárcel (*f.*) jail, prison
carecer (**de**) to lack
carente lacking, devoid; **— de** lacking, devoid of
carga load, burden, ship's cargo
cargador (*n.*) loader, porter
cargar to load, to fill up; to carry
cargo position, charge; **a — de** in charge of (a person); **hacerse — de** to take charge of
caricia caress
caridad charity, benevolence; alms
cariño affection, love
carioca from Río de Janeiro
cariz (*m.*) aspect
carnero sheep, mutton
carrera race; career
carretera highway
carro cart
cartucho cartridge
casamiento marriage, wedding
cáscara rind, peel, crust
casco hoof
castaña chestnut; **— de Marañón** Brazil nut
castañuela castanet
castellano Castilian; Spanish language
castigar to punish, to afflict
castigo punishment
casto chaste, pure
castrense military

castrista (*m. & f.*) follower of Fidel Castro; (*adj.*) Castrist

casual accidental, chance, casual

casualidad chance, accident

casucha miserable hut

catalán Catalonian

catecismo catechism

cátedra professorship, subject

catedrático (*m.*) university professor

catequización religious instruction

cauce (*m.*) river bed; channel

caucho rubber, rubber plant

caudal (*m.*) volume (*of water*); abundance, wealth

caudaloso abundant

caudillaje (*m.*) leadership, bossism

caudillo leader, caudillo, political boss

cautela caution; cunning

cauteloso careful, cautious

cautivar to captivate

cautiverio captivity

cautivo (*adj. & n.*) captive

cavar to dig

cazador hunter

cebada barley

ceder to yield; to give up

cedro cedar (*wood*)

cédula degree

cegar to blind; to cut off

ceguera blindness

ceja eyebrow

celebrar to celebrate; to praise; to hold (a meeting); —**se** to take place

célebre famous

celibato celibacy

celo zeal; distrust; —**s** jealousy

célula cell

cenáculo cénacle, literary group

cenit (*m.*) zenith

ceniza(s) ashes

censo census

censura censure; censorship

censurable reprehensible

centenar hundred

centinela sentry, sentinel

ceñido tight, close-fitting

cercanía(s) vicinity, proximity

cercano near, close by

cercar to wall in; to encircle, to surround; to lay siege to

cercenar to trim; to curtail

cerciorarse to inform; to assure; — **de** to find out about

cerco fence, wall, enclosure; **alzar el** — to raise the siege; **poner** — **a** to lay siege to

cerebro brain, brains

ceremonial (*m.*) code of manners

cerner to sift; (*Am.*) to strain; to threaten

cerro hill

certamen (*m.*) literary content

certero sure, certain, accurate

certeza certainty

certidumbre certainty

cervantino pertaining to Cervantes

chicha corn liquor

chinesco (*adj.*) Chinese

chispa spark

chivo goat; — **expiatorio** scapegoat

chocar to collide; to shock

cholo (*n.*) Peruvian mestizo, person of mixed race, half-breed

choque (*m.*) shock, impact, collision, clash

choza hut

cicatriz (*f.*) scar

ciclópea cyclopean, huge

ciego (*adj.*) blind; (*m.*) blind man; **a ciegas** blindly

cielito (*coll.*) dearest, darling; *Argentine tune and dance*

cielo heaven, sky

cielorraso flat ceiling

ciervo deer

cifra figure, number

cima summit, top

cimarrón wild; fugitive (*slave*)

cimentar to found; to lay the foundation for

cimiento foundation, groundwork, basis

cincel (*m.*) chisel
cincelar to chisel; to carve
cinismo cynicism
cinta ribbon; band; strip
cinturón (*m.*) belt
circundar to surround
cisne (*m.*) swan
cisplatina cisplatine (*on the left bank of the River Plate*)
cita engagement; quotation; **lugar de —** meeting place
citar to quote; to summon
ciudadanía citizenship
ciudadano citizen
ciudadela citadel, fortress commanding a city
civilista antimilitarist
clamar to cry out for; to utter loud cries
clamor (*m.*) cry, noise
claro (*adj.*) light, clear; (*int.*) of course
claudicar to limp; to back down
claustro cloister; campus
cláusula clause
clausurar to close up, to adjourn
clavel (*m.*) carnation, pink
clérigo cleric, clergyman
clero clergy
coacción coercion, compulsion; co-action
cobarde (*adj.*) cowardly; (*m. & f.*) coward
cobre (*m.*) copper
códice (*m.*) manuscript
codicia covetousness, cupidity, greed
codiciar to covet
coetáneo contemporary
cofradía union, association; guild, brotherhood
cohete (*m.*) rocket
cohibir to inhibit; to restrain
cojo lame; (*n.*) lame person, cripple
cola tail, end, queue; **hacer —** to stand in line
colegir to infer, to conclude
cólera rage

colérico angry
colgar to hang; to hang up
colibrí (*m.*) hummingbird
colina hill
colindante adjacent, contiguous
colmo height; limit
colocación position, employment; place
colocar to place, put; **—se** to get placed, find a job
coloniaje (*m.*) colonial system
colonizador (*adj.*) colonizing; (*n.*) colonizer, colonist
colono colonist, settler; farmer, tenant farmer
columnata colonnade
comadre (*f.*) midwife; co-godmother, friend
comarca region, territory
combatiente combatant
comediógrafo playwright
comentar to comment; to make comments; to discuss
comenzar to start, to begin
comestible (*m.*) food, foodstuff; (*adj.*) edible, eatable
cometer to commit
comicio primary election; (*pl.*) voting, elections, primary
como like, as, as if; **— de** of about; **— que** since
comodidad comfort, convenience
cómodo comfortable
compadecer to pity, to feel sorry for; **—se (de)** to feel sorry (for)
compadre godfather; (*coll.*) pal
compañero companion, friend
comparecer to appear (*before a judge, tribunal or police*)
compartir to divide; to share
compás (*m.*) (*mus.*) time; measure
competencia competence, competency; dispute; competition; domain
complacer to please; **—se** to be pleased (with *or* to); to take pleasure in

complejidad complexity
complejo (*adj.*) complex; (*m.*) complexity; complex (*psychological*)
componenda deal, compromise
comportamiento behavior
comportar (*Am.*) to entail; **—se** to behave
comprensible comprehensible, understandable
comprensivo (*adj.*) understanding, comprehensive
comprobar to verify, to confirm
comprometer to involve; to endanger, **—se** to commit oneself
compromiso compromise; engagement
comulgar to take communion; to communicate; to mix
comunero commoner; joint holder of a tenure of lands
conato attempt, effort
concejo town council; council meeting
concesionario concessionaire, dealer
conciliar to conciliate, to reconcile
concilio council
concitar to stir up
conciudadano fellow citizen
concordia concord, harmony, agreement
concretar to make concrete; to explain; to boil down (*a statement*); **—se** to limit oneself, to confine oneself
concurso contest
conducción act of leading, conducting
conducir to lead, to conduct
conductor (*adj.*) conducting, leading, guiding; (*m.*) conductor, leader, driver
conferir to confer, to bestow, to award
confianza (*f.*) confidence, trust; familiarity; informality
confiar to entrust, to confide
confundir to confuse, to mix; to fuse; **—se** to become lost or mingled; to go astray
congelar to freeze

conjuntamente (*adv.*) jointly
conjunto whole, entirety; (*mus.*) ensemble; **en —** as a whole, in all
conmovedor touching, moving
conmover to stir, to stir up, to upset; to move; **—se** to be moved, to be touched or upset
conseguir to get, to obtain; to bring about; **—** + *inf.* to succeed in + *ger.*
consejero (*n.*) adviser; consultant
consejo advice, counsel
consigna watchword; order
consiguiente consequent; **por —** *or* **por el —** consequently, therefore
consternar to dismay; to terrify
constituyente (*adj. & n.*) constituent, component
consuetudinario customary
contendor (*n.*) contestant; challenger
contienda contest, fight
contradecir to contradict
contraer to contract
contrapeso counterbalance, counterweight
contraproducente unproductive, self-defeating; counterproductive
contrario opposite; (*n.*) opponent; contrary; **al — de** unlike; **por el** *or* **lo —** on the contrary
contratiempo misfortune, disappointment; (*mus.*) contretemps
contumaz contumacious, defiant, unruly, rebellious
convenio covenant, pact
convenir to be suitable, to be becoming; to be necessary; to convene; to agree
conversador conversationalist
convivencia (*act of*) living together, life together
convivir to live together
copa goblet, wineglass, cup; crown (*of a hat*); treetop
copla couplet, ballad
corográfico mapping, charting
corona crown; wreath, garland

corregidor corregidor (*Spanish magistrate*)

correligionario co-religionist; member of the same party

corriente (*adj.*) running; current; common; **estar al — (de)** to be aware (of)

corro circle of people

corte (*m.*) cut; cutting; (*f.*) court, yard; (*Am.*) court of justice; **Cortes** (*f.*) Parliament

cosecha harvest; crop; harvest time; **de su —** of one's own invention, out of one's own head

cosechar to harvest, to reap; to grow (*e.g., corn*)

costado side

costal (*m.*) bag, sack

costanero (*adj.*) coastal

costear to defray the cost of; **—se** to pay for itself or oneself

costeño (*adj.*) coastal

costumbre (*f.*) custom, habit

costumbrista (*adj.*) depicting regional customs, manners, scenes

cotidiano daily, everyday

cotización quotation, price

coyuntura occasion; juncture

creciente increasing, rising, growing

crecimiento growth

cría raising, breeding, rearing

criar to raise, to bring up; to breed, to grow

criminalidad crime rate

criollización Spanish-Americanization

crisol (*m.*) crucible, melting pot

cromo chromium

cronista (*m.*) chronicler

cruento bloody

cruzamiento crossing, miscegenation, interbreeding

cruzar to cross

cuadra square, block

cuadrilla group, troupe, gang, band; quadrille

cuajar to take shape; to be formed

cualquier (*adj.*) any

cuantioso numerous

cuartel (*m.*) barracks; quarter; (*mil.*) general headquarters

cuartelazo military coup d'état (*uprising*)

cuarterón (*n.*) quadroon

cuatrero horse thief; cattle thief

cuenca basin (*of a river*); valley

cuento story, tale, gossip

culpa blame, guilt, fault; **echar la — a uno de una cosa** to put the blame on someone for something; **tener la — de** to be to blame for

cumbre (*f.*) summit; (*fig.*) acme, pinnacle; (*adj.*) top, greatest

cumplir to execute, to perform; to fulfill, to keep (*a promise*)

cuna cradle

cundir to spread

cúpula dome

cura (*m.*) priest

curandero quack, healer

curtido tanning

cúspide (*f.*) apex, peak

custodiar to guard, to watch over

cuzqueño (*adj.*) pertaining to Cuzco; (*m.*) native of Cuzco

dado (*p.p. of dar*); **— que** provided that; as long as

dañar to hurt, to damage, to spoil

dañino harmful

daño hurt, damage, harm

dato datum, basis, fact

debelar to subdue; to conquer

debido due, proper

débil weak

debilidad weakness

decaer to weaken; to fade; to languish; to decay

decaimiento decline; decay; weakness

decantar to exaggerate; to exalt

decenio decade

decimonónico nineteenth (*century*)

dechado model, example
deidad deity
dejo accent (*of a region*)
deleitar to delight; —**se con** to take delight in
deleite (*m.*) delight, pleasure
delgado slim, thin
delinear to outline; to delineate
delito crime, transgression
demás other(s), rest; **por lo** — besides; **demasiado** too much, too many; **por** — in vain
demoler to demolish
demorar to delay
denominación name
denominar to name, denominate
deparar to provide, to furnish
deponer to set aside; to remove from office; to depose
depravación depravity
derogar to repeal, to revoke
derramamiento spilling; spreading
derramar to pour out, to spill
derretir to melt; to thaw
derribar to demolish, to destroy, to tear down; to overthrow
derrocamiento overthrow; ousting
derrocar to overthrow
derrochador squandering; (*n.*) squanderer
derrochar to waste, to squander
derroche (*m.*) waste, squandering; profusion
derrotar to rout; to defeat
derrotero route; course
derrumbamiento collapse, wrecking
derrumbar to plunge headlong; to collapse
desacato disrespect, contempt; profanation
desacuerdo disagreement; discord
desafiar to defy; to challenge
desafío defiance; challenge; duel
desagravio redress
desaguar to drain; to empty; to flow
desalentar to discourage

desaliento discouragement
desalojar to dislodge, to evict, to eject, to oust
desalojo eviction, dislodgement
desamparar to abandon
desamparo abandonment, lack of protection
desaparecido a person who has "disappeared"
desarme (*m.*) disarmament
desarreglo disorder
desatar to untie; to unleash; —**se** to break out
desatender to take no notice of, to disregard
desatino folly; blunder, foolishness
desbandar to flee in disorder; to disband
desbaratar to ruin, to destroy
descalzo barefoot
descarado insolent, impudent; shameless
descartar to discard, to do away with
descendencia offspring
descollante outstanding
descollar to stand out, to excel
descomposición decay, corruption; disorder
desconcertar to disconcert, to baffle
desconcierto disorder
desconfianza distrust
desconfiar to have no confidence
desconocer to be ignorant of; to fail to recognize; to overlook, to disregard
desconsolar to distress, to grieve
descorazonar to discourage
descuartizar to quarter, to dismember
descuidar to neglect, to overlook; —**se** to be distracted
descuido carlessness, neglect
desdén (*m.*) disdain, scorn, contempt
desdeñable despicable, contemptible
desdicha misfortune
desechar to cast aside, to throw out
desembocadura outlet, mouth (*e.g., of a river*)

desembocar to flow, to empty, to end; — **en** to flow into, to empty into

desembolso disbursement, payment

desempeñar to redeem; to fulfill, to carry out; to fill (*a function*); to play (*a role*)

desencadenarse to break out; to be loose

desencantar to disenchant, to disillusion

desencanto disenchantment

desenfrenado unbridled

desengañar to undeceive, to disillusion

desengaño disappointment, disillusionment

desenlace (*m.*) outcome; dénouement (*of a play*)

desenlazar to untie; to solve

desenvolvimiento unfolding, development

desesperante despairing; exasperating

desesperanzado hopeless

desfilar to file by; to march in review; to parade

desgarbado graceless

desgobierno misgovernment, maladministration, mismanagement

desgraciado unfortunate

deshacer to undo, to break up

desheredado disinherited, underprivileged

deshonroso dishonorable, ignominious

desigual unequal

desigualdad inequality, unevenness

deslealtad disloyalty

deslizarse to slip

deslumbrante dazzling, bewildering, baffling

deslumbrar to dazzle

desmán (*m.*) excess; misbehavior

desmedido excessive

desmentida denial

desmentir to belie; —**se** to make an about-face; to contradict oneself

desmesurado disproportionate; excessive

desmoralizar to demoralize; —**se** to become demoralized

desmoronamiento crumbling

desmoronar to decay

desnudo (*adj.*) nude, naked, bare; (*n.*) nude

desocupar to evacuate; to empty

desoír to disregard; to be deaf to

despedir to dismiss; to get rid of; to throw off; —**se** to say good-bye

despejado clear

despejar to clear out; to clear up

desperdiciar to waste, to squander; to fail to take advantage of

desperdicio waste, squandering; leftover, residue; —**s** waste products, by-products

despiadado merciless, cruel

despilfarrar to squander

despilfarro squandering, waste

desplazamiento move; movement; shift

desplazar to take the place of; to move; to shift

desplegar to spread, to display, to unfurl

despliegue (*m.*) unfolding, display, deployment

despojar to strip; to despoil, to dispossess

despojo dispossession; spoils

desposeer to divest, to dispossess

desposeído dispossessed

despreciar to despise, scorn

desprecio scorn, contempt

desprender to loosen; to detach; —**se** to loosen

desprestigiar to run down, disparage; —**se** to lose one's reputation or standing

desquiciamiento unhinging, upsetting, unsettling

destacado outstanding

destacar to emphasize; to make stand out (*in a painting*); —**se** to stand out

desterrado (*adj.*) exiled, banished; (*m.*) exile, outcast

desterrar to exile, to banish; —**se** to go into exile

destituir to deprive; to dismiss

destreza skill, dexterity

destrozar to break to pieces, to destroy

desvalido impoverished

desvanecer to vanish; to fade; —**se** to vanish

desvarío ecstasy, delirium; raving

desventaja disadvantage

desventura misfortune

desviar to deviate; to dissuade

desvincular to break the ties uniting two or more persons or things

desvirtuar to lessen the value; to weaken, to spoil

detenido lengthy; careful; slow; (*n.*) prisoner

detentar to deforce (*to keep by force from the rightful owner*); to usurp

detentor (*m.*) usurper; illegal possessor

deuda debt

devenir to happen; to become

dictadura dictatorship

dictamen (*m.*) judgment, opinion

dictar to dictate; to promulgate (*a law*); (*Am.*) to deliver (*a lecture*)

dicharachero (*adj.*) witty; (*n.*) witty person; sparkling conversationalist

dicho (*p.p. of* **decir**); (*n.*) saying; (*adj.*) aforesaid; **mejor** — rather

dichoso fortunate, lucky; happy

diezmar to decimate

difundir to disseminate; to spread

difunto deceased

dignamente in a suitable fashion

digno worthy

dilación delay

dilucidar to elucidate, to render intelligible

diluvio deluge

dimitir to resign

diputado delegate, representative, deputy

dique (*m.*) dike

dirigencia leadership

dirigente (*m. & f.*) leader, head, director

dirigir to direct, to manage; to address; —**se** to address; to apply to; to go to

disculpar to forgive; to cover up; to vindicate

discurso speech; discourse

discutir to discuss, to argue about *or* over; to contradict, to oppose

disfraz (*m.*) disguise

disfrazar to disguise

disfrutar to enjoy; to have the benefit of

disfrute (*m.*) enjoyment, use

disgustar to displease; —**se** to be displeased

disímil dissimilar

disimuladamente furtively, underhandedly

disimular to disguise; to hide; to pretend; to excuse

disminuir to diminish, to decrease

dispar unlike, different; odd (*that does not match*)

disponer to dispose; to arrange, to prepare; to decree; — **de** to make use of, to have at one's disposal; —**se** to get ready, to prepare oneself

disponible available

dispuesto disposed, ready

distraer to distract; to amuse; —**se** to amuse oneself

ditirámbico dithyrambic (*exceedingly eulogistic*)

divagar to ramble; to wander; to digress

diversión amusement

divertido amusing

divertir to amuse, to entertain;
—**se** to enjoy oneself

divisa emblem, motto; goal; foreign exchange

divisar to perceive; to make out;
—**se** to make out; to be seen

divisor (*m.*) divider

divisorio (*adj.*) dividing; (*n.*) divider

doblar to double; to fold

doblegar to bend

docencia teaching

docente educational, instructional, teaching; **cuerpo** — faculty

docto learned

dolencia ailment

dolicocéfalo dolichocephalic, long-headed

doloroso painful, pitiful

domar to tame, to master

dominador dominator, ruler

dominante prevailing

dominio dominion, domination, domain; — **público** public *or* general knowledge; (*law*) eminent domain

don (*m.*) gift, innate ability

donatário (*Portuguese*) recipient of a grant

donativo gift

doncella maiden, virgin

dondequiera (*adv.*) anywhere, wherever

dorado gilt, gilded; golden

dotar to dower, to endow; to equip; to man (a ship)

dote (*m. & f.*) dowry; (*f.*) endowment, talent, gift

ducado ducat

duco car paint

dúctil easy to handle, manageable

ducho expert

dueño owner, landlord, master

dulzura sweetness

duradero lasting

dureza harshness

ecuestre equestrian

edificar to build, to construct

efectuar to effect, to carry out;
—**se** to be carried out; to take place

égida protection; force

egregio eminent

egresados (*Am.*) alumni

egresar (*Am.*) to leave; to go away; to graduate

eje (*m.*) axis, axle, shaft

ejemplar (*adj.*) exemplary; (*m.*) model, sample, example, copy (*of a publication*)

ejercer to exercise; to exert; to practice

ejército army; — **permanente** standing army

elogiar to praise

elogio eulogy, praise

embate attack

embaucar to deceive, to trick

embelesado spellbound

embestida assault, attack

embestir to attack

emboscada ambush

embrutecer to stupefy; to brutalize

emotivo emotional

empañar to dim, to blur

emparentado related by marriage; related

empecinamiento (*Am.*) stubbornness, persistence

empedernido hardened, confirmed

empeñar to pawn; to pledge; —**se** to endeavor; to insist; —**se en** to persist in, to insist on

empeño pledge; eagerness, determination

empeorar to make worse, to impair

empequeñecer to belittle; to diminish

emperador emperor

empero but, yet, however

empezar to start, to begin

empobrecer to impoverish

emporio emporium, center of culture

emprender to undertake

empresario manager, impresario

empréstito loan
empujar to push
empuñar to clutch, to grasp
enajenación alienation; illegal appropriation
enajenado alienated
enaltecer to praise
enarbolar to hoist, to hang out (*e.g., a flag*), to raise (*a flag*)
enardecer to inflame, to excite
encabezar to head, to lead
encajar to fit in; to be appropriate
encaje (*m.*) lace
encaminar to set on the way; —**se** to set out, to be on one's way
encapricharse con *or* **en** to whimsically set one's mind upon
encaramarse to climb; to get on top
encarar to face (*a problem*); —**se a** *or* **con** to confront; to stand up to
encarcelar to imprison
encarecer to raise the price; to enhance
encargar to entrust; —**se de** to take charge of
encarnado (*p.p. of* **encarnar**) (*adj.*) incarnate; flesh-colored
encarnar to incarnate, to embody
encauzar to channel; to guide, to direct
encendido bright, inflamed
encerrar to lock in, to shut in; to include
encierro confinement; imprisonment
encomendar to entrust, to commend, to commit
encomendero holder of an **encomienda** *land and natives granted*
encomiar to praise
encomio praise
enconado bitter, unfriendly
encono ill will, rancor
encubierto concealed, covered, cloaked
encubrir to hide, to conceal
encuentro meeting, encounter, clash

encumbrar to elevate
ende: por — therefore, consequently
endeble feeble, frail
enderezar to straighten, to set right
endógamo inbred
endurecido hardened
enemistar to estrange, to make enemies of; —**se** to become enemies
enfadar to anger; —**se** to get angry; to be annoyed
enfrentar to confront, to face
engalanar to adorn
engaño deceit, fraud
engañoso deceiving
engendrar to beget
engorroso troublesome
engranaje (*m.*) gearing
engrandecimiento aggrandizement, enlargement
enlace (*m.*) link, connection, relationship; marriage
enlazar to embrace; to unite
enmendar to reform; to correct
enmarañado entangled
enmascarar to mask; to disguise
enmienda amendment; correction
enojar to anger; —**se** to become angry
enojoso annoying
enorme (*adj.*) enormous, huge
enraizado rooted
enredar to envelope; to make trouble; —**se** to become involved
enredo entanglement
enriquecer to enrich
enriquecimiento enrichment
ensanchar to widen, to extend, to enlarge
ensangrentado bloody; bloodstained
ensangrentar to stain with blood; to bathe in blood
ensayar to try, to rehearse
ensayista (*m. & f.*) essayist, essay writer
ensayo test; essay, rehearsal
enseguida (*adv.*) right away, immediately
ensuciar to dirty, to stain, to soil

ensueño dream; daydream
entallador carver; engraver
ente (*m.*) being, entity
enterar to inform; —**se** to find out; —**se de** to learn about
enterrar to bury
entonces (*adv.*) then; so
entorpecer to stupefy; to obstruct; to delay
entrada entrance
entraña entrail, heart
entrañable close; intimate; deep-felt
entrañar to contain; to involve
entrega delivery, surrender
entregar to deliver; to surrender, to hand over
entrelazar to interlace, to interweave
entremetido meddlesome
entremezclar to intermingle
entrenamiento training
entretanto in the meanwhile; — **que** while
entretener to entertain
entrever to glimpse; to guess; to suspect
entrevista conference, interview
enturbiar to confuse, to muddle
entusiasmar to enthuse; —**se** to be enthusiastic
envasado (*m.*) packing, packaging, canning, bottling; (*adj.*) packaged, canned, bottled
envasar to pack; to package; to can
envejecer to age, to grow old
envidia envy
envilecer to vilify, to debase; —**se** to be debased; to degrade oneself
epónimo eponymous
epopeya epic poem, epic
equidad fairness
equilibrar to balance
equipo equipment; outfit; set, unit; (*sports*) team
equivaler to be equivalent to
equivocar to mistake; —**se** to make a mistake
equívoco (*m.*) mistake, error

erario state treasury
erigir to erect, to build; to establish
erizado bristling with
errado mistaken
esbelto graceful, well-built; slim
esbozar to outline, to sketch
escala ladder, scale; (*naut.*) hacer — **en** to call at (a port)
escalar to scale, to reach, to get to
escalinata stone step; front step
escalón (*m.*) step (*of staircase*); echelon, grade
escalonar to place at intervals; to place stairways outside
escamotear to make disappear; to cause to vanish
escarapela badge
escarmentar to learn by experience
escarmiento punishment
escasear to be scarce; to become scarce
escasez (*f.*) scarcity, need
escindir to split
escisión splitting, schism
esclarecedor enlightening
esclarecer to explain, to enlighten; to dawn
esclarecido illustrious
esclavista (*adj.*) pro-slavery; (*m. & f.*) pro-slavery advocate
esclavitud slavery
esclavo enslaved; (*n.*) slave
escoba broom
escoger to choose
escuadra (*mil.*) squad; (*naut.*) squadron
escudar to protect; to shield
escueto plain; unadorned
esculpir to sculpture; to carve; to engrave
escultura sculpture
esforzar to strengthen, encourage; —**se** to exert oneself
esfuerzo effort
esgrimir to wield; to brandish; to swing (*e.g., a new argument*)
esmalte (*m.*) enamel
esmerado careful

esmero care
espada sword
Española Hispaniola
espantoso frightful, awful, fearful, astounding
esparcir to scatter, to spread
especia spice
espectro specter, phantom, ghost; spectrum
esperanza hope
espinazo backbone
espino (*bot.*) hawthorn
espinoso thorny; arduous
esquema (*m.*) scheme, diagram, schema
esquematizar to sketch, to outline, to diagram
esquivo aloof, scornful
estadista (*m.*) statesman; pro-statehood (*in Puerto Rico*)
estado state, condition, estate, status; government, country, nation; — **de ánimo** state of mind; — **de cosas** state of affairs; — **parachoque** buffer state
estafa swindle
estallar to explode, to break out
estallido outburst; explosion; outbreak
estancado stagnant
estancamiento stagnation
estancia (*Am.*) cattle ranch; large farm
estandarte (*m.*) banner
estaño tin
estatuir to establish
estela wake (*of a ship*); trail
estipendio fee
estirpe (*f.*) stock, race, family
estorbar to disturb; to be in one's way; to prevent
estrago havoc
estrechez (*f.*) want, poverty; narrowness
estrecho narrow; (*m.*) strait
estreno debut, première
estudiantado student body
estupendo wonderful, marvelous

etapa stage
etiqueta formality
etnia racial and cultural group
europeizante (*adj.*) pro-European
evolucionar to evolve
ex former; — **alumnos** alumni
exacerbado irritated
exceptuar to except
excomulgar to excommunicate
exigente exacting, demanding
exigir to exact, to require, to demand
exiguo exiguous, small, scanty
eximio most excellent, distinguished
éxito success
expedir to send, to ship; to issue
expoliador spoliating; (*m. & f.*) spoliator
exponer to expose
exteriorizar to reveal; to make manifest
extraño foreign, strange; (*n.*) foreigner, stranger
extraviarse to go astray; to get lost
extravío misconduct, wrong

fábrica factory, plant, mill
fabricación manufacture
fábula fable
facción faction; feature; —**es** features (*face*)
faccioso rebellious; (*n.*) rebel
factible feasible
facultad faculty, power; school (*of a university*)
fachada façade
faena task, job, work
falacia deceit; fallacy
falangismo Spanish fascism
falaz treacherous, deceitful
falda skirt; lap; foothill; lower slope (*of a mountain*)
falta lack; mistake, misdeed; **a** — **de** for lack of; **hacer** — to be necessary
faltar to offend; to be missing, to be lacking
falto short, lacking, wanting

falla fault, defect, failure
fallar to render a verdict; to fail
fallecer to expire
fallido unsuccessful; disappointed
fallo verdict
fanatismo bigotry, fanaticism
fandango Spanish dance
fanegada *a measure of land, equal to 1.59 acres*
fango mud
fantasma (*m.*) ghost; phantom
fantoche (*m.*) puppet
faraón Pharaoh
farol (*m.*) lantern, streetlamp
fastidiar to annoy; —**se** to become displeased
fatigoso fatiguing; (*coll.*) annoying, trying
fauces (*f. pl.*) gullet
fe (*f.*) faith; **auto de** — *public declaration of judgments of the Spanish Inquisition, followed by execution of sentences, including burning of heretics at the stake*
febrerista *member of a left-of-center political party of Paraguay*
febril feverish
fecundo fertile, abundant
fechar to date
federacha *derogatory name for the federal army of Juárez*
fehaciente reliable
felón treacherous
fementido treacherous, false
feria fair; holiday
feriado: día — holiday
feroz ferocious
ferrocarril (*m.*) railroad, railway
fervoroso ardent
fetiche (*m.*) fetish
feudatario vassal; feudal tenant
feudo fief
fiar to confide; to trust; —**se** to trust; —**se de** to trust in; to rely on
ficticiamente imaginarily
fiebre (*f.*) fever

fiel faithful, honest, sincere, trustworthy; **los** —**es** the faithful
fiera wild animal
fiero fierce
figurar to figure, to appear conspicuously; —**se** to figure; to imagine
fijar to fix, to fasten; to set (*a date*); to establish (*residence*); —**se** to become fixed, settled; to notice; —**se en** to notice, to pay attention to
fijo fixed, firm; **a punto** — exactly
filibustero freebooter, buccaneer
filigrana filigree
filo edge; cutting edge; **al** — **de** at, about (*e.g., sunrise, two o'clock*)
finalidad end, purpose
financiación financing
financiamiento (*Am.*) financing
finca estate
fincar (*Am.*) to reside, to rest, to be found
fingido false, fake; affected
finiquitar to finish; to wind up
finisecular *pertaining to the end of the 19th century*
firmar to sign
firmeza firmness; determination
fisco national treasury
fisiocrática physiocratic (*pertaining to the economic doctrine which considers nature as the only source of wealth*)
fisonomía face, contenance; physiognomy
flamante resplendent
flamenco Flemish; Andalusian gypsy (*dance, song, etc.*)
Flandes Flanders
flanquear to flank
flauta flute; — **pandeana** panpipe
flojo loose, limp; weak
floresta woods, forest
florido full of flowers
fluir to flow
fluvial pertaining to a river
foco focus, center

fogón (*m.*) fireside, firebox, cooking stove

fogoso fiery, spirited

foja sheet, leaf

folletín (*m.*) small pamphlet; serial story

fondo bottom, rear; background; fund; **a —** thoroughly

foráneo strange, foreign; (*n.*) stranger, outsider

forastero stranger

forjadura forging

fortalecimiento fortification, strengthening

fortaleza fortitude, strength, vigor; fortress

fortificar to fortify

fortuito accidental; unexpected

forzoso compulsory

fracasar to fail

fray (*m.*) Fra; brother

fréjol (*m.*) kidney bean

freno bridle, brake

frentista (*adj.*) of the Frente Popular; (*m. & f.*) *member of the Frente Popular*

frigorífico (*Am.*) packinghouse, cold storage

frijol (*m.*) bean

frondoso leafy, luxuriant

frontispicio frontispiece, front; the fore part of a building

fructífero fruitful

fuente (*f.*) fountain; source

fuero privilege; exemption; law, statute

fuga flight; (*mus.*) fugue; **ponerse en —** to take flight

fugaz brief, fleeting

fulano so-and-so; **— de tal** John Doe

fulgor (*m.*) brilliancy

funcionamiento functioning, performance, running

funcionario public official

fundamentar to lay the foundations of *or* for; to establish

fundamento foundation, basis; grounds

fundir to found (*a metal*); to smelt

fundo country property, farm, large estate

fúnebre gloomy; funereal

funesto dismal, sad; regrettable; mournful

fusilar to shoot (*with a firing squad*); to execute

gachupín (*Am.*) Spaniard (*derogatory*)

gala festive array; gala, splendor; **de —** full-dress, finery

galantear to pay court

galo Gallic

gallego Galician

gama gamut, full range, scale

gamonal (*m.*) (*Am.*) powerful and abusive landlord

gana desire

ganadero cattle-raising

ganado cattle, livestock; **— caballar** horses; **— lanar, — ovejuno** sheep; **— porcino** swine; **— vacuno** bovine cattle

ganancia gain, profit

garantía guarantee; **—s constitucionales** constitutional rights

garbanzo chickpea

garza crane

gasa chiffon

gastar to spend; to waste; to wear, to wear out, to use up

gasto cost, expense

gauchesco (*adj.*) gaucho

gemelo twin

género (*m.*) kind, gender, genre; cloth; **— humano** human race

gentío crowd

germen (*m.*) germ, bud, seed; (*fig.*) beginning, origin

gesta gest (*a narrative of a person's exploits*); feat; **— emancipadora** epic struggle for independence

gesto gesture, face, grimace
girar to draw; to turn; to rotate
giro turn; course
gobernante ruling; (*m. & f.*) ruler
goce (*m.*) enjoyment, pleasure
golpe (*m.*) blow, hit; coup
goyesco in the style of Goya
gozar to enjoy; to possess; —**se** to delight (in)
gozo pleasure
grabar to engrave, to record
grada step; —**s** stone steps
grado grade, degree, rank; **de buen —** willingly
grama (*bot.*) grass
granero granary
granjear to earn, to gain
grasa fat, grease
grato pleasant; pleasantly
gravamen (*m.*) tax, burden; obligation
gravitar to gravitate, to rest
gremial pertaining to a guild or trade union
gremio guild, trade union
grieta crack, crevice
grosero gross, coarse, rough
grosor (*m.*) thickness, bulk
grueso thick, bulky, big; (*m.*) thickness; bulk
guacamayo macaw
guaraní Guaraní (*Indian belonging to an ethnic group living in Paraguay; also their language*)
guardacostas (*m. pl.*) coast guard
guardar to guard, to keep
guarecer to take refuge; to take shelter
guarnición garrison
guaso (*Am.*) peasant
gubernativo governmental
guerrero pertaining to war; warlike; (*n.*) warrior, fighter
guerrillero guerrilla
gustoso tasty; pleasant; ready, glad
haba bean; — **de soja** soya bean

hábil skillful; capable
habilidad ability; skill, talent; shrewdness
hablador talkative
hacendado owner of a large farm, plantation, or ranch
haces (*m. pl.*) beams (*of light*)
hacienda landed property, fortune, possession; extensive farm, plantation, *or* ranch
hada fairy
halagar to flatter
halagüeño flattering
hallar to find; —**se** to be
hallazgo find, discovery
haragán lazy; (*n.*) idler
harapiento ragged
harén (*m.*) harem
harina flour; — **de pescado** fishmeal
harto (*adv.*) quite; very; exceedingly; enough; too (*much*); (*adj.*) full; satiated
hastío boredom; loathing; surfeit
haz (*m.*) beam (*of light*)
hazaña deed, feat, exploit
hechicera sorcerer, witch
hechicero (*adj.*) bewitching; (*m.*) magician, sorcerer
hecho fact, deed, act, event; **de —** in fact, de facto; — **de armas** feat of arms
helar to freeze
hembra female
henchir to fill, to stuff; —**se** to be filled; to stuff oneself
heredero heir
hereje (*m. & f.*) heretic
herencia inheritance, heritage, heredity
herida wound, injury, insult
herido hurt, wounded; (*n.*) injured or wounded person
herir to hurt, to injure, to wound
hermanar to unite
hermandad brotherhood, sisterhood
herramienta tool

hervir to boil
hiato hiatus; a gap, a lacuna
hidalgo nobleman
hidalguía nobility
hielo ice
hierba grass; herb
hierro iron
higo fig
hilar to spin
hilo thread, wire
hincapié (*m.*) firm footing; **hacer —
en** to emphasize, to dwell upon
hinchar to swell, to exaggerate; **—se** to
swell up (*with pride*)
hipoteca mortgage
hogar (*m.*) home
hoguera bonfire
hoja leaf; blade; **—s volantes** handbills
hojalata tin, tin plate
hojear to look over, to leaf through
hombro shoulder
hondo (*adj.*) deep; (*n.*) depth
honestidad chastity,
virtue, decency
honra honor
honrado (*adj.*) honest
honroso honorable
horca gallows
hormiga ant
hormiguero anthill
horroroso frightful,
hideous; terrible
hosco dark, gloomy; proud
hospicio hospice; orphanage,
poorhouse
hostigar to scourge
hueco hollow, resounding; affected
huelga strike (*of workers*)
huérfano orphan
huerto orchard
hueso bone
huésped guest
humilde humble
humillar to humiliate; to humble
hundimiento sinking, collapse,
cave-in, crash

hundir to sink; to ruin; **—se** to cave
in, to collapse
hurto thieving; theft

ibérico Iberian
ibero Iberian
ida departure
idear to think up; to plan, to devise
idilio idyll
idolatrar to idolize
idóneo suitable
ignorar not to know, to be
ignorant of
ignoto unknown
igualar to equalize; to equate; to be
equal
iletrado uncultured, illiterate
iluso misguided, deluded
ilustración illustration; learning;
enlightenment
ilustrado informed, learned,
enlightened; illustrated
ilustrar to enlighten; to elucidate
ilustre illustrious
imaginero painter or sculptor of
religious images
imborrable indelible; ineradicable,
inerasable
impedir to prevent
imperante ruling, prevailing
imperar to rule, to reign, to hold
sway; to prevail
imperecedero imperishable
imperioso imperious; imperative
imponente (*adj.*) imposing; awe-
inspiring
imponer to impose; to dominate;
—se a to dominate, to command
respect from
importar to import; to be worth;
to involve, to imply; to be important;
to matter
impostergable compelling; urgent
imprenta printing; press
imprescindible essential,
indispensable

imprimir to print; to stamp;
  to imprint
improperio insult
impudicia immodesty
impuesto (*p.p. of* **imponer**) (*m.*) tax
impulsar to impel
impunemente with impunity
inagotable inexhaustible
inaplazable (*adj.*) which cannot be
  postponed, nondeferrable
inaudito unheard of
incansable tireless
incapaz incapable, unable,
  incompetent
incario Inca period; empire of the Incas
incauto unwary, unwise
incendio fire
incertidumbre (*f.*) uncertainty
incitante exciting
incluso enclosed; (*adv.*) besides,
  including, even
incógnito unknown; (*m. & f.*)
  incognito (*person*)
incomodar to disturb, to annoy;
  —**se** to become disturbed
incomodidad discomfort,
  inconvenience
incomunicado isolated
inconcebible inconceivable
inconciliable irreconcilable
inconcluso unfinished
inconscientemente unconsciously
incontrovertible indisputable
incrustado inlaid
inculto unrefined
incumbencia duty, obligation; **ser de
  la — de** to be within the province of
incumplimiento nonfulfillment, breach
indecible indescribable
indiada (*Am.*) gang *or* mass of Indians
indiano *Spaniard who returns rich
  from Spanish America*
indicio sign, token, indication;
  —**s** (*law*) evidence
indigesto undigested; confused
indignar to anger; —**se** to get indignant

indigno unworthy, contemptible
indiscutible indisputable,
  unquestionable
indoblegable unbending, unyielding
índole (*f.*) temper, disposition; class,
  kind
indomable unconquerable;
  indomitable
indómito untamable, indomitable,
  unruly
inducir to persuade, to influence
indudable certain, indubitable
indulto pardon
indumentaria apparel; clothing
inefable indescribable
ineficaz ineffective, ineffectual
ineluctable inevitable
inepcia ineptitude
inerme unarmed
inexpugnable impregnable;
  unconquerable
infamatorio defamatory, libelous
infame infamous; (*m.*) scoundrel
infantería infantry; — **de marina**
  marines; marine corps
infarto infarct
infiel (*adj.*) faithless; unfaithful;
  disloyal; (*m.*) infidel
infierno hell
influjo influence
infortunado unfortunate
infortunio misfortune
infringir to violate
infructuoso fruitless, unfruitful
ínfulas conceit, airs
infundir to inspire (*with*); to infuse;
  to imbue
ingeniar to think up; to contrive;
  —**se para** to manage
ingeniero (*n.*) engineer
ingenio talent, skill; talented person;
  sugar mill
ingénito innate
ingente huge
ingrato thankless; ungrateful;
  disagreeable; harsh, hard; (*m.*) ingrate

ingresar to enter
ingreso entrance; ingress; —s income
inhábil unable, unqualified; unskilled, unskillful
inhabilitación disqualification, incapacitation
inhóspito inhospitable
inigualado unequaled, uneven
injertar to engraft; to ingraft; to graft
inmarcesible unfading
inmediación proximity;
    inmediaciones environs, neighborhood
inmiscuir to mix; —se to interfere
inmóvil motionless
inmueble real estate
inmundo dirty, filthy
inquietante disquieting, disturbing
inquietar to worry; to move
inquieto anxious, worried; restless; (*n.*) restless person
inquietud (*f.*) uneasiness, restlessness, concern
inquilino tenant; (*Am.*) tenant farmer
inquina aversion, hatred, dislike
inquisidor inquirer, inquisitor
inscribir to inscribe; to enroll, to register
insensible imperceptible; insensitive
insigne noted, renowned
insinuar to suggest, to hint
insólito unusual, unaccustomed
insondable unfathomable, inscrutable
insoportable unbearable; intolerable
insostenible untenable
insuficiencia inadequacy
instar to urge
insustituible irreplaceable
intachable irreproachable
integrar to integrate; to form
intentar to attempt
intercalar to interpolate
intercambio interchange
interés (*m.*) interest; **intereses creados** vested interests
interesado interested party

interinamente temporarily
internado internship; boarding school
interrogante questioning; interrogative
intestino intestine, internal, domestic
intimidad intimacy, privacy
intitular to entitle
intocable untouchable
intranquilo uneasy
inundar to flood; to fill
inusitado unusual; out of use
inútil useless
inutilizar to render useless
inverosímil improbable, unlikely
inversión inversion, investment
inversionista investor
invertir to invest, to invert; to reverse
involucrado contained
ira anger
irredenta unredeemed
irremediable irremediable, incurable
isleño pertaining to an island; (*n.*) islander
izar to hoist

jactancia boasting, bragging, boastfulness
jalisciense pertaining to Jalisco (Mexico)
jaque (*m.*) check
jebe (*m.*) (*Am.*) rubber
jefe (*n.*) chief, leader, boss
jerarca chieftain
jerarquía hierarchy
jerga jargon
jinete (*m. & f.*) horseman, rider
jornada act; military expedition; trip, journey; event
jornalero day laborer
joya jewel
joyería jewelry
juerga carousal, spree
juez (*m.*) judge
juguete (*m.*) toy, plaything
juicio judgment; trial; **perder el —** to lose one's mind
junta council, meeting, conference

juntamente at the same time
juntar to join, to unite; to gather
junto (*adj.*) joined, united;
　—**s** together; **todo** — at the same
　time, all at once
jurado jury
juramento oath; **prestar** — to take
　oath
jurar to swear in, to take an oath
justicialismo justicialism (*Perón's
　political philosophy*)
justipreciar to appraise
juzgar to judge; to think; — **mal a**
　to think ill of

kafkiano nightmarish (*in Kafka-like
　style*)

laberinto labyrinth, maze
labrado adorned, decorated; carved;
　(*m.*) carving
labrador (*n.*) laborer
labranza farming; work
labrar to till; to carve
laca lacquer
lacayo lackey
lacio straight (*hair*)
ladera slope
ladino (*Am.*) mestizo (*mixed Spanish
　and Indian*)
lado side, direction, room; **al — de** by
　the side of; **dejar a un —** to skip,
　to leave aside
ladrillo brick
laico (*adj.*) lay, secular
lance (*m.*) incident, event; dispute
languidecer to languish
lanza lance
lanzamiento launch, hurl, throw,
　launching
lanzar to throw, to hurl; to launch
larga long; **a la —** in the long run
largamente at length
lastimero pitiful
lata can
latido beat, throb

latifundista large landowner
latigazo lashing, lash
latir to beat, to palpitate
laúd (*m.*) lute
lazarillo blind man's guide
lazo clasp, knot, tie, bond
leal loyal
lealtad loyalty; steadfastness
lector (*m.*) reader
lecho bed
legado legacy
legua league (*from 2.4 to 4.6 miles*)
legumbre (*f.*) vegetable
lejanía distance, distant place
lejano distant
lema (*m.*) motto, saying, slogan
lentitud slowness; **con —** slowly
leña firewood
lesión injury
lesionar to hurt, to injure
letargo lethargy
letra letter (*of alphabet*); handwriting;
　lyrics
letrero sign, label
levantamiento uprising
leve light, of little weight; trifling
ley (*f.*) law, norm, standard; — **del
　embudo** (*coll.*) one-sided law
léxico lexical; (*m.*) lexicon
libertador (*adj.*) liberating;
　(*m.*) liberator
libertar to free; to liberate
libertinaje (*m.*) libertinism
liberto freed, emancipated;
　(*n.*) freedman
librar to free; to save; to spare
licenciar to license; (*mil.*) to discharge
licencioso dissolute
liceo lyceum
lid (*f.*) contest, fight
liderazgo leadership
lienzo linen; canvas
ligar to tie, to bind
limar to file, to polish, to smooth
limeño pertaining to Lima (*Peru*);
　(*n.*) native of Lima

limitar to limit, to border; — **con** to border on
limosna alms, charity
linaje (*m.*) lineage, class
lindero boundary, edge
lino linen; (*bot.*) flax
lisonja flattery
listo bright, alert; ready
literato writer; literary person
litigio litigation, dispute
litoral littoral, coastal; (*m.*) littoral, coast, shore
llaga ulcer, sore
llama flame; llama
llamada call; sign, signal
llamado call
llamamiento call
llamarada flare-up; flush
llamativo showy, flashy, gaudy
llanto weeping; tears
llanura evenness, prairie
llovizna drizzle
locura madness, insanity
logia lodge
logrado successful
lograr to get, to obtain; to attain; — + *inf.* to succeed in + *ger.*
logro attainment, success, gain, profit
loma hill
lomo back (*of an animal, of a book*)
losa slab, stone
lote (*m.*) lot
loza china
lozano vigorous, gallant
luciente bright, shining, lucent
lucir to display; to shine; —**se** to show off
lucrar to get, to obtain; —**se** to profit
luego soon, at once, then; **desde** — of course; (*conj.*) therefore
lugarteniente deputy; lieutenant
lúgubre mournful; gloomy
lujo luxury
lujoso luxurious
lujurioso lustful, lecherous; (*n.*) lecher
lusitano Lusitanian; Portuguese

lustro period of five years
Lutero Luther
luto mourning

ma (*Am.*) wench; low-class girl; mother
macizo solid; massive; (*n.*) mountain mass
macho he-man
madera wood, piece of wood; lumber, timber
madero beam, log
madrugada dawn; break of day
madurez (*f.*) maturity, wisdom
maduro ripe, mature
maestría mastery
maestro (*adj.*) trained, expert; (*n.*) teacher; master; **obra maestra** masterpiece
magisterio teaching; teachers; teaching profession
magistrado magistrate, judge
mago magician, sorcerer
mahometano Mohammedan
maldad wickedness, evil
maldición curse, malediction
maldito cursed, damned
maléfico horrifying
maleza weeds, thicket
malhechor (*m.*) malefactor, criminal
malicia maliciousness, shrewdness
malogrado ill-fated
malograr to spoil, to waste
malsano unhealthy
maltratar to mistreat; to abuse
malvado (*adj.*) wicked, evil; (*n.*) evildoer
malla mesh; netted fabric
mampara screen
manada flock, herd, pack
mancebía brothel; licentious living
mancha blemish, stain
manchar to speckel; to stain; to pollute
mandatario mandatary; (*Am.*) chief executive (*of a country*)
mandato mandate; (*Am.*) term (*of office*)

mandioca manioc
mando command, control
manejar to manage; to handle; (*Am.*) to drive
manejo handling, management; (*Am.*) driving
maní (*m.*) peanut
maniatar to tie the hands of
manifestación demonstration
manifestar to tell, to declare, to state; to show
maniobra movement
maniobrar to maneuver
mansedumbre (*f.*) mildness
manso gentle, meek
mantener to support; to maintain; to keep up
mantenimiento maintenance, support
manto cloak, mantle
mantón (*m.*) large cloak; — **de Manila** Spanish shawl
manufacturero manufacturing
manumisión manumission, emancipation
maña craftiness, skill
maquillaje (*m.*) make up
maquinal mechanical
maquinar to scheme, to plot
maraña tangle
maravilla marvel, wonder
marca mark, stamp
marcado outstanding
marco frame
marchitar to fade; to wither
marfil (*m.*) ivory
margarita daisy
margen (*m.*) margin, edge; (*f.*) bank (*of a river*)
marimba popular instrument much like a xylophone
marina navy; **infantería de** — marines; marine corps
marinero sailor
marino (*adj.*) marine; (*m.*) seaman
mariposa butterfly
mármol (*m.*) marble

martillo hammer
mas but
masa mass; — **obrera** working class
matadero slaughterhouse
matanza killing, slaughter, massacre
mate *Paraguayan plant and tea-like drink*; (*adj.*) brownish color
materia matter; subject; — **prima** raw material
matiz (*m.*) shade, nuance
mayor greater, greatest; larger, largest; older, elder, oldest, eldest; senior; of age; main; high (*speaking of altar or mass*); major; **Estado** — General Staff; **ser** — **de edad** to be of (legal) age; (*m.*) superior; chief; head; major; **por** — (by) wholesale; —**es** elders, ancestors, forebearers
mayoría superiority, majority
mayoritario pertaining to the majority
mazorca ear (*of corn*)
mediano medium; average, fair, median
mediante by means of, through
mediar to mediate; to intervene; to take place
medicamento medicine
medida measure; moderation; **a** — **de** in proportion to, according to; **a** — **que** as, in proportion to; while
medievo Middle Ages
medio (*adj.*) half, middle, medium, average; **a medias** half and half; (*adv.*) half; (*m.*) half; midst, middle; medium; environment; means; —**s** means
medir to measure
mediterraneidad lack of seacoast
mediterráneo landlocked
medrar to thrive, to prosper
mejoramiento betterment, improvement

mendigo beggar

menester (*m.*) want, lack, need; job; **haber —** to need; **ser —** to be necessary

mengua diminution; **en — de** to the discredit of

menoscabar to impair, to damage

menospreciar to underrate, to undervalue

mensual monthly

ménsula corbel

mentar to mention

mentira lie, error; **parece —** it hardly seems possible

mentís (*m.*) flat denial

menudo small, little, minute; **a —** often

mercader (*m.*) merchant, dealer

mercadería commodity; **—s** goods, merchandise

mercado market; **— de valores** stock market

mercancía merchandise

merced favor, grace, mercy; **— a** thanks to

merecedor deserving

merecer to deserve, to merit; **— la pena** to be worthwhile

meridional meridional, southern

mermar to decrease, to diminish

mero mere

mescolanza (*coll.*) mixture; hodgepodge

meseta plateau

mestizaje (*m.*) crossbreeding; mixture (*e.g.,* **— cultural** cultural mixture)

meta goal

meter to put, to place

metralla shrapnel

mexicanismo Mexican word or expression

mezcla mixture

mezclar to mix, to blend, to mingle; to intermarry

mezcolanza mixture, interbreeding

mezquino wretched, poor, mean

mezquita mosque

miel (*f.*) honey

miembro limb, member

milagro miracle, wonder; **por—** miraculously

millar thousand

mimar to spoil, to pamper

minar to mine; to undermine

minero mining; (*m.*) miner, mine operator

minifundio division of land into small holdings

minoría minority

minuciosidad thoroughness, meticulousness

minucioso minute, meticulous

mira sight, target, objective

mirada glance, look

misa mass

misericordia mercy

misionero missionary

mismo (*adj. & indef. pron.*) same, own, similar, like, self

mitayo *Indian serving term of compulsory labor*

mítico mythic

mito myth

mochica *Indian ethnic group of the coast of northern Peru*

moda fashion, mode, style; **a la —** fashionable; **a la — de** in style of; **de —** in fashion

modal (*adj.*) modal; **—es** (*m. & f.*) manners

modalidad modality, form, method

modo mode, manner, way, method; **de — que** so that; **de ningún —** by no means; **de otro —** otherwise; **de todos —s** at any rate

mofarse de to mock; to make fun of

mojado wet

molicie (*f.*) fondness for luxury; sensual pleasures

moneda coil, money; **— corriente** currency; **— sonante** metal money; **— suelta** change; **casa de —** mint

monja (*f.*) nun
monje (*m.*) monk
monocultivo monoculture
  (*agriculture based on a single crop*)
montar to mount; to ride; to assemble
montaraz wild, untamed
monte (*m.*) woods; hills; mountain;
  — **bajo** scrub forest
monto amount, sum, total
montón (*m.*) pile, heap; **a montones**
  (*coll.*) in abundance
montonera (*Am.*) mounted guerilla
  group
morado purple
morador resident
moral (*f.*) ethics; conduct; (*adj.*)
  moral
mordida bite; (*coll.*) bribe (*in Mexico*)
moreno (*adj.*) dark-complexioned;
  (*coll.*) colored; (*n.*) brunette; colored
  person
morera (*bot.*) white mulberry
morisco Moorish
mortalidad mortality, death rate
mortandad mortality, massacre
mortífero deadly
mostrar to show, to pretend, —**se** to
  appear
mote (*m.*) motto, nickname
motejar to call names; — **de** to
  brand as
motín (*m.*) mutiny, uprising
moza girl
mozo (*adj.*) young, youthful;
  (*m.*) youth, lad, servant, waiter
muchedumbre (*f.*) crowd, multitude
mudanza change
mudo mute
muelle (*adj.*) soft; luxurious;
  (*m.*) spring, pier, wharf, dock
muerte (*f.*) death, murder
mulato *Brazilian term for a person of
  mixed Portuguese and African heritage*
multa fine
multisecular centuries old
mundial world wide, world

mundonovismo *a modernist literary
  movement with a national and
  continental emphasis*
municipio municipality; town council
muralla wall, rampart
muro wall
musulmán Moslem

nácar (*m.*) mother of pearl
naciente rising
nacimiento birth
nacista Nazi
nada (*f.*) nothing; anything
nadie (*pron.*) nobody, no one;
  anybody, anyone
natalidad birth rate
naturaleza nature
naufragio shipwreck
náufrago castaway
nave (*f.*) ship, vessel; (*arch.*) nave
navegar to sail
navío ship
necio stubborn; (*n.*) fool, bullheaded
  person
nefasto ominous; ill-fated
negar to deny, to refuse
negociado business; affair
negocio business, work
negrero (*adj. & m.*) Negro slave trader
negruzco blackish, dark
nervadura (*arch.*) rib
nevado snow-capped peak
nevera ice box, refrigerator
nido nest
niebla mist
nieto grandson, grandchild
ninguno (*adj.*) any, no; (*pron.*) any,
  none
nítida bright, clear, sharp
nocivo noxious, harmful
nogal (*m.*) walnut
nordomanía *slavish inclination to
  imitate the U.S.A.*
noreste northeast
noroeste (*m.*) northwest
norteño northern

notar to observe, to notice
noticia news, notice; **una —** a news item
notificar to notify
novedad newness, novelty, news
novelado in the form of a novel, novelized
novelar to write novels, to tell stories, to novelize
nube (*f.*) cloud
nudo knot
nueva news; fresh news
nuevamente newly; again
nunca (*adv.*) never
nulo null, void
nutrir to nourish, to feed

obedecer to obey; **— a** to yield to; to be due to
obispo bishop
obra work; **mano de —** labor; **—maestra** masterpiece
obrar to work
obrero pertaining to labor; (*m.*) workman, laborer
obsequiar to present; to entertain
obsequio gift, attention
obstaculizar to prevent; to obstruct, to hinder; (*coll.*) to be in the way
obstante: no — notwithstanding; nevertheless
obstinarse to persist
ocio leisure
ociosidad idleness
ocultar to hide; **—se** to set (*said of the sun*)
oculto hidden; mysterious
odiar to hate
oficio trade; function; **Santo —** Holy Office (*Inquisition*)
oidor (*m.*) judge (*in Colonial days*)
ojalá God grant; may . . .
ojeada glance; **echar una —** to cast a glance
ojiva ogive, a pointed arch
óleo oil; oil painting
olivo olive (*tree*)

olor (*m.*) odor, smell; scent, fragrance
olvidadizo forgetful; **hacerse el —** to pretend to be forgetful
ombligo umbilical cord, navel
ombú (*m.*) *Argentine tree typical of the pampa*
omnímodo all-embracing, all-inclusive
onda wave (*of light, sound, etc.*)
operario worker, laborer
oponer to oppose; **—se a** to resist; to oppose
opositor opponent, competitor; (*adj.*)(*Am.*) rival
oprimir to weigh down; to oppress; to hold down
optar to choose; **— por** to decide in favor of
opuesto (*p.p. of oponer*) (*adj.*) opposite
opulencia wealth
oración prayer
oráculo oracle
orfandad orphanage; orphanhood; abandonment, neglect
orfebrería gold or silver work
orgullo pride
orgulloso proud
orientador leading; (*m.*) leader
originario orginating, native, original
orilla shore, bank; edge
oriundo native, coming from
ornar to adorn
osar to dare
ostentar to show, to display, to make a show of; **—se** to show off
ostentoso ostentatious
otorgar to agree to; to grant, to confer
otrora formerly, of yore
oyente (*m. & f.*) listener, auditor, hearer

pa *abbreviation of* **para pactar** to agree to *or* upon
padecer to suffer, to endure; **— de** *or* **con** to suffer from
padecimiento suffering
padrastro stepfather

padrino godfather; sponsor
padrón (*m.*) poll, census; pattern, model
paga wage, salary
pago payment
paisaje (*m.*) landscape
paisajista landscape painter
paja straw, piece of straw
paladín (*m.*) champion
paliza beating
palmario clear, evident
palo stick, pole; blow with a stick
paloma dove, pigeon
palpable apparent
palpar to feel, to touch
palpitante palpitating, throbbing
paludismo malaria
pana corduroy
pandeana pertaining to the Greek god Pan; **flauta —** pan pipe
panegirista panegyrist; defender
pantalla lamp shade; screen
pantano swamp
panzudo big-bellied; paunchy
paño cloth
Papa Pope
papagayo parrot
papel (*m.*) paper; role, part; **desempeñar** *or* **hacer el — de** to play the role of; **hacer buen —** to make a good showing
par pair, couple; **a la —** jointly; **de — en —** wide open; **sin —** incomparable; **—es** peers
parachoques bumper; **estado —** buffer state
parado standing
parafrasear to paraphrase
páramo high barren region
parasitario parasitic
parcela plot, piece of ground; particle
pardo brown; dark; of mixed heritage (*in Brazil*)
parecido (*adj.*) like, similar; **bien —** good-looking; **— a** like; (*m.*) similarity, resemblance, likeness

pared wall
pareja pair, couple; dancing partner
parejo equal, like; even, smooth
parentela relations, kin
parentesco relationship, bond
pariente relative; **— político** in-law
parisiense Parisian
parlante talking; **hispano —** Spanish-speaking person
parra (*bot.*) grapevine
párroco parish priest
parroquia parish
parroquiano customer, buyer
particular special, private, individual
particularidad detail
partida departure, item in an account
partidario (*adj.*) partisan; (*m. & f.*) partisan, supporter
partido party, part, game, match
partir to divide, to distribute; to split; to start, to depart, to leave; **a — de** beginning with
pasillo small step; corridor, passage
pasmar to amaze; **pasmado** astonished
pastor shepherd
pastoreo pasturing
pasturaje (*m.*) pastureland
patente clear, evident
patíbulo scaffold (*for executions*)
patria native country, homeland
patrocinar to sponsor
patrocinio sponsorship, patronage
patrón (*m.*) landlord, owner; master, boss; pattern, standard; **— de oro** gold standard
patronato patronage
patrono employer, patron; landlord
paulatino slow, gradual
paulista pertaining to São Paulo
pauta standard, norm; model
pavor (*m.*) fear, terror
pavoroso frightful, terrible
pecado sin
pecuario pertaining to cattle

peculado embezzlement, graft
pedregal (*m.*) stony ground
pelea fight, battle
pelear to fight, to quarrel;
to struggle
peliagudo (*coll.*) tricky; arduous
peligro danger
peligroso dangerous
pelota ball
pena grief, punishment; penalty; **a —s** hardly; **a duras —s** with great difficulty; **valer la —** to be worthwhile
pendiente pending, expecting; (*f.*) slope
peninsular (*m. & f.*) people from mainland Spain; (*adj.*) peninsular
penoso difficult; painful
pensador thinking; (*n.*) thinker
pensamiento (*n.*) thought; mind; intention
penuria penury, poverty; deprivation
pentatónico pentatonic
peonaje (*m.*) gang of laborers
percance (*m.*) misfortune, mischance
percatarse to become aware of; to guard against
pérdida loss; waste, damage
perdonar to pardon, to forgive
perdurar to last a long time, to survive
perecedero mortal, fleeting, perishable
perecer to perish
peregrinación pilgrimage; wandering
pereza laziness, slowness
perfil (*m.*) profile, side view; cross section
perfilar to profile; to outline; **—se** to show one's profile; to begin to appear
periódico (*adj.*) periodic; (*m.*) newspaper
periodista (*m. & f.*) journalist
peripecia vicissitude
perito expert
perjudicar to harm, to damage

perjudicial harmful
permanecer to remain, to stay
peronismo Peronism (*doctrine of Perón*)
peronista pertaining to **peronismo**; (*m. & f.*) follower of **peronismo**
perseguir to pursue; to persecute
personaje character; person of importance
personalismo favoritism
personero representative, solicitor
perspicaz discerning; shrewd
pertenecer to belong
pertinaz persistent
perturbar to disturb
pesadilla nightmare
pesado heavy, clumsy, tiresome
pesar (*m.*) sorrow, regret; **a — de** in spite of
pesca (*f.*) fishing
pese a in spite of
peso weight, burden; heaviness
pesquera (*adj.*) fishing
pesquisa (*f.*) search, inquiry
pico beak; peak
pieza room
pilastra square pillar
pingüe abundant; profitable
pintor painter
pintura painting
pirotecnia pyrotechnics
pito whistle
placentero pleasurable
placer to please; (*m.*) pleasure
plagiar to plagiarize
plagio plagiarism
planear to plan; to outline
planicie plain; level ground
planificador planning
planificar to plan
plano (*adj.*) plane, flat, level, even; (*m.*) plan, map, level
planteamiento planning; execution; statement
plantear to plan, to outline; to state (*a problem*); to expound

plata silver
plateado silvery
platino platinum
plazo term, time, extension; **a —** on credit
plegar to fold; **—se** to yield, to give in
pleito dispute
pleno full, complete; joint (*session*); **en — día** in broad daylight, openly; **en plena primavera** at the height of spring
pliego sheet (*of paper*); document
plomo lead
pluma feather; pen
pluvial (*adj.*) pluvial, rain
población population; village, town, city
poblador founding, settling; (*n.*) founder, settler
poblar to people, to populate; to colonize
pobreza poverty; poorness
poder to be possible; to be able; (*m.*) power
poderío power, might; wealth
poderoso powerful, mighty; wealthy
podredumbre (*f.*) rottenness
polemizar to argue; to start a polemic
policentrista pertaining to many centers
política politics; policy; manners
polo pole
polvo powder; dust; **—s de arroz** rice powder
pólvora powder; gunpowder
ponderar to ponder; to praise highly
porcino pertaining to pigs; porcine
porfía persistence, stubbornness, obstinacy
porfiado persistent, stubborn, obstinate, opinionated
porfiar to persist; to argue stubbornly
pormenor (*m.*) detail
portaaviones aircraft carrier
portal (*m.*) vestibule; porch
portarse to behave; to act

porvenir (*m.*) future, promise
posbélico, postbélico postwar
poscolombino, postcolombino post-Columbian (*after 1492*)
posguerra, postguerra postwar period
postergación delaying; leaving behind; delay, postponement
posterior (*m.*) posterior, back, rear; (*adj.*) later, subsequent; **— a** later than
postor (*m.*) bidder
postre last, final; **a la —** at last, finally
postrero last, ultimate
postrimerías end
potencia potency; power; faculty; powerful country
potro colt, stallion
pozo well
pradera prairie; meadow
preciosismo preciosity
precipitado precipitant
preclaro illustrious; famous
precolombino pre-Columbian (*before 1492*)
preconizar to preconize, to commend publicly; to proclaim
predecir to predict, to foretell, to prophesy
prédica sermon; harangue
predicación preaching
predicador (*n.*) preacher
predicar to preach
predominio prodominance, superiority
pregonar to announce; to shout
prejuicio prejudice
premioso urgent
premura haste, urgency
prenda garment
prensa press, printing press
presa prey, booty
presagiar to presage, to forebode, to foretell
presagio presage, omen
prescribir to prescribe; to become invalid by default

presidio imprisonment; penitentiary
presidir to preside; to govern
preso imprisoned; (*n.*) prisoner;
  poner — a to arrest
préstamo lending, borrowing, loan
prestar to lend; **— atención** to pay
  attention; **— juramento** to take an
  oath
presunto presumed
presupuesto budget
pretender to pretend to; to claim;
  to try to do; to try for
pretérito past, bygone; preterit
prevalecer to prevail
prevenidamente in advance,
  beforehand
prevenido prepared, ready;
  foresighted
prevenir to prevent; to ancitipate;
  to warn
prever to foresee
previamente previously
previo previous, preceding
previsible foreseeable
primo (*adj.*) first; prime; (*n.*) cousin
primoroso exquisite
príncipe prince
prisa hurry, haste; urgency; **a —** *or* **de**
  — quickly, hurriedly; **dar — a** to
  rush
privar to deprive; to prohibit
probar to prove, to test
problemática series of problems
procedencia origen, source
procedente coming, originating
proceder to proceed; to behave; to be
  proper; **— de** to come from;
  (*m.*) conduct, behavior
procedimiento procedure,
  proceeding, process
proclama proclamation, ban
procurar to strive for, to endeavor;
  to get
productor producing; (*n.*) producer
proferir to utter
profesorado professorship; faculty

profundidad depth, profundity
profundizar to deepen, to make
  deeper; to fathom
prohombre leader
prole (*f.*) offspring, progeny
promedio average
prometer to promise
promover to promote, to advance
promulgación promulgation,
  publication
pronóstico prediction
pronunciamiento insurrection,
  uprising; decree
pronunciar to pronounce; to make
  (*a speech*); **—se** to rebel; to declare
  oneself
propensión (*f.*) inclination
propiamente (*adv.*) properly
propiedad property, ownership;
  proprietorship; **— literaria** copyright
propietario proprietor, owner
propio proper, suitable, characteristic;
  own
proponer to propose; to name; **—se**
  to plan
propósito purpose
propuesta proposal, proposition
propuesto (*adj.*) proposed
propugnar to defend, to protect
propulsar to repulse; to push forward
proscribir to outlaw
proseguir to follow, to continue
prosista (*m. & f.*) prose writer
proteger to protect
provecho advantage, benefit, profit,
  gain
provechoso advantageous, beneficial,
  profitable, useful
proveedor (*n.*) supplier, provider
proveer to provide, to furnish
proveniente coming, originating
provenir to come (from), to
  originate (in)
próvido provident, favorable
próximo next; neighboring, nearby
proyección projection

proyectar to project; to plan; to design
proyectil (*m.*) projectile; missile
proyecto project; — **de ley** bill
prueba (*f.*) proof
prurito itch; urge
púa point, sharp point; thorn
pudiente wealthy, rich, powerful
pudor (*m.*) modesty, reticence
puente (*m.*) bridge, deck;
— **colgante** suspension bridge
pueril childish
pues then, well, because, for, why;
— **bien** now then, well
puesto placed, put, set; (*m.*) place,
booth, stand; post, position
pugna struggle; contest
pugnar to fight, to struggle, to strive
pujante powerful
pulido polished
pulimentar to polish
pulir to polish; to finish
pulquería (*Am.*) pulque tavern
puna Andean tableland
punta end, tip; apex
punzón (*m.*) graver, burin (*instrument
for engraving*)
puñado handful; a few
puñal (*m.*) dagger
puño fist

quechua or **quichua** Quechuan;
(*m. & f.*) Quechua
quedar to stay; to be left; to fit
quehacer (*m.*) work, task
queja complaint, lament
quejarse to complain; to lament;
—**se de** to complain about *or* of
quemar to burn; to scald; to scorch
querella quarrel
querida mistress
querido dear; (*m.*) lover
querubín cherub
quiebra bankruptcy
quijotesco quixotic
quimera chimera; vain fancy; illusion
química chemistry

quina Peruvian bark
quinto fifth; — **real** (*crown's share of
the profits extracted from the Indies*)
quinua, quinoa (*Andean herb and seed
used as food*)
quirúrgico surgical
quitar to remove; to take away (off *or*
from); —**se** to take off
quiteño pertaining to Quito
(Ecuador); (*n.*) native of Quito
quizá(s) perhaps

rabioso rabid, mad
racionamiento rationing
radical radical; (*pertaining to the*)
Radical party of Argentina; (*m. & f.*)
member of the Radical party
radicarse to settle
radiografía X-ray picture
raigambre (*f.*) deep-rootedness
raíz (*f.*) root; **a** — **de** right after;
cortar de — to nip in the bud
rajadura cleft, crack
rajar to split; to crack
rama branch
rango rank
Rapa Nui Easter Island
rapaz rapacious, thievish
raptar to abduct; to kidnap
rascacielos skyscraper
rasgados (*adj.*) almond-shaped
[eyes]
rasgo trait, characteristic; —**s** features;
a grandes —**s** in bold strokes
raso smooth; flat; plain
ratificar to ratify
raya strip; line
rayuela hopscotch
razonamiento reasoning
reacio obstinate, stubborn
real real; royal
realización fulfillment
realizar to fulfill, to accomplish,
to carry out; —**se** to be carried out
realzar to make prominent, to enhance
reanudar to renew, to resume

rebaja lowering; diminution
rebajar to reduce; to diminish
rebaño herd, flock
rebasar to pass, to go beyond
rebatir to refute
rebeldía rebelliousness, defiance
rebuscado affected, unnatural
rebuscar to search into
recalcar to emphasize
recargado overdone
recelo suspicion, fear
recién recently; — **nacido** newborn
recio strong; thick
reclamar to claim; to demand; to reclaim
reclamo reclamation
recluir to seclude; to shut in
reclutamiento recruiting, recruitment, year's recruit
reclutar to recruit
recobrar to recover, to regain
recoger to pick up, to gather, to collect; to harvest
recompensa recompense, reward
reconocer to recognize; to admit
reconocimiento recognition
recordar to remember; to remind
recordador reminder
recorrer to cross; to run over; to travel over
recorrido trip, run, path, route
recrear to amuse
recto straight, right (*angle*); honest; right, just
recuerdo memory; recollection; souvenir
recurrir to resort
recurso recourse; resource; resort
rechazar to reject
rechazo rejection
red (*f.*) network
redacción (*f.*) editing, wording; drafting
redactar to write up; to work; to draft
redención redemption
redentor (*m.*) redeemer

redescubrir to rediscover
redimir to redeem
redondez (*f.*) roundness
reducción settlement
reducido reduced; small
reducir to reduce; —**se** to confine oneself; —**se a** to come to, to amount to
reemplazar to replace
reencuentro clash, collision; meeting again
referir to refer; to tell, narrate, report; —**se** to refer
reflejar to reflect; to show, reveal
reflejo reflex, reflection, glare
reflexionar to reflect, to think
reformador (*n.*) reformer
refriega fray
refuerzo reinforcement
refugiado refugee
refugiar to shelter; —**se** to take refuge
regar to water, to irrigate
régimen (*m.*) regime; — **alimenticio** diet
regir to rule, to govern, to control; to manage; to prevail, to be in force
registrar to record; to search
regla rule; en — in order
reglamentación regulation
reglamento regulation
regocijado glad, happy, rejoicing
regocijo enjoyment, satisfaction
reguero trickle
rehacer to do over, to remake; —**se** to recover
rehusar to refuse; to turn down
reina queen
reinado reign
reinante reigning; prevailing
reincidir to backslide; to repeat an offense
reiniciar to begin again; to initiate again
reino kingdom
reintegrar to reintegrate; to restore; to pay back

reivindicar to replevy; to claim *or* demand (*e.g., one's rights*)

reja iron grating, bars (*of a window*)

relámpago lightning; quick person *or* action

relato narrative

relevar to relieve; to release

relieve (*m.*) (art) relief

relucir to shine

remate (*m.*) sale

remedar to imitate

remedo imitation, copy; mockery, mimicking

remesa remittance; shipment

remontarse to go back

remunerador (*adj.*) remunerating; (*n.*) remunerator

renacentista of *or* pertaining to the Renaissance

renacer to be reborn, to be born again; to bloom again

renaciente renascent

renacimiento Renaissance, rebirth

rendimiento weariness, faintness; submission; yield, income

rendir to yield; —**se** to surrender

renegar to deny; to abhor

renglón (*m.*) line (of writing); item

renovador renewing, reviving; (*n.*) renovator

renovar to renew; to renovate

renta income

renuncia renunciation, resignation

reñir to quarrel

repartimiento distribution; assessment; dealing

repartir to distribute; to deal (*cards*); to divide

reparto distribution, delivery

repentino sudden, unexpected

repercutir to reverberate

repleto full, loaded

reponer to replace; to put back; to restore; to reply, to retort; —**se** to recover; to calm down

reposo (*m.*) repose, rest

reprender to scold

represa dam; damming; check, repression

reprimir to check, to curb; to repress

repudio repudiation

repugnar to repel; to disgust

requerir to require; to need

res (*f.*) head of cattle

resabio unpleasant aftertaste; vice

resaltar to stand out

rescatar to redeem, to rescue, to recover

rescate (*m.*) ransom

reseñar to review; to outline briefly, to give a short account of

resguardar to protect; to guard

resorte (*m.*) spring (device); means

respaldar to back, to endorse

respaldo endorsement; support

resplandeciente brilliant; radiant

restituir to return, to restore

resuelto resolute, determined; quick

resumen (*m.*) summary, résumé; **en** — in a word, to sum up

resurgir to resurge, to revive

retablo altarpiece

retaguardia rear

retahíla string, line

retar to challenge

retirada retreat

retocar to retouch, to touch up; to finish

retraso delay; lag

retratar to portray; to photograph

retrato portrait, photograph

retroceder to go back

retroceso retrocession

reunir to join, to unite; to assemble, to gather together, to bring together; to reunite; —**se** to meet, to assemble

revalidar to confirm; to revalidate

revaloración revaluation

revancha revenge

revelador revealing

revelar to reveal

revuelta revolt
rezago residue, remainder
rezar to pray
ribera shore, bank
rienda rein; **dar — suelta a** to give free rein to
riesgo risk, danger
rincón (*m.*) corner
riña fight
riqueza wealth, riches, richness
risa laugh, laughter
risible laughable
risueño smiling
rivalidad rivalry
roble (*m.*) oak
robustecer to make strong, to strengthen
roce (*m.*) rubbing, contact; frequent contact
rodear to surround; to go around
roto broken, shattered, torn; (*n.*) poor Chilean
rótulo label, title, poster, showbill
rozar to graze, to rub
rubio blond
rudo coarse, rough, rude; severe
ruin (*adj.*) mean, base, vile; (*m.*) wicked, mean, *or* vile man
ruiseñor (*m.*) nightingale
rumbo course, direction
rumor (*m.*) sound, noise; murmur

sabana savannah (*large treeless plain*)
saber (*m.*) knowledge, learning
sabiduría wisdom
sabio wise, learned; (*m.*) wise man, scholar
sabotear to sabotage
sacar to extract, to draw out; to take (or bring) out; to get
sacerdocio priesthood
sacerdote (*m.*) priest
saciar to satiate; **—se** to become satiated
sacristía sacristy
sacudir to shake, to jolt, to throw off

sagaz sagacious, wise
sagrado sacred
sagrario sanctuary, shrine; ciborium
sainete (*m.*) one-act farce
saldo balance; remnant
salida start, leaving, departure, exit
salitre (*m.*) nitrate
salitrera nitrate bed
salmantino pertaining to Salamanca; (*m.*) native of Salamanca
salomónica (*arch.*) twisted (*column*)
salpicado sprinkled
saltar to jump, to jump over, to leap, to skip; **— a la vista** to be obvious
saltatrás (*m. & f.*) throwback
salteador (*n.*) bandit, holdup man
salto jump, leap; waterfall
salubridad health
salvaje wild, savage; (*m. & f.*) savage
salvajismo savagery, savageness
salvar to save; to salvage
salvedad reservation; qualification
salvo safe; omitted; **a —** out of danger
sancionar to sanction; to authorize; to ratify
sandinista *Nicaraguan political party named after Augusto C. Sandino*
sangrar to bleed; to drain
sangriento bleeding, bloody, cruel
Santa Sede Holy See
saña rage, fury
sapiencia wisdom
saquear to sack, to plunder
saqueo booty, plunder, sacking
sastrería tailoring, tailor shop
satisfacer to satisfy
satisfecho satisfied, content, contented
savia sap
sebo tallow; grease, fat
secesión secession, separation
secesionista separatist
sectarismo sectarianism
secuaz (*m.*) supporter, follower
secuestrar to kidnap
secuestro kidnapping
seda silk

sede (*f.*) headquarters; see
sedicioso (*adj.*) seditious; rebellious; (*n.*) rebel
sedimentar to sediment, to settle
seguidillas *Spanish dance and song*
segundón (*m.*) second son, younger son
sello seal, stamp; — **de correo** postage stamp
semblanza portrait; biographical sketch
sembrar to sow, to plant, to scatter, to spread
semejante (*adj.*) like, such, similar; —**s** alike; — **a** like; (*m.*) fellow, fellow man
semejanza similarity, resemblance, likeness
semilla seed
senda path, way
sendero path
seno bosom, breast; womb
sensato sensible
sentido felt; experienced; sensitive; (*n.*) sense; direction, course; meaning
sentimiento sentiment, feeling; sorrow, regret
seña sign, mark; password, watchword
señal (*f.*) sign, mark; landmark; bookmark; trace, signal; **en — de** in proof of; **ni —** not a trace of
señalar to mark; to show
señorear to dominate, to rule; to master
señorón (*m.*) big shot, bigwig
septentrional northern
sepultar to bury
sequedad dryness, barrenness
sequía drought
serrano (*adj.*) highland; (*n.*) highlander
servidor servant
servidumbre (*f.*) servitude; servants
sideral sidereal, astral

siderurgia siderurgy, iron and steel industry
siderúrgico (*pertaining to*) iron and steel
sien (*f.*) temple
sierra (*f.*) saw; mountain range
siervo slave, serf; humble servant
siglo century
siguiente (*adj.*) next; following
silvestre wild
similitud similitude
simplista simplistic, oversimplifying; (*m. & f.*) simplistic person
simulacro semblance, pretense; sham battle
sincrético syncretic (*uniting conflicting beliefs*)
sindical syndical (*pertaining to labor unions*)
sindicato union, labor union, trade union
sinecura sinecure; easy position
sino (*conj.*) but, except; — **que** but; (*m.*) fate, destiny
sinsabor (*m.*) trouble
sinvergüenza shameless
siquiera (*adv.*) at least; even; (*conj.*) although, even though
sitiar to besiege, lay siege to
sitio place, site; siege
soberanía sovereignty
soberano sovereign
soberbia pride; presumption
soberbio proud, arrogant; superb; fiery
sobornar to bribe
soborno bribery, subornation
sobra surplus, excess
sobrecoger to surprise; —**se** to be surprised
sobrellevar to endure
sobrepasar to surpass, to excel; —**se** to go too far
sobreponer to superpose, to put on top, to superimpose; —**se** to control oneself; to triumph over adversity

sobresaliente outstanding
sobresalir to be prominent; to excel
sobrevenir to happen, to take place
sobreviviente surviving; (*m. & f.*) survivor
sobrevivir to survive
socavón (*m.*) cavern, gallery, shaft, tunnel
socio partner
sofisma (*m.*) sophism (*a fallacy which may be designed to deceive*)
sofístico sophistic (*with fallacious reasoning*)
sofocar to suffocate; to smash
soga rope
sojuzgar to subjugate, to subdue
soldadura soldering, welding
soledad solitude
solidario (*adj.*) solitary
soler + *inf.* to be accustomed to + *inf.*
soltero (*adj.*) single, unmarried; (*m.*) bachelor
solterón inveterate bachelor
sombrío gloomy, sombre
someter to subject; to submit; to subdue; —**se** to humble oneself; to submit, to surrender; —**se a** to submit to
sometimiento subjection, submission
sonar to sound; to ring
soplar to blow
sordo deaf
sorna cunning; **con** — furtively
sorprender to surprise
sosiego quiet, tranquillity
sospecha suspicion
sospechar to suspect
sostén (*m.*) support
sostenedor (*n.*) supporter, sustainer; (*adj.*) supporting, sustaining
sostener to support, to hold up, to sustain; to maintain
súbito subject
subir to rise, to go up; to raise, to hoist
súbito sudden; **de** — suddenly

sublevación uprising, revolt
sublevar to incite to rebellion; —**se** to revolt
subproducto by-product
subrayar to underline; to emphasize
subsistir to last, to survive
substrato substratum, foundation, base
subsuelo subsoil
suceder to happen; to succeed; to follow
suceso event, happening
sucesor succeeding; (*n.*) successor
sucinto concise
sudor (*m.*) swear, perspiration
suegro father-in-law
suelo ground, soil, land; floor
sufragar to defray; to pay; to help; (*Am.*) to vote
sufragio suffrage, vote
sufrimiento suffering
sugerencia suggestion
sugerente suggestive
sugerir to suggest
sui géneris of its own peculiar kind
suizo Swiss
sujetar to subject; to subdue
sujeto subject; liable; fastened
suma sum; **en** — in short
sumar to add; to amount; —**se a** to adhere to; to become attached to
sumido sank
suministrar to provide, to supply
sumirse to sink
sumiso submissive
sumo high, great, extreme, supreme; **a lo** — at most, at the most
superación surpassing, excelling, winning, overcoming
superar to surpass, to excel; to improve; to overcome
supercarretera superhighway
superficie surface
superponer to superpose
suponer to suppose, to assume; to presuppose
suprimir to suppress; to eliminate

supuesto supposed, assumed, hypothetical; **por —** of course
sureño southern
surgir to spring up; to arise; to appear
suscitador stirring; (*f.*) stirrer; originator, promoter
suscitar to stir up, to provoke
suspender to suspend, to hand; to postpone; to flank, to fail
suspicacia distrust
sustentar to sustain, to support, to feed; to maintain
sustraer *or* **substraer** to remove; to deduct
sutil subtle

tabla board, plank; **—s** stage
tablado boards, stage
tabú (*m.*) taboo
tácito implied
tachar to cross out; to censure
tajada slice
tal such, so, as; **— como** just as; **—vez** perhaps; **con — que** provided that
talla stature
talladura carving, cutting, engraving
tallar to carve; to engrave
taller (*m.*) workshop, studio
tallo stem, stalk
tamaño size
tambaleante tottering, staggering
tambor (*m.*) drum
tampoco (*adv.*) neither, either, nor
tanto so much, so many
tapiz (*m.*) tapestry
tardar (**en**) to take long; to delay
tardío late, tardy
tarea task, job, work
tasa appraisal; measure, standard, rate; ceiling price
técnica technique, technology
técnico technical; (*m.*) technician; expert
techado roof
techo ceiling; roof
techumbre (*f.*) roof; ceiling

teja roof tile
tejado tile roof
tejer to weave
tejido textile; weave
tela cloth, fabric, textile
telón de fondo (*m.*) background
telúrico telluric (*pertaining to earth*)
tema (*m.*) theme
temática subject matter
temblar to shake, to tremble
temblor (*m.*) tremor
temer to fear
temerario rash, reckless, hasty
temeroso fearful, dreadful
temible dreadful, fearful
temor (*m.*) fear
templado temperate, lukewarm
templo temple, church
temporada season; period; time of year
tempranamente early, soon
tenaz tenacious
tendencioso biased
tender to tend
tenentismo (*Portuguese*) *Movement against corruption in the 1920s carried out by young Brazilian lieutenants* (**tenentes**)
teniente lieutenant
teñido dyeing; staining
teñir to dye
teocalli, teocali (*God's house*) *ancient Mexican temple*
teórico theoretic; (*n.*) theoretician
teorizar to theorize, to theorize on, to deal theoretically with
terapéutico therapeutic; (*f.*) therapeutics
terciopelo velvet
terco stubborn
tergiversar to twist (*statements, facts, etc.*)
término end, limit, boundary, term; **primer —** foreground; **último —** background; **— medio** average
ternura tenderness
terquedad stubbornness

terraplén (*m.*) rampart
terrateniente (*m. & f.*) landholder, landowner, landlord
terremoto earthquake
terruño soil; country, native soil
tertulia party
tesoro treasure, treasury
testigo (*m. & f.*) witness
tez (*f.*) complexion, skin
tibio tepid, lukewarm
tierra earth, ground, dirt; land
tildar to write an accent; to accuse; to stigmatize, to brand
timbal (*m.*) kettledrum
timbre (*m.*) bell, stamp
tinaja large earthen jar
tiniebla(s) darkness
tintóreo dyeing
tirano (*adj.*) tyrannous; (*n.*) tyrant
tirar to throw; to pull; to print; to knock down
títere (*m.*) puppet
titular (*adj.*) titular; (*m.*) headline; (*v.*) to title, entitle; —**se** to receive a title; to be called, to call oneself
título title, degree; —**s** qualifications, credentials
tonada melody, song, tune
tono tone, pitch; **a** — **con** in tune with, in harmony with
torbellino whirlwind
torcer to twist; to bend; to turn
tornar to return; —**se** to become; to turn
torno turn; **en** — around, about; **en** — **de, en** — **a** around, about
torpe awkward; stupid
torreón (*m.*) fortified tower; turret
tosco crude, coarse, rough
totora reed
traba obstacle
trabajoso hard, arduous, laborious; unpleasant, annoying
traición treachery, treason; **a** — *or* **a la** — treacherously
traicionar to betray

traidor (*adj.*) treacherous; (*n.*) traitor, betrayer
traje (*m.*) costume, dress, suit
trama texture; plot, scheme
trampear to trick, to swindle, to cheat
trampolín (*m.*) springboard
tramposo tricky; deceitful; (*n.*) cheat
trance (*m.*) critical moment; **a todo** — at any risk
transcurrir to pass, to elapse
transcurso course; lapse (*of time*)
transigir to settle; to compromise; — **con** to compromise on
tras after, behind; in search of; besides
trasero (*adj.*) back, rear; (*m.*) buttock
trasladar to transfer; to translate; to postpone; —**se** to move
trastornar to upset, to overturn; to disturb
trastorno upset, upheaval; disturbance
trata trade
tratado treaty; treatise
tratar to handle, to deal with; to treat; — **a uno de** to address someone as; —**se de** to be a question of
trato treatment; dealings
través (*m.*) reverse; **a** *or* **al** — **de** through, across
travesía crossing
trayectoria trajectory
traza appearance, aspect
trazo trace; stroke
tregua truce
trepar to climb
tríade (*f.*) triad
trigo wheat
trillado trite; hackneyed
trinchera trench
tristeza sorrow, grief, sadness
triturar to triturate; (*fig.*) to tear to pieces
trocar to exchange; —**se** to change
trocha trail, road; (*Am.*) gauge (*of track*)
tronco trunk; leg; stock; origin
trono throne

tropel (*m.*) jumble, confusion; crowd

tropezar to hit, to strike; to stumble; — **con** to meet

tropiezo stumble; stumbling block, obstacle; fault

trovar to write verse (*particularly by a troubador or for him*)

trozo piece, fragment; part; passage

trueno thunder

trueque (*m.*) barter; trade-in; **a — de** in exchange for

trujillano pertaining to Trujillo (Peru); (*m.*) native of Trujillo

trunco truncated

tugurio small room; poor hut

tullido crippled

tumbar to knock down; to tumble

tupido thick, dense

turbar to disturb, to trouble, to stir up

turbio turbid, muddy, confused, obscure

turno turn, shift; **por —** in turn; **por — s** by turns; **de —** taking turn

tutela tutelage; protection

tuteo *addressing a person in the Spanish second person singular*

ubicación location, situation

ubicar (*Am.*) to place; —**se** to be located *or* situated

ufanarse to boast

ultrajar to outrage, to abuse

ultramar: en — overseas

ultraterreno life beyond

umbral (*m.*) threshold

unificador unifying

uña nail, fingernail, toenail

urbe (*f.*) big city

urgir to be urgent

usufructo enjoyment, profit

usufructuar to enjoy

útil useful; —**es** (*m. pl.*) tools, equipment

utilidad utility, usefulness; profit; earning

utilitarismo utilitarianism

vaciar to drain, to empty

vacío vacant, vacuous, empty

vacuno bovine

vacuo empty; vacant; (*m.*) hollow, vacuum

vagar to wander, to roam

vago (*adj.*) wandering, vagabond; idle, lazy; vague; (*m.*) vagabond

vaivén (*m.*) swing, backward and forward motion; wavering

valentía (*f.*) courage; boldness

valer to be worth; to cost; —**se** to help oneself; —**se de** to make use of

valor (*m.*) value; courage

vals (*m.*) waltz

valle (*m.*) valley

vanadio vanadium

vanagloriarse to boast

vanidoso vain

varita little wand, staff

vasco Basque

vaticinio prediction, prophecy

vecindad neighborhood, vicinity

vecino neighboring, near; (*n.*) neighbor, native

vedar to forbid, to prohibit

vejez (*f.*) old age

velar to guard, to watch; to veil; — **por** to watch over

veleidoso capricious

vencedor conquering; (*n.*) victor, conqueror, winner

vencer to conquer, to vanquish, to overcome

vendaval (*m.*) strong wind

veneno poison

vengar to revenge; —**se** to take revenge

vengativo vengeful, vindictive

ventaja advantage

ventajoso advantageous, profitable

ventura happiness; chance

veraniego (*pertaining to*) summer

verdugo executioner

vergüenza shame; disgrace; shyness; **tener —** to be ashamed

verificar to verify, to check, to inspect;
—**se** to be verified; to take place
vértice (*m.*) vertex
vertiente (*f.*) slope
vestimenta clothes
vía road, route, way; track (*rail*);
— **férrea** railway; — **pública**
thoroughfare;— **de comunicación**
communications
viciar to vitiate; to falsify;
to adulterate
vicio vice, viciousness
vicuña Andean mammal similar to
the llama and the alpaca
vid (*f.*) (*bot.*) grapevine
vidrio glass
vientre (*m.*) belly; bowels; womb
viga beam
vigencia force, operation; use; vogue;
en — in force, in effect
vigente effective, in force, of today
vilipendiar to vilify, to scorn
villa village
villancico Christmas carol
villista pertaining to Pancho Villa;
(*m. & f.*) follower of Villa
vinculación binding; connection
vincular to tie; to bind; to unite;
to found (*e.g., hopes on*)
vínculo bond, tie
vindicar to vindicate, to avenge
viña vineyard
violentar to do violence to; to break
into; —**se** to force oneself
viraje (*m.*) turn, change of direction
virar to turn, to veer
virreinato viceroyalty, viceroyship
virrey viceroy
virtud virtue
viruela smallpox
vislumbrar to glimpse; to suspect,
to surmise; —**se** to glimmer; to
loom, to appear indistinctly
víspera (*f.*) eve, day before
vistazo glance; **dar un** — to look over

visto obvious; in view of; **bien** —
looked on with approval; **por lo** —
evidently; — **bueno** approved, okay
vistoso (*adj.*) gay, bright, showy
vitalicio (*adj.*) lifetime; life, lasting
for life
¡viva! long live . . . !
vivaz vivacious; keen
víveres (*m. pl.*) food, supplies
vivienda dwelling; housing
vocablo word, term
vocero spokesman, mouthpiece
vocinglero (*n.*) loudmouthed;
chattering
volar to fly; to run swiftly
voluntad will; love; **de buena** —
willingly; **ganarse la** — to win the
favor
vórtice (*m.*) vortex; center of a cyclone
voto vow, vote; **hacer —s** to wish, to hope
vuelco upset, overturning
vuelta turn, rotation, revolution; walk;
a la — on returning; **a la** — **de** at the
end of, after, around; **dar —s** to turn
vulgar (*adj.*) vulgar, common; popular

ya already, now, then, soon; — **que**
inasmuch as
yacer to lie
yacimiento mine, deposit
yerba grass; herb
yodo (*m.*) iodine
yuca (*f.*) casava
yugo yoke
yuxtaposición (*f.*) juxtaposition,
placed side by side

zafra grinding season in the sugar
industry; sugar crop; sugar harvest
zaga: a la — behind; at the end
zambo (*Am.*) person of Indian and
Negro parents
zanjar to surmount, to overcome
zarpar (*naut.*) to set sail
zozobra anguish

Índice

Chocano, José Santos, 255
Christophe, Henri, 6
Churriguera, José, 284
Churrigueresco, estilo de, 80, 283
Cien años de soledad (García Márquez), 264
Cieza de León, Pedro, 96
Clarinda (seudónimo), 99
El clima de Lima (Unanue), 110
Cochrane, Thomas A., 115, 124
Colombia, 7, 8, 16, 17, 21, 113–114, 180–185
Colón, Bartolomé, 236
Colón, Cristóbal, 5, 44–46, 64, 96, 227–228, 236, 241
Colón, Diego, 236
Colorado (partido), 147–148
Comentarios reales (Garcilaso de la Vega), 54, 97–98
compadrazgo, 23–25, 70–71
Compêndio narrativo de peregrino da América (Marqués Pereira), 101
Compra Gadsden, 194
Concierto para violín y orquesta (Chávez), 334
Concolorcovo (seudónimo), 94
concretismo, 315
Confederación de Trabajadores Mexicanos, 198
Confederación Granadina, 181
Confederación Perú-Boliviana, 157, 164
Conflicto y armonía de las razas en América (Sarmiento), 252–253
Congreso Nacional, estilo arquitectónico de, 291
Consejo de Indias, 66, 83
Constant, Benjamín, 125
construcciones civiles, arquitectura de, 289–290, 295–297
construcciones militares, arquitectura de, 288–289
los Contra, 216
Contrato social (Rousseau), 112
Corales criollos No. 3 (Castro), 337
Coronación (Donoso), 265
Coronado, Francisco Váquez de, 51–52
Coronel, Pedro, 317
Correa, Rafael, 178

corregimiento, 66
Cortázar, Julio, 262–263
Cortés, Hernán, 47–49, 50, 72, 96
Cortés, Martín, 107
Costa, Lúcio, 294
Costa Rica, 21, 50, 217–219
Cotopaxi (pico), 180
Cozumel (isla), 14
criollismo, 256–257
criollos, 67–68
Crónica del Perú (Cieza de León), 96
Crónica de una muerte anunciada (García Márquez), 265
Cruz, Sor Juana Inés de la, 88, 99
Cuauhtémoc, 49
Cuba, 7, 14, 21, 45, 64, 227–235, 331–333
Cubas Grau, Raúl, 150–151
Cuentos andinos (López Albújar), 261
Cuervo, Rufino José, 184
Cumandá (León Mera), 253
Cunha, Euclides da, 257
Cuzco, Perú, 36, 55, 169, 305–308

D
Darío, Rubén, 255, 256
Declaración de los Derechos del Hombre y del Ciudadano, 109, 111
deculturación africana, 346–349
D'Escoto, Miguel, 356
despotismo estético, 257–258
Dessalines, Jean Jacques, 6, 238
"Día do Fico", 123
Diario de viaje (Colón), 96
Díaz, Porfirio, 195–196
Díaz del Castillo, Bernal, 96
Díaz de Solís, Juan, 47, 137
Díaz Mirón, Salvador, 255
Díaz Ordaz, Gustavo, 199–200
Díaz Valcárcel, Emilio, 266
Diccionario de construcción y régimen (Cuervo), 184
Diente del Parnaso (Valle y Caviedes), 99
Discurso en loor de la poesía (Clarinda), 99
Dom Casmurro (Machado de Assis), 254
Doña Bárbara (Gallegos), 186, 259
Doña Marina, 72
donatários, 80–81, 83

Photo Credits

Chapter 1 Page 3: ©The Thomson Corporation/Heinle Image Resource Bank Chapter 2 Pages 13 & 16: ©age fotostock/SuperStock Pages 17 & 22: ©The Thomson Corporation/Heinle Image Resource Bank Chapter 3 Page 29: ©age fotostock/SuperStock Page 32: ©World Pictures/Alamy Page 33: ©age fotostock/SuperStock Page 35: Image copyright ©The Metropolitan Museum of Art/Art Resource, NY Page 36: ©age fotostock/SuperStock Page 39: ©Photos.com Select/Index/Open Page 40: ©Visual Arts Library (London)/Alamy Chapter 4 Page 44: Library of Congress Pages 45 & 48: Courtesy of The Hispanic Society Page 50: Courtesy of St. John's County Visitors and Convention Bureau Page 53: Courtesy of The Hispanic Society Page 55: Archivo Guillen/Instituto Nacional de Cultura Page 57: Courtesy of the Hispanic Society of America Chapter 5 Pages 63, 65, 67, & 69: Archivo Guillen/Instituto Nacional de Cultura Chapter 6 Page 78: Columbus Memorial Library/Organización de los Estados Americanos Pages 79 & 80: ©eMotionQuest/Alamy Chapter 7 Pages 88, 89, & 92: Columbus Memorial Library/Organización de los Estados Americanos Pages 97 & 98: Archivo Guillen/Instituto Nacional de Cultura Chapter 8 Pages 106, 107, & 111: Columbus Memorial Library/Organización de los Estados Americanos Pages 112, 114, & 115: Archivo Guillen/Instituto Nacional de Cultura Chapter 9 Pages 123 & 127: ©Image State/Alamy Page 130: ©Douglas Pulsipher/Alamy Chapter 10 Pages 137 & 146: ©Per Karlsson-BKWine.com/Alamy Chapter 11 Page 157: The United Nations Page 162: ©Abstractic/morguefile.com Page 166: The United Nations Page 169: ©The Thomson Corporation/Heinle Image Resource Bank Page 171: ©Steve Vidler/Image State/Jupiterimages Chapter 12 Page 177: ©Jeremy Woodhouse/Digital Vision/Getty Images Page 179: ©Index Open Page 184: ©Julio Etchart/The Images Works Page 188: ©Jeremy Woodhouse/Digital Vision/Getty Images Chapter 13 Page 193: ©Royalty Free/Corbis Page 197: Rivera, Diego (1866–1957) ©Banco de Mexico Trust Agrarian Leader Zapata, 1931, Fresco 7′ 9 2/3″ x 6′ 2″. Abby Aldrich Rockefeller Fund (1931/1940) Digital image ©The Museum of Modern Art/Licensed by SCALA/Art Resource, NY Pages 199 & 202: ©Royalty Free/Corbis Chapter 14 Pages 207 & 210: ©Gabriela Hasbun/The Image Bank/Getty Images Page 217: ©The Thomson Corporation/Heinle Image Resource Bank Page 221: Cortesia de la Comision del Canal de Panama Chapter 15 Page 226: Courtesy of Dominican Republic Ministry of Tourism Page 232: Columbus Memorial Library/OAS Pages 241 & 242: Courtesy of Dominican Republic Ministry of Tourism Page 245: ©mconnors/morguefile.com Chapter 16 Page 251: ©Associated Press Page 258: Columbus Memorial Library/OAS Page 263: ©Time & Life Pictures/Getty Images Page 264: ©Associated Press Page 267: Courtesy of the Hispanic Society of America Page 271: ©Christopher Pillitz/Alamy Chapter 17 Page 276: ©Royalty Free/Corbis Page 277: ©Paul Springett/Alamy Page 279: ©Emmanuel Lattes/Alamy Page 282: ©Archivo Guillen/Instituto Nacional de Cultura Page 284: ©Kevin Schafer/Alamy Page 286: Courtesy the Brazilian Tourist Authority Page 287: ©Tibor Bognar/Alamy Page 289: ©Juliet Ferguson/Alamy Page 290: Courtesy of Dominican Republic Ministry of Tourism Pages 291 & 292: Archivo Guillen/Instituto Nacional de Cultura Page 293: ©Paul Springett/Alamy Chapter 18 Page 300: Courtesy, National Museum of the American Indian, Smithsonian Institution Page 308: Courtesy of the author. Page 310: El Florero, 1935 Diego Rivera (1886–1957 Mexican) Oil & Tempera on masonite, San Francisco Museum of Modern Art/Superstock ©Banco de Mexico Rivera & Frida Kahlo Museums Trust Page 313: Siqueiros, David Alfaro (1896–1974) ©ART NY Eco de un grito, 1937, Enamel on wood 48″ × 36″. Gift of Edward M. M. Warburg (633.1939) The Museum of Modern Art, New York, USA. Digital image ©The Museum of Modern Art, Licensed by SCALA/Art Resource, NY ©2007 Artists Rights Society (ARS), New York, SOMAAP, Mexico City Page 314 above: Galeria Arvil, Mexico Page 314 below: Courtesy of the Author Page 316: Kahlo, Frida 1907–1954) ©Banco de Mexico Rivera and Frida Kahlo Museums Trust. Fulang-Chang and I 1936. Two-part ensemble (assembled after 1939), Part One: 1937, oil on composition board, $15^3/_4 \times 11''$; painted mirror frame (added after 1939), $22^1/_4 \times 17\ ^3/_8 \times 1\ ^3/_4''$, Part Two: (after 1939) mirror with painted mirror frame, $25^1/_4 \times 19\ ^1/_8 \times 1\ ^3/_4''$, including frame. 1a: Composition board: $15^3/_4 \times 11''$; 1b Mirror frame $22^1/_4 \times 17\ ^3/_8 \times 1\ ^3/_4''$; 2 mirror with mirror frame: $25^1/_4 \times 19\ ^1/_8 \times 1^3/_4''$. Mary Sklar Bequest. (277.1987.a–c) Location: The Museum of Modern Art, New York, NY USA. Digital Image ©The Museum of Modern Art/Licensed by SCALA/Art Resource, NY. Page 319: The Great Jungle or Light in the Forest, 1942 (canvas), Lam, Wilfredo (1902–1982) /Musee National d'Art Moderne, Centre Pompidou, Paris, France. ©DACS/Peter Will/The Bridgeman Library/copyright status: Cuban/in copyright until 2033 ©DACS/Peter Will/The Bridgeman Library/copyright status: Cuban/in copyright until 2033 Chapter 19 Page 324: Courtesy, National Museum of the American Indian, Smithsonian Institution Page 325: Courtesy of Dominican Republic Ministry of Tourism Page 327: ©The Thomson Corporation/Heinle Image Resource Bank Page 330: Columbus Memorial Library/ OAS Page 337: ©The Thomson Corporation/Heinle Image Resource Bank Page 338: Courtesy of Dominican Republic Ministry of Tourism Chapter 20 Page 343: ©Time & Life Pictures/Getty Images Page 348: Columbus Memorial Library/OAS Page 350: ©Christian Schmidt/zefa/Corbis Page 354: ©Time & Life Pictures/Getty Images

CPSIA information can be obtained
at www.ICGtesting.com
Printed in the USA
BVHW092113240221
601072BV00008B/110